李宗侗（一八九五—一九七四）

字文伯，河北省高陽縣人。自幼聰明過人。十七歲時到法國留學，畢業於法國巴黎大學。一九二四年返國，受聘於國立北京大學，兼法文系主任，曾出任故宮博物院秘書長等職。一九四八年，受聘為國立臺灣大學歷史系教授。後歷兼國史館史料審查委員、編譯館編審委員、臺灣省文獻委員會顧問、中華文化復興運動推行委員會委員等職。對中國古代史頗有研究，在學術上時有獨特見解。

夏德儀（一九〇一—一九九八）

號卓如，為臺灣大學歷史系文史淵博精深知名教授。一九〇一年出生於江蘇，北大歷史系畢業，一九四六年來臺任教，先後開授中國通史、中國近代史、中國外交史等課程。教學之餘並擔任中學歷史教科書編委，以及參與臺灣文獻叢刊的史料編纂工作。一九九四年完成《百吉老人自訂年譜》一書。退休後定居美國，一九九八年去世於美國。

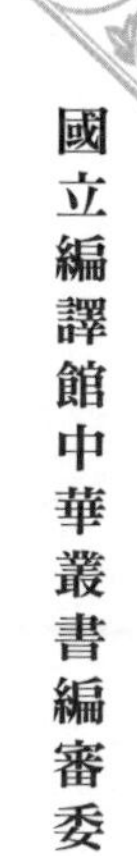

國立編譯館中華叢書編審委員會 主編

資治通鑑今註

第十四冊

後梁紀 後唐紀

李宗侗 夏德儀等 校註

臺灣商務印書館

目次 【第十四冊】

卷二百六十六　後梁紀一

司馬光 編集
林瑞翰 註

起彊圉單閼，盡著雍執徐七月，凡一年有奇。（丁卯至戊辰七月，西元九〇七年至九〇八年七月）

太祖神武元聖孝皇帝上㈠

開平元年㈡（西元九〇七年）

㈠春，正月，辛巳（初四日），梁王休兵於貝州㈢。

㈡淮南節度使兼侍中東面諸道行營都統弘農郡王楊渥既得江西㈣，驕侈益甚，謂節度判官周隱曰：「君賣人國家，何面復相見？」遂殺之㈤。由是將佐皆不自安㈥。

黑雲都指揮使呂師周與副指揮使綦章，將兵屯上高㈦，師周與湖南戰，屢有功，渥忌之㈧，師周懼，謀於綦章曰：「馬公寬厚，吾欲逃死焉，可乎？」章曰：「茲事君自圖之，吾舌可斷，不敢泄。」師周遂奔湖南，章縱其孥使逸去。師周，揚州人也。

渥居喪㈨，晝夜酣飲㈩作樂，然十圍之燭以擊毬，一燭費錢數萬，或單騎出遊，從者奔走，道路不知所之。左右牙指揮使㈡張顥、徐溫泣諫，渥怒曰：「汝謂我不才，何不殺我自為之？」二人懼。渥選壯士號東院馬軍，廣署親信為將吏㈢，所署者恃勢驕橫，陵蔑勳舊。顥、溫潛謀作亂，渥父行密之世，有親軍數千，營於牙城㈢之內，渥遷出於外，以其地為射場，顥、溫由是無所憚。

渥之鎮宣州也㈣，命指揮使朱思勍、範思從、陳璠將親兵三千，及嗣位，召歸廣陵。顥、溫使三將從秦裴擊江西，因戍洪州，誣以謀叛，命別將陳祐往誅之。祐間道兼行，六日至洪州，微服懷短兵，徑入秦裴帳中，裴大驚，祐告之故㈤，乃召思勍等飲酒。祐數思勍等罪，執而斬之。渥聞三將死，益忌顥、溫，欲誅之。丙戌（初九日），渥晨視事，顥、溫帥牙兵二百，露刃，直入庭中，渥曰：「爾果欲殺我耶？」對曰：「非敢然也，欲誅王左右亂政者耳！」因數渥親信十餘人之罪，曳下，以鐵撾擊殺之，【考異】歐陽史，四年正月，渥視事，陳璠等侍側，溫、顥擁牙兵入，拽璠等下，斬之，渥不能止，由是失政。按璠已死於宣州㈥，今從十國紀年。謂之兵諫㈦，諸將不與之同者，顥、溫稍以法誅之，於是軍政悉歸二人，渥不能制。

㈢初，梁王以河北諸鎮皆服，惟幽、滄未下，故大舉伐之，欲以堅諸鎮之心，既而潞州內叛，王燒營而還⑱，威望大沮，恐中外因此離心，欲速受禪以鎮之。丁亥（初十日），王入館於魏，有疾，臥府中，羅紹威恐王襲之，入見王曰：「今四方稱兵為王患者，皆以翼戴唐室為名，王不如早滅唐以絕人望。」王雖不許而心德之，乃亟歸。壬寅（二十五日），至大梁，甲辰（二十七日），唐昭宣帝遣御史大夫薛貽矩至大梁勞王，貽矩請以臣禮見，王揖之升階。貽矩曰：「殿下功德在人，三靈改卜⑲，皇帝方行舜禹之事⑳，臣安敢違？」乃北面拜舞於庭，王側身避之。貽矩還，言於帝曰：「元帥有受禪之意矣！」㉑帝乃下詔，以二月禪位於梁，又遣宰相以書諭王，王辭。

㈣河東兵猶屯長子，欲窺澤州㉒，王命保平節度使康懷貞悉發京兆、同、華之兵屯晉州以備之㉓。

㈤二月，唐大臣共奏請昭宣帝遜位，壬子（初五日），詔宰相帥百官詣元帥府勸進㉔，王遣使卻之，於是朝臣、藩鎮，乃至湖南、嶺南上牋勸進者相繼(二五)。

(六)二月，癸未（初六日），王以亳州刺史李思安為北路行軍都統，將兵擊幽州(二六)。

(七)庚寅（十三日），唐昭宣帝詔薛貽矩再詣大梁，諭禪位之意，又詔禮部尚書蘇循齎百官牋詣大梁(二七)。

(八)鎮海、鎮東節度使吳王錢鏐遣其子傳璙、傳瓘討盧佶於溫州。

(九)甲辰（二十七日），唐昭宣帝降御札禪位於梁。【考異】實錄、薛居正五代史、唐餘錄皆云四月，唐帝御札勑宰臣張文蔚等備法駕奉迎梁朝而無日。五代通錄云，四月丁未，丁未，四月一日也。舊唐書云，三月甲辰，甲辰，三月二十七日也。唐年補錄，三月二十七日甲子，降此御札，四月戊辰，朱全忠即位，尤為差誤。按此年三月戊寅朔，四月丁未朔，今從舊唐書。以攝中書令張文蔚為冊禮使(二八)，禮部尚書蘇循副之，攝侍中楊涉為押傳國寶使(二九)，翰林學士張策副之，御史大夫薛貽矩為押金寶使(三〇)，尚書左丞趙光逢副之，帥百官備法駕詣大梁(三一)。楊涉子直史館(三二)凝式言於涉曰：「大人為唐宰相而國家至此，不可謂之無過，況手持天子璽綬與人，雖保富貴，奈千載何？盍辭之？」【考異】陶岳五代史補曰：「凝式恐事泄，即日佯狂，時謂之風子。」按周世宗實錄、凝式本傳，仕梁未嘗有疾，唐同光初，知制誥，始以心疾罷，明宗時，及清泰帝末，俱以心恙罷官，天福初，致仕在洛，有風子之號，非梁初佯狂也，今不取。涉大駭曰：「汝滅吾族。」神色為之不寧者數日。策，敦煌人；光逢，隱之子也㉝。

㈩盧龍節度使劉仁恭，驕侈貪暴，常慮幽州城不固，築館於大安山㉞，曰：「此山四面懸絕，可以少制眾。」其棟宇壯麗，擬於帝者，選美女實其中，與方士煉丹藥，求不死，悉斂境內錢，瘞於山顛，令民間用堇泥為錢㉟，又禁江南茶商，無得入境，自采山中草木為茶鬻之。仁恭有愛妾羅氏，其子守光通焉，仁恭杖守光而斥之，不以為子數㊱，李思安引兵入其境，所過焚蕩無餘，夏，四月己酉（初三日），直抵幽州城下，仁恭猶在大安山，城中無備，幾至不守。守光自外引兵入，登城拒守，又出兵與思安戰，思安敗退。守光遂自稱節度使，令部將李小喜、元行欽將兵攻大安山，仁恭遣兵拒戰，為小喜所敗，虜仁恭以歸，囚於別室。仁恭將佐及左右凡守光素所惡者皆殺之，銀胡簶都指揮使王思同帥部兵三千、山後八軍巡檢使李承約帥部兵二千奔河東㊲，守光弟守奇奔契丹㊳，未幾，亦奔河東。河東節度使晉王克用以承約為匡霸指揮使，思同為飛騰指揮使㊴。思同母，仁恭之女也。

（十）梁王始御金祥殿㊵，受百官稱臣㊶，下書稱教令，自稱曰寡人。辛亥（初五日），令諸牋表簿籍，皆去唐年號，但稱月日。丙辰（初十日），張文蔚等至大梁。

（十一）盧佶聞錢傳璙等將至，將水軍拒之於青澳㊷。錢傳瓘曰：「佶之精兵，盡在於此，不可與戰。」乃自安固㊸捨舟間道襲溫州。戊午（十二日），溫州潰，擒佶，斬之㊹。吳王鏐以都監使吳璋為溫州制置使，命傳璙等移兵討盧約於處州。

（十二）壬戌（十六日），梁王更名晃㊺。

王兄全昱聞王將即帝位，謂王曰：「朱三㊻，爾可作天子乎？」甲子（十八日），張文蔚、楊涉乘輅自上源驛從冊寶諸司各備儀衛，鹵簿前導，百官從其後㊼，至金祥殿前陳之，王被袞冕，即皇帝位。張文蔚、蘇循奉冊升殿進讀，楊涉、張策、薛貽矩、趙光逢以次奉寶升殿，讀已，降帥百官舞蹈稱賀，帝遂與文蔚等宴於玄德殿。帝舉酒曰：「朕輔政未久，此皆諸公推戴之力。」文蔚等慙懼，俯伏不能對，獨蘇循、薛貽矩及邢部尚書張禕盛稱帝功德，宜應天順人。帝復與宗戚㊽飲博於宮中，酒酣，朱全昱忽以投瓊擊盆中迸散㊾，【考異】王仁裕玉堂閑話曰：「骰子數匝，廣王全昱忽駐不擲，顧而白梁祖，再呼朱三，梁祖動容。廣王曰：「你愛它爾許大官職，久遠家族得安否？」於是大怒，擲戲具於階下，抵其盆而碎之，暗嗚眦睚，數日不止。」今從王禹偁五代史闕文。睨帝曰：「朱三，汝本碭山一民也，從黃巢為盜，天子用汝為四鎮節度使㊿，富貴極矣，奈何一旦滅唐家三百年社稷(五一)，自稱帝王，行當族滅，奚以博為？」帝不懌而罷。

乙丑（十九日），命有司告天地、宗廟、社稷。丁卯（二十一日），遣使宣諭州鎮(五二)。

戊辰（二十二日），大赦，【考異】梁實錄、編遺錄、薛史、唐錄皆不云大赦，今從歐陽史。改元(五三)，國號大梁。奉唐昭宣帝為濟陰王(五四)，皆如前代故事，唐中外舊臣，官爵並如故。以汴州為開封府，命曰東都，以故東都為西都(五五)，廢故西京，以京兆府為大安府，置佑國軍於大安府(五六)，更名魏博曰天雄軍(五七)，遷濟陰王於曹州，栫之以棘(五八)，使甲士守之。

(十四)辛未（二十五日），以武安節度使馬殷為楚王。

(十五)以宣武掌書記太府卿敬翔知崇政院事(五九)，以備顧問，參謀議。於禁中承上旨，宣於宰相而行之，宰相非進對時，有所奏請及已受旨應復請者，皆具記事，因崇政院以聞，得旨，則復宣於宰相。翔為人沈深，有智略，在幕府三十餘年(六〇)，軍謀民政，帝一以委之，翔盡心勤勞，晝夜不寐，自言惟馬上乃得休息。帝性暴戾難近，人莫能測，惟翔能識其意趣，或有所不可，翔未嘗顯言，但微示持疑(六一)，帝意已悟，多為之改易，禪代之際，翔謀居多。

(十六)追尊皇高祖考妣以來皆為帝后(六二)，皇考誠為烈祖文穆皇帝(六三)，妣王氏為文惠皇后。

(十七)初，帝為四鎮節度使，凡倉庫之籍，置建昌院以領之，至是以養子宣武節度副使友文為開封尹，判院事，掌凡國之金穀。友文，本康氏子也(六四)。

(十八)乙亥（二十九日），下制削奪李克用官爵(六五)。是時，惟河東、鳳翔、淮南稱天祐，西川稱天復年號(六六)，餘皆稟梁正朔，稱臣奉貢。蜀王與弘農王移檄諸道，云欲與岐王、晉王會兵興復唐室(六七)，卒無應者，蜀王乃謀稱帝，下教諭統內吏民，又遺晉王書云，請各帝一方，俟朱溫既平，乃訪唐宗室立之，退歸藩服。晉王復書不許，曰：「誓於此生，靡敢失節。」

唐末之誅宦官也，詔書至河東，晉王匿監軍張承業於斛律寺，斬罪人以應詔(六八)，至是復以為監軍，待之加厚，承業亦為之竭力。

岐王治軍甚寬，待士卒簡易，有告部將符昭反者，岐王直詣其家，悉去左右，熟寢經宿而還，由是眾心悅服，然御軍無紀律(六九)，及聞唐亡，以兵羸地蹙，不敢稱帝，但開岐王府，置百官，名其所居為宮殿，妻稱皇后，將吏上書稱牋表，鞭扇號令，多擬帝者(七〇)。

鎮海節度判官羅隱說吳王鏐舉兵討梁，曰：「縱無成功，猶可退保杭越，自為東帝，奈何交臂事賊，為終古之羞乎？」鏐始以隱為不遇於唐，必有怨心，及聞其言，雖不能用，心甚義之。

(十九)五月，丁丑朔，以御史大夫薛貽矩為中書侍郎、同平章事。

(廿)加武順節度使趙王王鎔守太師，天雄節度使鄴王羅紹威守太傅，義武節度使王處直兼侍中。

(廿一)契丹遣其臣袍笏梅老來通好，帝遣太府少卿高頎報之(七一)。

初，契丹有八部(七二)，【考異】蘇逢吉漢高祖實錄曰：「契丹本姓大賀氏，後分八族，一曰利皆邸，二曰乙失活邸，三曰實活邸，四曰納尾邸，五曰頻沒邸，六曰內會雞邸，七曰集解邸，八曰奚嗢邸，管縣四十一，縣有令，八族之長皆號大人，稱刺史，常推一人為王，建旗鼓以尊之，每三年，第其名以相代」。莊宗列傳曰：「咸通末，其王曰習爾，疆土稍大，累來朝貢，光啟中，其王曰欽德，乘中原多故，北邊無備，遂蠶食諸部，達靼、奚、室韋之屬，咸被驅役。」漢高祖實錄、唐餘錄皆曰：「僖、昭之際，其王邪律阿保機怙強恃勇，距諸族，不受代，自號天皇王，後諸族邀之，請用舊制，保機不得已，傳旗鼓，且曰：『我為長九年，所得漢人頗眾，欲以古漢城領本族率漢人守之，自為一部。』諸部諾之，俄設策復併諸族，僭稱皇帝，土地日廣。大順中，後唐武皇遣使與之連和，大會於雲州東城，延之帳中，約為昆弟。」莊宗列傳又曰：「及欽德政衰，阿保機族盛，自稱國王，天祐二年，大寇我雲中，太祖遣使連和，因與之面會於雲州東城，延入帳中，約為兄弟，謂曰：『唐室為賊臣所篡，吾以今冬大舉，弟助我精騎二萬，同收汴、洛。』保機許諾。保機既還，欽德以國事傳之。」賈緯備史云：「武皇會保機故雲州城，結以兄弟之好。時列兵相去五里，使人馬上持盃往來，以展酬酢之禮。保機喜，謂武皇曰：『我蕃中酋長，舊法三年則罷，若它日見公，復相禮否？』武皇曰：『我受朝命，鎮太原，亦有遷移之制，但不受代則可，何憂罷乎？』保機由此用其教，不受諸族之代。」趙志忠虜庭雜記云：「太祖諱億，番名阿保謹，父諱斡里。太祖生而智，八部落主愛其雄勇，遂退其主阿輦氏歸本部，立太祖為王。」又云：「凡立王則眾部酋長皆集會議，其有德行功業者立之，或災害不生，羣牧孳盛，人民安堵，則王，更不替代，苟不然，其諸酋會眾部，別選一名為王，故王以番法亦甘心退焉，不為眾所害。」又曰：「有韓知古、韓穎、康枚、王奏事王郁皆中國人，共勸太祖不受代。」新唐書載契丹八部名，與漢高祖實錄所載八部名多不同，蓋年紀相遠，虜語不常耳，其實一也。阿保機云：「我為長九年。」則其在國不受代久矣，非因武皇之教也，今從漢高祖實錄。又唐餘錄前云：「乾寧中，劉仁恭鎮幽州，保機入寇，仁恭擒其妻兄述律阿鉢，由此十餘年不能犯塞下。」乃云大順中，與武皇會於雲中。按大順在乾寧前，乾寧二年，仁恭方為幽州節度，大順中未也。又武皇謂曰：「唐室為賊臣所篡，吾以今冬大舉。」此非大順中事，唐餘錄誤也。又編遺錄，開平二年五月，契丹王阿保機及前國王欽德貢方物，然則於時七部猶在也。

部各有大人，相與約推一人為王，建旗鼓以號令諸部，每三年則以次相代。咸通末，有習爾者為王，土宇始大，其後欽德為王，乘中原多故，時入盜邊。及阿保機為王，尤雄勇，五姓奚(七三)及七姓室韋(七四)、達靼(七五)咸役屬之。阿保機姓邪律氏(七六)，恃其彊，不肯受代。久之，阿保機擊黃頭室韋還，七部劫之於境上，求如約(七七)，阿保機不得已，傳旗鼓，且曰：「我為王九年，得漢人多，請帥種落居古漢城，與漢人守之，別自為一部。」七部許之。漢城，故後魏滑鹽縣也(七八)，地宜五穀，有鹽池之利。其後阿保機稍以兵擊滅七部，復併為一國，又北侵室韋、女真(七九)，西取突厥故地(八〇)，擊奚滅之，復立奚王，而使契丹監其兵，東北諸夷皆畏服之。

是歲，阿保機帥眾三十萬寇雲州，晉王與之連和，面會東城，約為兄弟，延之帳中，縱酒握手盡歡，約以今冬共擊梁(八一)。【考異】唐太祖紀年錄，太祖以阿保機族黨稍盛，召之，天祐二年五月，阿保機領其部族三十萬至雲州東城帳中言事，握手甚歡，約為兄弟，旬日而去，留男骨都舍利、首領沮稾梅為質，約冬初大舉渡河反正，會昭宗遇盜而止。歐陽史曰：「梁將篡唐，晉王李克用使人聘於契丹，阿保機以兵三十萬會克用於雲州東城，握手約為兄弟，期共舉兵擊梁。」按雲州之會，莊宗列傳、薛史皆在天祐四年，而紀年錄獨在天祐二年，又云：「約今年冬同收汴路，會昭宗遇盜而止。」如此，則應在天祐元年，昭宗崩以前，不應在二年也。且昭宗遇盜，則尤宜興兵討之，何故止也？唐室為賊臣所篡，此乃四年語也，其冬，武皇寢疾，蓋以此不果出兵耳，今從之。或勸晉王因其來可擒也，王曰：「讎敵未滅，而失信夷狄，自亡之道也。」阿保機留旬日乃去，晉王贈以金繒數萬，阿保機留馬三千匹，雜畜萬計以酬之。阿保機歸而背盟，更附於梁(八二)，晉王由是恨之。

(廿)己卯（初三日），以河南尹兼河陽節度使張全義為魏王，鎮海、鎮東節度使吳王錢鏐為吳越王，加清海節度使劉隱威武節度(八三)，王審知兼侍中，仍以隱為大彭王(八四)。癸未（初七日），以權知荊南留後高季昌為節度使。荊南舊統八州（八五），乾符以來，寇亂相繼，諸州皆為鄰道所據，獨餘江陵，季昌到官，城邑殘毀，戶口彫耗，季昌安集流散，民皆復業。

(廿三)乙酉（初九日），立兄全昱為廣王，子友文為博王，友珪為郢王，友璋為福王，友貞為均王，友雍為賀王，友徽為建王（八六）。

(廿四)辛卯（十五日）以東都舊第為建昌宮，改判建昌院事為建昌宮使（八七）。

(廿五)壬辰（十六日），命保平節度使康懷貞將兵八萬會魏博兵攻潞州（八八）。

(廿六)甲午（十八日），詔廢樞密院，其職事皆入於崇政院，以知院事敬翔為院使。【考異】實錄，四月辛未，以翔知崇政院事，五月甲午，詔樞密院宜改為崇政院，始命翔為院使。蓋崇政院之名先已有之，至是始併樞密院職事悉歸崇政院耳！

(廿七)禮部尚書蘇循及其子起居郎楷自謂有功於梁（八九），當不次擢用。循朝夕望為相，帝薄其為人（九〇），敬翔及殿中監李振亦鄙之。翔言於帝曰：「蘇循，唐之鴟梟，賣國求利，不可以立於惟新之朝。」戊戌（二十二日），詔循及刑部尚書張禕等十五人並勒致仕，楷斥歸田里。循父子乃之河中依朱友謙。

(廿八)盧約以處州降吳越(九一)。

(廿九)弘農王以鄂岳觀察使劉存為西南面都招討使，岳州刺史陳知新為岳州團練使，盧州觀察使劉威為應援使，別將許玄應為監軍，將水軍三萬以擊楚(九二)。楚王馬殷甚懼，靜江軍使楊定真賀曰：「我軍勝矣！」殷問其故，定真曰：「夫戰，懼則勝，驕則敗。今淮南兵直趨吾城，是驕而輕敵也，而王有懼色，吾是以知其必勝也。」殷命在城都指揮使(九三)秦彥暉將水軍三萬浮江而下，水軍副指揮使黃璠帥戰艦三百屯瀏陽口(九四)。六月，存等遇大雨，引兵還至越堤北，彥暉追之。存數戰不利，乃遺殷書詐降，彥暉使謂殷曰：「此必詐也，勿受。」存與彥暉，夾水而陳，存遙呼曰：「殺降不祥，公獨不為子孫計耶？」彥暉曰：「賊入吾境而不擊，奚顧子孫？」鼓譟而進，存等走。黃璠自瀏陽絕江，與彥暉合擊，大破之，執存及知新。【考異】編遺錄，天祐四年四月湖南軍陳邵告據淮南朗州，水陸合勢，奔衝其境，馬殷出舟師於瀏陽口，大破賊黨，生擒偽鄂州節度使劉存。按薛史梁紀，馬殷奏破淮寇在六月，十國紀年吳史劉存攻楚在五月，敗在六月，楚史亦然，編遺錄誤也。裨將死者百餘人，士卒死者以萬數，獲戰艦八百艘。

威以餘眾遁歸，彥暉遂拔岳州(九五)。殷釋存、知新之縛，慰諭之，二人皆罵曰：「丈夫以死報主，肯事賊乎？」遂斬之。許玄應，弘農王之腹心也，常預政事，張顥、徐溫因其敗收斬之。

(卌)楚王殷遣兵會吉州刺史彭玕攻洪州，不克(九六)。

(卌一)康懷貞至潞州，晉昭義節度使李嗣昭、副使李嗣弼閉城拒守。懷貞晝夜攻之，半月，不克，乃築壘穿蚰蜒塹(九七)而守之，內外斷絕。晉王以蕃漢都指揮使周德威(九八)為行營都指揮使，帥馬軍都指揮使李嗣本、馬步都虞候李存璋、先鋒指揮使史建瑭、鐵林都指揮使安元信(九九)、橫衝指揮使李嗣源(一〇〇)、騎將安金全救潞州。嗣弼，克脩之子(一〇一)，嗣本，本姓張；建瑭，敬思之子(一〇二)；金全，代北人也。

(卌二)晉兵攻澤州(一〇三)，帝遣左神勇軍使范居實將兵救之。

(卌三)甲寅（初九日），以平盧節度使韓建守司徒、同平章事。

(卌四)武貞節度使雷彥恭會楚兵攻江陵，荊南節度使高季昌引兵屯公安(一〇四)，絕其糧道，彥恭敗，楚兵亦走。

(卌五)劉守光既囚其父(一〇五)，自稱盧龍留後，遣使請命。秋七月甲午（十九日），以守光為盧龍節度使，同平章事。

㊻靜海節度使曲裕卒㉖，丙申（二十一日），以其子權知留後顥為節度使。【考異】諸書不見顥於裕何親，按薛史，六月丙辰，裕卒，七月丙申，以靜海行營司馬㉗權知留後曲顥起復為安南都護，充節度使，既云起復，知其子也。

㊼雷彥恭攻岳州，不克㉘。

㊽丙午（八月初一日），賜河南尹張全義名宗奭㉙。

㊾辛亥（八月初六日），以吳越王錢鏐兼淮南節度使，楚王殷兼武昌節度使，各充本道招討制置使㉚。

㊿晉周德威壁於高河㉛，康懷貞遣親騎㉜都頭秦武將兵擊之，武敗。丁巳（八月十二日），帝以亳州刺史李思安代懷貞為潞州行營都統，黜懷貞為行營都虞候㉝。

思安將河北兵西上㉞，至潞州城下，更築重城，內以防奔突，外以拒援兵，謂之夾寨。調山東民饋軍糧，德威日以輕騎抄之。思安乃自東南山口築甬道屬於夾寨。德威與諸將互往攻之，排牆填塹，一晝夜間數十發，梁兵疲於奔命，夾寨中出芻牧者，德威輒抄之，於是梁兵閉壁不出。

(四一)九月，雷彥恭攻涔陽㉕、公安，高季昌擊敗之。彥恭貪殘類其父㉖，專以焚掠為事，荊湖間常被其患，又附於淮南㉗，丙申（二十二日），詔削彥恭官爵，命季昌與楚王殷討之。

(四二)蜀王會將佐議稱帝，皆曰：「大王雖忠於唐，唐已亡矣，此所謂天與不取者也㉘。」馮涓獨獻議請以蜀王稱制，曰：「朝興則未爽稱臣㉙，賊在則不同為惡。」王不從。涓杜門不出。

王用安撫副使掌書記韋莊之謀，帥吏民哭三日，己亥（二十五日），即皇帝位㉚，【考異】莊宗列傳，太祖厭代，建自帝於成都，年號武成。薛史、唐餘錄，天祐五年九月，建自帝於成都，年號武成。九國志，此年七月，即皇帝位，明年，改元。宋庠紀年通譜，天祐四年秋稱帝，次年改元。歐陽史、十國紀年，天復七年九月即位，明年改元，今從之。國號大蜀。辛丑（二十七日），以前東川節度使兼侍中王宗佶為中書令㉛，韋莊為左散騎常侍，判中書門下事。閬州防禦使唐道襲為內樞密使。莊，見素之孫也㉜。

蜀主雖目不知書，好與書生談論，粗曉其理。是時，唐衣冠之族多避亂在蜀，蜀主禮而用之，使修舉故事，故其典章文物，有唐之遺風。蜀主長子校書郎宗仁幼以疲廢，立其次子秘書少監宗懿為遂主。

(四三)冬十月，高季昌遣其將倪可福會楚將秦彥暉攻朗州(二三)，雷彥恭遣使乞降於淮南，且告急，弘農王遣將泠業將水軍屯平江(二四)，李饒將步騎屯瀏陽以救之，楚王殷遣岳州刺史許德勳將兵拒之。泠業進屯朗口(二五)，德勳使善游者五十人以木枝葉覆其首，特長刀浮江而下，夜犯其營，且舉火。業軍中驚擾，德勳以大軍進擊，大破之，追至鹿角鎮，擒業，又破瀏陽寨，擒李饒，掠上高、唐年而歸(二六)，斬業、饒於長沙市。

(四四)十一月甲申（十一日），夾馬指揮使(二七)尹皓攻晉江猪嶺(二八)寨，拔之。

(四五)義昌節度使劉守文聞其弟守光幽其父，集將吏大哭，曰：「不意吾家生此梟獍(二九)。吾生不如死，誓與諸君討之。」乃發兵擊守光(三〇)，互有勝負。

天雄節度使鄴王紹威謂其下曰：「守光以窘急歸國(三一)，守文孤立無援，滄州可不戰服也。」乃遣守文書，諭以禍福，守文亦恐梁乘虛襲其後，戊子（十五日），遣使請降，以子延祐為質。帝拊手曰：

「紹威折簡㉜，勝十萬兵。」加守文中書令，撫納之。

㊻初，帝在藩鎮，用法嚴，將校有戰沒者，所部兵悉斬之，謂之跋隊斬，士卒失主將者，多亡逸不敢歸。帝乃命凡軍士皆文其面以記軍條，軍士或思鄉里逃去，關津㉝輒執之送所屬，無不死者，其鄉里亦不敢容，由是亡者皆聚山澤為盜，大為州縣之患。壬寅（二十九日），詔赦其罪，自今雖文面，亦聽還鄉里，盜減什七八。

㊼淮南右都押牙米志誠等將兵度淮襲潁州，克其外郭，刺史張實據子城拒守。

㊽晉王命李存璋攻晉州，以分上黨兵勢。十二月壬戌（十九日），詔河中陝州發兵救之。

㊾甲子（二十一日），詔發步騎五千救潁州，米志誠等引去。

㊿丁卯（二十四日），晉兵寇洺州㉞。

(五一)淮南兵攻信州，刺史危仔倡求救於吳越㉟。

【今註】㈠太祖神武元聖孝皇帝：帝姓朱氏，名溫，宋州陽山午溝里人也，本為唐將，僖宗廣明元年，以兵降黃巢，中和二年，復背巢歸唐，累功授宣武軍節度使，宣武治汴州，古大梁也，寖益強盛，進封梁王，賜名全忠，既即位，遂建國號曰梁，改名晃。《通鑑》以前紀有蕭梁，故此稱曰後梁。㊁開平元年：四月即位，始改元開平。是歲，遼太祖元年。㊂梁王休兵於貝州：自滄州引還，休兵於貝州也。梁王時攻滄州不果而還，見上卷唐昭宣帝天祐三年。㊃淮南節度使兼侍中東面諸道行營都統弘農郡王楊渥既得江西：楊渥字承天，行密長子也，唐天祐二年冬嗣其父爵位。得江西，謂天祐三年併鍾匡時事也，並見上卷。㊄謂節度判官周隱曰，君賣人國家，何面復見？遂殺之：以隱言渥不克負荷，欲屬國於廬州刺史劉威也，事見上卷天祐二年。㊅由是將佐皆不自安：胡三省曰：「既逐王茂章，又殺周隱，宜餘人之不自安也。」渥逐茂章亦見上卷天祐二年。㊆上高：宋白曰：「上高縣本高安縣之上鎮，以地形高上，故曰上高。南唐昇元中，立上高場，保大十年，升為縣。」今為江西省上高縣。南唐嗣主保大十年，後周太祖廣順二年也。㊇師周與湖南戰，屢有功，渥忌之：路振九國志呂師周傳，師周，吳將呂蒙之裔孫也，父珂，少以勇敢事楊行密，累戰有功，拜黑雲都指揮使。師周少勇敢任氣，隨父征討，臨陣未嘗介甲，金創被體，而談笑自若，眾皆服其果毅。珂卒，行密令代其父為指揮使。師周性豪率，頗通緯候及兵書，自言世將家子，不可保富貴，每恣為杯酌，狎客常十餘，醉必起舞，或擊節狂歌，慷慨泣下。行密聞而疑之，密遣人偵其動靜，師周不自安，乃謀於綦毋章，通款於湖南，開平初，遂以所部兵大獵境上，因而南奔。據《九國志》，師周蓋先為行密所疑，至是而南奔耳。㊈渥居喪：居父行密之喪也。⑩酣飲：飲酒而樂也。⑪左右牙指揮使：《九國志・徐溫傳》牙作衙。《南部新書》曰：「軍前大旗謂之牙旗，軍中聽令，必至牙旗之下，與府朝無異，近俗尚武，通呼公府為牙門，字訛變轉為衙門。」則衙蓋牙之訛，蓋取古者行軍立牙旗於營前以為軍門之義。牙指揮使，統兵以衛府牙者也。⑫渥選壯士號東院馬軍，廣署親信為將吏：《九國志・徐溫傳》，渥既嗣位，憤大臣擅權，政非己出，乃置東院馬軍，置立親信以為心腹，徐溫與張顥頗忌之，故圖弒逆。⑬牙城：府牙所在，築城防之守，謂之牙城。⑭渥之鎮宣州也：楊行密出渥為宣州觀察使見上卷唐昭宗天佑元年。⑮祐告之故：告之以所以徑入之故。⑯〔考異〕按璠已死於宣州：胡三省曰：「按通鑑本文，宣州當作洪州。」⑰兵諫：以兵力進諫也。穀梁氏曰：「左氏以鬻拳兵諫為愛君。」《左傳》：「鬻拳強諫楚子，楚子弗從，臨之以兵，懼而從之。鬻拳曰：『吾懼君以兵，罪莫大焉！』遂自刖。」⑱初，梁王以河北諸鎮皆服，惟幽、滄未下，故大舉伐之，欲以堅諸鎮之心，既而潞州內叛，王燒營而還：事見上卷唐昭宣帝天祐三年。⑲三靈改卜：《文選》班固典引曰：「答三靈之蕃祉。」胡三省曰：「三靈，天、地、人之靈也。言天、地、人之心皆已去唐室，改卜君而命之。」⑳皇帝方行舜、禹之事：言將為禪代也。㉑言於帝曰，元帥有受禪之意矣：帝謂唐昭宣帝，元帥謂梁王。㉒河東兵猶屯長子：《元豐九域志》，長子西南至澤州一百四十里。長子故城在今山西省長子縣西。澤州在今山西省晉城縣。唐初置澤州於濩澤縣，在今山西省陽城縣西，尋移端氏縣，在今山西省沁水縣北，尋又移於晉城縣，改曰高平郡，尋復曰澤州，宋曰澤州高平郡。㉓王命保平節度使康懷貞悉發京兆、同、華之兵屯晉州以備之：胡三省曰：「宋太宗太平興國元年，始改保平軍為保平軍，避藩邸舊名也，此因史臣避廟諱而書之，然觀令康懷貞發京、兆、同、華兵屯晉州，則恐自鄜州而東發兩鎮兵屯晉州。蓋懷貞若自邢州發京兆、同、華兵，道里隔涉，邢州與潞州相近，亦當備河東兵之來，無緣使懷貞離邢州而屯晉州，竊謂保平亦當作保大。據歐陽史康懷英傳亦書保義，蓋以美原之捷，方除保義節度耳！朱全忠急於篡唐，未暇舉兵攻潞州，自備而已，故潞州益得以嚴備。」唐保大軍初治坊州，德宗建中初徙治鄜州，今陝西省鄜縣，故胡氏云爾。然余按《五代史記・康懷英傳》，遷保養軍節度使在潞州叛梁之前，唐保義軍治陝州，今河南省陝縣，自陝州西發京兆、同、華之兵屯晉州，於道里亦相近也。㉔詔宰相帥百官詣元帥府勸進：梁王建元帥府於汴梁。㉕於是朝臣、藩鎮，乃至湖南、嶺南上牋勸進者相繼：湖南馬殷，嶺南劉隱。㉖王以亳州刺史李思安為北路行軍都統，將兵擊幽州：擊劉仁恭也。薛居正《五代史・李思安傳》：「思安陳留張亭里人也，初事汴將楊彥洪為騎士，後屬梁王，王睹其材而偉之，因賜名思安，字貞臣，積功累遷至檢校左僕射，拜亳州刺史，性勇悍，每統戎臨敵，不大勝，必大敗。」㉗又詔禮部尚書蘇循齎百官牋詣大梁：齎百官勸進牋也。㉘冊禮使：《唐書・百官志》曰：「凡王言之制有七，一曰冊書，二曰制書，三曰慰勞制書，四曰發敕，五曰敕旨，六曰論事敕書，七曰敕牒，中書省掌之。」胡三省曰：「冊禮使，奉傳禪冊寶、押金吾衛、太常鹵簿等。」㉙押傳國寶使：傳國寶即傳國璽也，自秦漢以來，皇帝除傳國璽外有六璽，唐高祖武德間，增神璽及受命璽，是為八璽，武后惡璽字，改璽為寶。《唐六典》曰：「符寶郎掌天子八璽，其一曰神寶，二曰受命寶，其神寶方六寸，高四寸六分，厚一寸七分，蟠龍紐，文與傳國璽同。傳國璽，秦皇以藍田玉刻之，李斯篆文，方四寸，面文曰：

『受命於天，既壽永昌。』紐盤五龍，二寶歷代相傳以為神器。別有六寶，一曰皇帝行璽，二曰皇帝之璽，三曰皇帝信璽，四曰天子行璽，五曰天子之璽，六曰天子信璽，此六璽因文為名，並白玉螭虎鈕，歷代傳授，或亡失則補之。」宋白《續通典》曰：「秦兼六國，稱皇帝，購取藍田之玉，玉工孫壽刻之，方四寸，李斯為大篆書之，形製如龍魚鳳鳥之狀，希世之至寶也。秦亡，子嬰以璽降漢，漢世世傳寶之。玉莽之篡，求璽於元后，後投之於階，一角微缺，莽誅，歸之更始，更始敗，歸之盆子，及熊耳之敗，盆子以璽降光武。漢末，黃巾亂，投璽於井，孫堅入洛，見井有五色氣，取得之，以歸袁術，術敗，荊州刺史徐璆得之，詣許以進獻帝。魏受漢禪，得之，以傳於晉。洛陽之陷，劉聰得之。劉曜為石勒所擒，璽歸於鄴。石氏之亂，冉閔得之。閔敗，晉將戴施入鄴，得之，送江東，傳之宋、齊、梁。臺城之破，侯景得之。景敗，其將侯子鑒以璽走，為追兵所迫，投於棲霞寺井中，僧永抒得而匿之。陳永定二年，永弟子普智以璽上陳文帝，隋平陳，始得秦真傳國璽。煬帝江都之禍，宇文化及得之。化及敗，璽歸竇建德。建德敗，其妻曹氏以璽獻於唐。唐禪，楊涉送寶於大梁。其神璽者，方六寸，厚一寸七分，高四寸六分，蟠龍隱起，文與傳國璽同，但玉色不及，形制高大耳，不知何代製造。東晉孝武十九年，雍州刺史郗恢得之，慕容永送於金陵，傳之宋、齊、梁。臺城之破，侯景得之，景敗，侍中趙思齊攜走江北，獻之齊文宣帝。宇文滅齊，得之。宇文亡，入隋，文帝改號傳國璽，仍以秦璽後出，得於亡陳，以北朝所傳神璽為第一，秦璽次之。隋亡，竇建德妻與傳國璽俱獻長安，唐末不知所在。」李心傳《建炎以來朝野雜記》曰：「秦璽者，李斯之魚蟲篆也，其圍四寸，至漢謂之傳國璽，子嬰所封，元后所投，王憲所得，赤眉所上，皆是物也，董卓之亂失之，吳書謂孫堅得之洛陽甄官井中，後為袁術所奪，徐璆得而上之，殆不然也，若然，魏氏何不寶而用之，而自刻璽乎！厥後歷世皆用其名。永嘉之亂，沒於劉、石，永和之世，復歸江左者，晉璽也。魏氏有國，刻傳國璽如秦之文，但秦璽讀自右，魏璽讀自左耳！晉有天下，又自刻璽，其文曰：『受命於天，皇帝壽昌。』晉書輿服志乃以為漢所傳秦璽，誤實甚矣！此璽更劉聰、石勒，逮石祇死，其臣蔣幹求援於謝尚，乃以璽送江南，王彪之辨之，亦不云秦璽也。太元之末，得自西燕，更涉六朝至於隋代者，慕容燕璽也。晉孝武太元十九年，西燕主永求救於郗恢，並獻玉璽一紐，方闊六寸，高四寸六分，文如秦璽，自是歷宋、齊、梁皆寶之。侯景既死，北齊辛術得之廣陵，獻之高氏，後歷周、隋，皆誤指為秦璽，後平江南，知其非是，乃更謂之神璽焉。劉裕北伐，得之關中，歷晉暨陳，復為隋有者，姚秦璽也。晉義熙十三年，劉裕入關，得傳國璽而上之，大四寸，文與秦同，然隱起而不深刻，隋滅陳得此，指為真璽，遂以宇文周所傳神璽為非是。識者謂古璽深刻以印泥，後人隱起以印紙，則此隱起者非秦璽，姚氏取其文作之耳，蓋在當時，皆誤以為秦璽，而秦璽之亡則已久矣！」然則揚涉所上傳國寶，蓋姚秦璽也。㈢押金寶使：金寶，唐皇后及太子之信也。《唐六典》曰：「天子八寶，其用以玉，其封以泥，皇后及太子之信，其用以金。」㈢帥百官備法駕詣大梁：《唐六典》，大駕備五輅，五輅皆有副車，又有指南車、記里鼓車、白鷺車、鸞旗車、辟惡車、皮軒車、金根車、安車、四望車、羊車、黃鉞車、豹尾車，屬車一十有二，若法駕則減五副輅、白鷺、辟惡、安車、四望，四分屬車之一。五輅謂玉輅、金輅、象輅、革輅、木輅。㉜直史館：《唐書・百官志》唐置史館於門下省，以它官兼領，或卑位有才者亦以直館稱。天寶後，它官兼史職者曰史館修撰，初入者曰直館，元和元年，宰臣裴垍建議以登朝領史職者為修撰，以官高入判館事未登朝者為直館。㉝光逢，隱之子也：趙隱見卷二百五十二唐懿宗咸通十三年。㉞盧龍節度使劉仁恭驕侈貪暴，常慮幽州城不固，築館於大安山：大安山在今河北省房山縣西北。《五代史・劉守光傳》云：「是時天子播遷，中原多故，仁恭嘯傲薊門，志意盈滿。幽州西有名山曰大安山，仁恭乃於其上盛飾館宇，僭擬宮掖，聚室女艷婦，窮極侈麗。」㉟與方士鍊丹藥，求不死，悉斂境內錢，瘞於山巔，令民間用堇泥為錢：《五代史・劉守光傳》，劉仁恭師道士王若訥，祈長生羽化之道，招聚緇黃合仙丹，又以墐泥作錢，令部內行使，盡斂銅錢於大安山巔，鑿穴以藏之，藏畢，即殺匠石以滅其口。緇黃，僧道也，僧人緇服，道士黃冠，故云。堇泥，黏土也。堇與墐同。㊱不以為子數：不齒之於諸子之列。㊲銀胡䩮都指揮使王思同帥部兵三千，山後八軍巡檢使李承約帥部兵二千奔河東：奔李克用。胡三省曰：「胡䩮，箭室也。盧龍以媯、檀、新、武四州為山後。」㊳守光弟守奇奔契丹：《遼史・太祖紀》是年七月乙酉，幽州盧龍節度使劉守光兄平州刺史守奇率其眾數千人降於契丹，命置之平盧城。與《通鑑》作守光弟異。㊴河東節度使晉王克用以承約為匡霸指揮使，思同為飛騰指揮使：胡三省曰：「匡霸、飛騰，皆晉王所置軍都之號。」㊵梁王始御金祥殿：王溥《五代會要》：「梁受禪，都大梁，改正衙殿為崇元殿，東殿為立德殿，內殿為金祥殿，萬年堂為萬年殿，門如殿名。」《五代史・梁太祖紀》云：「帝自謂以金德王，又以福建上獻鸚鵡，諸州相繼上白烏、白兔洎白蓮之合蒂者，以為金行應運之兆，故名殿曰金祥。」㊶受百官稱臣：百官，梁國所置百官也。㊷將水軍拒之於青澳：胡三省曰：「海之隈崖曰澳。青澳在溫州東北海中，俗謂之青澳門。由青澳而進舟則入溫州，其外則大洋也。」溫州，今為浙江省永嘉縣，其東北二百里海中有青嶴山，兩山對峙如門，亦名青嶴門。㊸安固：本後漢之安陽縣也，晉更名安固，隋省入永嘉，即今浙江省瑞安縣。㊹溫州潰，擒佶，斬之：唐昭宣帝天祐二年，盧佶陷溫州，至是敗亡。㊺梁王更名晃：《五代史・梁太祖紀》云：「時將受禪，下教以本名二字異帝王之稱，故改名。」㊻朱三：梁王排行第三，故兄全昱以朱三呼之。㊼百官從其後：百官，唐朝百官也。㊽宗戚：同姓之親曰宗，異姓之親曰戚。㊾朱全昱忽以投瓊擊中盆中迸散：《五代史》闕文曰：「全昱，梁祖之兄也，既受禪，宮中開宴，惟親王得與，因為博戲，全昱酒酣，忽起取骰子擊盆迸散。」《史記・蔡澤傳》云：「君獨不觀夫博者乎？或欲大投，或欲分功。」集解曰：「投，投瓊也。」是投瓊即擲骰，骰以玉石為之，故亦曰明瓊。鮑宏《博經》曰：「楚辭琨蔽象碁，有六博。琨蔽，六箸也，各投六箸、六碁，故云六博。用十二碁，六碁白，六碁黑，所擲頭謂之瓊。瓊有五采，刻為一畫者謂之塞，刻為二畫者謂之白，刻為三畫者謂之黑，不刻者五塞之間謂之五塞。」㊿天子用汝為四鎮節度使：唐以梁王為宣武、宣義、天平，護國四鎮節度使，見卷二百六十二唐昭宗天復元年。(51)奈何一旦滅唐家三百年社稷：唐高祖以武德元年受禪，至是享國凡二百九十年，曰三百年者，取其約數也。(52)乙丑，命有司告天地、宗廟、社稷，丁卯，遣使宣諭州鎮；告諭以受禪於唐。(五三)改元：改元開平。(五四)奉唐昭宣帝為濟陰王：曹州濟陰郡，本漢定陶縣地也，故治在今山東省曹縣西北。(五五)以故東都為西都：唐以洛陽為東都，梁都汴梁，在洛陽之東，故以為西都。(五六)廢故西京，以京兆府為大安府，置佑國軍於大安府：《五代會要》，是月，改京兆府為大安府，長安縣為大安縣，萬年縣為大年縣，仍置佑國軍節度使額，始命韓建為佑國軍節度使。蓋唐以長安為西京，置京兆府，今廢為大安府也。《五代史・梁太祖紀》廢京兆府為雍州。(五七)更名魏博為天雄軍：胡三省曰：「通鑑二百六十四卷昭宗天祐元年四月已書更命魏博曰天雄軍，蓋亦出朱全忠之意，此復出也，但未知更軍額的在何年。」(五八)栫之以棘：用《左傳》語。栫，以柴木壅之也。(五九)以宣武掌書記太府卿敬翔知崇政院事：翔與帷幄之謀，故首擢焉。崇政院，唐樞密院之職也。《五代史・梁太祖紀》翔知崇政院在四月，則是月已改樞密院為崇政院，《五代會要》是年五月始改樞密院為崇政院，始命翔為院使，仍置判官一人，自後不置判官，置副使一人。(六〇)翔為人沈深，有智略，在幕府三十餘年：胡三省曰：「僖宗光啟間，敬翔入汴幕，至此時二十年，史誤以二十為三十耳！」按《五代史・敬翔傳》，黃巢陷長安，翔乃東出關依梁祖於汴梁。黃巢陷長安在廣明元年。又曰：「翔自釋褐東下，遭過霸王，懷抱深沈，有經濟之略，起中和年，至鼎革大運，其間三十餘年。」按〈梁祖紀〉，帝以唐僖宗中和三年授宣武軍節度使鎮汴梁，至開平元年，凡二十五年耳，至乾化二年遇弒則為三十年。(六一)持疑：意有所不能決。(六二)追尊皇高祖考妣以來皆為帝后：《五代會要》梁以舜司徒朱虎為始祖，四十二代至黯，追尊宣元皇帝，廟號肅祖，妃范氏，追尊宣僖皇后；黯子茂琳，追尊光獻皇帝，廟號敬祖，妃楊氏，追尊光孝皇后；茂琳子信，追尊昭武皇帝，廟號憲祖，妃劉氏，追尊昭懿皇后。〔六三〕皇考誠為烈祖文皇帝：誠，昭武皇帝之長子也。〔六四〕初，帝為四鎮節度使，凡倉庫之籍，置建昌院以領之，至是以養子宣武節度副使友文為開封尹，判院事，掌凡國之金穀，友文，本康氏子也：歐陽修《五代史記・梁家人傳》，友文字德明，本姓康，名勤，幼美風姿，好學，善談論，頗能為詩，太祖養以為子，太祖領四鎮，以友文為度支鹽鐵制置使，太祖用兵四方，友文征賦聚斂以供軍費，太祖即位，以故所領宣武、宣義、天平、護國四鎮征賦置建昌宮總之，以友文為使。〔六五〕下制削奪李克用官爵：李克用與帝有宿怨，用唐年號，不奉梁之正朔，故削奪其官爵。《五代史・唐武皇紀》在六月。〔六六〕是時，惟河東、鳳翔、淮南稱天祐，西川稱天復年號：河東李克用，鳳翔李茂貞，淮南楊渥，西川王建。唐昭宗天復四年，梁王劫唐帝遷洛陽，改元天祐，河東、西川以劫天子遷洛者梁也，天祐非唐號，不可稱，仍稱天復，迨梁代唐，河東復稱天祐而西川仍稱天復，淮南時亦稱天祐年號，皆不奉梁朝正朔。〔六七〕蜀王與弘農王移檄諸道，云欲與岐王、晉王會兵興復唐室：蜀王王建，弘農王楊渥，岐王李茂貞，晉王李克用。〔六八〕唐末之誅宦官也，詔書至河東，晉王匿監軍張承業於斛律寺，斬罪人以應詔：事見卷二百六十四唐昭宗天復三年。胡三省曰：「斛律寺，蓋高齊建霸府於晉陽，斛律氏貴盛時所立。」〔六九〕然御軍無紀律：《五代史・李茂貞傳》曰：「御軍整眾，都無紀律，當食則造庖廚，往往席地而座，內外持管鑰者，亦呼為司空、太保。」〔七〇〕鞭扇號令，多擬帝者：《五代史・李茂貞傳》云：「鳴鞘掌扇，宣辭令，一如王者。」鞘，鞭鞘也。掌扇即障扇也，程大昌《演繁露》曰：「今人呼乘輿所用扇為掌扇，殊無義，蓋障扇之訛也。江夏王義恭為宋孝武所忌，奏草諸侯制度，障扇不得用雉尾是也。凡扇言障，取遮蔽為義，以扇自障，通上下無害，但用雉尾飾之，即乘輿制度耳。」扇即雉尾扇，鳴鞘者，用力揮鞭使有聲也。唐制天子視朝，從禁中出則鳴鞘傳警，既出西序門，索扇，扇合則升御座，扇開則百官畢朝。(七一)契丹遣其臣袍笏梅老來通好，帝遣太府少卿高頎報之：《五代會要》梁太祖開平元年四月，契丹遣其首領袍笏梅老等來貢方物，《通鑑》在五月，與《會要》異。黃震《黃氏日抄紀要》曰：「阿保機與李克用約擊梁而背之，稱臣於梁，約梁滅晉，克用恨之，死以屬莊宗。」(七二)初，契丹有八部：《五代史・四夷附錄》曰：「夷狄種號多矣，五代之際，以名見中國者十七八，而契丹最盛。契丹自後魏以來，名見中國，或曰與庫莫奚同類而異種。其居曰梟羅箇沒里，沒里者，河也，是謂黃水之南，黃龍之北，得鮮卑之故地，故又以為鮮卑之遺種。當唐之世，其地北接室韋，東鄰高麗，西界奚國而南至營州。其部族之大者號大賀氏，後分為八部，其一曰但皆利部，二曰乙室活部，三曰實活部，四曰納尾部，五曰頻沒部，六曰內會雞部，七曰集解部，八曰奚嗢部。部之長號大人而常推一大人建旗鼓以統八部，至其歲久或其國有災疾而畜牧衰，則八部聚議，以旗鼓立其次而代之。」《五代史・外國傳》曰：「契丹，古匈奴之種也，代居遼澤之中，潢水南岸，南距榆關一千一百里，榆關南距幽州七百里。本鮮卑之舊地也。其先大賀氏有勝兵四萬，分為八部，每部皆號大人，內推一人為主，建旗鼓以尊之，每三年第其名以代之。」黃水即潢水。(七三)五姓奚：杜佑《通典》曰：「庫莫奚者，其先東部鮮卑宇文之別種也，初為慕容晃所破，遺落者竄匿松漠之閒。其俗甚不潔而善射獵，好為寇抄。後魏之初，頻為寇盜，及突厥興而臣屬之，分為五部，一曰辱紇主，二曰莫賀弗，三曰契箇，四曰木崑，五曰室得理。饒樂水北，即鮮卑故地。每部置俟斤一人為帥，隨逐水草，頗同突厥。有阿會氏，五部中為盛，諸部皆歸之。其俗死者以葦箔裹屍，懸之樹上。其後款附，至隋代，號曰奚。」《五代會要》曰：「奚本匈奴別種，即東胡之地，人物風俗，與突厥同。有五部，一曰阿薈部，管縣六，二曰啜末部，管縣四，三曰奧質部，管縣六，四曰奴皆部，管縣四，五曰黑訖支部，管縣三。每部有刺史，每縣有令，酋長號奚王，唐制，兼饒樂都督，居陰涼州，東去營州五百里，南去幽州九百里，幽州置饒樂府長史一人監之。後徙居琵琶川，在幽州東北數百里，出古北口，地宜羊馬，羊則純黑，馬則前蹏堅善走。以馳獵為務，逐獸高山，自下而上，其勢若飛。語與契丹小異，爨以平底瓦鼎，煮穄為粥，既飪，以寒水解之而食。每春，借民之荒田種穄，秋熟來穫畢，則窖於山下，人莫知其處。自天祐初，契丹兵力漸盛，室韋、奚、霫皆受制焉。故奚之部族為契丹代守邊土，暨虜酷虐，其首領去諸怨之，以別部內附，徙於媯州，依北山而居，漸有數千帳，故有東、西奚之號。去諸卒，其子掃剌代立，後唐莊宗破幽州，賜掃剌姓李，名紹威，至晉天福元年，高祖以契丹有助立之功，割鴈門以北及幽州之地賂之，繇是奚之部族復隸於契丹，開運三年十二月，契丹犯闕，其王拽剌以所部兵屯於洛陽，及德光死，隨眾北遁。」馬端臨《文獻通考》曰：「紹威卒，子拽剌立。初，紹威娶契丹女舍利逐不魯之姊為妻，後逐不魯叛亡入西奚，紹威納之。晉高祖入立，割幽州、鴈門以入於契丹，是時紹威與逐不魯皆已死，德光已立晉北歸，拽刺迎謁馬前。德光曰：『非汝罪也，負我者掃刺與逐不魯耳！』乃發其墓，粉其骨而颺之。自去諸徙媯州，自別為西奚，而東奚在琵琶川者，亦為契丹所并，不復能自見云。」德光，遼太宗諱。㊹七姓室韋：胡三省曰：「室韋本有二十餘部，其近契丹者七姓。」葉隆禮《契丹國志》曰：「室韋國，室或為失，契丹之類，其在南者為契丹，在北者號為室韋。路出和龍北千餘里，入室韋國，與奚、契丹同，夏則城居，冬逐水草。有南室韋、北室韋。其俗，丈夫皆披髮，婦人皆盤髮，衣服與契丹同。乘牛車，以籧篨為屋，如氈車狀。度水則束薪為筏，或有以皮為舟者。馬則織草為韉，結繩為轡，氣候多寒，田收甚薄，惟射獵麞鹿為務，食肉衣皮，鑿冰沒水中而網取魚鼈。地多積雪，懼陷阬穽，騎木而行。太祖并諸蕃三十六國，室韋在其中。」《通典》曰：「室韋有五部，後魏末通焉，並在靺鞨之北，路出柳城。諸部不相總一，所謂南室韋、北室韋、鉢室韋、深末怛室韋、大室韋，並無君長，人眾貧弱，突厥沙鉢略可汗常以吐屯潘垤統領之，蓋契丹之類也。南室韋在契丹北三千里，土地卑濕，至夏則移向西貸勃、久對二山，多草木，饒禽獸，又多蚊蚋，人皆巢居以避其患。衣服與契丹同，寢則屈木為室，以籧篨覆上，移則載行。以豬皮為席，編木藉之。氣候多寒，田收甚薄，無羊，少馬，多豬、牛，造酒食噉，言語與靺鞨同。婚姻之法，二家相許，婿輒盜婦去，然後送牛馬為聘。婦人不再嫁，以為死人妻難以共居。部落共為大棚，人死則置屍其上，居喪三年。自南室韋北行十一日至北室韋，氣候最寒，冬則入山居穴中，牛畜多凍死，俗皆捕貂為業。冠以狐貉，衣以魚皮。又北行千里至鉢室韋，依胡布山而住，用樺皮蓋屋。從鉢室韋西四日行至深末怛室韋，因水為號，冬月穴居以避太陰之氣。又西北數千里至大室韋，徑路險阻，言語不通，尤多貂皮及青鼠。後魏武定、隋開皇、大業中並遣使朝獻。大唐所聞有九部焉，屢有朝貢，所謂嶺西室韋、北室韋、黃頭室韋、大如者室韋、小如者室韋，訥婆萵室韋，達末室韋，駱駝室韋，並在柳城郡之東北，近者三千五百里，遠者六千二百里。」《冊府元龜》曰：「南室韋在契丹北三千里，分為二十五部，每部有餘莫弗瞞咄，猶酋長也。北室韋在南室韋北，行十一日，其國分為九部落，繞吐紇山而居。其部落渠帥，號乞引莫賀咄，每部有莫何弗三人以貳之。鉢室韋在北室韋北千里，依胡布山而住，人眾多於北室韋，不知為幾部落。大室韋在鉢室韋西北數千里。」胡嶠《陷虜記》曰：「契丹西北有黑車子室韋，善作車帳，其人知孝義，地貧無所產云。契丹之先，常役回紇，後背之走黑車子，始學作車帳。又北至牛蹄突厥，又東北至襪劫子，其國三面皆室韋，一曰室韋，二曰黃頭室韋，三曰獸室韋。其地多銅鐵金銀，其人工巧，銅鐵諸器皆精好，善織毛錦。地尤寒，馬溺至地成冰堆。」蓋其部落繁多，不可悉紀云。⑮達靼：《五代史記・四夷附錄》曰：「韃靼，靺鞨之遺種，本在奚、契丹之東北，後為契丹所攻而部族分散，或屬契丹，或屬渤海，別部散居陰山者自號韃靼，當唐末以名見中國。」李心傳《建炎以來朝野雜記》曰：「韃靼之先，與女真同種，蓋皆靺鞨之後也。其國在元魏、齊、周之時稱勿吉，至隋稱靺鞨也。直長安東北六千里，東瀕海，離為數十部，部有黑水、白山等名。白山本臣高麗，唐滅高麗，其遺人並入渤海，惟黑水完彊。及渤海盛，靺鞨皆役屬之，後為奚、契丹所攻，部族分散，其居混同江之上者曰女真，乃黑水遺種也，其居陰山者自號為韃靼，唐末五代，常通中國，太祖、太宗朝，各再入貢，皆取道靈武而來，及繼遷叛命，遂絕不通，因為契丹所服役。韃靼之人，皆勇悍善戰，其近漢地者謂之熟韃靼，尚能種秫穄，以平底瓦釜煮而食之，其遠者謂之生韃靼，止以射獵為生，無器甲，矢惟骨鏃而已，蓋以地不產鐵故也。」孟珙《蒙韃備錄》曰：「韃靼始起，地處契丹之西北，族出於沙陀別種，故於歷代無聞焉。其種有三，曰黑、曰白、曰生。」(七六)阿保機，姓邪律氏：《五代史記・四夷附錄》曰：「阿保機以其所居橫帳地名為姓曰世里，世里，譯者謂之耶律。」葉隆禮《契丹國志》曰：「以所居之地名世里著姓，世里者，上京東百里地名也，今名世里沒里，以漢語譯之，謂之耶律氏。」與歐陽史同。《遼史・國語解》曰：「德祖族屬號三父房，稱橫帳，宗室之尤貴者。」德祖，遼太祖阿保機父廟號。(七七)求如約：求如三年一代之約也。(七八)漢城，故後魏滑鹽縣也：《五代史・四夷附錄》曰：「漢城在炭山東南灤河上。」滑鹽縣，漢屬漁陽郡，後漢明帝改曰鹽田。《水經注》大榆河自密雲城南東南流徑後魏安州舊漁陽郡之滑鹽縣南，世謂之斛鹽城，西北去禦夷鎮二百里。《續通典》契丹居遼澤之中，潢水南岸，遼澤去渝關一千一百三十里，渝關去幽州一百七十四里，其地東南接海，東際遼河，西包冷陘，北界松陘山，東西三千里，地多松柳，澤多蒲葦，阿保機居漢城，在檀州西北五百五十里，城北有龍門山，山北有炭山，炭山西是契丹、室韋二界相連之地，其地灤河上源西，有鹽泊之利，則後魏滑鹽縣也。滑鹽縣故治在今熱河省承德縣南。(七九)女真：後建國曰金，肅慎氏之遺種，黑水靺鞨之苗裔也。《東夷考略》曰：「五代時，契丹盡取渤海地，而黑水靺鞨因附屬，阿保機遷其豪數千家於遼陽南曰合蘇館，由是黑水部落，在南者籍契丹，號熟女真，在北者不入籍，號生女真，後避興宗諱，改女直。地有混同江、長白山，混同江水色微黑，亦名黑龍江，即粟末河發源太白山者。太白山一名長白山，橫亘百里，嶺下水源下注成湖，出東珠，貴者值千金，南流為鴨綠江，北流為混同江，達五國城東入於海，其出北山，南流入松花江，是為白山黑水，金所繇開國也。」無名氏《北風揚沙錄》曰：「金國本名朱里真，番音譌為女真，或曰慮真，避契丹興宗宗真名，又曰女直，肅慎氏之遺種，而渤海之別族也。或曰，三韓辰韓之後，姓拏氏。唐貞觀中，靺鞨來中國，始聞女真之名，世居混同江之東，長白山、鴨綠水之源，南隣高麗，北接室韋，西界渤海、鐵驪，東瀕海，三國志所謂挹婁，元魏所謂勿吉，唐所謂黑水靺鞨者。今其地有七十二部落相統屬。契丹阿保機乘唐衰，興北方，吞諸蕃，三十六女真在其中。阿保機恐女真為患，誘豪右數千家遷之遼陽之南而著籍焉！使不得與本國通，謂之合蘇款。自威州東北分界八室口至東沫江，中間所居之女真，隸契丹咸州兵馬司，與其國往來無禁，謂之回霸。合蘇款者，熟女真也，回霸者，非熟女真，亦非生女真也。自東沫江之北，寧江之東，地方千餘里，戶十餘萬，無大君長，亦無國名，散居山谷閒，自推豪傑為酋長，小者千戶，大者數千，則謂之生女真，七十二部落之一也。僻處契丹東隅，地多山林，屋無瓦，覆以板或樺皮，牆壁亦木為之，產名馬、生金、大珠，頗事耕藝而不蠶桑，人多布衣。冬極寒，盛夏如中國十月時，屋才高數尺，獨開向南一扉，扉掩，復以竹綢繆之。環室為土牀，熾火其下而寢食起居其上。衣厚毛為衣，非入室不徹，衣履稍薄，則墮指裂膚。臣屬契丹二百餘年，間歲以北珠、貂革、名馬、良犬為貢，亦服叛不常，契丹謂之女真，但羈縻而已。俗勇悍，耐饑渴苦辛，騎上下山崖如飛，濟江河不用舟揖，浮馬而渡。人皆辮髮，與契丹異。耳垂金環，留顱後髮，以色絲繫之，富人用珠、金為飾，男子亦衣紅、黃，與婦人無別。嗜酒而好殺，無常居，善為鹿鳴，呼鹿而射之，生啖其肉。醉則縛而俟其醒，不爾殺人，雖父母不辨也。與契丹言語不通而無文字，賦斂調發，刻箭為號，事急者三刻之。謂好為臧，不好為刺撒，謂酒為教蘇，謂棓殺為蒙山不屈花不刺。官之等者以九曜二十八宿為號，職皆曰勃極列，猶中國總管，皆糾官也。自五戶勃極列推而上之至萬戶，皆自統兵。緩則射獵，急則出戰。宗室皆謂之郎君，事無大小，必以郎君總之如奴隸。凡用兵，戈為前行，號曰硬軍，人馬皆全甲，刀棓自副，弓矢在後，設而不發，非五十步不射。弓力不過七斗，箭鏃至六七尺，形如鑿，入不可出，人攜不滿百枝。其法，五、十、百皆有長，五長擊柝，十長執旗，百長挾鼓，千人將則旗幟金鼓皆備。五長戰死，四人皆斬，十長戰死，五長皆斬，千長戰死，百長皆斬，能負軍伍戰歿之屍以歸，即得其家貲。凡將皆不執旗，人視其所向而趨，自主帥至卒皆自馭，無從者。以粟粥燔肉為食，上下無異品。國有大事，適野環坐，畫灰而議，自卑者始。議畢，即漫滅之，不聞人聲，其密如此。軍將行，大會而飲，使人獻策，主帥聽而擇焉，其合者即為特將任其事，師還，有大會，問有功者與之金，舉以示眾，眾以為薄，復增之。法令嚴，殺人者死，仍沒其家人為奴婢，親戚欲得，則輸牛馬贖之。盜一責十，以六歸主而四輸官，其他罪無輕重，悉笞背。有一州則一州之官許專決，守一縣則一縣之官許專決，取民錢者無罪。」《五代史記・四夷附錄》曰：「黑水靺鞨，本號勿吉，當後魏時見中國，其國東至海，南界高麗，西接突厥，北隣室韋，蓋肅慎氏之地也，其眾分為數十部而黑水靺鞨最處其北。」《五代史・外國傳》曰：「黑水靺鞨俗尚質朴，性猛悍，無憂戚，貴壯而賤老，無文字，兵器有角弓楛矢。」徐夢莘《三朝北盟會編》曰：「女真之俗，依山而居，聯木為柵。」又曰：「其死亡則以刃剺面，血淚交下，謂之送血淚。父死則妻其母，兄死則妻其嫂，叔伯死則侄亦如之，故無論貴賤，人皆有數妻。」宇文懋昭《大金國志》曰：「其人不知紀年，問之，則曰：『吾見青草幾度矣！』蓋以草一青為一年也。」〔八〇〕西取突厥故地：《冊府元龜》曰：「突厥者，蓋匈奴之別種，居金山之陽。金山形似兜鍪，其俗謂兜鍪為突厥，因以為號。」《五代史記・四夷附錄》云：「突厥國地、君世、部族、名號、物俗見於唐著矣，至唐之末，為諸夷所侵，部族微散，又來不數，故其君長，史皆失不能紀。」《陷虜記》曰：「契丹西則突厥、回紇，西北至嫗厥律，其人長大髦頭，酋長全其髮，盛以紫囊。地苦寒，水出大魚，契丹仰食，又多黑、白、黃貂鼠皮，北方諸國皆仰之。其人最勇，隣國不敢侵。又其西轄戛，又其北單于突厥，皆與嫗厥律略同。」〔八一〕是歲，阿保機帥眾三十萬寇雲州，晉王與之連和，面會東城，約為兄弟，延之帳中，縱酒握手盡歡，約以今冬共擊梁；《遼史・太祖紀》曰：「唐天祐二年冬十月，太祖以騎兵七萬會克用於雲州，宴酣，克用借兵以報劉仁恭木瓜澗之役，太祖許之，易袍馬約為兄弟。及進兵擊仁恭，拔數州，盡徙其民以歸。」據《遼史》，是雲州之會，蓋克用借契丹之兵以報劉仁恭木瓜澗之役耳，與《通鑑》及薛、歐陽二史約共擊梁者異。〔八二〕阿保機歸而背盟，更附於梁；遣使通好於梁，是附梁也。〔八三〕加清海節度使劉隱威武節度；威武節度下當有使字。〔八四〕仍以隱為大彭王；胡三省曰：

「自宋武帝以彭城之裔，興於江南，後多以彭城之劉為名族，劉隱封大彭王，意蓋取此。」㊅荊南薄統八州：劉昫《舊唐書・地理志》治江陵府，統荊、歸、夔、峽、忠、萬、澧、朗八州。㊅立子友文為博王，友珪為郢王，友璋為福王，友貞為均王，友雍為賀王，友徽為建王：胡三省曰：「友文以養子居諸子之上，友珪弒逆，禍胎於此。」㊇以東都舊第為建昌宮，改判建昌院事為建昌宮使：《五代史・梁太祖紀》云：「初，帝創業之時，以四鎮兵馬倉庫籍繁，因總置建昌院以領之，至是改為宮，蓋重其事也。」㊇命保平節度使康懷貞將兵八萬會魏博兵攻潞州：時晉王李克用命其將李嗣昭守潞州。㊈禮部尚書蘇循及其子起居郎揩自謂有功於梁：蘇循鼓成禪代之事，故自以為有功於梁，事見上卷唐昭宣帝天祐二年。㊉循朝夕望為宰相，帝薄其為人：《舊唐書・帝紀昭宣帝天祐二年》，蘇揩上議駁昭宗謚。帝雄猜鑒物，自是深鄙其為人，禪代之後，父子皆斥逐，不令在朝。㊈盧約以處州降吳越：錢儼《吳越備史》，是月，盧約以處州降於錢鏐，鏐以為浙江安撫副使。唐僖宗中和元年，盧約據處州，至是而亡，吳越遂有其地。㊈弘農王以鄂岳觀察使劉存為西南面都招討使，岳州刺史陳知新為岳州團練使，盧州觀察使劉威為應援使，別將許玄應為監軍，將水軍三萬以擊楚：此所謂瀏陽之役也，按《九國志》在唐昭宣帝天祐三年，與《通鑑》異。又《九國志》，存時為鄂岳都團練使，威時為鎮南軍節度使。㊈在城都指揮使：胡三省曰：「在城都指揮使，盡統潭州在城之兵。」㊈瀏陽口：瀏陽水入湘江之口也。《水經注》湘水北過漢臨湘縣西，瀏水從縣西北流注之，有瀏口戍。漢臨湘縣在今湖南省長沙縣城之南，瀏陽口在其西。三國吳析漢臨湘縣地置瀏陽縣，因瀏陽水以為名也，隋廢，唐中宗景龍二年復於瀏陽故城置瀏陽縣，屬潭州，《元豐九域志》縣在州東北一百六十里，即今湖南省瀏陽縣也。（九五）彥暉遂拔岳州：陳知新取岳州見上卷唐昭宣帝天祐三年。（九六）楚王殷遣兵會吉州刺史彭玕攻洪州，不克：彭玕附楚見上卷唐昭宣帝天祐三年。《九國志》，玕吉州廬陵人，雅好儒學，精左氏春秋，當兵荒之歲，所在饑饉，玕延接文士，曾無虛日，治具勤厚，人多歸之。廣陵筆工李鬱者，善為詩什，玕嘗貽書於鬱，以白金十兩市一筆，又令鬱訪石本五經，卷以白金百兩為直，廣陵人相謂曰：「玕以十金易一筆，百金酬一卷，況得士乎！」於是士多往依之。（九七）蚰蜒塹：蚰蜒，蟲名，能捲曲，鑿塹蜿蜒曲折，故曰蚰蜒塹。（九八）蕃漢都指揮使周德威：蕃漢都指揮使者，盡統蕃漢之兵。《五代史・周德威傳》，德威字鎮遠，小字陽五，朔州馬邑人也，驍勇便騎射，膽氣智數皆過人，久在雲中，諳熟邊事，望煙塵之警，懸知兵勢。（九九）鐵林都指揮使安元信：鐵林，河東軍號。《五代史・周德威傳》，德威嘗事晉王李克用為鐵林軍使。胡三省曰：「五季之世，諸鎮各有都指揮使，而命官之職分有不同者，如周德威蕃漢都指揮使，則蕃漢之兵皆受指揮也，行營都指揮使，則行營兵皆受指揮也，鐵林都指揮使安元信，則鐵林軍都之指揮使耳！」（一〇〇）橫衝指揮使李嗣源：嗣源，即後唐明宗。《五代史・明宗紀》，明宗，代北人也，晉王李克用以為養子，屢戰有功，晉王嘉之，以其所屬五百騎號曰橫衝都，侍于帳下，故兩河間稱之為李橫衝。（一〇一）嗣弼，克脩之子：克脩，晉王克用之弟也，見唐〈僖宗紀〉。（一〇二）建塘，敬思之子：史敬思見卷二百五十五唐僖宗中和四年。（一〇三）晉兵攻澤州：胡三省曰：「攻澤州以擬康懷貞之後。」（一〇四）公安：三國蜀置，晉改曰江安，陳復舊名，唐屬江陵府。《元豐九域志》縣在府南九十里。故城在今湖北省公安縣東北油江口。㉕劉守光既囚其父：事見上四月。㉖靜海節度使曲裕卒：曲裕即曲承裕。㉗〔考異〕靜海行營司馬：胡三省曰：「行營當作行軍。」㉘雷彥恭攻岳州，不克：彥恭既會楚兵攻荊南，至是反兵攻楚之岳州也。㉙丙午，賜河南尹張全義名宗奭：七月丙子朔，無丙午，丙午八月初一日。帝舊名全忠，故更名全義曰宗奭。㉚以吳越王鏐兼淮南節度使，楚王殷兼武昌節度使，各充本道招討制置使：淮南、武昌二鎮皆弘農王楊渥所統，帝欲使吳越、楚攻之，故以二鎮分授之。㉛晉周德威壁於高河：以援潞州也。高河在今山西省長治縣西二十里，即古絳河也。㉜親騎：胡三省曰：「親騎，梁之親兵馬軍也。」㉝黜懷貞為行營都虞候：唐中葉以後，方鎮皆置都虞候，主不法，梁祖起自節鎮，遂以都虞候為禁衛官，歷唐、晉、漢、周至宋皆因之。㉞思安將河北兵西上：潞州古上黨之地也，在河北諸鎮之西而地勢高上，故曰西上。㉟涔陽：《元豐九域志》江陵府公安縣有涔陽鎮。廢城在今湖北省公安縣南，以在涔水之陽而名。㊱彥恭貪殘類其父：雷彥恭，滿之之子也。㊲又附於淮南：楊渥為淮南節度使。㊳此所謂天與不取者也：《史記》蒯通曰：「天與弗取，反受其咎，時至不行，反受其殃。」㊴朝興則未爽稱臣：爽，乖也，言若唐朝復興，則於為臣之節未乖也。㊵己亥，即皇帝位：蜀王王建字光圖，許州舞陽人也。㊶以前東川節度使兼侍中王宗佶為中書令：《九國志》，王宗佶，豫章人，本姓甘氏，幼穎異，王建討徐堂舉於江西，獲之，憐其慧黠，遂收為養子，每給事帳下，後從建入閬中，隨諸將征伐有功，補貔虎都指揮使，遷嘉州刺史，累功為兵馬留後，檢校太傅，知節度事，又以功加檢校太尉，武成初，進爵為公，拜開府，守中書令。㉒莊，見素之孫也：韋見素，唐玄宗天寶末為相。㉓朗州：《舊唐書・地理志》，朗州，隋武陵郡，高祖武德四年，置朗州，治武陵縣，漢臨沅縣地也，秦屬黔中郡，梁分武陵郡，於縣置武州，陳改武州為沅陵郡，隋平陳，復為嵩州，尋又改為朗州，煬帝為武陵郡，武德復為朗州。今為湖南省常德縣。㉔平江：平江縣，本漢羅縣地，後漢分置漢昌縣，三國吳改曰吳昌，隋省入羅縣，唐又省羅縣入湘陰，中宗神龍三年，分湘陰縣置昌江縣，五代唐改曰平江，今為湖南平江縣。㉕朗口：胡三省曰：「朗水西南自辰州入朗州界，經州城入大江，謂之朗口。」㉖掠上高、唐年而歸：上高縣，後漢上蔡縣也，晉改曰望蔡，五代南唐改置上高縣，即今江西省上高縣。唐玄宗天寶二載開山洞唐年縣，屬鄂州，故城在今湖北省崇陽縣西四十里。㉗夾馬指揮使：梁於西都洛陽置夾馬營。㉘江猪嶺：胡三省曰：「江猪嶺在潞州長子縣西，由北路達鵰窠嶺。」嶺在今山西省長子縣西南，近長平關。㉙不意吾家生此梟獍：梟，惡鳥也，長而食母，獍，破鏡也，惡獸，長而食父，故以喻兇殘忘恩之輩。守光囚其父，故守文以梟獍比之。㉚乃發兵擊守光：發滄、德之兵也。㉛守光以窘急歸國：謂上四月劉守光遣使請命。㉜析簡：擘紙作書也。㉝關津：關，陸行必經之處；津，濟渡必由之處也。㉞洺州：《舊唐書・地理志》高祖武德元年改隋武安郡為洺州，治永年，永年，本漢廣平郡之曲梁縣也，今為河北省永平縣。㉟淮南兵攻信州，刺史危仔倡求救於吳越：危全諷以仔倡守信州之地。《舊唐書・地理志》肅宗乾元元年，割衢州之常山、饒州之弋陽、建州之三鄉、撫州之一鄉置信州，並治上饒縣為州治，故治在今江西省上饒縣西北。

二年（西元九〇八年）

㈠春，正月，癸酉朔，蜀主登興義樓，有僧抉一目以獻，蜀主命飯僧萬人以報之。翰林學士張格曰：「小人無故自殘，赦其罪已幸矣，不宜復崇獎以敗風俗」。蜀主乃止。

㈡丁丑（初五日），蜀以韋莊為門下侍郎同平章事。

㈢辛巳（初九日），蜀主祀南郊，壬午（初十日），大赦，改元武成。

㈣晉王疽發於首，病篤，周德威等退屯亂柳㈠。晉王命其弟內外蕃漢都知兵馬使振武節度使克寧、監軍張承業、大將李存璋、吳珙、掌書記盧質立其子晉州刺史存勗為嗣，【考異】五代史闕文，世傳武皇臨薨，以三矢付莊宗曰：「一矢討劉仁恭，汝不先下幽州，河南未可圖也；一矢擊契丹。」且曰：「阿保機與吾把臂而盟，結為兄弟，誓復唐家社稷，今背約附梁，汝必伐之：一矢滅朱溫，汝能成善志，死無恨矣。」莊宗藏三矢於武皇廟庭，及討劉仁恭，命幕吏以少牢告廟，請一矢，盛以錦囊，使親將負之以為前驅，凱旋之日，隨俘馘納矢於太廟，伐契丹，滅朱氏，亦如之。按薛史契丹傳，莊宗初嗣位，亦使遣告哀，賂以金繒，求騎軍以救潞州，契丹答其使曰：「我與先王為兄弟，兒即吾兒也，寧有父不救子邪？」許出師，會潞平而止。廣本，劉守光為守文所攻，屢求救於晉，晉王遣將㈡部兵五千救之。然則此時莊宗未與契丹及守光為仇也，此蓋後人因莊宗成功，撰此事以誇其英武耳！曰：

「此子志氣遠大，必能成吾事，爾曹善教導之。」辛卯（十九日）㊂，晉王謂存勗曰：「嗣昭厄於重圍㊃，吾不及見矣！俟葬畢，汝與德威輩速竭力救之。」又謂克寧等曰：「以亞子累汝。」亞子，存勗小名也，言終而卒㊄。克寧綱紀軍府，中外無敢諠譁。

克寧久總兵柄，有次立之勢㊅。時上黨圍未解，軍中以存勗年少，多竊議者，人情恟恟，存勗懼，以位讓克寧㊆。克寧曰：「汝冢嗣也，且有先王之命，誰敢違之？」將吏欲謁見存勗，存勗方哀哭未出。張承業入謂存勗曰：「大孝在不墜基業，多哭何為？」因扶存勗出，襲位為河東節度使、晉王㊇，李克寧首帥諸將拜賀，王悉以軍府事委之。以李存璋為河東軍城使、馬步都虞候。先王㊈之時，多寵借胡人及軍士，侵擾市肆，存璋既領職，執其尤暴橫者戮之。旬月間，城中肅然。

㈤吳越王鏐遣兵攻淮南甘露鎮以救信州㈠。

㈥蜀中書令王宗佶於諸假子為最長㈡，且恃其功，專權驕恣，唐道襲已為樞密使，宗佶猶以名呼之，道襲心銜之而事之逾謹㈢。宗佶多樹黨友，蜀主亦惡之，二月甲辰（初三日），以宗佶為太師，罷政事。

㈦蜀以戶部侍郎張格為中書侍郎、同平章事㊂。格為相，多迎合主意，有勝己者，必以計排去之。

㈧初，晉王克用多養軍中壯士為子，寵遇如真子，及晉王存勗立，諸假子皆年長握兵，心怏怏不伏，或托疾不出。或見新王不拜。李克寧權位既重，人情多向之。假子李存顥陰說克寧曰：「兄終弟及，自古有之㊃。以叔拜姪，於理安乎？天與不取，後悔無及。」克寧曰：「吾家世以慈孝聞天下，先王之業，苟有所歸，吾復何求？汝勿妄言，我且斬汝。」克寧妻孟氏素剛悍，諸假子各遣其妻入說孟氏㊄，孟氏以為然，且慮語泄及禍，數以迫克寧。克寧性怯，朝夕惑於眾言，心不能無動，又與張承業、李存璋相失，數誚讓之，又因事擅殺都虞候李存質，又求領大同節度使，以蔚、朔、應州為巡屬㊅，晉王皆聽之。李存顥等為克寧謀，因晉王過其第，殺承業、存璋，奉克寧為節度使，舉河東九州㊆附於梁，執晉王及太夫人曹氏送大梁。太原人史敬鎔，少事晉王克用，居帳下，見親信，克寧欲知府中陰事，召敬鎔，密以謀告之，敬鎔陽許之，入告太夫人，太夫人大駭，召張承業，指晉王謂之曰：「先王把此兒臂授公等，如聞外間謀欲負之，但置吾母子有地，勿送大梁，自它不以累公。」承業惶恐曰：「老奴以死奉先王之命，此何言也？」晉王以克寧之謀告，且曰：「至親不可自相魚肉，吾苟避位，則亂不作矣！」承業曰：「克寧欲投大王母子於虎口，不除之豈有全理？」乃召李存璋、吳珙及假子李存敬、長直軍使朱守殷，使陰為之備。壬戌（二十一日），置酒會諸將於府舍，伏甲執克寧、存顥於座。晉王流涕數之曰：「兒曏以軍府讓叔父，叔父不取，今事已定，奈何復為此謀，忍以吾母子遺仇讎乎？㈧」克寧曰：「此皆讒人交構，夫復何言？」是日殺克寧及存顥。

㈨癸亥（二十二日），酖殺濟陰王於曹州，追謚曰唐哀皇帝㈨。

㈩甲子（二十三日），蜀兵入歸州㈩，執刺史張瑭。

(十一)辛未（三十日），以韓建為侍中，兼建昌宮使。

(十二)李思安等攻潞州，久不下，士卒疲弊，多逃亡，晉兵猶屯餘吾寨㉑。帝疑晉王克用詐死，欲召兵還，恐晉人躡之，乃議自至澤州，應接歸師，且召匡國節度使劉知俊將兵趣澤州。三月，壬申朔，帝發大梁，丁丑（初六日），次澤州，辛巳（初十日），劉知俊至，壬午（十一日），以知俊為潞州行營招討使。

(十三)癸巳（二十二日），門下侍郎同平章事張文蔚卒。

(十四)帝以李思安久無功，亡將校四十餘人，士卒以萬計，更閉壁自守，遣使召詣行在。甲午（二十三日），削思安官爵，勒歸本貫充役㉒，斬監押楊敏真。

晉李嗣昭固守踰年㉓，城中資用將竭，嗣昭登城宴諸將作樂，流矢中嗣昭足，嗣昭密拔之，座中皆不覺㉔。帝數遣使賜嗣昭詔，諭衛之，嗣昭焚詔書，斬使者。帝留澤州旬餘，欲召上黨兵還，遣使就與諸將議之。諸將以為李克用死，余吾兵且退，上黨孤城無援，請更留旬月以俟之。帝從之，命增運芻糧以饋其軍。

劉知俊將精兵萬餘人擊晉軍，斬獲甚眾，表請自留攻上黨，車駕宜還京師。帝以關中空虛，慮岐人侵同、華㉕，命知俊休兵長子，旬日，退屯晉州，俟五月歸鎮。

(十五)蜀太師王宗佶既罷相，怨望，陰畜養死士謀作亂，上表以為：「臣官預大臣，親則長子，國家之事，休戚是同。今儲貳未定，必生厲階㉖。陛下若以宗懿才堪繼承，宜早行冊禮，以臣為元帥，兼總六軍，儻以時方艱難，宗懿沖幼，臣安敢持謙，不當重事？陛下既正位南面，軍旅之事，宜委之臣下。臣請開元帥府，鑄六軍印，征戍徵發，臣悉專行。太子視膳於晨昏，微臣握兵於環衛，萬世基業，惟陛下裁之。」蜀主怒，隱忍未發，以問唐道襲。對曰：「宗佶威望，內外懾服，足以統御諸將。」蜀主益疑之。己亥（二十八日），宗佶入見，辭色悖慢，蜀主諭之，宗佶不退，蜀主不堪其忿，命衛士撲殺之。貶其黨御史中丞鄭騫為維州司戶，衛尉少卿李鋼為汶川尉㉗，皆賜死於路。

(十六)初，晉王克用卒，周德威握重兵在外，國人皆疑之，晉王存昴召德威，使引兵還。夏，四月，辛丑朔，德威至晉陽，留兵城外，獨徒步而入，伏先王柩，哭極哀，退謁嗣王，禮甚恭，眾心由是釋然。

㈦癸卯（初三日），門下侍郎同平章事楊涉罷為右僕射，以吏部侍郎于兢為中書侍郎，翰林學士承旨張策為刑部侍郎，並同平章事。兢，琮之兄子也㉘。

㈧夾寨余吾晉兵已引去，帝以援兵不能復來，潞州必可取，丙午（初六日），自澤州南還，壬子（十二日），至大梁。梁兵在夾寨者，亦不復設備。

晉王與諸將謀曰：「上黨，河東之藩蔽㉙，無上黨，是無河東也。且朱溫所憚者，獨先王耳！聞吾新立，以為童子，未閑軍旅㉚，必有驕怠之心。若簡精兵，倍道趣之，出其不意，破之必矣！取威定霸㉛，在此一舉，不可失也。」張承業亦勸之行，乃遣承業及判官王緘乞師於鳳翔㉜，又遣使賂契丹王阿保機求騎兵㉝。岐王衰老，兵弱財竭，竟不能應。

晉王大閱士卒，以前昭義節度使丁會為都招討使㉔，甲子（二十四日），帥周德威等發晉陽。

(十九)淮南遣兵寇石首㉕，襄州兵敗之於㶏港，又遣其將李厚將水軍萬五千趣荊南，高季昌逆戰，敗之於馬頭㉖。

(廿)己巳（二十九日），晉王軍於黃碾㉗，距上黨四十五里。五月，辛未朔，晉王伏兵三垂岡下㉘，詰旦㉙，大霧，進兵直抵夾寨。梁軍無斥候，不意晉兵之至，將士尚未起，軍中驚擾。晉王命周德威、李嗣源分兵為二道，德威攻西北隅，嗣源攻東北隅，填塹燒寨，鼓譟而入㊵，梁兵大潰南走，招討使符道昭馬倒，為晉人所殺，失亡將校士卒以萬計，委弃資糧、器械山積。周德威等至城下，呼李嗣昭曰：「先王已薨，今王自來破賊，夾寨賊已去矣，可開門。」嗣昭不信，曰：「此必為賊所得，使來誑我耳！」欲射之，左右止之。嗣昭曰：「王果來，可見乎？」王自往呼之，嗣昭見王白服，大慟幾絕，城中皆哭，遂開門。

初，德威與嗣昭有隙，晉王克用臨終，謂晉王存勗曰：「進通忠孝，吾愛之深，今不出重圍，豈德威不忘舊怨邪？汝為吾以此意諭之，若潞圍不解，吾死不瞑目。」進通，嗣昭小名也。晉王存勗以告德威，德威感泣，由是戰夾寨甚力，既與嗣昭相見，遂歡好如初。

康懷貞以百餘騎自天井關遁歸。帝聞夾寨不守，大驚，既而歎曰：「生子當如李亞子，克用為不亡矣！至如吾兒，豚犬耳。」詔所在安集散兵。

周德威、李存璋乘勝進趣澤州，刺史王班素失人心，眾不為用，龍虎統軍牛存節自西都將兵應接夾寨潰兵（四一），至天井關（四二），謂其眾曰：「澤州，要害地，不可失也，雖無詔旨，當救之。」眾皆不欲，曰：「晉人勝氣方銳，且眾寡不敵。」存節曰：「見危不救，非義也；畏敵彊而避之，非勇也。」遂舉策引眾而前（四三），至澤州，城中人已縱火諠譟，欲應晉王，班閉牙城自守，存節至，乃定。

【考異】歐陽史云：「存節從康懷英攻潞州，為行營排陳使，晉兵已破夾城，存節以餘兵歸，行至天井關，聞晉兵攻澤州而救之。」梁列傳：「澤州將陷，河南尹張宗奭召龍虎統軍牛存節謀之，存節帥本軍及右神武、羽林等軍往應接上黨，回師至天井關，即引眾前救澤州。」薛史亦同。按存節若自夾城遁歸，則先過澤州，後至天井關，豈得已過而返救之也，今從梁列傳及薛史。晉兵尋至，緣城穿地道攻之，存節晝夜拒戰，凡旬有三日，劉知俊自晉州引兵救之㊹，德威焚攻具，退保高平㊺，【考異】莊宗列傳云：「李存璋進攻澤州，刺史王班棄城而去，澤潞皆平。」今不取。晉王歸晉陽，休兵行賞，以周德威為振武節度使，同平章事。命州縣舉賢才，黜貪殘，寬租賦，撫孤窮，伸冤濫，禁姦盜，境內大治。以河東地狹兵少，乃訓練士卒，令騎兵不見敵，無得乘馬，部分已定，無得相踰越及留絕以避險㊻，分道並進，期會無得差晷刻㊼，犯者必斬，故能兼山東，取河南，由士卒精整故也。

初，晉王克用平王行瑜㊽，唐昭宗許其承制封拜，時方鎮多行墨制，王恥與之同，每除吏，必表聞，至是晉王存勗始承制除吏。晉王德張承業㊾，以兄事之，每至其第，升堂拜母㊿，賜遺甚厚。潞州圍守歷年，士民凍餒，死者太半，市里蕭條，李嗣昭勸課農桑，寬租緩刑，數年之間，軍城完復。

(廿一)靜江節度使同平章事李瓊卒(五一)，楚王殷以其弟永州刺史存知桂州事。

(二二)壬申（初二日），更以許州忠武軍為匡國軍，同州匡國軍為忠武軍，陝州保義軍為鎮國軍。

(二三)乙亥（初五日），楚兵寇鄂州，淮南所署知州秦裴擊破之[五二]。

(二四)淮南左牙指揮使張顥、右牙指揮使徐溫專制軍政，弘農威王[五三]心不能平，欲去之而未能，二人不自安，共謀弒王分其地以臣於梁。戊寅（初八日），顥遣其黨紀祥等弒王於寢室。【考異】吳錄，顥使紀祥、陳輝、黎璠、孫殷等執渥於寢室，弒之，不言徐溫，蓋徐鉉為溫諱耳。薛史因之，而江南別錄有獨用左衛兵事。歐陽史云：「溫、顥共遣盜殺渥，約分其地，以臣於梁。」按溫與顥分掌牙兵，溫若不同謀，顥必不敢獨弒渥，今從江南別錄。十國紀年，張顥欲稱淮南留後，送款於梁，以淮南易蔡州節制，徐溫曰：「揚州距汴州，往返僅三千里，軍府踰月無主，必亂，不若有所立，然後圖之。」按顥稱留後，則有主矣，今不從。詐云暴薨[五四]。己卯（初九日），顥集吏於府庭夾道及庭中，堂上各列白刃，令諸將悉去衛從然後入。顥厲聲問曰：「嗣王已薨，軍府誰當主之？」三問莫應，顥氣色皆怒。幕僚嚴可求前密啟曰：「軍府至大，四境多虞，非公主之不可，然今日則恐太速。」顥曰：「何謂速也？」可求曰：「劉威、陶雅、李遇、李簡皆先王之等夷[五五]，公今自立，此曹肯為公下乎？不若立幼主輔之，諸將孰敢不從？」顥默然久之，可求因屏左右，急書一紙置袖中，麾同列詣使宅賀[56]，眾莫測其所為，既至，可求跪讀之，乃太夫人史氏[57]教也。大要言先王創業艱難，嗣王不幸早世，隆演次當立，諸將宜無負楊氏，善輔導之。辭旨明切，顥氣色皆沮，以其義正，不敢奪，遂奉威王弟隆演稱淮南留後，東面諸道行營都統[58]。既罷，副都統朱瑾[59]詣可求所居曰：「瑾年十六七，即橫戈躍馬，衝犯大敵，未嘗畏懾，今日對顥，不覺流汗，公面折之如無人，乃知瑾匹夫之勇，不及公遠矣！」因以兄事之。

顥以徐溫為浙西觀察使，鎮潤州。嚴可求說溫曰：「公捨牙兵而出外藩，顥必以弒君之罪歸公。」溫驚曰：「然則奈何？」可求曰：「顥剛愎而暗於事，公能見聽，請為公圖之。」時副使李承嗣[60]參預軍府之政，可求又說承嗣曰：「顥凶威如此，今出徐於外，意不徒然，恐亦非公之利。」承嗣深然之。可求往見顥曰：「公出徐公於外，人皆言公欲奪其兵權而殺之，多言亦可畏也。」顥曰：「右牙欲之[61]，非吾意也，業已行矣，奈何？」可求曰：「止之易耳。」明日，可求邀顥及承嗣俱詣溫，可求瞋目責溫曰：

「古人不忘一飯之恩，況公楊氏宿將。今幼嗣初立，多事之時，乃求自安於外，可乎？」溫謝曰：「苟諸公見容，溫何敢自專？」由是不行。

顥知可求陰附溫，夜遣盜刺之。可求知不免，請為書辭府主（六二）。盜執刀臨之，可求操筆無懼色，盜能辨字，見其辭旨忠壯，曰：「公長者，吾不忍殺。」掠其財以復命，曰：「捕之不獲。」顥怒曰：「吾欲得可求首，何用財為？」

溫與可求謀誅顥，可求曰：「非鍾泰章不可。」泰章者，合肥人，時為左監門衛將軍【考異】吳紀作鍾章，十國紀年作鍾泰章，今從之。溫使親將翟虔告之。泰章聞之喜，密結壯士三十人，夜刺血相飮為誓。

丁亥（十七日），旦，直入，斬顥於牙堂（六三），幷其親近。溫始暴顥弒君之罪，轘紀祥等於市（六四），詣西宮白太夫人（六五），太夫人恐懼，大泣曰：「吾兒沖幼，禍難如此，願保百口歸廬州，公之惠也。」溫曰：「張顥弒逆，不可不誅，夫人宜自安。」

初，溫與顥謀弒威王，溫曰：「參用左右牙兵，心必不一，不若獨用吾兵。」顥不可，溫曰：「然則獨用公兵。」顥從之，至是窮治逆黨，皆左牙兵也。由是人以溫為實不知謀也。

隆演以溫為左右牙都指揮使，軍府事咸取決焉。以嚴可求為揚州司馬。溫性沈毅，自奉簡儉，雖不知書，使人讀獄訟之辭而決之，皆中情理。先是張顥用事，刑罰酷濫，縱親兵剽奪市里，溫謂嚴可求曰：「大事已定，吾與公輩當力行善政，使人解衣而寢耳。」乃立法度，禁彊暴，舉大綱，軍民安之。溫以軍旅委嚴可求，以財賦委支計官㊅駱知祥，皆稱其職，淮南謂之嚴、駱。

㊄己丑（十九日），契丹王阿保機遣使隨高頎入貢，且求冊命，帝復遣司農卿渾特賜以手詔，約共滅沙陀，乃行封冊㊆。

㊃壬辰（二十二日），夾寨諸將詣闕待罪，皆赦之㊇。帝賞牛存節全澤州之功，以為六軍馬步都指揮使。

㊆雷彥恭引沅江環朗州以自守㊈，秦彥暉頓兵月餘不戰，彥恭守備稍懈，彥暉使裨將曹德昌帥壯士，夜入自水竇㊉，內外舉火相應，城中驚亂。彥暉鼓譟，壞門而入，彥恭輕舟奔廣陵㊁。【考異】

梁太祖實錄云，丁酉，朗州軍前奏捷，彥恭沒溺於江，今從紀年。彥暉虜其弟彥雄，送於大梁。淮南以彥恭為節度副使。先是澧州刺史向環(七二)與彥恭相表裏，至是亦降於楚，楚始得澧、朗二州。

(廿八)蜀主遣將將兵會岐兵五萬攻雍州(七三)，晉張承業亦將兵應之。六月壬寅（初三日），以劉知俊為西路行營都招討使以拒之。

(廿九)金吾上將軍王師範家於洛陽，朱友寧之妻泣訴於帝曰：「陛下化家為國，宗族皆蒙榮寵，妾夫獨不幸，因王師範叛逆，死於戰場(七四)。今仇讎猶在，妾誠痛之。」帝曰：「朕幾忘此賊。」己酉（初十日），遣使就洛陽族之。使者先鑿阬於第側，乃宣敕告之。師範盛陳宴具，與宗族列坐，謂使者曰：「死者，人所不免，況有罪乎？予不欲使積尸長幼無序。」酒既行，命自幼及長，引於阬中戮之，死者凡二百人。

(卅)丙辰（十七日），劉知俊及佑國節度使王重師大破岐兵於幕谷(七五)，晉、蜀兵皆引歸。

(卅一)蜀立遂王宗懿為太子。

㊸帝欲自將擊潞州，丁卯（二十八日），詔會諸道兵。

㊹湖南判官高郁請聽民自采茶賣於北客，收其征以贍軍，楚王殷從之。秋，七月，殷奏於汴、荊、襄、唐、郢、復州置回圖務㊻，運茶於河南、北賣之，以易繒纊、戰馬而歸，仍歲貢茶二十五萬斤。詔許之，湖南由是富贍。

㊺壬申（初三日），淮南將吏請於李儼，承制授楊隆演淮南節度使、東面諸道行營都統、同平章事、弘農王㊼。

鍾泰章賞薄㊽，泰章未嘗自言，後踰年，因醉與諸將爭言而及之。或告徐溫以泰章怨望，請誅之，溫曰：「是吾過也。」擢為滁州刺史㊾。

【今註】㊀亂柳：胡三省曰：「亂柳在潞州屯留縣界。」亂柳寨在今山西省沁縣南十五里。㊁〔考異〕然則此時莊宗未與契丹及守光為仇也，此蓋後人因莊宗成功，撰此事以誇其英武耳：胡三省曰：「余按晉王實怨燕與契丹，垂沒以屬莊宗，容有此理，莊宗之告哀於阿保機與遣兵救劉守光，此兵法所謂將欲取之，必姑與之也，其心豈忘父之治命哉？觀後來之事可見也。」按晉王垂沒以三矢付莊宗事，歐陽修《五代史記》亦取之，胡三省之說是也。㊂辛卯：《五代史・唐武皇紀》，天祐五年正月戊子朔，武皇疾革，辛卯，崩於晉陽。天祐五年即梁太祖開平二年也，是年正月癸酉朔，辛卯十九日，作戊子朔誤也。㊃嗣昭厄於重圍：時李嗣昭守潞州，梁兵築夾城以圍之。㊄言終而卒：時年五十三。後唐莊宗即位，追諡武皇帝，廟號太祖，陵在鴈門。陶岳《五代史》補曰：「太祖武皇，本朱耶赤心之後，沙陀部人也，其先生於雕窠中，酋長以其異生，諸族傳養之，遂以諸爺為氏，言非一父所養也，其後言訛，以諸為朱，以爺為耶。至太祖生，眇一目，長而驍勇，善騎射，所向無敵，時謂之獨眼龍，大為部落所疾，太祖恐禍及，遂舉族歸唐，授雲州刺史，賜姓李，名克用。黃巢犯長安，自北引兵赴難，功成，遂拜太原節度使，封晉王。」又曰：「武皇之有河東也，威聲大振，淮南楊行密常恨不識其狀貌，因使畫工詐為商賈往河東寫之。畫工到未幾，人有知其謀者，擒之。武皇初甚怒，既而親謂曰：『且吾眇一目，試召亟使寫之，觀其所為如何。』及至，武皇按膝厲聲曰：『淮南使汝來寫吾真，必畫工之尤也，寫吾不及十分，即階下便是死汝之所矣！』畫工再拜下筆。時方盛暑，武皇執八角扇，因寫扇角半遮其面，武皇曰：『汝諂吾也。』遽使別寫之，又應聲下筆，畫其臂弓撚箭之狀，仍微合一目以觀箭之曲直，武皇大喜，因厚賂金帛遣之。」王禹稱《五代史》闕文曰：「武皇眇一目，謂之獨眼龍，性喜殺，左右有小過失，必置於死。初諱眇，人無敢犯者。嘗令寫真，畫工即為撚箭之狀，微瞑一目。圖成而進，武皇大悅，賜予甚厚。」㊅克寧久總兵柄，有次立之勢：《五代史・唐宗室傳》，克寧於昆弟之間最推仁孝，小心恭謹，武皇尤友愛之，累功授內外都制置管內蕃漢都知兵馬使，檢校太保，振武軍節度使，凡軍政皆決於克寧。次立之勢，謂兄亡弟及，於長幼之序，有自立之勢也。⑦時上黨圍未解，軍中以存勗年少，多竊議者，人情洶洶，存勗懼，以位讓克寧：《五代史・唐宗室傳》曰：「初，武皇獎勵軍戎，多畜庶孼，衣服禮秩如嫡者六七輩，比之嗣王年齒又長，各有部曲，朝夕聚謀，皆欲為亂，莊宗英察，懼及於禍，將嗣位，以讓克寧。」嗣王，謂莊宗也。⑧張承業入謂存勗曰，大孝在不墜基業，多哭何為，因扶存勗出，襲位為河東節度使、晉王：《五代史・張承業傳》曰：「武皇病篤，啟手之夕，召承業屬之曰：『吾兒孤弱，羣臣縱橫，後事公善籌之。』承業奉遺顧，爰立嗣王，平內難，策略居多。」⑨先王：謂李克用。⑩吳越王鏐遣兵攻淮南甘露鎮以救信州：胡三省曰：「以牽制淮南之兵，使之不得急攻危仔倡。」甘露鎮在浙江省常山縣西北四十里。⑪蜀中書令王宗佶於諸假子為最長：王宗佶本姓甘氏，蜀王王建之養子，註已見前。假子即養子也。⑫唐道襲已為樞密使，宗佶猶以名呼之，道襲心銜之而事之愈謹：《五代史記・前蜀世家》云：「唐襲本以舞僮見幸於建，宗佶尤易之，後為樞密使，猶名呼襲，襲雖內恨而外奉宗佶愈謹。」唐襲即唐道襲。⑬蜀以戶部侍郎張格為中書侍郎、同平章事：《五代史記・前蜀世家》，王建初以張格為翰林學士，建嘗謂其左右曰：「吾為神策軍將時，宿衛禁中，見天子夜召學士出入無間，恩禮親厚如寮友，非將相可比也。」故建待格等恩禮尤異。建雖起盜賊而為人多智詐，善待士，故所用多唐名臣世族。格，濬之子也。⑭兄終弟及，自古有之：殷人之制，兄終弟及，存顥蓋以殷制動克寧。⑮諸假子各遣其妻入說孟氏：胡三省曰：「李克用義兒百餘人，必不盡然，獨存顥等為此耳，史槩言之曰諸假子。」⑯以蔚、朔、應州為巡屬：巡屬，節鎮所統屬郡也。唐蔚州初治靈丘，後徙興唐，即今察哈爾蔚縣。朔州治馬色，今山西省朔縣。唐末於金城縣置應州，在今山西省應縣東，後移今治，五代後唐置彰國軍節度使於此。㊆河東九州：胡三省曰：「河東領幷、遼、沁、汾、石、忻、代、嵐、憲九州。」㊇忍以吾母子遺仇讎乎：仇讎，謂梁也。㊈酖殺濟陰王於曹州，追謚曰唐哀皇帝：帝卒，年十七，葬於濟陰縣之定陶鄉。⑳蜀兵入歸州：歸州，荊南巡屬也。胡三省曰：「曰入者，言入之而不能有其地也。」㉑余吾寨：即漢余吾縣廢城也。章懷太子賢曰：「余吾故城在潞州屯留縣西北。」今山西省屯留縣西北十八里有余吾鎮，即其故址。㉒勒歸本貫充役：李思安，陳留人也。歸本貫充役，謂委本郡以民戶係役焉。㉓晉李嗣昭固守踰年：嗣昭以唐天祐三年十二月入潞州，梁開平元年五月，康懷貞始攻之，此云踰年，蓋自守潞時起，至是一年有餘。㉔嗣昭登城宴諸將作樂，流矢中嗣昭足，嗣昭密拔之，座中皆不覺：胡三省曰「李嗣昭登城宴樂，示敵以餘暇也，中矢而密拔之，所以安眾也。」㉕慮岐人侵同、華：岐人，李岐王李茂貞之兵。同、華，同州、華州。㉖厲階：謂惡端也。詩曰：「婦有長舌，維厲之階。」㉗汶川尉：汶川縣，漢綿虒縣地也，晉曰汶山，梁、周時改置汶川縣，唐屬茂州。元豐九域志縣在州南一百里，境有玉壘、石紐諸山。故城在今四川省理番縣之南。㉘兢，琮之兄子也：于琮見〈唐宣宗紀〉、〈僖宗紀〉。㉙上黨，河東之藩蔽：潞州，古上黨之地也，隋置上黨郡，唐高祖武德元年，改為潞州。㉚未閑軍旅：閑，習也。㉛取威定霸：用《左傳》晉先軫之言。㉜乃遣承業及判官王緘乞師於鳳翔：岐王李茂貞據鳳翔。鳳翔，漢右扶風地也，後魏置岐州，隋曰扶風郡，唐復曰岐州，又改曰鳳翔郡，升為西京鳳翔府，並置京西節度使於此，領岐、隴、金、商、秦五州。故治即今陝西省鳳翔縣。㉝又遣使賂契丹王阿保機求騎兵：《五代史・外國傳》云：「唐莊宗初嗣位，遣使告哀於契丹，賂以金繒，求騎軍以救潞州，阿保機答其使曰：『我與先王為兄弟，兒即吾兒也，寧有父不助子耶！』許出師，會潞平而止。」㉞以前昭義節度使丁會為都招討使：丁會以潞州降晉，見卷二百六十四唐昭宣帝天祐二年。

㉟石首：《舊唐書・地理志》荊州江陵府石首縣，漢南郡華容縣也，唐高祖武德四年，分華容縣置石首縣，取縣北石首山為名。即今湖北省石首縣，有石首山，孤立江中。孫鑑曰：「自安陸至竟陵，兩驛皆平地，南至大江，並無丘陵之阻，度江至石首，始有淺山。謂之竟陵，陵至此而竟；謂之石首，石至此而首也。」㊱又遣其將李厚將水軍萬五千趨荊南，高季昌迎戰，敗之於馬頭：荊南治江陵。《水經注》江水自江陵縣南又東逕江津戍，戍南對馬頭岸。馬頭岸在今湖北省，公安縣北，長江南岸，北對沙市鎮。㊲黃碾：胡三省曰：「黃碾村，在潞州潞城縣。」㊳晉王伏兵三垂岡下：胡三省曰：「三垂岡在屯留縣東南。」《五代史・唐莊宗紀》云：「初，唐龍紀元年，帝纔五歲，從武皇校獵於三垂岡，有明皇原廟在焉。武皇於祠前置酒，樂作，伶人奏百年歌者，陳其衰老之狀，聲調悽苦，武皇引滿捋鬚指帝曰：『老夫壯心未已，二十年後，此子必戰于此。』及是役也，果符其言焉！」龍紀，唐昭宗年號。㊴詰旦：詰朝也。杜預曰：「詰朝，平旦也。」《說文長箋》云：「詰朝本作詰朝，詰，古哲，借明也，故明朝為詰朝。今俗以詰為詰，因詰、詰形溷而誤。」㊵晉王命周德威、李嗣源分兵為二道，德威攻西北隅，嗣源攻東北隅，填塹燒寨，鼓譟而入：《五代史・唐莊宗紀》

云：「時李嗣源總帳下親軍攻東北隅，李存璋、王霸率丁夫燒寨斸夾城為二道，周德威、李存審各分道進攻，軍士鼓譟，三道齊進。」則是分兵三道以攻梁軍，此云二道，舉其功之尤著者耳。㊶龍虎統軍牛存節自西都將兵應接夾寨潰兵：梁以洛陽為西都。《五代會要》曰：「梁開平元年四月，改左右長直為左右龍虎軍。」龍虎軍號，唐曰龍武，避高祖祖李虎諱也，梁受唐禪，改武為虎。㊷天井關：《漢書・地理志》，上黨郡高都縣有天井關。蔡邕曰：「關在井北，為天設之險。」《元和郡縣志》，天井關一名太行關，在晉城縣南四十五里太行山上。晉城縣，今屬山西省。㊸遂舉策引眾而前：策，馬策也。㊹劉知俊自晉州引兵救之：劉知俊先休兵晉州，至是引兵自晉州救澤州。《元豐九域志》，晉州東南至澤州三百十里。晉州今山西省臨汾縣，澤州今山西省晉城縣。㊺高平：高平縣，本漢泫氏縣地也，後魏始置高平縣，唐屬澤州。《元豐九域志》，高平縣在澤州東北八十三里。㊻部分已定，無得相踰越及留絕以避險：胡三省曰：「踰越，謂左軍不得越右軍，後部不得踰前部之類。留絕，謂軍行須聯屬，不得或留止而中絕，或避險而不整。」㊼期會無得差晷刻：晷，日影也，古時分晝夜為百刻。軍法後期必斬，謂軍期不得差一刻之晷。㊽初，晉王克用平王行瑜：事見卷二百六十唐昭宗乾寧二年。㊾晉王德張承業：德其除李克寧之難。㊿升堂拜母：拜張承業之母。(51)靜江節度使同平章事李瓊卒：李瓊取靜江，見卷二百六十二唐昭宗光化三年。(52)楚兵寇鄂州，淮南所署知州秦裴擊破之：《舊唐書・地理志》，鄂州，隋為江夏郡，唐高祖武德四年，改為鄂州，治江夏縣。江夏縣，故漢江夏郡沙羡縣地也，晉改沙羡為沙陽，江、漢二水會於州西，春秋謂之夏汭，晉、宋謂之夏口，宋置江夏郡於此，隋因之，唐改曰鄂州。故治即今湖北省武昌縣。《九國志》，秦裴，慎縣人，少驍勇，頗好獵，以鷹隼為事，嘗云：「天上黃鷹，地下黃金，餘不足貴也。」時楚兵入寇而裴方宴諸將，遣弟師鐸、師虯乘戰艦先往，裴食訖，登黃鶴樓以望，乃以平頭舫顧小校曰：「但乘此卷旗奪楚人船以戰。」及與師鐸軍合，乃建大將旗，楚人愕眙，裴因擊敗之。(53)弘農威王：楊渥諡威王。(54)顥遣其黨紀祥等弒王於寢室，詐云暴薨：渥薨，年二十三。《五代史・僭偽傳》顥弒渥在是年六月，《九國志》、《五代史記・吳世家》在五月。《五代史・吳世家》云：「溫、顥共遣盜入寢中殺渥，渥說羣盜能反殺溫等者皆為刺史，羣盜皆諾，惟紀祥不從，執渥縊殺之。」是弒渥乃徐溫、張顥合謀也。《九國志》，顥將圖弒逆，溫知其謀而無所諫止，則又似係顥所獨為，溫若未預其謀者。(55)劉威、陶雅、李遇、李簡皆先王之等夷：《九國志》，劉威時鎮廬州，陶雅鎮歙州，李遇鎮宣州，李簡鎮常州。先王，謂楊行密，威與雅等俱為行密奔走之舊。(56)麾同列詣使宅賀：使宅，節度使之居宅，賀者，欲賀新君嗣位。(57)太夫人史氏：《九國志》，楊渥母史氏，封武昌郡君，蓋渥嗣位，尊為太夫人。(58)遂奉威王弟隆演稱淮南留後、東面諸道行營都統：《九國志》，楊隆演初名瀛，又名渭，字鴻原，行密第二子也。(59)副都統朱瑾：《九國志》，瑾，宋州下邑人也，雄武倜儻，有吞噬四方之志，唐僖宗光啟間，為兖州節度使，其後為梁祖所破，歸於行密，行密迎之於高郵，待以殊禮，表領武寧軍節度、淮南行軍副使，昭宗天復三年，授謹東面諸道行營都統、平盧軍節度使、同中書平章事。(60)副使李承嗣：《五代史記・吳世家》，承嗣時為淮南行軍副使。(61)右牙欲之：右牙謂徐溫也，以官名稱之。(六二)請為書辭府主：胡三省曰：「府主，謂隆演也。」(六三)牙堂：左右牙指揮使治事之所。(六四)溫始暴顥弒君之罪，轘紀祥等於市：暴，顯露也；轘，車裂也。(六五)詣西宮白太夫人：楊渥母史太夫人居廣陵之西宮。(六六)支計官：胡三省曰：「支計官，猶天臺度支郎之任也。」(六七)契丹王阿保機遣使隨高頎入貢，且求冊命，帝復遣司農卿渾特賜以手詔，約共滅沙陀，乃行封冊：渾特，人姓名。高頎報使契丹見上年五月。王欽若等《冊府元龜》曰：「梁太祖建號，契丹阿保機遣使送名馬、女口、貂皮等求封冊，梁祖與之書曰：『朕今天下皆平，惟有太原未服，卿能長驅兵甲，徑至新莊，為我翦彼仇讎，與爾便行封冊。』」(六八)壬辰，夾寨諸將詣闕待罪，皆赦之：胡三省曰：「夾寨以辛未敗，壬辰，諸將方詣闕待罪，經二十二日。」(六九)雷彥恭引沅江環朗州以自守：朗州，漢之臨沅縣也，南臨沅水。(七〇)水竇：排水之孔。(七一)彥恭輕舟奔廣陵：唐僖宗中和元年，雷滿據朗州，傳至彥恭而亡，凡二十八年。(七二)澧州刺史向瓌：向瓌亦以唐僖宗中和元年據澧州。(七三)雍州：梁祖受禪，改唐京兆府為雍州大安府。(七四)妾夫獨不幸，因王師範叛逆，死於戰場：朱友寧死，見卷二百六十四唐昭宗天復三年。(七五)幕谷：即漠谷，在今陝西省乾縣北。(七六)回圖務：胡三省曰：「同圖務，猶回易場也。」(七七)淮南將吏請於李儼，承制授楊隆演淮南節度使、東面諸道行營都統、弘農王：李儼承制事始卷二百六十三唐昭宗天復二年。(七八)鍾泰章賞薄：殺張顥之賞也。(七九)滁州刺史：《舊唐書．地理志》，唐高祖武德三年置滁州於隋江都郡之清流縣。清流，漢九江郡全椒縣地也，梁置南譙州於此，隋改南譙為滁州，後廢，唐復置。故城即今安徽省滁縣。

卷二百六十七　後梁紀二

司馬光編集
林瑞翰註

起著雍執徐八月，盡重光協洽二月，凡二年有奇。（戊辰至辛未，西元九〇八年八月至九一一年二月）

太祖神武元聖孝皇帝中

開平二年（西元九〇八年）

㈠八月，吳越王鏐遣寧國節度使王景仁奉表詣大梁㊀，陳取淮南之策。景仁即茂章也，避梁諱改焉㊁。淮南遣步軍都指揮使周本、南面統軍使呂師造擊吳越，九月，圍蘇州，吳越將張仁保攻常州之東洲㊂，拔之。淮南兵死者萬餘人。淮南以池州團練使陳璋為水陸行營都招討使，帥柴再用等諸將救東洲，大破仁保於魚蕩，復取東洲。柴再用方戰，舟壞，長稍浮之，僅而得濟㊃。家人為之飯僧千人，再用悉取其食以犒部兵㊄，曰：「士卒濟我，僧何力焉。」

㈡丙子（初八日），蜀立皇后周氏。后，許州人也。

㈢晉周德威、李嗣昭將兵三萬出陰地關㊅，攻晉州，刺史徐懷玉拒守，帝自將救之。

丁丑（初九日），發大梁，乙酉（十七日），至陝州。

戊子（二十日），岐王所署延州節度使胡敬璋寇上平關㊆，劉知俊擊破之。

周德威等聞帝將至，乙未（二十七日），退保隰州㊇。

㈣荊南節度使高季昌遣兵屯漢口㊈，絕楚朝貢之路，楚王殷遣其將許德勳將水軍擊之，至沙頭㊉，季昌懼而請和。

殷又遣步軍都指揮使呂師周將兵擊嶺南⑪，與清海節度使劉隱十餘戰，取昭、賀、梧、蒙、龔、富六州⑫。殷土宇既廣，乃養士息民，湖南遂安。

㈤冬，十月，蜀主立後宮張氏為貴妃，徐氏為賢妃，其妹為德妃。張氏，郪人⑬宗懿之母也。二徐，耕之女也⑭。

㈥華原賊帥溫韜聚眾嵯峨山，暴掠雍州諸縣，唐帝諸陵，發之殆徧⑮。

㈦庚戌（十二日），蜀主講武於星宿山，步騎三十萬。

(八)丁巳（十九日），帝還大梁⑯。【考異】編遺錄在乙卯，今從實錄、薛史。

(九)辛酉（二十三日），以劉隱為清海、靜海節度使⑰，以膳部郎中趙光裔、右補闕李殷衡充官告使，隱皆留之。光裔，光逢之弟；殷衡，德裕之孫也。

(十)依政⑱進士梁震，唐末登第，至是歸蜀，過江陵，高季昌愛其才識，留之，欲奏為判官，震恥之⑲，欲去，恐及禍，乃曰：「震素不慕榮官，明公不以震為愚，必欲使之參謀議，但以白衣侍樽俎可也，何必在幕府？」季昌許之。震終身止稱前進士，不受高氏辟署，季昌甚重之，以為謀主，呼曰先輩⑳。

(十一)帝從吳越王鏐之請，以亳州團練使寇彥卿為東南面行營都指揮使擊淮南。十一月，彥卿帥眾二千襲霍丘，為土豪朱景所敗，又攻廬、壽二州，皆不勝，淮南遣滁州刺史史儼拒之，彥卿引歸。

(十二)定難節度使李思諫卒，甲戌（初六日），其子彝昌自為留後。

(十三)劉守文舉滄、德兵攻幽州，劉守光求救於晉，晉王遣兵五千助之。丁亥（十九日），守文兵至盧臺軍㉑，為守光所敗，又戰玉田㊂，亦敗，守文乃還。

㈣癸巳（二十五日），中書侍郎同平章事張策以刑部尚書致仕，以左僕射楊涉同平章事。

㈤保塞節度使胡敬璋卒，靜難節度使李繼徽以其將劉萬子代鎮延州㊃。

㈥是歲，弘農王遣軍將萬全感齎書間道詣晉及岐，告以嗣位㊃。

㈦帝將遷都洛陽。

【今註】㊀吳越王鏐遣寧國節度使王景仁奉表詣大梁：王茂章奔吳越，見卷二百六十五唐昭宣帝天祐三年。㊁景仁即茂章也，避梁諱改焉：帝曾祖諱茂琳。《五代史．梁太祖紀》，開平元年五月，詔改茂州為汶州，潘州茂名縣為越裳縣，是月，司天監復奏改日辰內戊字為武，避諱也。㊂吳越將張仁保攻常州之東洲：東洲《九國志》作東州。《續通典》曰：「通州海門縣東南隔水二百餘里，本東州鎮。」海門縣，今屬江蘇省，在南通縣東。㊃柴再用方戰，舟壞，長稍浮之，僅而得濟：《九國志》曰：「越人寇東州，淮南遣再用率兵禦之，賜長稍五十，戰敗，艦破水滿，再用為長稍所泛，得不溺。」㊄再用悉取其食以犒部兵：部兵，再用所部兵也。㊅陰地關：陰地關在今山西省靈石縣西南，今關廢，遺址猶存，以北有冷泉關，故俗又稱南關。㊆岐王所署延州節度使胡敬璋寇上平關：

胡三省曰：「金人疆域圖，隰州石樓有上平關。按延州東至隰州百三十里，胡敬瑋蓋度河來寇也。」一關在今山西省石樓縣西北九十里。㊇德威等聞帝將至，退保隰州：《元豐九域志》，晉州西北至隰州二百五十里。《舊唐書・地理志》，隰州，隋為龍泉郡，唐高祖武德元年改為隰州，治隰川，蓋漢蒲子縣地也，今山西省隰縣。㊈漢口：漢水入江之口也，亦曰沔口，其地在今湖北省漢陽縣東大別山下。㊉沙頭：在今湖北省江陵縣東南十五里大江左岸，今曰沙市，與馬頭岸隔江相對。⑪殷又遣步軍都指揮使呂師周將兵擊嶺南：擊劉隱也。呂師周降馬殷見上卷上年。⑫取昭、賀、梧、蒙、龔、富六州：《舊唐書・地理志》，昭州，隋始安郡之平樂縣，唐高祖武德四年置樂州，太宗貞觀八年改為昭州，玄宗天寶元年改為樂平郡，肅宗乾元元年，復為昭州，治平樂縣，平樂，漢荔浦縣地，晉置平樂縣，即今廣西省平樂縣。賀州，隋蒼梧郡之臨賀縣，唐高祖武德四年置賀州，玄宗天寶元年改為臨賀郡，肅宗乾元元年，復為賀州，治臨賀縣，臨賀，漢屬蒼梧郡，三國吳置臨賀郡，宋改為臨慶國，齊復為臨賀郡，隋置賀州，尋廢為縣，即今廣西省賀縣。梧州，隋蒼梧郡，唐高祖武德四年置梧州，玄宗天寶元年改為蒼梧郡，肅宗乾元元年，復為梧州，治蒼梧縣，漢蒼梧郡治廣信縣，隋立蒼梧縣於此，並置郡，即今廣西省蒼梧縣。蒙州，隋始安郡之隋化縣，唐高祖武德四年置南蒙州，太宗貞觀八年，改為蒙州，玄宗天寶元年，改為蒙山郡，肅宗乾元元年，復為蒙州，治立山縣，立山，漢蒼梧郡荔浦縣也，隋分荔浦置隋化縣，唐高祖武德四年，改為立山，於縣置荔州，尋改為恭州，太宗貞觀八年改為蒙州，以州東蒙山山下有蒙水，居人多姓蒙故也，故治在今廣西省蒙山縣南。龔州，唐太宗貞觀三年於隋永平郡武林縣置鷰州，七年，移鷰州於州東而於鷰州舊所置龔州，玄宗天寶元年，改為臨江郡，肅宗乾元元年，復為龔州，後徙治南平縣，南平，漢蒼梧郡猛陵縣地也，晉分蒼梧置永郡，乃置武城縣，唐貞觀七年，分置南平縣，即今廣西省平南縣。富州，隋始安郡之龍平縣，唐高祖武德四年置靜州，太宗貞觀八年，改為富州，玄宗天寶元年，改為開江郡，肅宗乾元元年，復為富州，治富川縣，富川，漢蒼梧郡臨賀縣地，三國吳置臨賀郡，梁分臨賀置南靜郡，又改為靜州，改南靜郡為龍平縣，唐貞觀八年，改為富川，因富川水為名也，即今廣西省昭平縣。自昭州南至富州一百六十里，自富州東南至梧州界九十里，自梧州東北至賀州四百一十里，自賀州北至富州三百二十里，自蒙州東至富州九十七里，自龔州北至蒙州二百四十里。㊂張氏，郪人：《舊唐書・地理志》梓州治郪縣。郪縣自漢以來屬廣漢郡，梁於縣置新州，隋為梓州，尋改為新城郡，唐復為梓州，左帶潼水，右挾中江，今為四川省三臺縣。㊃二徐，耕之女也：徐耕見卷二百五十八唐昭宗大順二年。㊄華原賊帥溫韜聚眾嵯峨山，暴掠雍州諸縣，唐帝諸陵，發之殆徧：嵯峨山即巀嶭山也，又曰慈峨山，在今陝西省涇陽、三原、淳化三縣之界，東西二十五里，南北二十里。《五代史記・溫韜傳》，韜在華原七年，唐諸陵在其境內者，悉發掘之，取其所藏金寶，而昭陵最固，韜從埏道下，見宮室制度閎麗，不異人間，中為正寢，東西廂列石床，床上石函中為鐵匣，悉藏前世圖書，鍾、王筆迹，紙墨如新，韜悉取之，遂傳人間，惟乾陵風雨不可發。昭陵，唐太宗陵；乾陵，唐高宗陵也。㊅帝還大梁：自陝州還。㊆以劉隱為清海、靜海節度使：唐靜海軍治交州，蓋使隱兼領交、廣二鎮也，然終朱梁之世，劉氏終不能有交州。㈥依政：《舊唐書・地理志》，依政縣，秦蒲陽縣，漢臨邛縣，後魏置蒲陽郡及依政縣，隋為臨邛郡治，唐屬邛州，故城在今四川省邛崍縣東南五十五里。㈨高季昌愛其才識，留之，欲奏為判官，震恥之：高季昌出身僮僕，故梁震恥為之僚屬。㈩季昌甚重之，以為謀主，呼曰先輩：唐人呼進士為先輩。《唐國史補》曰：「進士為時所尚久矣，互相推敬，謂之先輩。」㊁盧臺軍：胡三省曰：「盧臺軍，宋為乾寧軍地。」《元豐九域志》，乾寧軍在滄州西北九十里。滄州故治在今河北省滄縣東南，明初移治今縣。㊂玉田：《舊唐書・地理志》，玉田，漢右北平郡無終縣也，唐高宗乾封二年，於無終廢縣置無終縣，屬幽州，武后萬歲通天二年，改為玉田縣，中宗神龍元年，割屬營州，玄宗開元四年，還屬幽州，八年，又割屬營州，十一年改屬薊州，今為河北省玉田縣。㊂保塞節度使胡敬漳卒，靜難節度使李繼徽以其將劉萬子代鎮延州：唐僖宗中和中置保塞軍節度使於延州，今陝西省膚施縣，靜難軍節度使於邠州，今陝西省邠縣。時二鎮皆屬之。㊃是歲，弘農王遣軍將萬全感齎書間道詣晉及岐，告以嗣位：晉、岐，淮南之與國也，皆不奉梁之正朔。

三年（西元九〇九年）

㈠春，正月己巳（初二日），遷太廟神主於洛陽。甲戌（初七日），帝發大梁。壬申（初五日），以博王友文為東都留守㈠。己卯（十二日），帝至洛陽。庚寅（二十三日）饗太廟。辛巳（十四日）祀圜丘，大赦㈡。

㈡丙申（二十九日），以用度稍充，初給百官全俸㈢。

㈢二月，丁酉朔，日有食之。

㈣保塞節度使劉萬子暴虐，失眾心，且謀貳於梁，李繼徽使延州牙將李延實圖之。延實因萬子葬胡敬璋，攻而殺之，遂據延州。馬軍都指揮使河西高萬興與其弟萬金聞變，以其眾數千人詣劉知俊降。岐王置翟州於鄜城㈣，其守將亦降。

㈤三月甲戌（初九日），帝發洛陽，以山南東道節度使楊師厚兼潞州四面行營招討使。

㈥庚辰（十五日），帝至河中，發步騎會高萬興兵取丹、延㈤。

㈦丙戌（二十一日），以朔方節度使兼中書令韓遜為潁川王。遜本靈州牙校，唐末據本鎮，朝廷因而授以節鉞。

㈧辛卯（二十六日），丹州刺史崔公實請降㈥。

㈨徐溫以金陵形勝，戰艦所聚，乃自以淮南行軍副使領昇州刺史㈦，留廣陵，以其假子元從指揮使知誥為昇州防遏，兼樓船副使往治之。

⑽夏，四月，丙申朔，劉知俊移軍攻延州，李延實嬰城自守，知俊遣白水鎮使劉儒分兵圍坊州㈧。

⑾庚子（初五日），以王審知為閩王，劉隱為南平王。

⑿劉知俊克延州，李延實降。

⒀淮南兵圍蘇州，推洞屋㈨攻城，吳越將臨海孫琰置輪於竿首，垂絙投錐以揭之，攻者盡露，礮至則張網以拒之，淮南人不能克。吳越王鏐遣牙內指揮使錢鏢㈩行軍副使杜建徽㈡等將兵救之。蘇州有水通城中，淮南張網綴鈴懸水中，魚鼈過，皆知之。吳越游奕都虞候司馬福欲潛行入城，故以竿觸網，敵聞鈴聲舉網，福因得過，凡居水中三日，乃得入城，由是城中號令與援兵相應，敵以為神。

吳越王鏐嘗遊府園，見園卒陸仁章樹藝有智而志之㈢，及蘇州被圍，使仁章通信入城，果得報而返，鏐以諸孫畜之㈢，累遷兩府軍糧都監使(一四)，卒獲其用。仁章，睦州人也。辛亥（十六日），吳越兵內外合擊淮南兵，大破之，擒其將何朗等三十餘人，奪戰艦二百艘。周本夜遁，又追敗之於皇天蕩(一五)。鍾泰章將精兵二百為殿，多樹旗幟於菰蔣(一六)中，追兵不敢進而還。

(十四)岐王所署保大節度使李彥博、【考異】編遺錄、五代史作彥容，今從劉恕廣本。坊州刺史李彥昱皆棄城奔鳳翔，鄜州都將嚴弘倚舉城降。己未（二十四日），以高萬興為保塞節度使，以絳州刺史牛存節為保大節度使(一七)。

(十五)淮南初置選舉，以駱知祥掌之。

(十六)五月丁卯（初三日），帝命劉知俊乘勝取邠州，知俊難之(一八)，辭以闕食，乃召還。

(十七)佑國節度使王重師鎮長安數年，帝在河中，怒其貢奉不時，己巳（初五日），召重師入朝，以左龍虎統軍劉捍為佑國留後。

(十八)癸酉（初九日），帝發河中，己卯（十五日），至洛陽。劉捍至長安，王重師不為禮，捍譖之於帝，云重師潛與邠岐通。甲申（二十日），貶重師溪州刺史，尋賜自盡，夷其族。

(十九)劉守文頻年攻劉守光，不克⑲。乃大發兵，以重賂招契丹、吐谷渾之眾，合四萬屯薊州，守光逆戰於雞蘇，為守文所敗⑳。守文單馬立於陳前，泣謂其眾曰：「勿殺吾弟。」守光將元行欽識之，直前擒之，滄、德兵皆潰。守光囚之別室，梏以蒺棘，乘勝進攻滄州，滄州節度判官呂兗、孫鶴推守文子延祚為帥，乘城拒守。兗，安次㉑人。

(二十)忠武節度使兼侍中劉知俊㉒，功名浸盛，以帝猜忍日甚，內不自安。及王重師誅，知俊益懼。帝將伐河東㉓，急徵知俊入朝，欲以為河東西面行營都統，且以知俊有丹延之功，厚賜之。知俊弟右保勝指揮使知浣從帝在洛陽，密使人語知俊云：「入必死。」又白帝請帥弟姪往迎知俊，帝許之。六月，乙未朔，知俊奏為軍民所留，遂以同州附於岐，【考異】實錄，六月庚戌，知俊據本郡反，削奪官爵，興師討伐。編遺錄，六月乙未，初奏本道軍民遮留，尋聞擒使臣及將送鳳翔，蓋編遺據奏到之日，實錄據削奪之日也。執監軍及將佐之不從者，皆械送於岐，遣兵襲華州，逐刺史蔡敬思㉔，以兵守潼關，潛遣人以重利啗長安諸將，執劉捍送於岐，殺之。

知俊遣使請兵於岐，亦遣使請晉人出兵攻晉、絳，遺晉王書曰：「不過旬日，可取兩京㉕，復唐社稷。」

(廿一)丁未（十三日），朔方節度使韓遜奏克鹽州㉖，斬岐所署刺史李繼直。

(廿二)帝遣近臣諭劉知俊曰：「朕待卿甚厚，何忽相負？」對曰：「臣不背德，但畏族滅如王重師耳！」帝復使謂之曰：「劉捍言重師陰結邠、岐，朕今悔之無及，捍死不足塞責。」知俊不報。庚戌（十六日），詔削知俊官爵，以山南東道節度使楊師厚為西路行營招討使，帥侍衛馬步軍都指揮使劉鄩等討之。辛亥（十七日），帝發洛陽。

劉鄩至潼關東，獲劉知俊伏路兵藺如海等三十人，釋之，使為前導㉗。劉知浣迷失道，盤桓數日，乃至關下，關吏納之，如海等繼至，關吏不知其已被擒，亦納之，鄩兵乘門開直進，遂克潼關，追及知浣，擒之。

(廿三)癸丑（十九日），帝至陝。

(二四)丹州馬軍都頭王行思等作亂，刺史宋知誨逃歸。

(二五)帝遣劉知俊姪嗣業持詔詣同州招諭知俊，知俊欲輕騎詣行在謝罪，弟知偃止之。

楊師厚等至華州，知俊將聶賞開門降。知俊聞潼關不守，官軍繼至，蒼黃㉘失圖。乙卯（二十一日），舉族奔岐。

楊師厚至長安，岐兵已據城，師厚以奇兵並南山急趨，自西門入，遂克之㉙。庚申（二十六日），以劉鄩權佑國留後。

岐王厚禮劉知俊，以為中書令，地狹，無藩鎮處之，但厚給俸祿而已。

(二六)劉守光遣使上表告捷，且言俟滄德事畢，為陛下掃平幷寇㉚。亦致書晉王，云欲與之同破偽梁。

(二七)撫州刺史危全諷自稱鎮南節度使，帥撫、信、袁、吉之兵號十萬攻洪州㉛。淮南守兵纔千人，將吏皆懼，節度使劉威密遣使告急於廣陵，日召僚佐宴飲。全諷聞之，屯象牙潭㉜，不敢進，請兵於楚，楚王殷遣指揮使苑玫㉝會袁州刺史彥章圍高安以助全諷。

玫，蔡州人；彥章，玗之兄也[二四]。

徐溫問將於嚴可求，可求薦周本，乃以本為西南面行營招討應援使，將兵七千救高安。本以前攻蘇州無功[二五]，稱疾不出，可求即其臥內強起之。本曰：「蘇州之役，敵不能勝我，但主將權輕耳！今必見用，願毋置副貳乃可。」可求許之。本曰：「楚人為全諷聲援耳，非欲取高安也。吾敗全諷，援兵必還。」[二六]乃疾趣象牙潭，過洪州。劉威欲犒軍，本不肯留。或曰：「全諷兵彊，君宜觀形勢然後進。」本曰：「賊眾十倍於我，我軍聞之必懼，不若乘其銳而用之。」

(廿八)秋，七月甲子（朔），以劉守光為燕王。

(廿九)梁兵克丹州，擒王行思。

(卅)商州刺史李稠驅士民西走[二七]，將吏追斬之，【考異】薛史，稠弃郡西奔，本州將吏以都牙校李玫權知州事。歐陽史，商州軍亂，逐其刺史李稠，稠奔於岐。實錄，丙寅，陝州奏商州刺史李稠弃郡逃山谷，又曰：「商州將吏以稠驅虜士庶西遁，追斬無遺，暫令都押牙李玫主州事。」今從之。

(卅一)庚午（初七日），改佑國軍曰永平[二八]。

(卅二)河東兵寇晉州，抄掠至堯祠而去[二九]。

(卅三)癸酉（初十日），帝發陝州。乙亥（十二日），至洛陽，寢疾。

(卅四)初，帝召山南東道節度使楊師厚欲使督諸將攻潞州，以前兗海留後王班為留後，鎮襄州。【考異】薛史作王珏，今從實錄。師厚屢為班言牙兵王求等凶悍，宜備之，班自恃左右有壯士，不以為意，每眾辱之。戊寅（十五日），謫求戍西境，是夕作亂，殺班，推都指揮使雍丘劉玘為留後，玘偽從之，明日，與指揮使王延順逃詣帝所，【考異】姚顗明宗實錄、薛史玘傳皆云，翌日受賀，衙庭享士，伏甲幕下，中筵，盡斬其亂將以聞，以功為復州刺史。按梁祖實錄，八月丁酉，賜玘、王延順物，以其違逆將之難來歸。編遺錄斬李洪等敕云：「始扶劉玘，既奔竄以歸朝。」若使玘翌日便斬亂將，襄州何由至九月始收復？蓋玘脫身歸朝，及梁亡，入唐，妄云斬亂將自誇大，史官不能考察從而書之耳。亂兵奉平淮指揮使李洪為留後，附於蜀。未幾，房州刺史㊵楊虔亦叛附於蜀。

(卅五)危全諷在象牙潭，營柵臨溪，亘數十里。庚辰（十七日）。周本隔溪布陳，先使羸兵嘗敵㊶，全諷兵涉溪追之，本乘其半濟，縱兵擊之，全諷兵大潰，自相蹂藉，溺水死者甚眾。本分兵斷其歸路，擒全諷及將士五千人，乘勝克袁州，執刺史彭彥章，進攻吉州㊷。

歙州刺史陶雅使其子敬昭及都指揮使徐章將兵襲饒、信，信州刺史危仔倡請降㊸，饒州刺史唐寶棄城走。行營都指揮使米志誠、都尉呂師造等敗苑玫於上高，吉州刺史彭玕帥眾數千人奔楚㊹，楚王殷表玕為郴州刺史，為子希範娶其女。淮南以左先鋒指揮使張景思知信州，遣行營都虞候骨言㊺將兵五千送之。

危仔倡聞兵至，奔吳越，吳越王鏐以仔倡為淮南節度副使，更其姓曰元氏㊻。

危全諷至廣陵，弘農王以其嘗有德於武忠王，釋之，資給甚厚㊼。八月，虔州刺史㊽盧光稠以州附於淮南，於是江西之地，盡入於楊氏。光稠亦遣使附於梁。

(廿六)甲寅（二十一日），上疾小瘳，始復視朝㊾。

(廿七)以鎮國節度使康懷貞為西路行營副招討使。

(廿八)蜀主命太子宗懿判六軍，開永和府，妙選朝士為僚屬。

(廿九)辛酉（二十八日），均州刺史張敬方奏克房州㊿。

(廿九)岐王欲遣劉知俊將兵攻靈夏，且約晉王使攻晉、絳。晉王引兵南下，先遣周德威等將兵出陰地關攻晉州，刺史邊繼威悉力固守，晉兵穿地道，陷城二十餘步，城中血戰拒之，一夕，城復成。詔楊師厚將兵救晉州，周德威以騎扼蒙阬之險〔五二〕。師厚擊破之，進抵晉州，晉兵解圍遁去。【考異】實錄云：「殺戮生禽賊將蕭萬通等，賊由是棄塞遁。」莊宗實錄云：「汴軍至蒙阬，周德威逆戰，敗之，斬首二百級，師厚退絳州。是役也，小將蕭萬通戰沒，師厚進營平陽，德威收軍而退。」二軍各言勝捷，然既殺蕭萬通，師厚何肯退保絳州？既敗而退，豈得復進營平陽？德威既戰勝，安肯便收軍？蓋晉軍實敗走。莊宗實錄妄言耳。

〔四〇〕李洪寇荊南，高季昌遣其將倪可福擊敗之。詔馬步都指揮使陳暉將兵會荊南兵討洪。

〔四一〕蜀主以御史中丞王鍇為中書侍郎、同平章事。

〔四二〕陳暉軍至襄州〔五三〕，李洪逆戰，大敗，王求死。九月丁酉（初五日），拔其城，斬叛兵千人，執李洪、楊虔等送洛陽，斬之。

〔四三〕丁未（十五日），以保義節度使王檀為潞州東面行營招討使。

〔四四〕劉守光奏遣其子中軍兵馬使繼威安撫滄州吏民，戊申（十六日），以繼威為義昌留後。

〔四五〕辛亥（十九日），侍中韓建罷守太保、左僕射、同平章事，楊涉罷守本官。以太常卿趙光逢為中書侍郎，翰林奉旨〔五三〕工部侍郎杜曉為戶部侍郎，並同平章事。曉，讓能之子也(五四)。

(四六)淮南遣使者張知遠修好於福建，知遠倨慢，閩王審知斬之，表上其書，始與淮南絕。

審知性儉約，常躡麻屨，府舍卑陋，未嘗營葺，寬刑薄賦，公私富實，境內以安。歲自海道登、萊入貢，沒溺者什四五(五五)。

(四七)冬，十月中子（初二日），蜀司天監胡秀林獻永昌曆，行之(五六)。

(四八)湖州刺史(五七)高澧性凶忍，嘗召州吏議曰：「吾欲盡殺百姓，可乎？」吏曰：「如此，租賦何從出？當擇可殺者殺之耳！」時澧糾民為兵，有言其咨怨者，澧悉集民兵於開元寺(五八)，紿云犒享，入則殺之，死者踰半，在外者覺之，縱火作亂。澧閉城大索，凡殺三千人。吳越王鏐欲誅之，戊辰（初六日），澧以州叛附於淮南，舉兵焚義和、臨平鎮(五九)，鏐命指揮使錢鏢討之。

(四九)十一月甲午（初二日），帝告謝於圓丘(六〇)。戊戌（初六日），大赦。

(五〇)鄴王羅紹威得風痺病，上表稱魏、故大鎮，多外兵，願得有功重臣鎮之，臣乞骸骨歸第。帝聞之，撫案動容(六一)。己亥（初七日），以其子周翰為天雄節度副使，知府事，謂使者曰：「亟歸語而主(六二)，為我彊飯(六三)，如有不可諱(六四)，當世世貴爾子孫以相報也。今使周翰領軍府，尚冀爾復愈耳！」【考異】梁功臣列傳：「朝廷自開創，有大事，皆降使咨訪，紹威有謀慮，亦馳簡獻替，或中途相遇，意互合者，十得五六，太祖嘆曰：『竭忠力，一人而已。』」又曰：「子三人，長廷規，司農卿，尚安陽公主，又尚金華公主，早卒；次周翰，起復雲麾將軍，充天雄節度留後，尋檢校司徒，正授魏博節度使，亦早卒；次曰周敬。」薛史亦同。實錄：「己亥，以司門郎中羅廷規充魏博節度副使，知府事，仍改名周翰。時鄴王紹威病日甚，慮以後事，故奏請焉。」莊宗列傳：「紹威卒，溫以其子周翰嗣政。」莊宗實錄：「紹威厚率重斂，傾府藏以奉溫，小有違忤，溫即遣人詬辱。紹威方懷愧恥，悔自弱之謀，乃潛收兵市馬，陰有覆溫之志，而賂溫益厚。溫揣其曲事，慮蓄奸謀而莫之察，乃賜紹威妓妾數人，皆承嬖愛，未半歲，溫卻召還，以是得其陰事。」內相矛楯。薛史又云：「開平四年，夏，詔金華公主出家為尼，居於宋州玄靜寺。」蓋太祖推恩於羅氏，令終其婦節也。」唐餘錄、歐陽史皆同。惟唐莊宗實錄獨異。按均帝時，趙巖等言羅紹威前恭後倨，太祖每深含怒，似與此言合，然梁祖若聞紹威有陰謀，必不使周翰更居魏，疑後唐史以紹威與梁最親，疾之，而載此傳聞之語，今從眾書。廷規更名周翰，亦由實錄之誤。

(五)岐王欲取靈州，以處劉知俊，且以為牧馬之地，使知俊自將兵攻之。朔方節度使韓遜告急，詔鎮國節度使康懷貞、感化節度使寇彥卿將兵攻邠、寧以救之，懷貞等所向皆捷，克寧、衍二州，拔慶州南城，刺史李彥廣出降(六五)。遊兵侵掠至涇州(六六)之境，劉知俊聞之，十二月己丑（二十八日），解靈州圍，引兵還。帝急召懷貞等還，遣兵迎援於三原青谷。懷貞等還至三水(六七)，知俊遣兵據險邀之㊅，左龍驤軍使㊈壽張王彥章力戰，懷貞等乃得過。懷貞與裨將李德遇、許從實、王審權分道而行，皆與援兵不相值。至昇平㊆，劉知俊伏兵山口，懷貞大敗，僅以身免，德遇等軍皆沒。岐王以知俊為彰義節度使，鎮涇州。

王彥章驍勇絕倫，每戰用二鐵槍，皆重百斤，一置鞍中，一在手，所向無前，時人謂之王鐵槍。

㊈蜀蜀州刺史王宗弁㊆稱疾罷，歸成都，杜門不出。蜀主疑其矜功怨望，加檢校太保，固辭不受。謂人曰：「廉者足而不憂，貪者憂而不足。吾小人，致位至此足矣，豈可求進不已乎！」蜀主嘉其志而許之，賜與有加。

㊈劉守光圍滄州，久不下㊆，執劉守文至城下示之，猶固守。城中食盡，民食菫泥，軍士食人，驢馬相啗騣尾。呂兗選男女羸弱者飼以麴麩而烹之以給軍食，謂之宰殺務㊆。

【今註】㊀壬申，以博王友文為東都留守：梁既遷都洛陽，以汴梁為東都。按甲戌初七日，壬申初五日，此事當繫甲戌帝發大梁之前。㊁辛巳，祀圜丘，大赦：辛巳十四日，不宜繫庚寅後，按《五代史》及《五代史記》俱在辛卯，辛卯二十四日。㊂以用度稍充，初給百官全俸：胡三省曰：「唐自廣明喪亂以來，百官俸料，額存而已，至是復全給。」廣明，唐僖宗年號。㊃鄜城：後魏置敷城郡及敷城縣，隋改敷城縣曰鄜城縣，唐屬坊州，故城在今陝西省洛川縣東南七十里。㊄丹、延：丹州、延州也。《續通典》曰：「丹州，秦上郡地，苻、姚時為三堡鎮，後魏大統三年，割鄜、延二州地置汾州，理三堡鎮，廢帝以河東汾州同名，改為丹州，因丹陽川以為名。」《舊唐書・地理志》隋廢丹州入延安郡之義川縣，恭帝義寧元年，於義川置丹陽郡，唐高祖武德元年，改為丹州，玄宗天寶元年，改為咸寧郡，肅宗乾元元年，復為丹州，故治在今陝西省宜川縣東北。延州註已見上。㊅丹州刺史崔公實請降：丹州，保塞軍巡屬也。㊆徐溫以金陵形勝，戰艦所聚，乃自以淮南行軍副使領昇州刺史：《舊唐書・地理志》，唐肅宗至德二年，置江寧郡於江寧縣，乾元元年，於江寧置昇州，割潤州之句容、江寧、宣州之當塗、溧水四縣置浙西節度使，上元二年，罷昇州，復江寧縣為上元縣，還屬潤州，當塗等三縣各依舊屬。其故治即今江蘇省江寧縣，蓋淮南復於此置昇州。㊇知俊遣白水鎮使劉儒分兵圍坊州：後魏孝文帝太和二年，分澄城置白水郡及白水縣，隋廢郡，以縣屬馮翊，唐屬同州。白水縣，漢粟邑縣地也，南臨白水，因名，故城在今陝西省白水縣南。《舊唐書・地理志》，坊州，隋上郡之內部縣也，唐高祖武德二年置坊州，玄宗天寶元年，改為中部郡，肅宗乾元元年，復為坊州，故治今陝西省中部縣。㊈洞屋：胡三省曰：「洞屋，以木撐柱為之，冒以牛皮，其狀如洞。」㊉牙內指揮使錢鏢：鏢，吳越王鏐之弟也。㊁行軍副使杜建徽：《九國志》曰：「建徽字延光，新登人，父稜，仕鏐為潤州刺史。建徽少彊勇，累從征伐，未嘗介甲，所至輒有功，軍中謂之虎子。」㊂見園卒陸仁章樹藝有智而志之：樹、藝皆種植也。志者，記之於心也。㊃鏐以諸孫畜之：畜，養也。以諸孫禮視陸仁章而養之。㊄累遷兩府軍糧都監使：鏐兼鎮海、鎮東二軍節度使，兩府，兩節度府也。㊄皇天蕩：胡三省曰：「此皇天蕩非真州大江中之皇天蕩。按宋熙寧三年平江府崑山縣人郟亶上奏言水利，長洲縣界有長蕩皇天蕩，此則是也。」其地在今江蘇省吳縣東。㊅菰蔣：菰即蔣也，一名茭，其筍曰茭白，實曰菰米。㊆以高萬興為保塞節度使，以絳州刺史牛存節為保大節度使：唐保大軍治鄜州，今陝西省鄜縣，領鄜、坊二州，保塞軍治延州，兼領丹州，延州，今陝西省膚施縣。二鎮本屬李茂貞，至是入於梁。《舊唐書・地理志》，絳州，隋絳郡，唐高祖武德元年置絳州，治曲沃縣，曲沃，漢絳縣地也，後魏置曲沃縣，今為山西省新絳縣。㊇帝命劉知俊乘勝取邠州，知俊難之：胡三省曰：「李繼徽據邠州，有鳳翔之援，故劉知俊以取之為難。」㊈劉守文頻年攻劉守光，不克：劉守文自開平元年攻守光，事始見上卷，至是首尾凡三年。㊉乃大發兵，以重賂招契丹、吐谷渾之眾，合四萬屯薊州，守光逆戰於雞蘇，為守文所敗：《冊府元龜》曰：「守文素蓄奸謀，利燕、薊之土疆，乃令子延祐質於汴，自將兵討守光，以迎父為名，頻年出軍不利，至是大舉，以重賂誘契丹、吐谷渾之眾，合四萬眾屯薊州，運滄、景芻粟，海船而下以給軍費。」胡三省曰：「按薛史梁紀，是年劉守光上言於薊州西與兄守文戰，生禽守文，蓋即雞蘇也。」則雞蘇當在今河北省薊縣西。《遼史・太祖紀》曰：「三年三月，滄州節度使劉守文為弟守光所攻，遣人來乞兵討之，命皇弟利素、夷離堇蕭敵魯以兵會守文於北淖口，進至橫海軍近淀，一鼓破之，守光潰去。」蓋指是役也，意契丹發兵在三月，雞蘇之戰則在五月。《會海青華》曰：「吐谷渾，本遼東鮮卑也，西晉時，酋帥徒河涉歸有二子，長曰吐谷渾，少曰若洛廆，代統部落，別為慕容氏。渾庶長，廆長嫡，父在時，分七百戶與渾，渾與廆二部俱牧馬，馬鬥相傷，渾擁馬西行，乃附陰山，屬永嘉之亂，始度隴西，止於枹罕，而後子孫據有甘、松之南，洮水之西，南極於白蘭。在益州西北有青海，周回千餘里，海中有小山，每冬冰合後，以良牝馬置此山，至來冬收之，馬有孕，所生得駒，號曰龍種，時稱青海驄焉。至其孫葉延以禮云：『公孫之子，得以主父字為氏，吾祖始自昌黎先宅於此，今以吐谷渾為氏，尊祖之義也。』」白蘭山在青海西南，註詳《晉紀》。㉑安次：安次縣，漢屬渤海郡，唐屬幽州，故城在今河北省安次縣西北。㉒忠武節度使兼侍中劉知俊：梁更同州匡國軍為忠武軍見上卷上年。《五代史・梁太祖紀》是年四月，封知俊大彭郡王，劉知俊傳封王在五月。㉓帝將伐河東：河東謂晉。㉔遣兵襲華州，逐刺史蔡敬思：《舊唐書・地理志》，華州，隋京兆郡之鄭縣，恭帝義寧元年置華山郡，因後魏郡名也，唐高祖武德元年，改為華州，睿宗垂拱二年，改為太州，武后神龍元年，復曰華州，玄宗天寶元年，改為華陰郡，肅宗乾元元年，復為華州，上元元年，復改太州，寶應元年，復為華州，治鄭縣，今陝西省華縣。《元豐九域志》，同州南至華州七十里。㉕兩京：謂唐西京長安、東京洛陽也。㉖朔方節度使韓遜奏克鹽州：胡三省曰：「唐末，鹽州奏事專達朝廷，至是靈、鹽遂復合為一鎮。」《舊唐書・地理志》，鹽州，隋鹽川郡，唐高祖武德元年，改為鹽州，玄宗天寶元年，改為五原郡，肅宗乾元元年，復為鹽州，故治在今寧夏省鹽池縣北。㉗劉鄩至潼關東，獲劉知俊伏路兵藺如海等三十人，釋之，使為前導：知俊既襲得潼關，於關外設伏以為候望，劉鄩得之以為鄉導也。㉘蒼黃：翻覆之喻。《文選・孔稚珪北山移文》：「豈期終始參差，蒼黃翻覆。」李善註：「蒼黃翻覆，素絲也。」取墨子見練絲而泣，為其可以黃、可以黑之意。㉙師厚以奇兵並南山急趨，自西門入，遂克之：胡三省曰：「按唐長安城十門，西南三門惟延平門近南山耳！長安既丘墟之餘，且城大難守，使楊師厚不以奇兵入西門，歧兵亦不能久也。」㉚并冠：為晉王李存勗也。河東，古并州之地，與梁為敵，故謂之并冠。㉛撫州刺史危全諷自稱鎮南節度使，帥撫、信、袁、吉之兵號十萬攻洪州：《九國志》曰：「全諷，臨川南越人，世為農夫，初生，赤而毛，醜狀駭人，父母欲勿舉，其姊保護之，僅得而全。及長，體質明秀，豪勇任氣。」唐置鎮南軍節度使於洪州，撫、信、袁、吉皆鎮南巡屬也。全諷既自稱鎮南節度使，故欲攻洪州而有之。《舊唐書・地理志》，洪州，隋豫章郡，唐高祖武德五年置洪州，玄宗天寶元年，改為豫章郡，肅宗乾元元年，復為洪州，治鍾陵，鍾陵，漢豫章郡之南昌縣也，隋改為豫章縣，置豫章郡，唐肅宗寶應元年，代宗立，避諱改為鍾陵，即今江西省南昌縣。撫州，隋臨川郡，唐高祖武德五年置撫州，玄宗天寶元年，改為臨川郡，肅宗乾元元年，復為撫州，治臨川縣，臨川，漢南昌縣地，後漢分南昌置臨汝縣，三國吳置臨川郡，歷南朝不改，隋改臨汝縣為臨川縣，故城在今江西省臨川縣西。肅宗乾元元年，割衢州之常山、饒州之弋陽、建州之三鄉、撫州之一鄉置信州，又置上饒、永豐二縣，治上饒，即今江西省上饒縣。袁州，隋宜春郡，唐高祖武德四年置袁州，玄宗天寶元年改為宜春郡，肅宗乾元元年，復為袁州，治宜春縣，即今江西省宜春縣。吉州，隋之廬陵郡，唐高祖武德五年置吉州，玄宗天寶元年改為廬陵郡，肅宗乾元元年，復為吉州，治廬陵縣，今江西省吉安縣。《元豐九域志》，自撫州西北至洪州二百九里。㉜象牙潭：象牙潭在今江西省建新縣西南八十里，即章江西曲處也。㉝苑玫：苑，姓也。《左傳》齊有大夫苑何忌。㉞彥章，玕之兄也：彭玕見上卷開平元年。㉟本以前攻蘇州無功：事見上四月。㊱援兵必還：援兵，謂楚遣圍高安以助全諷之兵。㊲商州刺史李稠驅士民西走：將奔蜀也。《舊唐書·地理志》，商州，隋上洛郡，唐高祖武德元年改為商州，玄宗天寶元年，改為上洛郡，肅宗乾元元年，復為商州，治上洛縣，今陝西省商縣。㊳改佑國軍曰永平：開平元年，置佑國軍於長安，今改曰永平。㊴河東兵寇晉州，抄掠至堯祠而去：《水經注》，堯祠在平陽故城東十里汾水東原上，平陽，唐為臨汾縣，晉州所治也。㊵房州刺史：《舊唐書·地理志》，房州，隋房陵郡，唐高祖武德元年，改為遷州，太宗貞觀十年，廢遷州入房州，移房州治於廢遷州城，玄宗天寶元年，改為房陵郡，肅宗乾元元年，復為房州，治房陵縣，房陵，漢屬漢中郡，後魏為新城郡，又改為光遷國，唐高祖武德初改為光遷縣，為遷州治，又改為房陵縣，為房州治，即今湖北省房縣。㊶先使羸兵嘗敵：羸兵，疲弱之兵；嘗，試也。㊷乘勝克袁州，執刺史彭彥章，進攻吉州：《元豐九域志》，自袁州南至吉州三百一十五里。㊸歙州刺史陶雅使其子敬昭及都指揮使徐章將兵襲饒、信，信州刺史危仔倡請降：唐僖宗中和二年，危全諷據撫州，仔倡據信州，至是皆亡。《舊唐書·地理志》，歙州，隋新安郡，唐高祖武德四年置歙州，玄宗天寶元年，改為新安郡，肅宗乾元元年，復為歙州，治歙縣，歙縣，漢屬丹陽郡，縣南有歙浦，因以為名，今安徽省歙縣。饒州，隋鄱陽郡，唐高祖武德四年置饒州，治鄱陽縣，縣在漢鄱陽故城之西，在鄱江之陽，故名，即今江西省鄱陽縣。㊹吉州刺史彭玕帥眾數千人奔楚：彭玕附楚，見卷二百六十五唐昭宣帝天祐三年。㊺骨言：骨，姓也。唐初有骨儀。㊻吳越王鏐以仔倡為淮南節度副使，更其姓曰元氏：《五代史記・吳越世家》云：「危仔倡奔於鏐，繆惡其姓，改曰元。」㊼危全諷至廣陵，弘農王以其嘗有德於武忠王，釋之，資給甚厚：《九國志》曰：「初，楊行密之攻趙鍠，遣使通聘於臨川，全諷報禮甚至，糧運兵器皆取給焉，至是以舊恩釋之。」行密諡武忠。㊽虔州刺史：《舊唐書・地理志》，虔州，隋南康郡，唐高祖武德五年置虔州，玄宗天寶元年，改為南康郡，肅宗乾元元年，復為虔川，治贛縣，今江西省贛縣。㊾上疾小瘳，始復視朝：瘳，疾瘉也。帝自七月乙亥寢疾，至是凡四十日。㊿均州刺史張敬方奏克均州：楊虔以房州附蜀，見上，今張敬方克之。《元豐九域志》，均州南至房州二百一十五里。《舊唐書・地理志》，均州，隋淅陽郡之武當縣，恭帝義寧二年，割淅陽之武當、淅陽二縣置武當郡，唐高祖武德元年，改為均州，玄宗天寶元年，改為武當郡，肅宗乾元元年，復為均州，治武當縣，故治在今湖北省均縣北。(五一)蒙阬之險：胡三省曰：「蒙阬在汾水東，東西三百餘里，蹊徑不通。」《五代史記・王峻傳》，劉旻攻晉州，峻軍出自絳州，前鋒報過蒙阬，峻喜曰：「蒙阬，晉絳之險也，旻不分兵扼之，使吾過此，可知其必敗也。」其地在今山西省曲沃縣北四十里。(五二)襄州：《舊唐書・

地理志》，襄州，隋襄陽郡，唐高祖武德四年，改為襄州，玄宗天寶元年，改為襄陽郡，肅宗乾元元年，復為襄州，治襄陽縣，今為湖北省襄陽縣。(53)翰林奉旨：開平元年，詔州縣及官名犯廟號皆改之，改翰林承旨為翰林奉旨，以帝父諱誠，避嫌諱也。(54)曉，讓能之子也：杜讓能死國難，見卷二百五十九唐昭宗景福二年。(55)歲自海道登、萊入貢，沒溺者什四五：《舊唐書・僭偽傳》曰：「是時楊氏據江淮，故閩中與中國隔絕，審知每歲朝貢，汎海至登、萊抵岸，往復頗有風水之患，漂沒者十四五。」胡三省曰：「自福建入貢大梁，陸行當由衢、信，取饒、池界度江，取舒、廬、壽度淮而後入梁境，然自信、饒至廬、壽皆屬楊氏，而朱、楊為世仇，不可得而假道，故航海入貢。今自福州洋過溫州洋，取臺州洋，過天門山，入明州象州洋，過涔江，掠洌港，直東北度大洋抵登、萊岸，風濤至險，故沒溺者眾。」《舊唐書・地理志》，登州，漢東萊郡之黃縣，武后如意元年分置登州，玄宗天寶元年，以登州為東牟郡，肅宗乾元元年，復為登州，治蓬萊縣，漢黃縣也，武后神龍三年改為蓬萊縣，今山東省蓬萊縣。萊州，漢東萊郡，唐高祖武德四年置萊州，玄宗天寶元年，改為東萊郡，肅宗乾元元年，復為萊州，治掖縣，漢東萊郡治也，隋置掖縣，即今山東省掖縣。(56)蜀司天監胡秀林獻永昌曆，行之：《五代史記・司天考》曰：「蜀永昌曆止用於其國，今亡不復見。」(57)湖州刺史：《舊唐書・地理志》，湖州，隋吳郡之烏程縣，唐高祖武德四年置湖州，玄宗天寶元年，改為吳興郡，肅宗乾元元年，復為湖州，取州東太湖為名也，治烏程縣，今浙江省吳興縣。(58)開元寺：胡三省曰：「開元寺，今諸州間亦有之，蓋唐開元中所置也。」(59)舉兵焚義和、臨平鎮：胡三省曰：

「九域志杭州仁和縣有臨平鎮。按仁和縣本錢塘縣，宋太宗太平興國初改錢塘縣曰仁和，蓋亦先有義和地名，又避太宗藩邸舊名，遂改曰仁和也。」仁和縣，今併入浙江省杭縣。㊿帝告謝於圜丘：胡三省曰：「告謝者，告天而謝得天下也。」㊀鄴王羅紹威得風痺病，上表稱魏、故大鎮，多外兵，願得有功重臣鎮之，臣乞骸骨歸第，帝聞之，撫案動容：唐置魏博節度使於魏州以授田承嗣，即今河北省大名縣，領魏、博、德、滄、瀛五州，代宗廣德初，賜號天雄軍，其後田悅叛，削天雄軍號，止稱魏博，昭宗天祐初，復賜號天雄軍。魏博，大鎮也，處四戰之地，故云多外兵。自田承嗣盜據魏博，垂二百年，專制一方，今一旦委鎮請代，出帝意表，故不覺撫案而動容也。㊁而主：而，汝也。㊂彊飯：勉力加餐。㊃不可諱：謂死也。㊄詔鎮國軍節度使康懷貞、感化軍節度使寇彥卿將兵攻邠、寧以救之，懷貞等所向皆捷，克寧、衍二州，拔慶州南城，刺史李彥廣出降：唐肅宗乾元初置邠寧節度使，僖宗中和中賜號靜難軍，邠、寧、慶、衍四州皆其巡屬也。《舊唐書・地理志》，邠州，隋北地郡之新平縣，隋恭帝義寧二年置為新平郡，玄宗天寶元年，改為新平郡，肅宗乾元元年，復為邠州，治新平縣，今陝西省邠縣。寧州，隋北地郡，唐高祖武德元年，改為寧州，玄宗天寶元年，改為彭原郡，肅宗乾元元年，復為寧州，治定安縣，今甘肅省寧縣。慶州，隋弘化郡，唐高祖武德元年改為慶州，玄宗天寶元年，改為安化郡，肅宗至德元年，改為順化郡，乾元元年，改為慶州，治安化縣，安化隋曰弘化，武后神龍元年改名，今為甘肅省慶陽縣。《五代史・郡縣志》，唐末置衍州，周顯德五年廢為定平鎮，隸邠州。《元豐九域志》，宋神宗熙寧五年，以汾州定平縣隸涇州，蓋即唐衍州故治也，在今甘肅省寧縣南六十里。（六六）涇州：《舊唐書・地理志》，涇州，隋安定郡，唐高祖武德元年，改名涇州，玄宗天寶元年，復為安定郡，肅宗乾元元年，復為涇州，治安定縣，故治在今甘肅省涇州縣北。（六七）三水：唐邠州有三水縣，漢古縣也，故城在今陝西省栒邑縣西。（六八）知俊遣兵據險邀之：《五代史・劉知俊傳》，知俊邀擊之於邠州長城嶺。《九國志》曰：「李彥琦、劉知俊自靈武班師，塗經長城嶺，梁師率精銳數萬躡其後，彥琦與知俊設方略擊敗之。」（六九）左龍驤軍使：《五代會要》曰：「梁開平元年，改左右親隨軍將馬軍為左右龍驤軍。」（七〇）昇平：《舊唐書・地理志》，唐玄宗天寶十二年分宜君縣置升平縣，屬坊州，故城在今陝西省宜君縣西北。（七一）蜀蜀州刺史王宗弁：王宗弁，即鹿弁也，蜀主建養以為子，賜姓名。（七二）劉守光圍滄州，久不下：劉守光自五月攻滄州，至是凡八閱月。（七三）呂兗選男女羸弱者飼以麴麫而烹之，以給軍食，謂之宰殺務：《冊府元龜》曰：「呂兗率城中饑羸丁口，以麩麵飼之，團為宰殺務，旋烹以充軍食，危酷之狀，遠古未聞。」麴，酒母；麫，麥粉；麩，麥皮也。團，聚也；務，場所也，宋有榷貨務，市易務，蓋取場所之義。聚丁口於一處以備宰殺，故謂之宰殺務。

四年（西元九一〇年）

（一）春正月乙未（初四日），劉延祚力盡出降。時劉繼威尚幼（一），守光使大將張萬進、周知裕輔之，鎮滄州，以延祚及其將佐歸幽州，族呂兗而釋孫鶴。兗子琦，年十五，門下客趙玉紿監刑者曰：「此吾弟也，勿妄殺。」監刑者信之，遂挈以逃。琦足痛，不能行，玉負之，變姓名，乞食於路，僅而得免。琦感家門殄滅，力學自立，晉王聞其名，授代州判官。

㈡辛丑（初十日），以盧光稠為鎮南留後㊁。

㈢劉守光為其父仁恭請致仕，丙午十五日以仁恭為太師致仕。守光尋使人潛殺其兄守文，歸罪於殺者而誅之。

㈣二月，萬全感自岐歸廣陵㊂，岐王承制加弘農王兼中書令，嗣吳王㊃。於是吳王赦其境內。

㈤高澧求救於吳㊄，吳常州刺史李簡等將兵應之，湖州將盛師友、沈行思閉城不內，澧帥麾下五千人奔吳㊅。三月癸巳（初三日），吳越王鏐巡湖州，以錢鏢為刺史。

㈥蜀太子宗懿驕暴，好陵暴舊臣。內樞密使唐道襲，蜀主之嬖臣也，太子屢謔之於朝，由是有隙，互相訴於蜀主。蜀主恐其交惡，以道襲為山南西道節度使、同平章事。道襲薦宣徽北院使鄭頊為內樞密使，頊受命之日，即欲按道襲昆弟盜用內庫金帛，道襲懼，奏頊褊急，不可大任，丙午（十六日），出頊為果州刺史㊆，以宣徽南院使潘炕為內樞密使。

㈦夏州㊇都指揮使高宗益作亂，殺節度使李彝昌，將吏共誅宗益，推彝昌族父蕃漢都指揮使李仁福為帥。【考異】薛史，仁福本党項拓拔氏，唐末，拓拔思恭以破黃巢功，賜姓，故仁福之族亦賜李。歐陽史云，不知其於思諫為親疏也。按仁福諸子皆連彝字，則於彝昌必父行也。　癸丑（二十三日），仁福以聞。夏，四月甲子（初五日），以仁福為定難節度使。

㈧丁卯（初八日），宋州節度使㊈衡王友諒獻瑞麥一莖三穗，帝曰：「豐年為上瑞，今宋州大水，安用此為？」詔除本縣令名⑩，遣使詰責友諒，以兗海留後惠王友能代為宋州留後。友諒、友能，皆全昱子也㊁。

㈨帝以晉州刺史下邑華溫琪拒晉兵有功，欲賞之，會護國節度使冀王友謙上言晉、絳邊河東，乞別建節鎮，壬申（十三日），以晉、絳、沁三州為定昌軍㊂，以溫琪為節度使。

(十)左金吾大將軍寇彥卿入朝，至天津橋，有民不避道，投諸欄外而死(一三)。彥卿自首於帝，帝以彥卿才幹有功，久在左右，命以私財遺死者家以贖罪。御史司憲(一四)崔沂劾奏彥卿殺人闕下，請論如灋。帝命彥卿分析(一五)，彥卿對令從者舉置欄外，不意誤死。帝欲以過失論，沂奏，在法以勢力使令為首，下手為從，不得歸罪從者，不鬥而故毆傷人，加傷罪一等，不得為過失。辛巳（二十二日），責授彥卿遊擊將軍、左衛中郎將。彥卿揚言有得崔沂首者，賞錢萬緡，沂以白帝，帝使人謂彥卿：「崔沂有毫髮傷，我當族汝。」時功臣驕橫，由是稍肅。沂，沆之弟也(一六)。

(十一)五月，吳徐溫母周氏卒，將吏致祭，為偶人高數尺(一七)，衣以羅錦。溫曰：「此皆出民力，奈何施於此而焚之。為宜解以衣貧者。」未幾，起復為內外馬步軍都軍使，領潤州觀察使。

(十二)歧王屢求貨於蜀，蜀主皆與之，又求巴、劍二州，蜀主曰：「吾奉茂貞，勤亦至矣，若與之地，是棄民也，寧多與之貨。」乃復以絲茶布帛七萬遺之。

㈢己亥（十一日），以劉繼威為義昌節度使㈧。
㈣癸丑（十三日），天雄節度使兼中書令鄴貞莊王羅紹威卒㈨。詔以其子周翰為天雄留後。
㈤匡國節度使長樂忠敬王馮行襲疾篤，表請代者。許州牙兵二千，皆秦宗權餘黨，帝深以為憂。六月庚戌（六月己未朔，無庚戌），命崇政院直學士李珽馳往視行襲病㈩，曰：「善諭朕意，勿使亂我近鎮。」⑪珽至許州，謂將吏曰：「天子握百萬兵，去此數舍⑫，馮公忠純，勿使上有所疑。汝曹赤心奉國，何憂不富貴？」由是眾莫敢異議。行襲欲使人代受詔，珽曰：「東首加朝服，禮也。」⑬乃即臥內宣詔，謂行襲曰：「公善自輔養，勿視事，此子孫之福也。」行襲泣謝，遂解兩使印授珽⑭，使代掌軍府。帝聞之，曰：「予固知珽能辦事，馮族亦不亡矣。」庚辰（二十二日），行襲卒。甲申（二十六日），以李珽權知匡國留後，悉以行襲兵分隸諸校，冒馮姓者皆還宗⑮。
㈥楚王殷求為天策上將，詔加天策上將軍。殷始開天策府，以弟賓為左相，存為右相。殷遣將侵荊南，軍於油口㉖，高季昌擊破之，斬首五千級，逐北至白田㉗而還。

(十七)吳水軍指揮使敖駢圍吉州刺史彭玕弟瑊於赤石㉘，楚兵救瑊，虜駢以歸。

(十八)秋，七月，蜀門下侍郎兼吏部尚書同平章事韋莊卒。

(十九)吳越王鏐表宦者周延誥等二十五人唐末避禍至此，非劉、韓之黨，乞原之㉙。上曰：「此屬吾知其無罪，但今革弊之初，不欲置之禁掖，可且留於彼，諭以此意。」

(廿)岐王與汾、涇二帥㉚各遣使告晉，請合兵攻定難節度使李仁福。晉王遣振武節度使周德威將兵會之，合五萬眾圍夏州，仁福嬰城拒守。

(廿一)八月，以劉守光兼義昌節度使㉛。【考異】實錄，是歲五月，以義昌留後劉繼威為義昌節度使，八月，又云以守光兼義昌節度使，不言置繼威於何處，或者復為留後，不然，守光兼幽滄節度使，繼威但為滄州節度使，皆不可知，今兩存之。

(廿二)鎮、定自帝踐祚㉜以來，雖不輸常賦而貢獻甚勤，會趙王鎔母何氏卒，庚申（初三日），遣使弔之，且授起復官。時鄰道弔客皆在館，使者見晉使，歸言於帝，曰：「熔潛與晉通，鎮、定勢彊，恐終難制。」帝深然之。

(廿三)壬戌（初五日），李仁福來告急。甲子（初七日），以河南尹兼中書令張全義為西京留守。

帝恐晉兵襲西京(三三)，以宣化留後李思安為東北面行營都指揮使，將兵萬人屯河陽(三四)。丙寅（初五日），帝發洛陽，己巳（十二日），至陝，辛未（十四日），以鎮國節度使陽師厚為西路行營招討使，會感化節度使康懷貞將兵三萬屯三原(三五)。帝憂晉兵出澤州，逼懷州，既而聞其在綏、銀磧中(三六)，曰：「無足慮也。」甲申（二十七日），遣夾馬指揮使(三七)李遇、劉綰自鄜、延趨銀、夏，邀其歸路。

(廿四)吳越王鏐築捍海石塘(三八)，廣杭州城，大修臺館，由是錢唐富庶，盛於東南。

(廿五)九月己丑（初三日），上發陝，甲午（初八日），至洛陽，疾復作。

(廿六)李遇等至夏州，岐、晉兵皆解去。

(二七)冬，十月，遣鎮國節度使楊師厚、相州刺史李思安將兵屯澤州以圖上黨。

(二八)吳越王鏐之巡湖州也㊴，留沈行思為巡檢使，與盛師友俱歸。行思謂同列陳瓌曰：「王若以師友為刺史，何以處我？㊵」時瓌已得鏐密旨，遣行思詣府㊶，乃紿之曰：「何不自詣王所論之。」行思從之，既至數日，瓌送其家亦至，行思恨瓌賣己。鏐自衣錦軍歸㊷，將吏迎謁，行思取鍛槌擊瓌，殺之，因詣鏐與師友論功㊸，奪左右槊，欲刺師友，眾執之。鏐斬行思㊹，以師友為婺州刺史㊺。

(二九)十一月己丑（初三日），以寧國節度使同平章事王景仁㊻充北面行營都指揮招討使，潞州副招討使韓勍副之，以李思安為先鋒，將趣上黨，尋遣景仁等屯魏州㊼，楊師厚還陝。

(三〇)蜀主更太子宗懿名曰元坦。庚戌（二十四日），立假子宗裕為通王，宗範為夔王，宗鐬為昌王，宗壽為嘉王，宗翰為集王，立其子宗仁為普王，宗輅為雅王，宗紀為褒王，宗智為榮王，宗澤為興王，宗鼎為彭王，宗傑為信王，宗衍為鄭王。

初，唐末宦官典兵者多養軍中壯士為子以自彊，由是諸將亦傚之，而蜀主尤多，惟宗懿等九人及宗特、宗平真其子，宗裕、宗鐬、宗壽皆其族人，宗翰姓孟，蜀主之姊子，宗範姓張，其母周氏，為蜀主妾，自餘假子百二十人皆功臣，雖冒姓連名，而不禁昏姻。

（卌）上疾小愈，辛亥（二十五日），校獵於伊、洛之間[四八]。

（卌一）上疑趙王鎔貳於晉[四九]，且欲因鄴王紹威卒除移鎮、定，會燕王守光發兵屯淶水，欲侵定州，上遣供奉官[五〇]杜廷隱、丁延徽監魏博兵三千分屯深、冀[五一]，聲言恐燕兵南寇，助趙守禦，又云分兵就食。趙將石公立戍深州，白趙王鎔請拒之，鎔遽命開門，移公立於外以避之。公立出[五二]，指城而泣曰：「朱氏滅唐社稷，三尺童子，知其為人，而我王猶恃姻好，以長者期之[五三]，此所謂開門揖盜者也。惜乎此城之人，今為虜矣！」梁人有亡奔真定以其謀告鎔者，鎔大懼，又不敢先自絕，但遣使詣洛陽，訴稱燕兵已還，與定州講和如故[五四]，深、冀民見魏博兵入，奔走驚駭，乞召兵還。上遣使詣真定慰諭之，未幾，廷隱等閉門，盡殺趙戍兵，乘城拒守，鎔始命石公立攻之，不克，乃遣使求援於燕、晉。

鎔使者至晉陽，義武節度使王處直使者亦至，欲共推晉王為盟主，合兵攻梁。晉王會將佐謀之，皆曰：「鎔久臣朱溫[35]，歲輸重賂，結以昏姻，其交深矣，此必詐也，宜徐觀之。」王曰：「彼亦擇利害而為之耳！王氏在唐世，猶或臣或叛[36]，況肯終為朱氏之臣乎？彼朱溫之女，何如壽安公主[37]？今救死不贍，何顧昏姻？我若疑而不救，正墮朱氏計中，宜趣發兵赴之。晉趙叶力[38]，破梁必矣！」乃發兵，遣周德威將之，出井陘，屯趙州。

鎔使者至幽州，燕王守光方獵，慕僚孫鶴馳詣野謂守光曰：「趙人來乞師，此天欲成王之功業也。」守光曰：「何故？」對曰：「比常患其與朱溫膠固，溫之志，非盡吞河朔不已。今彼自為讎敵，王若與之併力破梁，則鎮、定皆斂衽而朝燕矣！[39]王不出師，但恐晉人先我矣！」守光曰：「王鎔數負約，今使之與梁自相弊，吾可以坐承其利，又何救焉？」自是鎮、定復稱唐天祐年號，復以武順為成德軍(六〇)。

司天言來月太陰虧，不利宿兵於外。上召王景仁等還洛陽。十二月己未（初三日），上聞趙與晉合，晉兵已屯趙州(六一)，乃命王景仁等將兵擊之。庚申（初四日），景仁等自河陽度河，會羅周翰兵合四萬軍於邢、洺(六二)。

㈢虔州刺史盧光稠疾病，欲以位授譚全播(六三)，全播不受。光稠卒，其子韶州刺史延昌來奔喪，全播立而事之。吳遣使拜延昌虔州刺史，延昌受之，亦因楚王殷密通表於梁曰：「我受淮南官，以緩其謀耳，必為朝廷經略江西。」丙寅（初十日），以延昌為鎮南留後，延昌表其將廖爽為韶州刺史(六四)。爽，贛人也。

吳淮南節度判官嚴可求請置制置使於新淦縣(六五)，新淦漢古縣，唐屬吉州，九域志在虔州北六百里。宋白曰：「縣南有子淦山，因名。」淦音紺，又音甘。遣兵戍之，以圖虔州，每更代，輒潛益其兵，虔人不之覺也。

㈣庚午（十四日），蜀主以御史中丞周庠、戶部侍郎判度支庾傳素並為中書侍郎、同平章事。

（四五）太常卿李燕等刊定梁律令格式（六六），癸酉（十七日），行之。

（四六）丁丑（二十一日），王景仁等進軍柏鄉（六七）。

（四七）辛巳（初五日），蜀大赦，改明年元曰永平。

（四八）趙王鎔復告急於晉（六八），晉王以番漢副總管李存審守晉陽，自將兵自贊皇（六九）東下，王處直遣將將兵以從。辛巳（二十五日），晉王至趙州，與周德威合，獲梁芻蕘者二百人（七〇），問之曰：「初發洛陽，梁主有何號令？」對曰：「梁主戒上將云：『鎮州反覆，終為子孫之患，今悉以精兵付汝，鎮州雖以鐵為城，必為我取之。』」晉王送於趙（七一）。

壬午（二十六日），晉王進軍，距柏鄉三十里，遣周德威等以胡騎迫梁營挑戰，梁兵不出。癸未（二十七日），復進距柏鄉五里，營於野河之北，又遣胡騎迫梁營馳射，且詬之。梁將韓勍等將步騎三萬，分三道追之，鎧冑皆被繒綺，鏤金銀，光彩炫耀，晉人望之奪氣。周德威謂李存璋曰：「梁人志不在戰，徒欲曜兵耳，不挫其銳，則吾軍不振。」乃徇於軍（七二）曰：「彼皆汴州天武軍（七三），屠酤傭販之徒耳，衣鎧雖鮮，十不能當汝一，擒獲一夫足以自富，此乃奇貨，不可失也。」德威自引千餘精騎擊其兩端㊄，左右馳突，出入數四，俘獲百餘人，且戰且卻，距野河而止，梁兵亦退。

德威言於晉王曰：「賊勢甚盛，宜按兵以待其衰。」王曰：「吾孤軍遠來，救人之急，三鎮烏合，利於速戰㊄，公乃欲按兵持重，何也？」德威曰：「鎮、定之兵，長於守城，短於野戰，且吾所恃者騎兵，利於平原廣野，可以馳突，今壓賊壘門，騎無所展其足，且眾寡不敵，使彼知吾虛實，則事危矣！」王不悅，退臥帳中，諸將莫敢言。德威往見張承業曰：「大王驟勝而輕敵㊅，不量力而務速戰，今去賊咫尺，所限者一水耳㊆！彼若造橋以薄我，我眾立盡矣！不若退軍高邑㊇，誘賊離營，彼出則歸，彼歸則出，別以輕騎掠其饋餉，不過踰月，破之必矣！」承業入褰帳撫王曰：「此豈王安寢時耶？周德威老將，知兵，其言不可忽也。」王蹶㊈然興曰：「予方思之。」時梁兵閉壘不出，有降者，詰之，曰：「景仁方多造浮橋。」王謂德威曰：「果如公言。」是日，拔營退保高邑。

(卅九)辰州(八〇)蠻酋宋鄴、溆州(八一)蠻酋潘金盛恃其所居深險，數擾楚邊，至是鄴寇湘鄉(八二)。金盛寇武岡(八三)，楚王殷遣昭州刺史呂師周將衡山兵五千討之。【考異】湖湘故事，呂師周斬潘、金晟於武岡，其年十月十一日，展州宋鄴、敘州昌師益一時歸投馬氏，今從十國紀年。

(卌)寧遠節度使龐巨昭、高州防禦使(八四)劉昌魯，皆唐官也。黃巢之寇嶺南也，巨昭為容管觀察使，昌魯為高州刺史，帥羣蠻據險以拒之，巢眾不敢入境，唐嘉其功，置寧遠軍於容州，以巨昭為節度使(八五)，以昌魯為高州防禦使。及劉隱據嶺南，二州不從，隱遣弟嚴攻高州，昌魯大破之，又攻容州，亦不克。昌魯自度終非隱敵，是歲，致書請自歸於楚，楚王殷大喜，遣横州刺史(八六)姚彥章將兵迎之。彥章至容州，裨將莫彥昭說巨昭曰：「湖南兵遠來疲乏，宜撤儲偫，棄城潛於山谷以待之，彼必入城，我以全軍掩之，彼外無繼援，可擒也。」巨昭曰：「馬氏方興，今雖勝之，後將何如？不若具牛酒迎之。」彥昭不從，巨昭殺之，舉州迎降。【考異】湖湘故事，龐巨曦本唐末邕容等州防禦使，聞馬氏令公以征南步軍指揮使李瓊知桂州軍事，領兵士收服嶺外，詔梧、象、柳、宜、蒙、賀、桂等州，巨曦聞此雄勢，謂諸首領曰：「李瓊有破竹之勢，若長驅兵馬此來，侵吞吾境，其將奈何？」時容南指揮使莫彥昭對曰：「李瓊兵馬，其勢已雄，必然輕敵，今欲燒毀城內軍儲，且各入山峒，抛州城與李瓊，候纔入州，卻依前出諸山峒兵士，復攻之，堅守旬月之間，城內必無軍糧，外無救應，方可製造攻具，再攻擊之，必取勝也。」龐巨曦曰：「吾每至中宵，獨占氣象，馬氏合當五十餘年，興霸湖外，苟五十餘年對壘，安知孰非？是以憂疑不暇。」遂至深夜，斬莫彥昭於其第。明日，以其故密走事宜於湖南。又曰：「天復末，甲子十有二月，容南龐巨曦深慮廣南劉嚴不道，加害於己，遂差小吏間路密持書款歸於馬氏。是時湖南遣澧州刺史姚彥章領馬步軍八千徑往容南，巨曦遂帥萬餘眾歸於馬氏。」又曰：「高州防禦使劉昌魯以廣南先主劉嚴欲併吞嶺外，數召昌魯，欲籍沒其家族，昌魯知之，乃刺血寫書投馬氏，具述懸急，湖南遂遣捉生指揮使張可求部轄兵馬，於界首應接，一行三千餘口，歸於馬氏。」今從十國紀年。

彥章進至高州(六七)，以兵援送巨昭、昌魯之族及士卒千餘人歸長沙。楚王殷以彥章知容州事，以昌魯為永順節度副使(六八)。昌魯，鄴人也(六九)。

【今註】㈠時劉繼威尚幼：劉繼威，守光之子也。守光以繼威安撫滄州吏民見上年九月。㈡以盧光稠為鎮南留後：光稠附梁見上年八月。唐置鎮南軍於洪州，洪、饒、吉、江、袁、信、虔、撫等州皆巡屬也。時洪州已為淮南所有，梁但虛受之耳。㈢萬全感自岐歸廣陵：前年淮南使萬全感使晉及岐，至是還。㈣岐王承制加弘農王兼中書令，嗣吳王：唐昭宗天復二年封楊行密為吳王，今岐王承制加隆演嗣吳王爵也。㈤高澧求救於吳：澧以湖州附吳見上年十月。㈥澧帥麾下五千人奔吳：唐昭宗乾寧四年，李彥徽奔淮南，吳越王錢鏐取湖州，以高彥為刺史，唐昭宣帝天祐三年，彥卒，子澧代立，至是而敗。㈦果州刺史：《舊唐書．地理志》，果州，隋巴西郡之南充縣，唐高祖武德四年，置果州，因果山為名也。南充，漢巴郡安漢縣，宋於安漢故城置南宕渠郡，隋改安漢為南充，故治在今四川省南充縣北。㈧夏州：《舊唐書．地理志》，夏州，隋朔方郡，唐太宗貞觀二年，改為夏州，玄宗天寶元年，改為朔方郡，肅宗乾元元年，復為夏州，治朔方縣，隋之巖銀縣也，唐太宗貞觀二年，改為朔方縣，故治在今陝西省橫山縣西。⑨宗州節度使：《五代史記・職方考》，宋州，故屬宣武軍節度，梁都大梁，徙宣武軍於宋州。《五代史・梁太祖紀》，開平三年五月，升宋州為宣武軍節鎮，仍以亳、輝、潁為屬郡。《舊唐書・地理志》，宋州，隋之梁郡，唐高祖武德四年置宋州，玄宗天寶元年，改為睢陽郡，肅宗乾元元年，復為宋州，治宋城縣，故漢睢陽城也，隋改睢陽為宋城，故治在今河南省商邱縣南。⑩詔除本縣令名：除名者，罷其官籍也。本縣，謂產瑞麥之縣。⑪友諒、友能，皆全昱子也：廣王全昱，帝兄也。⑫帝以晉州刺史下邑華溫琪拒晉兵有功，欲賞之，會護國節度使冀王友謙上言晉、絳邊河東，乞別建節鎮，以晉、絳、沁三州為定昌軍，以溫琪為節度使：唐肅宗至德初，置河中節度使於蒲州，僖宗光啟初，賜號護國軍。《五代史記・職方考》，晉州故屬護國軍節度，梁開平四年置定昌軍，末帝貞明三年，改曰建寧軍，後唐改曰建雄軍。《舊唐書・地理志》，晉州，隋臨汾郡，唐高祖武德元年改為晉州，玄宗天寶元年，改為平陽郡，肅宗乾元元年，復為晉州，治臨汾縣，漢之平陽縣也，隋改為臨汾，故城在今山西省臨汾縣南。絳州，隋絳郡，唐高祖武德元年置絳州，治曲沃縣，曲沃，後魏置，本漢絳縣地，今山西省曲沃縣。沁州，隋上黨郡之沁源縣，恭帝義寧元年，置義寧郡，唐高祖武德元年改為沁州，玄宗天寶元年，改為陽城郡，肅宗乾元元年，復為沁州，今山西省沁⑬左金吾大將軍寇彥卿入朝，至天津橋，有民不避道，投諸欄外而死：《五代史記・寇彥卿傳》，民梁現不避道，前驅捽現投橋上石欄以死。⑭御史司憲：御史司憲掌糾劾，古御史大夫之職也。胡三省曰：「唐高宗以御史大夫為大司憲，蓋以御史，執法之官，故名之，梁置御史司憲，既曰御史，復曰司憲，蓋不考名官之義也。」㊄帝命彥卿分析：分析者，分別辯析梁現致死之由。帝欲寬其罪，故令自分析。㊅沂，沆之弟也：崔沆見卷二百五十四唐僖宗廣明元年。㊆為偶人高數尺：《禮・檀弓》：「為俑者不仁。」鄭注曰：「俑，偶人也，有面木機發，似於生人。」段玉裁云俑即偶之假借字。胡三省曰：「偶人起於古之芻靈，中世謂之俑，機械發動，其手足耳目，真有類於生人。孔子曰：『作俑者，其無後乎！』正謂此也。」㊇以劉繼威為義昌軍節度使：從劉守光之請也。唐德宗貞元中，置橫海軍節度使於滄州，穆宗長慶中，罷橫海號，更名齊德滄景節度使，尋賜號義昌軍。㊈天雄節度使兼中書令鄴貞王羅紹威卒：《五代史・羅紹威傳》，紹威形貌魁偉，有英傑之氣，工筆札，曉音律，性復精悍明敏，服膺儒術，明達吏理，好招延文士，聚書萬卷，開學館，置書樓，每歌酒宴會，與賓佐賦詩，頗有情致。江東人羅隱者，佐錢鏐軍幕，有詩名於天下，紹威遣使賂遺，敍南巷之敬，隱乃聚其所為詩投寄之，紹威酷嗜其作，因目己之所為曰偷江東集，至今鄴中人士諷咏之。紹威嘗有公讌詩云：「簾前澹泊雲頭日，座上蕭騷雨腳風。」雖深於詩者亦所歎服云。在鎮凡十七年，薨年三十四。《太平廣記》引〈羅紹威傳〉，紹威於當時藩牧之中，最獲文章之譽，每命幕客作四方書檄，小不稱意，壞裂抵棄，自擘牋起草，下筆成文，雖無藻麗之風，幕客多所不及。《五代史》補云：「羅鄴王紹威俊邁有詞學，尤好戲判，常有人向官街中鞴驢，置鞍於地，值牛車過，急行碾破其鞍，驢主怒，毆駕車者，為廂司所擒，紹威更不按問，遂判其狀云：

『鄴城大道甚寬，何故駕車碾鞍？領轜驢漢子科決，待駕車漢子喜歡。』詞雖俳偕，理甚切當，論者許之。」⑳命崇政院直學士李挺馳往視行襄病：梁改樞密院為崇政院，後唐莊宗同光元年，復為樞密院，晉高祖天福四年，以宰臣兼樞密使桑維翰懇求免職，祗在中書，乃以樞密院印付中書門下，權廢樞密院，出帝開運元年，復置樞密院。崇政院直學士，即樞密直學士之職也。《五代會要》，梁開平二年十一月，置崇政院直學士二員，選有政術文學者為之，始以尚書吏部郎中吳藹、尚書兵部郎中李珽充選，其後，又改為直崇政院。珽字公度，隴西燉煌人，唐末事成汭於江陵，巴陵之戰，汭為淮人所敗，自沈於江，轉事襄帥趙匡凝，帝既開元帥府於汴梁，以匡凝貳於已，伐之，匡凝敗奔揚州，珽復歸梁。㉑勿使亂我近鎮：《元豐九域志》，許州至洛陽三百一十五里，故謂為近鎮。㉒去此數舍：三十里為一舍。㉓東首加朝服，禮也：《論語》曰：「疾，君視之，東首加朝服，施紳受詔，如見君。」㉔遂解兩使印授珽：兩使印，節度使印及觀察使印。㉕冒馮姓者皆還宗：胡三省曰：「冒馮氏者，皆行襲之養子也，使之歸宗，所以消散其黨。」㉖殷遣將侵荊南，軍於油口：荊南高季昌。油口，油水入江之口也，昔劉備立營於此，改名公安，在今湖北省公安縣東北。㉗白田：顧祖禹《讀史方輿紀要》，白田在今湖北省岳陽縣北，今為鎮。㉘吳水軍指揮使敖駢圍吉州刺史彭玕弟瑊於赤石：胡三省曰：「赤石即吉州之赤石洞，彭氏巢穴也。」吉州，今江西省吉安縣。㉙吳越王鏐表宦者周延誥等二十五人唐末避禍至此，非劉、韓之黨，乞原之：劉、韓，謂劉季述、韓全誨。《吳越備史》作周延誥。時有詔誅之，故鏐為之請命。㉚汾、涇二帥：按《五代史・唐莊宗紀》，汾當作邠。

邠帥楊崇本、涇帥劉知俊也。㉛以劉守光兼義昌節度使：胡三省曰：「考異，實錄是歲五月以義昌留後劉繼威為養昌節度使，八月又云以守光兼義昌節度使，不言置繼威於何處，或者復為留後。余謂先是以劉守光子繼威為義昌節度使，繼威童騃，故復命守光兼領之，蓋亦守光之志也。」㉜踐祚：祚當作阼。《禮・曲禮》：「踐阼臨祭祀。」疏云：「踐，履也，阼，主人階也。天子祭祀升阼階，履主階行事，故云踐阼也。」㉝帝恐晉兵襲西京：胡三省曰：「晉兵自潞州下懷、孟，則西京震動矣！」西京謂洛陽。㉞以宣化留後李思安為東北面行營都指揮使，將兵萬人屯河陽：《舊唐書・地理志》河陽縣屬河南府。河陽縣，春秋晉之河陽邑也，漢置縣，晉省，後魏復置，北齊省，隋復置，移治北中府城北，在今河南省孟縣南。《五代史記・職方考》，梁祖破趙匡凝，分鄧州置宣化軍，故治即今河南省鄧縣。屯兵河陽，所以衛洛陽也。㉟以鎮國節度楊師厚為西路行營招討使，會感化節度使康懷貞將兵三萬屯三原：《五代史記・職方考》，梁置感化軍於華州，鎮國軍於陝州。華州今陝西省華縣，陝州今河南省陝縣。《舊唐書・地理志》，三原縣屬京兆府，漢池陽縣地也，後魏改置三原縣，唐曰池陽，又改曰華池，仍分置三原縣，尋廢三原，改華池曰三原，故城在今陝西省三原縣東北三十里。㊱帝憂晉兵出澤州，逼懷州，既而聞其在綏銀磧中：胡三省曰：「晉兵趨夏州，率自麟府濟河西至夏州。按九域志，麟州西至夏州三百五十里，西南至銀州一百八十里，綏州西至夏州四百里。所謂磧中，皆旱海及無定河川之地。」《舊唐書・地理志》，澤州，隋長平郡，唐高祖武德元年改為蓋州，又置澤州於護澤縣，三年，置晉城縣，太宗貞觀元年，廢蓋州，移澤州於晉城，玄宗天寶元年，改為高平郡，肅宗乾元元年，復為澤州，故治即今山西省晉城縣。懷州，隋河內郡，唐高祖武德二年置懷州，武后天授元年，改為河內郡，肅宗乾元元年，復為懷州，治河內縣，漢之野王縣也，隋曰河內，即今河南省沁陽縣。綏州，隋雕陰郡，唐高祖武德三年置綏州於豐林縣，太宗貞觀二年，移治龍泉縣，玄宗天寶元年，改為上郡，肅宗乾元元年，復為綏州。龍泉，隋曰上縣，天寶元年改為龍泉，即今陝西省綏德縣。銀州，隋雕陰郡之儒林縣，唐太宗貞觀二年置銀州，玄宗天寶元年，改為銀川郡，肅宗乾元元年，復為銀州，治儒林縣，在今陝西省米脂縣西北八十里。㊲夾馬指揮使：梁於西都洛陽置夾馬營。㊳吳越王鏐築捍海石塘：胡三省曰：「今杭州城外瀕浙江皆有石塘，上起六和塔，下抵良山門外，皆錢氏所築。」《吳越備史》，鏐始築捍海塘，初定其基而江濤晝夜衝激沙岸，板築不能就，鏐命強弩五百以射濤頭，又親築胥山祠，既而潮頭遂趨西陵，鏐乃命運巨石盛以竹籠，植巨材捍之，城基始定，其重壕累塹，通衢廣陌，亦由是而成焉。《五代史・世襲傳》云：「鏐在杭州垂四十年，窮奢極貴。錢塘江舊日海潮逼城，鏐大庀工徒，鑿石填江，又平江中羅剎石，悉起臺榭，廣郡郭周三十里，邑屋之繁會，江山之雕麗，實江南之勝槩也。」㊴吳越王鏐之巡湖州也：鏐巡湖州見上三月。㊵行思謂同列陳瓌曰，王若以師友為刺史，何以處我：《吳越備史》作陳環。初，高澧將奔，師友、行思同有閉城拒吳師之功，王巡吳興，乃命師友從行而行思頗有牧守之望，故云然。㊶遣行思詣府：詣鎮海軍府。㊷鏐自衣錦軍歸：《五代史記・吳越世家》，錢鏐生於杭州臨安縣石鑑里，里中有大木，鏐幼時與羣兒戲木下，鏐坐大石，指麾羣兒為隊伍，號令有法，羣兒皆憚之。及貴，唐昭宗改鏐所居營曰衣錦營，石鑑山為衣錦山，復升衣錦營為衣錦城，又升為衣錦軍。鏐每遊衣錦軍，宴故老，山林皆覆以錦，號其幼所嘗戲木曰衣錦將軍，作還鄉歌曰：「三節還鄉兮掛錦衣，父老遠來相追隨，牛鬥無孛人無欺，吳越一王駟馬歸。」又《吳越備史》載其歌曰：「玉節還鄉兮挂錦衣，碧天朗兮愛日輝，功臣道上兮列旌旗，父老遠來兮相追隨，家山鄉巷兮會時稀，今朝設宴兮觥散飛，斗牛無孛兮民無欺，吳越一王兮駟馬歸。」胡三省注改三節為三郎，以三節於義無解也。按《吳越備史》，三蓋玉之訛。㊸因詣鏐與師友論功：論逐高澧之功。㊹鏐斬行思：《吳越備史》，行思既擒，鏐謂之曰：「吾早以汝強梁，故不欲任，姑念汝閉城之效，將牧之他郡，而今所為若此，疇能容之？」乃命斬於龍邱山。㊺婺州刺史：《舊唐書・地理志》，婺州隋東陽郡，唐高祖武德四年置婺州，玄宗天寶元年，改為東陽郡，肅宗乾元元年，復為婺州，治金華縣，金華，漢會稽郡烏傷縣，後漢分烏傷置長山縣，吳置東陽郡，隋改長山為金華，取州界山為名也，今浙江省金華縣。㊻寧國軍節度使同平章事王景仁：唐肅宗上元初置宣歙饒節度使於宣州，代宗大曆初改為宣歙觀察使，昭宗大順初升為寧國軍節度使，以授楊行密，時蓋為吳所有，梁但授景仁以虛號，未能有其地也。㊼尋遣景仁等屯魏州：胡三省曰：「意在圖鎮、定，不在上黨也。」《舊唐書・地理志》，魏州，漢魏郡元城縣之地，東魏孝靜帝天平二年，分館陶西界古趙城置貴鄉縣，後周武帝建德七年，移貴鄉縣于趙城西南三十里，宣帝大象二年，於縣置魏州，唐興，因之，玄宗天寶元年，改為魏郡，肅宗乾元元年，復為魏州，故治在今河北省大名縣東。㊽伊、洛之間：伊、洛二水之間也。㊾上疑趙王鎔貳於晉：洺州之役，帝已疑熔，因晉使在館而愈疑之。（五〇）供奉官：唐置供奉官，以文學技藝擅長者得供奉內廷，給事左右，有東頭供奉官、西頭供奉官。（五一）深、冀：深州、冀州也。《舊唐書・地理志》，唐高祖武德四年，於河間郡之饒陽縣置深州，太宗貞觀十七年，廢深州，睿宗先天二年，復割饒陽、安平、鹿城置深州，並分置陸澤縣為州治，玄宗天寶元年，改深州為饒陽郡，肅宗乾元元年，復為深州。陸澤，漢鉅鹿郡鄡縣故城也，在今河北省深縣北。冀州，隋信都郡，唐高祖武德四年，改為冀州，玄宗天寶元年，改為信都郡，肅宗乾元元年，復為冀州，治信都縣，今河北省冀縣。（五二）公立出門：出深州城門。（五三）而我王猶恃姻好，以長者期之：謂趙王鎔猶以帝為長者也。鎔子昭祚娶帝女，見卷二百六十二唐昭宗光化三年。（五四）與定州講和如故：定州，謂義武節度使王處直也。《舊唐書・地理志》，隋改後魏之定州為博陵郡，又復為高陽郡，唐高祖武德四年置定州，治安喜，玄宗天寶元年，改為博陵郡，肅宗乾元元年，復為定州。安喜縣，漢中山國盧奴縣，慕容垂改為不連，北齊改為安喜，隋改為鮮虞，唐復曰安喜，今為河北省定縣。唐置義武節度使於此。（五五）鎔久臣朱溫：唐昭宗光化三年，王鎔服於朱全忠，並為子昭祚娶其女，及其受禪，遂臣事之。（五六）王氏在唐世，猶或臣或叛：胡三省曰：「謂王武俊、承宗及王庭湊也。」（五七）彼朱溫之女，何如壽安公主：王鎔曾祖元逵尚唐絳王悟女壽安公主。此言王氏先世雖尚唐主猶或臣或叛，豈肯因娶梁女而終為朱氏貞臣乎。（五八）叶力：叶，古協字。（五九）則鎮、定皆斂衽而朝燕矣：鎮州王鎔，定州王處直。《漢書》張良曰：「楚必斂衽而朝。」斂衽，整斂衣衽，示肅敬也。（六〇）自是鎮、定復稱唐年號，復以武順為成德軍：唐置成德軍於鎮州。鎮、定臣梁，稱開平年號，避昭武廟諱改成德軍為武順軍，今既叛梁，故復唐年號及軍號之舊。〔六一〕趙州：《舊唐書・地理志》，趙州，漢常山郡平棘縣，隋置趙郡於此，唐高祖武德元年，改為趙州，玄宗天寶元年，改為隋郡，肅宗乾元元年，復為趙州，故治即今河北省趙縣。〔六二〕邢、洺：邢州、洺州。《舊唐書・地理志》，邢州，隋襄國郡，唐高祖武德元年，改為邢州，玄宗天寶元年，改為鉅鹿郡，肅宗乾元元年，復為邢州，治龍岡縣，漢襄國郡襄國縣也，隋曰龍岡，在今河北省邢臺縣西南。洺州，隋武安郡，唐高祖武德元年，改為洺州，玄宗天寶元年，改為廣平郡，肅宗乾元元年，復為洺州，州治永年縣，本漢廣平郡曲梁縣，隋改曰永年，今為河北省永年縣。〔六三〕虔州刺史盧光稠疾病，欲以位授譚全播：病，疾甚也。全播初與光稠同起兵於南康。〔六四〕韶州刺史：《舊唐書・地理志》，韶州，隋南海郡之曲江縣，唐高祖武德四年置番州，太宗貞觀元年，改為韶州，玄宗天寶元年，改為始興郡，肅宗乾元元年，復為韶州，故治即今廣東省曲江縣。〔六五〕新淦縣：新淦縣，漢古縣也，唐屬吉州，故城在今江西省清江縣東北，即今樟樹鎮。淦音紺，又音甘。〔六六〕太常卿李燕等刊定梁律令格式：《五代會要》，時新删定令三十卷，式二十卷，格一十卷，律並目錄一十三卷，律疏三十卷，共一百零三卷，目為大梁新定格式律令，頒下施行。〔六七〕柏鄉：漢鉅鹿郡之屬縣也，唐屬趙州，其城在漢古城東北十七里，即今河北省柏鄉縣。〔六八〕趙王鎔復告急於晉：以梁軍侵逼，故復告急。〔六九〕贊皇：《舊唐書・地理志》，贊皇縣，隋置，取贊皇山為名，唐屬趙州。宋白《續通典》曰：「贊皇，本漢郭縣地，隋開皇六年置贊皇縣，縣南有贊皇山，因名。」《元豐九域志》，宋廢贊皇縣為鎮，屬高邑縣。高邑，漢常山郡郭縣也，唐屬趙州。今河北省贊皇縣，即隋贊皇縣地。(七〇)獲梁芻蕘者二百人：梁芻蕘者，梁軍遣出取芻蕘者。芻蕘，薪采者也。(七一)晉王命送於趙：胡三省曰：「使趙人聞此言以堅其附晉之心。」(七二)徇於軍：巡行而宣令於軍中。(七三)彼皆汴州天武軍：天武軍，梁之侍衛親軍也。《五代會要》曰：「開平元年四月，改左右長直為左右龍虎軍，左右內衙為左右羽林軍，左右堅銳夾馬突將為左右神武軍，左右親隨軍將馬軍為左右龍驤軍，其年九月，置左右天興，左右廣勝軍，仍以親王為軍使。二年十月，置左右神捷軍，十二月，改左右天武為左右龍虎軍，左右龍虎為左右天武軍，左右英武為左右神武軍，左右神武為左右英武軍。前朝置神虎等六軍，謂之衛士。至是以天武、天威、英武等六軍易其軍號而任勳舊焉。」(七四)德威自引千餘騎擊其兩端：胡三省曰：「陣有厚薄，中軍堅厚不衝擊，擊其兩端，以其薄也。」(七五)三鎮烏合，利於速戰：三鎮，鎮州、定州、河東也。烏鳥聚散無常，故以喻軍之倉卒連合者。烏合之師，其心易離，不可以持久，故利於速戰也。(七六)大王驟勝而輕敵：謂潞州夾寨之勝也。(七七)今去賊咫尺，所限者一水耳：周尺八寸曰咫，去賊咫尺，喻其近也；一水，謂野河之水也。(七八)高邑：漢常山郡鄗縣也，光武帝更名高邑，唐屬趙州，即今河北高邑縣。《元豐九域志》，高邑縣在趙州城西南四十二里，南距柏鄉三十餘里。(七九)蹶然：急遽貌。(八〇)辰州：《舊唐書・地理志》，辰州治沅陵縣，本漢武陵郡之辰陽縣也，隋改辰陽為辰溪，仍分置沅陵縣，兼置沅陵郡，唐高祖武德四年置辰州，玄宗天寶元年，改為盧溪郡，肅宗乾元元年，復為辰州，即今湖南省沅陵縣。宋白曰：「辰州，因辰溪為名也。」(八一)漵州：《唐書・地理志》，唐太宗貞觀八年，以辰州之龍標縣置巫州，武后天授二年曰沅州，玄宗開元十三年復為巫州，代宗大歷五年更名溆州，故治在今湖南省黔陽縣。㊁湘鄉：《唐書・地理志》，唐高祖武德四年，於衡山置湘鄉縣，屬潭州，今為湖南省湘鄉縣。㊂武岡：《舊唐書・地理志》，晉分漢零陵郡都梁縣置武岡縣，隋廢，唐高祖武德四年。復分邵陽置武岡縣，屬邵州，今為湖南省武岡縣。《續通典》曰：「晉武帝分都梁立武岡縣，今崗東五十里有漢都梁故城是也。後漢武陵蠻為漢所伐，來保此岡，故謂之武岡。」《後漢書・郡國志》曰：「武岡接武陵，因以得名。」與《續通典》異。《水經注》，武岡縣左右二岡對峙，間可二里，後漢伐五溪蠻，蠻保此洞，故曰武岡。蓋宋白所本。岡在今縣北五里。㊃高州：《舊唐書・地理志》，高州，隋高涼郡，唐高祖武德四年置高州，治高涼縣，太宗貞觀二十三年，移治良德縣，玄宗天寶元年，改為高涼郡，肅宗乾元元年，復為高州。良德縣，漢合浦郡縣地也，故治在今廣東省茂名縣東北。㊄唐嘉其功，置寧遠軍於容州，以巨昭為節度使：胡三省曰：「按通鑑，唐昭宗乾寧四年，置寧遠軍於容州，以李克用大將蓋寓領節度使，考之新唐書方鎮表，容州置節鎮亦在是年，龐巨昭建節當在是年之後。」《舊唐書・地理志》，容州，隋合浦郡之北流縣，唐高祖武德四年置銅州，太宗貞觀元年，改為容州，以容山為名也，玄宗天寶元年，改為普寧郡，肅宗乾元元年，復為容州。州治北流縣，漢合浦郡合浦縣地也，隋置北流縣，縣南三十里，有兩石相對，其間闊三十步，俗號鬼門關，漢伏波將軍馬援討林邑蠻，路由於此，昔時趨交趾，皆由此關。故治即今廣西省北流縣。㊅橫州刺史：《舊唐書・地理志》，橫州，隋鬱林郡之寧浦縣，唐高祖武德四年，置簡州，六年，改為南簡州，太宗貞觀八年，改橫州，玄宗天寶元年，改為寧浦郡，乾元元年，復為橫州。州治寧浦縣，漢鬱林郡廣鬱縣地也，三國吳分置寧浦郡，梁分置簡陽郡，隋初置簡州，煬帝廢州，置寧浦縣為鬱林郡治。故治即今廣西省橫縣。㊆彥章進至高州：《元豐九域志》，自容州東南至高州二百八十里。㊇楚王殷以彥章知容州事，以昌魯為永順軍節度副使：《九國志》曰：「以彥章為寧遠軍節度副使，知容州事，昌魯為永順軍節度副使，兼行軍司馬。」《五代史記・楚世家》，殷既平朗州，奏升朗州為永順軍。㊈昌魯，鄴人也：《九國志》曰：「昌魯字安國，相州鄴縣人，唐末明經登第，釋褐為項城主簿，累遷至尚書郎，僖宗乾符中，出為高州刺史，遷防禦使。劉隱入廣州，遣其弟龑領兵攻高州，昌魯率勵丁壯逆戰於城外，大破龑軍，自以地小力寡，終慮為隱所吞，乃致書請自歸於楚。」劉龑即劉巖也，後易名龑。

乾化元年㈠（西元九一一年）

㈠春，正月，丙戌朔，日有食之。【考異】李昊蜀書，丁亥朔，日食，今從實錄諸書。

㈡柏鄉比不儲芻㈡，梁兵刈芻自給，晉人日以游軍抄之，梁兵不出。周德威使胡騎環營馳射而詬之，梁兵疑有伏，愈不敢出，剉屋茅坐席以飼馬，馬多死。丁亥（初二日），周德威與別將史建瑭、李嗣源將精騎三千壓梁壘門而詬之，王景仁、韓勍怒，悉眾而出。德威等轉戰至高邑南，李存璋以步兵陳於野河之上，梁軍橫亘數里，競前奪橋，鎮、定步兵禦之，勢不能支。晉王謂匡衛都指揮使李建及曰：「賊過橋則不可復制矣。」建及選卒二百，援鎗大譟，力戰卻之。建及，許州人，姓王，李罕之之假子也㊂。晉王登高丘以望，曰：「梁兵爭進而囂，我兵整而靜，我必勝。」戰自巳至午，勝負未決。晉王謂周德威曰：「兩軍已合，勢不可離，我之興亡，在此一舉。我為公先登，公可繼之。」德威叩馬而諫曰：「觀梁兵之勢，可以勞逸制之，未易以力勝也。彼去營三十餘里，雖挾糗糧，亦不暇食，日昳之後，飢渴內迫，矢刃外交，士卒勞倦，必有退志。當是時，我以精騎乘之，必大捷，於今未可也。」王乃止。

時魏、滑之兵陳於東，宋、汴之兵陳於西，至晡，梁軍未食，士無鬥志，景仁等引兵稍卻，周德威疾呼曰：「梁兵走矣。」晉兵大譟爭進，魏、滑兵先退，李嗣源帥眾譟於西陳之前，曰：「東陳已走，爾何久留？」梁兵互相驚怖，遂大潰㊃。李存璋引步兵乘之，呼曰：「梁人，亦吾人也，父兄子弟餉軍者勿殺。」於是戰士悉解甲投兵而棄之，囂聲動天地，趙人以深、冀之憾，不顧剽掠㊄，但奮白刃追之，梁之龍驤、神捷精兵殆盡㊅，自野河至柏鄉，彊尸蔽地，王景仁、韓勍、李思安以數十騎走。晉兵夜至柏鄉，梁兵已去，棄糧食、資財、器械不可勝計，凡斬首二萬級。李嗣源等追奔至邢州㊆，河朔大震，保義節度使王檀嚴備，然後開城納敗卒，給以資糧，散遣歸本道，晉王收兵屯趙州。

杜廷隱等聞梁兵敗，棄深、冀而去，悉驅二州丁壯為奴婢，老弱者阬之城中，存者壞垣而已。

癸巳（初八日），復以楊師厚為北面都招討使，將兵屯河陽，收集散兵，旬餘，得萬人。

己亥（十四日），晉王遣周德威、史建瑭將三千騎趣澶、魏㊇，張承業、李存璋以步兵攻邢州，自以大軍繼之，移檄河北州縣，諭以利害。帝遣別將徐仁溥將兵千人自西山夜入邢州㊈，助王檀城守。己酉（二十四日），罷王景仁招討使，落平章事⑽。

⑾蜀主之女普慈公主嫁岐王從子秦州節度使繼崇⑿，公主遣宦者宋光嗣以絹書遺蜀主，言繼崇驕矜嗜酒，求歸成都，蜀主召公主歸寧⒀。辛亥（二十六日），公主至成都，蜀主留之，以宋光嗣為閤門南院使。岐王怒，始與蜀絕。光嗣，福州⒀人也。

⒁呂師周攀藤緣崖入飛山洞⒁，襲潘金盛，擒送武岡，斬之。

⒂二月己未（初四日），晉王至魏州，攻之，不克。上以羅周翰年少，且忌其舊將佐⒂，庚申（初五日），以戶部尚書李振為天雄節度副使，命杜廷隱將兵千人衛之，自楊劉濟河，間道夜入魏州，助周翰城守。癸亥（初八日），晉王觀河於黎陽⒃，梁兵萬餘將度河，聞晉王至，皆棄舟而去。

⒃帝召蔡州刺史⒄張慎思至洛陽，久未除代，蔡州右廂指揮使劉行琮作亂，縱兵焚掠，將奔淮南，順化指揮使王存儼誅行琮，撫遏其眾，自領州事，以眾情馳奏。時東京留守博王友文不先請，遽發兵討之。兵至鄢陵⒅，帝曰：「存儼方懼，若臨之以兵，則飛

去矣。」馳使召還。甲子（初九日），授存儼權知蔡州事。

㈦乙丑（初十日），周德威自臨清⑲攻貝州⑳，拔夏津、高唐㉑，攻博州，拔東武、朝城㉒，攻澶州，刺史張可臻棄城走，帝斬之。德威進攻黎陽，拔臨河、淇門㉓，逼衛州㉔，掠新鄉、共城㉕。庚午（十五日），帝親帥軍屯白司馬阪㉖以備之。

㈧盧龍義昌節度使兼中書令燕王守光既克滄州㉗，自謂得天助，淫虐滋甚，每刑人，必置諸鐵籠，以火逼之，又為鐵刷刷人面。聞梁兵敗於柏鄉，使人謂趙王鎔及王處直曰：「聞二鎮與晉王破梁兵，舉軍南下，僕亦有精騎三萬，欲自將之，為諸公啟行㉘。然四鎮連兵，必有盟主，僕若至彼，何以處之？㉙」鎔患之，遣使告於晉王。晉王笑曰：「趙人告急，守光不能出一卒以救之，及吾成功，乃復欲以兵威離間二鎮，愚莫甚焉。」諸將曰：「雲、代與燕接境，彼若擾我城戍，動搖人情，吾千里出征，緩急難應，此亦腹心之患也。不若先取守光，然後可以專意南討。」王曰：「善。」會楊師厚自磁、相㉚引兵救邢、魏，壬申（十七日），晉解圍去㊁，師厚追之，逾漳水而還，邢州圍亦解，師厚留屯魏州。趙王鎔自來謁晉王於趙州㊂，大犒將士，自是遣其養子德明將三十七都，常從晉王征討。德明，本姓張，名文禮，燕人也。壬午（二十七日），晉王發趙州，歸晉陽，留周德威等將三千人戍趙州。

【今註】㊀乾化元年：《五代史》，是年五月甲申朔，大赦，改開平五年為乾化元年。㊁柏鄉比不儲芻：胡三省曰：「比，近也。言近恃趙人，不儲芻於柏鄉，蓋亦虞梁兵之至以資敵也。」㊂建及，許州人，姓王，李罕之之假子也：《五代史・李建及傳》，建及本姓王，少事李罕之，僖宗光啟中，罕之謁晉王李克用於晉陽，選部下驍勇者百人以獻，建及在籍中，後以功署牙職，職典義兒軍，賜姓名。㊃梁兵互相驚怖，遂大潰：胡三省曰：「置陳延亙，東西不相知，為敵所譟，故驚怖而潰。」㊄趙人以深、冀之憾，不顧剽掠：憾梁遣杜廷隱等殺深、冀戍兵也。㊅梁之龍驤、神捷精兵殆盡：龍驤、神捷，梁之侍衛親兵也，註已見前。㊆李嗣源等追奔至邢州：自柏鄉逐北至邢州也。《元豐九域志》，自柏鄉西南至邢州一百五十餘里。㊇澶魏：澶、魏二州。《舊唐書・地理志》，澶州，漢東郡頓丘縣地，唐高祖武德四年置澶州，太宗貞觀元年廢，代宗大曆七年又置，故治在今河北省清豐縣南二十五里。㊈帝遣別將徐仁溥將兵千人自西山夜入邢州：胡三省曰：「西山，即太行連延至上黨諸山。」張鳴鳳《西山記》曰：「西山內接太行，外屬諸邊，磅礴數千里。」⑩罷王景仁招討使，落平章事：以柏鄉之敗也。⑪蜀主之女普慈公主嫁岐王從子秦州節度使繼崇：《舊唐書・地理志》，晉州安岳縣，漢犍為、巴郡地，蕭梁置普慈郡，後周置晉州，隋省，唐高祖武德二年復置晉州，並置安岳縣為治所，故治在今四川省樂至縣東北，蜀主蓋以蕭梁郡名封其女也。秦州，隋天水郡，唐高祖武德二年置為秦州，玄宗天寶元年，改為天水郡，肅宗乾元元年，復為秦州，治上邽縣，在今甘肅省天水縣西南。⑫歸寧：胡三省曰：「已嫁之女，父母在則有時而歸寧。」寧，安也。《詩・葛覃》云：「歸寧父母。」言嫁女歸問安於父母也。⑬福州：《舊唐書・地理志》，福州，隋建安郡之閩縣，唐太宗貞觀初置泉州，睿宗景雲二年改為閩州，玄宗開元十三年改為福州，天寶初，改為長樂郡，肅宗乾元元年，復為福州。州治閩縣，漢會稽郡治縣也，後更名東冶，後漢改為侯官都尉，置晉安郡，陳置閩州，又改為豐州，隋置閩縣為建安郡治，即今福建省閩候縣。⑭飛山洞：胡三省曰：「飛山在今靖州北十五里，比諸山為最高峻，四面絕壁千仞，環山有壕塹，其遺址尚存。」靖州，今湖北省靖縣。⑮且忌其舊將佐：胡三省曰：「謂羅紹威之元從將佐也。」⑯黎陽：《舊唐書・地理志》，黎陽縣屬衛州，故城在今河南省濬縣東北。晉灼曰：「黎山在其南，河水經其東，縣取山之名，取水之陽，故曰黎陽。」⑰蔡州刺史：《舊唐書・地理志》，蔡州，隋汝南郡，唐高祖武德三年置豫州，玄宗天寶元年，改為汝南郡，肅宗乾元元年復為豫州，寶應元年，改為蔡州，治汝陽縣，今河南省汝南縣。⑱兵至鄢陵：《舊唐書・地理志》，鄢陵縣屬許州。《元豐九域志》，鄢陵縣在大梁東南一百六十里，即今河南省鄢陵縣。㊈臨清：《舊唐書・地理志》，臨清縣屬貝州，漢清泉縣也，後魏改為臨清，故城在今山東省臨清縣南。㊉貝州：《舊唐書・地理志》，貝州，隋為清河郡，唐高祖武德四年置貝州，玄宗天寶元年，改為清河郡，肅宗乾元元年，復為貝州，州治清陽縣，在今河北省清河縣東。㊁夏津、高唐：《舊唐書・地理志》，夏津縣唐屬貝州，隋曰鄃縣，唐玄宗天寶元年改為夏津，即今山東省夏津縣。高唐縣屬博州，即今山東省高唐縣。㊂攻博州，拔東武，攻博州州城，朝城：復拔東武、朝城二縣也。《舊唐書・地理志》，博州，隋武陽郡之聊城縣，唐高祖武德四年置博州，玄宗天寶元年，改為博平郡，肅宗乾元元年，復為博州，故治在今山東省聊城縣西北十五里。朝城縣，隋之武陽縣也，太宗貞觀十七年廢，玄宗開元七年復置，改為朝城，屬魏州，故城在今山東省朝城縣西四十里。胡三省曰：「漢東郡東武陽縣，後魏曰武陽，唐開元七年更名朝城，故朝城縣管內猶有地名東武。」余按此云拔東武、朝城，則東武、朝城非謂一縣。《舊唐書・地理志》貝州武城縣，漢曰東武城，故治在今山東省武城縣西，其地正與朝城相近，此謂東武，沿漢之舊稱也，下卷乾化元年十月貝州奏晉兵寇東武，亦指此。㊃臨河、淇門：《舊唐書・地理志》，隋分黎陽縣置臨河縣，本屬衛州，太宗貞觀十七年，改屬相州，故城在今河北省濮陽縣西六十里。淇門鎮在今河南省汲縣東北五十里。㊄衛州：《舊唐書・地理志》，衛州，隋汲郡，本治衛縣，唐高祖武德元年改為衛州，太宗貞觀元年，移州治於汲縣，玄宗天寶元年，改為汲郡，肅宗乾元元年，復為衛州，故治即今河南省汲縣。㊅新鄉、共城：《舊唐書・地理志》，隋割汲、獲嘉二縣地於古新樂城置新鄉縣，共城，漢之共縣也，二縣俱屬衛州。新鄉縣故治在今河北省新鄉縣，共城縣即今河南省輝縣。㉖白司馬阪：《五代史・梁太祖紀》作白馬阪。按白司馬阪又一名白馬山，在今河南省洛陽縣東北三十里，邙之東北垂也。㉗盧龍義昌軍節度使兼中書令燕王守光既克滄州：去年正月，守光克滄州。㉘啟行：《小雅・六月之詩》云：「元戎十乘，以先啟行。」註云：「啟突敵陳之前行。」王安石曰：「軍前曰啟，以先軍行之前者，所謂選鋒也。」㉙然四鎮連兵，必有盟主，僕若至彼，何以處之：四鎮，謂鎮、定、幽、幷也。守光蓋欲為河北元帥，故作此語。㉚磁、相：磁、相二州。《舊唐書・地理志》，磁州，隋魏郡之滏陽縣，唐高祖武德元年置磁州，太宗貞觀元年廢，代宗永泰元年復置，故治即今河北省磁縣。相州，魏之魏郡，後魏道武帝改為相州，隋為魏郡，唐高祖武德元年置相州，玄宗天寶元年，改為鄴郡，肅宗乾元元年，復為相州，州治安陽縣，漢故安陽侯國也，曹魏廢安陽併入鄴縣，後周移鄴縣於安陽故城，隋改為安陽縣，即今河南省安陽縣。㉛晉解圍去：解魏州之圍也。㉜趙王鎔自來謁晉王於趙州：《元豐九域志》，自鎮州南至趙州九十五里。

卷二百六十八　後梁紀三

司馬光編集
林瑞翰註

起重光協洽三月，盡昭陽作噩十一月，凡二年有奇。（辛未三月至癸酉十一月西元九一一年三月至九一二年十一月）

太祖神武元聖孝皇帝下

乾化元年（西元九一一年）

㈠三月，乙酉朔，以天雄留後羅周翰為節度使。

㈡清海、靜海節度使兼中書令南平襄王劉隱病亟，表其弟節度副使巖權知留後。丁亥（初三日）卒㈠，巖襲位㈡。

㈢岐王聚兵，臨蜀東鄙。蜀主謂羣臣曰：「自茂貞為朱溫所困，吾常振其乏絕㈢，今乃負恩為寇，誰為吾擊之？」兼中書令王宗侃請行，蜀主以宗侃為北路行營都統。司天少監趙溫珪諫曰：「茂貞未犯邊，諸將貪功深入，糧道阻遠，恐非國家之利。」蜀主不聽，以兼侍中王宗祐、太子少師王宗賀、山南節度使唐道襲為三招討使㈣，左金吾大將軍王宗紹為宗祐之副，帥步騎十二萬伐岐。壬辰（初八日），宗侃等發成都，旌旗數百里。

㈣岐王募華原賊帥溫韜以為假子，以華原為耀州，美原為鼎州㈤，置義勝軍，以韜為節度使，使帥邠、岐兵寇長安。詔感化節度使康懷貞、忠武節度使牛存節以同、華、河中兵討之。己酉（二十五日），懷貞等奏擊韜於車度㈥，走之。

㈤夏，四月，乙卯朔，岐兵寇蜀興元㈦，唐道襲擊却之。

㈥上以久疾，五月，甲申朔，大赦㈧。

㈦甲辰（二十一日），以清海留後劉巖為節度使。【考異】十國紀年，「甲辰，太祖授陟清海節度使，陟復名巖。」按薛史僭偽傳云：「前偽漢劉陟」，胡王劉氏興亡錄：「高祖巖，皇考葬段氏，得石版，有篆文，曰隱臺巖，因名其三子。」是先名巖，後名陟也。吳越備史，乾化四年，廣帥彭城巖遣陳用拙來使。吳錄，天祐十四年，南漢王劉巖自立為漢。南烈祖實錄，天祐十四年，劉陟僭位，改名巖。太祖實錄，乾化元年五月，以清海節度副使劉陟為節度使，二年四月，以韋戩為潭廣和叶使，云廣守淪謝，其母弟巖為軍情所戴，七月，友珪加劉巖檢校太傅。薛史梁末帝紀，貞明五年九月，削奪廣州節度使劉巖官爵。吳越備史載制詞，亦云彭城巖。蓋嗣節度使，後復名巖也，惟莊宗實錄，同光三年二月，廣南劉陟遣何詞來使，莊宗列傳自嗣立至建號，皆云劉陟，眾說不同，未知孰是，今以其首尾名巖，故但稱劉巖云。巖多延中國士人，置於幕府，出為刺史，刺史無武人。

㈧蜀主如利州，命太子監國㈨。六月，癸丑朔，至利州。

㈨燕王守光嘗衣赭袍⑩，顧謂將吏曰：「今天下大亂，英雄角逐，吾兵彊地險，亦欲自帝，何如？」孫鶴曰：「今內難新平⑪，公私困竭，太原窺吾西，契舟伺吾北，遽謀自帝，未見其可。大王但養士愛民，訓兵積穀，德政既脩，四方自服矣！」守光不悅。又使人諷鎮、定，求尊己為尚父，趙王鎔以告晉王。晉王怒，欲伐之。諸將皆曰：「是為惡極矣，行當族滅，不若陽為推尊以稔之⑫。」乃與鎔及義武王處直、昭義李嗣昭、振武周德威、天德宋瑤六節度使⑬共奉冊推守光為尚書令、尚父。守光不寤，以為六鎮實畏己，益驕，乃具表其狀曰：「晉王等推臣，臣荷陛下厚恩，未之敢受。竊思其宜，不若陛下授臣河北都統，則幷、鎮不足平矣⑭！」上亦知其狂愚，乃以守光為河北道采訪使⑮，遣閤門使王瞳、受旨史彥羣⑯冊命之。守光命僚屬草尚父、采訪使受冊儀。乙卯（初三日），僚屬取唐冊太尉儀獻之，守光視之，問何得無郊天改元之事？對曰：「尚父雖貴，人臣也，安有郊天改元者乎？」守光怒，投之於地曰：「我地方二千里，帶甲三十萬，直作河北天子，誰能禁我？尚父何足為哉？」命趣具即帝位之儀，械繫瞳、彥羣及諸道使者於獄，既而皆釋之。【考異】莊宗列傳、劉守光傳云：「朱溫命偽閤門使王瞳、供奉官史彥章等使燕，冊守光為河北道采訪使，六月，汴使至，守光令所司定尚父采訪使儀注，取二十四日受冊。」朱溫傳亦云史彥章，莊宗實錄作史彥璋，編遺錄、薛史皆作史彥羣⑰，今從之。又莊宗實錄，三月己丑，鎮州遣押牙劉光業至，言劉守光凶淫縱毒，欲自尊大，請稔其惡以咎之，推為尚父。乙未，上至晉陽宮，召張承業諸將等議討燕之謀，諸將亦云，宜稔其禍，上令押衙戴漢超持墨制及六鎮書如幽州，其辭曰：「天祐八年三月二十七日，天德軍節度使宋瑤、振武節度使周德威、昭義節度使李嗣昭、易定節度使王處直、鎮州節度使王鎔、河東節度使、尚書令、晉王謹奉冊進盧龍、橫海等軍節度、檢校大師兼中書令、燕王為尚書令、尚父。」五月，六鎮使至，汴使亦集，六月，守光令有司定尚父採訪使儀則。梁太祖實錄都不言守光事，惟編遺錄云：「三月壬辰，差閤門使王瞳、受旨史彥羣齎國禮賜幽州劉守光，甲午，守光連上表章，率以鎮、定既與河東結權，兼同差使道，請當道卻行天祐年號事，守光尋捉王瞳，史彥羣上下一行，並囚禁，數日後，放出。」按莊宗實錄及南唐烈祖實錄皆云，三月辛亥，晉王遣戴漢超推守光為尚父。辛亥，三月二十七日也。壬辰，乃三月初八日，王瞳等安得已在幽州？甲午乃三月十日，守光安得上表云六鎮推臣為尚父。編遺月日多差錯，今不取。

(十)帝命楊師厚將兵三萬屯邢州⑱。

(十一)蜀諸將擊岐兵，屢破之。秋，七月，蜀主西還，留御營使昌王宗鐬屯利州。

(十二)辛丑（二十日），帝避暑於張宗奭第⑲，亂其婦女殆徧。宗奭子繼祚不勝憤恥，欲弒之，宗奭止之曰：「吾家頃在河陽，為李罕之所圍⑳，啗木屑以度朝夕，賴其救我，得有今日，此恩不可忘也。」乃止。甲辰（二十三日），還宮。

㈢趙王鎔以楊師厚在邢州，甚懼㈡，會晉王於承天軍㈢，晉王謂鎔，父友也㈢，事之甚恭。鎔以梁寇為憂，晉王曰：「朱溫之惡極矣，天將誅之，雖有師厚輩，不能救也。脫有侵軼，僕自帥眾當之，叔父勿以為憂。」鎔捧卮為壽，謂晉王為四十六舅㈣。鎔幼子昭誨從行，晉王斷衿為盟，許妻以女，由是晉趙之交遂固。

㈣八月庚申（初九日），蜀主至成都㈤。

㈤燕王守光將稱帝，將佐多竊議以為不可。守光乃置斧質㈥於庭，曰：「敢諫者斬。」孫鶴曰：「滄州之破，鶴分當死，蒙王生全㈦，以至今日，今日敢愛死而忘恩乎？竊以為今日之帝未可也。」守光怒，伏諸質上，令軍士冎而噉之。鶴呼曰：「不出百日，大兵當至。」守光命以土窒其口，寸斬之。甲子（十三日），守光即皇帝位，國號大燕，改元應天。以梁使王瞳為左相，盧龍判官齊涉為右相，史彥羣為御史大夫。【考異】編遺錄云御史臺副使，今從莊宗實錄。受冊之日，契丹陷平州㈧，燕人驚擾。

㈥岐王使劉知俊、李繼崇將兵擊蜀，乙亥（二十四日），王宗侃、王宗賀、唐道襲、王宗紹與之戰於青泥嶺㉙，蜀兵大敗，馬步使王宗浩奔興州㉚，溺死於江㉛，道襲奔興元。

先是步軍都指揮使王宗綰城西縣，號安遠軍，宗侃、宗賀等收散兵走保之㉜，知俊、繼崇追圍之。眾議欲棄興元，道襲曰：「無興元則無安遠，利州遂為敵境矣㉝！吾必以死守之。」蜀主以昌王宗鐬為應援招討使，定戎團練使王宗播為四招討馬步都指揮使㉞，將兵救安遠軍，壁於廉、讓之間㉟，與唐道襲合擊岐兵，大破之於明珠曲。明日，又戰於鳧口，斬其成州刺史㊱李彥琛。

㈦九月，帝疾稍愈，聞晉、趙謀入寇，自將拒之，戊戌（十八日），以張宗奭為西都留守。庚子（二十日），帝發洛陽，甲辰（二十四日），至衛州，方食，軍前奏晉軍已出井陘，帝遽命輦，比趣邢、洺，晝夜倍道兼行，丙午（二十六日），至相州㊲，聞晉兵不出，乃止。相州刺史李思安不意帝猝至，落然無具，坐削官爵。

㈧湖州刺史錢鏢酗酒殺人，恐吳越王鏐罪之，冬，十月辛亥朔，殺都監潘長、推官鍾安德，奔於吳。

(十九)晉王聞燕主守光稱帝，大笑曰：「俟彼卜年，吾當問其鼎矣㊳！」張承業請遣使致賀以驕之，晉王遣太原少尹李承勳往㊴，承勳至幽州，用鄰藩通使之禮。燕之典客者曰：「吾王帝矣，公當稱臣庭見。」承勳曰：「吾受命於唐朝，為太原少尹，燕王自可臣其境內，豈可臣它國之使乎？」守光怒，囚之，數日出而問之曰：「臣我乎？」承勳曰：「燕王能臣我王，則我請為臣，不然，有死而已。」守光竟不能屈。

(廿)蜀主如利州㊵，命太子監國。決雲軍虞侯王琮敗歧兵，執其將李彥太，俘斬三千五百級。乙卯（初五日），捉生將彭君集破岐二寨，俘斬三千級。王宗侃遣裨將林思諤自中巴間行至泥溪㊶，見蜀主告急。蜀主命開道都指揮使王宗弼將兵救安遠，及劉知俊戰於斜谷，破之。

(廿一)甲寅（初四日）夜，帝發相州，乙卯（初五日），至洹水㊷，是夜，邊吏言晉、趙兵南下，帝即時進軍。丙辰（初六日），至魏縣㊸。或告云：「沙陀至矣！」士卒恟懼，多逃亡，嚴刑不能禁，既而復告云：「無寇。」上下始定。戊午（初八日），貝州奏晉兵寇東武㊹，尋引去。帝以夾寨、柏鄉屢失利㊺，故力疾北巡，思一雪其恥，意鬱鬱，多躁忿，功臣宿將往往以小過被誅，眾心益懼㊻。既而晉、趙兵竟不出。十一月壬午（初二日），帝南還。

㉒燕王守光集將吏謀攻易、定，幽州參軍景城馮道以為未可，守光怒，繫獄，或救之得免，道亡奔晉㊼，張承業薦於晉王，以為掌書記。丁亥（初七日），王處直告難於晉。

㉓懷州刺史開封㊽段明遠妹為美人，戊子（初八日），帝至獲嘉㊾，明遠饋獻豐備，帝悅。

㉔庚寅（初十日），保塞節度使高萬興奏遣都指揮使高萬金將兵攻鹽州，刺史高行存降。【考異】實錄，開平三年六月丁未，靈武韓遜奏收復鹽州，擒偽刺史李繼直已下六十二人，至此年，降高行存，下云：「鹽州與吐蕃、党項，犬牙相接，為二境咽喉之地，又烏池鹽鹺之利，戎羌意未嘗息。唐建中初，為吐蕃所陷，砥其墉而去，由是銀、夏、寧、延洎於靈武，歲以河南、山東、淮南、青、徐、江、浙等道兵士，不啻四萬，分護其地，謂之防秋。貞元九年，朝政稍暇，乃命副元帥渾瑊總兵三萬，復取其地，建百雉焉。自是虜塵乃息，邊患遂止。唐代革命，又復失之，今纔動偏師，遽收襟要，國之右臂，瘡疣其息哉。」李茂貞養子，多連繼字，開平三年所收，似屬鳳翔，今又收復，云唐革命失之，前後必一誤，或者開平既得，又失之也。

(廿五)壬辰（十二日），帝至洛陽，疾復作。

(廿六)蜀王宗弼敗岐兵於金牛[50]，拔十六寨，俘斬六千餘級，擒其將郭存等。丙申（十六日），王宗鐬、王宗播敗岐兵於黃牛川[51]，擒其將蘇厚等。

丁酉（十七日），蜀主自利州如興元，援軍既集，安遠軍望其旗[52]，王宗侃等鼓譟而出，與援軍夾攻岐兵，大破之，拔二十一寨，斬其將李廷志等。己亥（十九日），岐兵解圍遁去[53]。唐道襲先伏兵於斜谷，邀擊，又破之。庚子（二十日），蜀主西還[54]。

岐王左右石簡顒讒劉知俊於岐王，王奪其兵。李繼崇言於王曰：「知俊壯士，窮來歸我，不宜以讒廢之。」王為之誅簡顒以安之。繼崇召知俊舉族居於秦州[55]。

(廿七)戊申（二十八日），燕主守光將兵二萬寇易、定，攻容城[56]，王處直告急於晉。

(廿八)十二月乙卯（初五日），以朗州留後馬賓為永順節度使，同平章事[57]。

(廿九)鎮南留後盧延昌游獵無度(五八)百勝軍指揮使黎球殺之自立，將殺譚全播，全播稱疾請老，乃免。丙辰（初六日），以球為虔州防禦使。未幾，球卒，牙將李彥圖代知州事，全播愈稱疾篤。劉巖聞全播病，發兵攻韶州，破之，刺史廖爽奔楚(五九)，楚王殷表為永州刺史。

(卅)丁巳（初七日），蜀主至成都(六〇)。

(卅一)戊午（初八日），以靜海留後曲美為節度使。

(卅二)癸亥（十三日），以靜江行軍司馬姚彥章為寧遠節度副使，權知容州，從楚王殷之請也。劉巖遣兵攻容州，殷遣都指揮使許德勳以桂州(六一)兵救之，彥章不能守，乃遷容州士民及其府藏奔長沙，巖遂取容管及高州(六二)。

(卅三)甲子（十四日），晉王遣蕃漢馬步總管周德威將兵三萬攻燕以救易、定。

(卅四)是歲，蜀主以內樞密使潘炕為武泰節度使(六三)，炕從弟宣徽南院使峭為內樞密使。

【今註】㊀丁亥，卒：劉隱卒年三十八。㊁嚴襲位：嚴一名陟，後易名龔，南平襄王劉隱庶弟也。㊂自茂貞為朱溫所困，吾常振其乏絕：事並見前紀。㊃以兼侍中王宗祐、太子少師王宗賀、山南節度使唐道襲為三招討使：置三招討使，分三路伐岐，而以王宗侃都統三路之兵。㊄以華原為耀州，美原為鼎州：《舊唐書・地理志》，華原、美原二縣皆屬京兆府。華原故城在今陝西省耀縣東南，美原故城在今陝西省富平縣東北六十里，即今美原堡。《五代史記・職方考》，岐置義勝軍於耀州。宋廢鼎州，復為美原縣。《續通典》曰：「華原縣，本漢祋祤縣地，曹魏以來，置北地郡，元魏廢帝三年，置通州郡泥陽縣，隋開皇六年，改泥陽為華原。美原縣，本秦、漢頻陽縣，苻秦置土門護軍，後周置上門縣，唐咸亨二年，改為美原。」㊅車度：胡三省曰：「車度，地名，在長安北，同州界。」㊆上以久疾，五月甲申朔，大赦：按《五代史》，是日，改元乾化。㊇興元：《舊唐書・地理志》，梁州興元府，隋漢州郡，唐高祖武德元年置梁州，玄宗開元十三年，改為褒州，二十年，又為梁州，天寶元年，改為漢中郡，肅宗乾元元年，復為梁州，德宗興元元年，昇為興元府，治南鄭縣，故城在今陝西省南鄭縣東二里。㊈蜀主如利州，命太子監國：胡三省曰：「欲親總兵以繼伐岐之師。」《舊唐書・地理志》，利州，隋義城郡，唐高祖武德元年，改為利州，玄宗天寶元年，改為益昌郡，肅宗乾元元年，復為利州。州治綿谷縣，漢葭萌縣地，蜀為漢壽縣，晉改晉壽縣，又分晉壽置興安縣，隋改興安為綿谷，即今四州省廣元縣。㊉燕王守光嘗友赭袍：赭袍，唐天子之服。⑪今內難新平：謂新平滄、德，擒劉守文也。⑫不若陽為推尊以稔之：陽為推奉尊崇以稔其惡也。稔，積也。⑬乃與鎔及義武王處直、昭義李嗣昭、振武周德威、天德宋瑤六節度：自王鎔至宋瑤凡五鎮，並河東為六。自昭義以下三鎮皆屬河東。㊃則幷、鎮不足平矣：幷謂晉王李存勗，鎮謂趙王王鎔。㊄乃以守光為河北道採訪使：採訪使，唐官。唐之盛世，置十道採訪使，河北道其一也。自安史亂後，節鎮專制一方，採訪使不復除授。㊅受旨史彥羣：胡三省曰：「受旨，蓋崇政院官屬，猶樞密院承旨也，梁避廟諱，改承為受。」《五代史・僭偽傳》作供奉官史彥璋。㊆〔考異〕編遺錄，薛史皆作史彥羣：按薛居正《五代史・僭偽傳》亦作史彥璋，不作史彥羣。㊇帝命楊師厚將兵三萬屯邢州：欲以攻趙也。㊈帝避暑於張宗奭第：《五代史・梁太祖紀》，宗奭第在洛陽會節坊。張全義賜名宗奭見上卷。㊉吾家頃在河陽，為李罕之所圍：事見卷二百五十七唐僖宗文德元年。㉑趙王鎔以楊師厚在邢州，甚懼：《元豐九域志》，自邢州北至趙州一百四十四里，以強敵壓境，故甚懼。㉒承天軍：唐置，即宋之承天砦，在今山西省平定縣東八十五里。㉓晉王謂鎔，父友也：鎔與晉王李克用比肩事唐。㉔謂晉王為四十六舅：晉王克用有百子，晉王存勗第四十六。㉕蜀主至成都：自利州還。㉖斧質：質，椹也，所以受斧。㉗滄州之破，鶴分當死，蒙王生全：劉守光既囚其兄守文，呂兗，孫鶴共輔守文子延祚守滄州以拒之，滄州破，守光族兗而釋鶴，事見上卷開平四年。㉘平州：《舊唐書・地理志》，平州，隋為北平郡，唐高祖武德二年改為平州，玄宗天寶元年，改為北平郡，肅宗乾元元年，復為平州，州治盧龍縣，後漢遼西郡之肥如縣也，唐高祖武德二年改曰盧龍，即今河北省盧龍縣。㉙青泥嶺：青泥嶺在今興州長舉縣西北五十里，今甘肅省徽縣南。《元和郡縣志》，青泥嶺懸崖萬仞，上多雲雨，行者屢逢泥淖，故名。杜甫詩云：「朝行青泥上，暮在青泥中，泥濘非一時，版築勞人功。」即指此嶺。㉚興州：《舊唐書・地理志》，興州，隋順政郡，唐高祖武德元年，改為興州。州治順政縣，漢武都郡沮縣也，後魏改為略陽，後魏改曰順政，即今陝西省略陽縣。㉛溺死於江：興州，嘉陵江所經。㉜先是步軍都指揮使王宗綰城西縣，號安遠軍，宗侃、宗賀等收散兵走保之：《元豐九域志》，西縣在興元府西一百里。《舊唐書・地理志》，西縣屬興元府，故城在今陝西省沔縣西四十里。㉝無興元則無安遠，利州遂為敵境：蜀置安遠軍於西縣。《元豐九域志》，自興元府西至西縣百里，西縣抵利州界四十五里。㉞定戎團練使王宗播為四招討馬步都指揮使：《九國志》，宗播字昌遠，上蔡汝陽人，本姓許，名存，少有膽勇，後歸王建，以所部屯蜀州，賜姓名王宗播，積功為漢州刺史，加檢校太保，建僭位，改金吾衛上將軍，領彭州團練使。蓋蜀置定戎團練使於彭州也。彭州，今四川省彭縣。蜀主建先已遣三招討使伐岐，今又益以應援招討使，是為四招討，而以王宗播都統四招討之兵。㉟壁於廉、讓之間：胡三省曰：「廉水出大巴山北谷中，讓水其源起於廉水，溉田之餘，東南流至古廉水城之側，合於廉水。二水在南鄭縣東南。」㊱成州刺史：《舊唐書・地理志》，成州，隋漢陽郡，唐高祖武德元年置成州，玄宗天寶元年，改為同谷郡，肅宗乾元元年，復為成州，州治上祿縣，漢武都郡之屬縣也，其南八十里有仇池山，晉時氐酋楊難當據仇池，即此山也。故治在今甘肅省成縣南。㊲帝遽命輦，北趨邢、洺，晝夜倍道兼行，丙午，至相州：《元豐九域志》，自衛州北至相州一百二十五里，帝以甲辰發衛州，越二日而至相州。自相州又北，則趨邢、洛。㊳俟彼卜年，吾當問其鼎：胡三省曰：「以周成王卜年，楚子問鼎之事戲笑守光。」言將伐之也。㊴張承業請遣使致賀以驕之，晉王遣太原少尹李承勳往：《五代史・僭偽傳》，守光僭號，偽冊之日，契丹陷平州，晉王聞之大笑，張承業謂晉王曰：「惡不積不足以滅身，老氏所謂將欲取之必先與之。今守光狂蹶，請遣使省問以觀其釁。」乃遣太原少尹李承勳往使。㊵蜀主如利州：胡三省曰：「聞王宗侃為岐所敗，故復如利州以為繼援。」㊶王宗侃遣裨將林思諤自中巴間行至泥溪：胡三省曰：「巴州在三巴之中謂之中巴。興元之南，有大行路逕孤雲兩角，過米倉山則至巴州。按後唐伐蜀還，魏王繼岌與李紹琛軍行次舍泥溪，當在劍州北，利州界。」㊷洹水：《元豐九域志》魏州成安縣有洹水鎮，成安縣在州城西三十五里，即今河北省成安縣。㊸魏縣：《舊唐書・地理志》，魏縣屬魏州，在今河北省大名縣西三十五里。大名即故魏州治也。㊹貝州奏晉兵寇東武：東武，即貝州之武城縣也，故治在今山東省武城縣西，註見上卷本年。㊺帝以夾寨、柏鄉屢失利：夾寨之敗，見卷二百六十六開平二年，柏鄉之敗見上卷本年。㊻功臣宿將往往以小過被誅，眾心益懼：《五代史・梁太祖紀》，帝至相州，閱武於州闉之南樓，左龍驤都教練使鄧季筠、魏博馬軍都指揮使何令稠、左廂馬軍指揮使陳令勳以部下馬瘦，並腰斬於軍門，次魏縣，先鋒將黃文靖伏誅。㊼燕王守光集將吏謀攻易、定，幽州參軍景城馮道以為未可，守光怒，繫獄，或救之得免，道亡奔晉：馮道自此歷事唐、晉、漢、周四朝，位居端右，未嘗聞有諫諍之言，殆懲諫守光之禍也。《唐書・地理志》，易州，隋上谷郡，唐高祖武德四年改為易州，玄宗天寶元年，改為上谷郡，肅宗乾元元年，復為易州，州治易縣，故漢涿郡故安縣也，隋曰易縣，故治即今河北省易縣。幽州，隋為涿郡，唐高祖武德元年，改為幽州，玄宗天寶九年，改為范陽郡，肅宗乾元元年，復為幽州，州治薊縣，在今河北省大興縣西南。景城縣屬瀛州，故城在今河北省交河縣東北六十里。㊽開封：《舊唐書・地理志》，唐睿宗延和元年，析汴州浚儀縣置開封縣，與浚儀並為汴州治，即今河南省開封縣，蓋戰國時魏之大梁也。㊾獲嘉：《舊唐書・地理志》，獲嘉縣屬懷州。本漢之修武縣也，隋曰獲嘉，即今河南省獲嘉縣。㊿金牛：《舊唐書・地理志》，金牛，漢葭萌縣地也，唐高祖武德二年分利州綿谷縣置金牛縣，先屬褒州，後屬梁州，故城在今陝西省寧羌縣東北六十里。又蜀道之南棧，舊名金牛峽，故自陝西沔縣而西，南至四川劍閣縣之大劍關口，稱金牛道，又曰石牛道，秦使張儀、司馬錯伐蜀，即由是道，自後為漢中入蜀之要隘。金牛縣蓋以金牛道而名。(51)黃牛川：黃牛川在今陝西省南鄭縣西南黃牛山下。《太平寰宇記》，黃牛山有石，黃色，遠望如牛，下有黃牛川。(52)安遠軍望其旗：望蜀主旗幟也。(53)岐兵解圍遁去：解安遠之圍而遁。(54)蜀主西還：岐兵既敗走，故西還成都。(55)繼崇召知俊舉族居於秦州：繼崇，茂貞猶子也，時鎮秦州。(56)容城：《舊唐書・地理志》，容城縣屬易州，漢涿郡容城縣也，隋曰酒城，唐武后聖曆二年，改名全忠縣，玄宗天寶元年，改曰容城，故城在今河北省容城縣西北。(57)以朗州留後馬賨為永順節度使，同平章事：《五代史記・楚世家》，馬殷置永順軍於朗州。賨，殷之弟也。(58)鎮南留後盧延昌遊獵無度：盧光稠卒，譚全播輔立延昌，見上卷開平四年。(59)劉巖聞全播病，發兵攻韶州，破之，刺史廖爽奔楚：爽刺韶州見上卷開平四年。虔人以唐昭宗天復二年取韶州，是復為劉氏所有。㊿蜀主至成都：自興元還至成都。㈥桂州：《舊唐書・地理志》，桂州，隋始安郡，唐高祖武德四年置桂州，玄宗天寶元年，改為始安郡，肅宗至德二年，改為建陵郡，乾元元年，復為桂州，州治臨桂縣，漢零陵郡始安縣地，唐置臨桂縣，即今廣西省桂林縣。㈥巖遂取容管及高州：楚取高、容二州，見上卷開平四年，至是棄之。㈥武泰節度使：唐置武泰軍節度於黔州。

乾化二年（西元九一二年）

㈠春正月，德威東出飛狐㊀，與趙王將王德明、義武將程巖會於易水㊁。丙戌（初七日），三鎮兵進攻燕祁溝關，下之㊂。戊子（初九日），圍涿州㊃，刺史劉知溫城守。劉守奇之客劉去非大呼於城下㊄，謂知溫曰：「河東小劉即來為父討賊，何豫汝事而堅守邪？」守奇免冑勞之，知溫拜於城上，遂降。周德威疾守奇之功，譖諸晉王，王召之，守奇恐獲罪，與去非及進士趙鳳來奔，上以守奇為博州刺史。去非、鳳，皆幽州人也。先是燕主守光籍境內丁壯，悉文面為兵，雖士人不免，鳳詐為僧奔晉，守奇客之。

丁酉（十八日），德威至幽州城下，守光來求救。二月，帝疾小愈，議自將擊鎮、定以救之。

㈡帝聞岐、蜀相攻，辛酉（十二日），遣光祿卿盧玭等使於蜀，遺蜀主書，呼之為兄㈥。

㈢甲子（十五日），帝發洛陽。從官以帝誅戮無常，多憚行，帝聞之益怒。是日，至白馬頓，賜從官食，多未至，遣騎趣之於路。左散騎常侍孫隲、右諫議大夫張衍、兵部郎中張儁最後至，帝命撲殺之。【考異】梁祖實錄云，賜自盡，今從莊宗實錄。衍，宗奭之姪也。

丙寅（十七日），帝至武陟㈦，段明遠供饋有加於前，丁卯（十八日），至獲嘉，帝追思李思安去歲供饋有闕，貶柳州司戶，告辭，稱明遠之能曰：「觀明遠之忠勤如此，見思安之悖慢何如。」尋長流思安於崖州㈧，賜死。明遠後更名凝。

乙亥（二十六日），帝至魏州，命都招討使宣義節度使楊師厚、副使前河陽節度使李周彝圍棗強㈨，招討應接使平盧節度使賀德倫、副使天平留後袁象先圍蓚縣㈩。德倫，河西胡人；象先，下邑人也。

戊寅（二十九日），帝至貝州。

㈣辰州蠻酋宋鄴、昌師益皆帥眾降於楚，楚王殷以鄴為辰州刺史，師益為敍州刺史。

㈤帝晝夜兼行，三月辛巳（初二日），至下博㈡，南登觀津冢㈢。趙將符習引數百騎巡邏，不知是帝，遽前逼之。或告曰：「晉兵大至矣。」帝棄行幄，亟引兵趣棗彊，與楊師厚軍合㈢。習，趙州人也。

棗彊城小而堅，趙人聚精兵數千人守之。師厚急攻之，數日不下，城壞復修，死傷者以萬數㈣。城中矢石將竭，謀出降，有一卒奮曰：「賊自柏鄉喪敗已來，視我鎮人裂眥㈤，今往歸之，如自投虎狼之口耳！困窮如此，何用身為？我請獨往試之。」夜縋城出詣梁軍詐降，李周彝召問城中之備，對曰：「非半月，未易下也。」因謀曰㈥：「某既歸命，願得一劍，効死先登，取守城將首。」周彝不許，使荷擔從軍，卒得間，舉擔擊周彝首，踣地，左右救至，得免。【考異】莊宗實錄：「頃之，周彝晝寢，左右未至，其入抽擔擊周彝首，踣於地，求兵仗，不獲，周彝大呼，左右救至，獲免。卒睨周彝曰：『吾比欲刺刃於朱溫之腹，非圖爾也，誤矣！』」編遺錄云：「時有一百姓來投軍中，李周彝收於部伍間，謂周彝曰：『請賜一劍，願先登以收其牆。』未許間，忽然抽茶擔子揮擊周彝，頭上中擔，幾仆於地，左右擒之，元是棗彊邑中遣來詐降，本意欲窺筭招討使楊師厚，斯人不能辨，乃誤中周彝。」按此卒從周彝請劍，周彝不許而令負擔，豈不知周彝非溫也？又帝王與將相居處，侍衛不同，豈容不識而誤中之？若本欲殺楊師厚則似近之，今既可疑，皆不取。帝聞之，愈怒，命師厚晝夜急攻。

丙戌（初七日），拔之，無問老幼皆殺之，流血盈城。

初，帝引兵度河，聲言五十萬，晉忻州刺史(一七)李存審屯趙州，患兵少，裨將趙行實請入土門避之(一八)，存審不可。及賀德倫攻蓚縣，存審謂史建瑭、李嗣肱曰：「吾王方有事幽、薊(一九)，無兵此來，南方之事，委吾輩數人。今蓚縣方急，吾輩安得坐而視之？使賊得蓚縣，必西侵深、冀，患益深矣！當與公等以奇計破之。」存審乃引兵扼下博橋(二〇)，使建瑭、嗣肱分道擒生。建瑭分其麾下為五隊，隊各百人，一之衡水，一之南宮，一之信都，一之阜城(二一)，自將一隊深入，與嗣肱遇梁軍之樵芻者皆執之，獲數百人。明日，會於下博橋，皆殺之，留數人。斷臂縱去，曰：「為我語朱公，晉王大軍至矣。」時蓚縣未下，帝引楊師厚兵五萬就賀德倫共攻之，丁亥（初八日），始至縣西，未及置營，建瑭、嗣肱各將三百騎效梁軍旗幟、服色，與樵芻者雜行，日且暮，至德倫營門，殺門者，縱火大譟，弓矢亂發，左右馳突，既暝，各斬馘執俘而去，營中大擾，不知所為，斷臂者復來曰：「晉軍大至矣！」帝大駭，燒營夜遁㉓，迷失道，委曲行百五十里，戊子（初九日），旦，乃至冀州，蓚之耕者皆荷鉏奮挺逐之，委棄軍資器械不可勝計。既而復遣騎覘之，曰：「晉軍實未來，此乃史先鋒㉓遊騎耳！」帝不勝慙憤㉔，由是病增劇，不能乘肩輿，留貝州旬餘，諸軍始集㉕。

㈥義昌節度使劉繼威年少，淫虐類其父㉖，淫於都指揮使張萬進家，萬進怒，殺之。詰旦，召大將周知裕告其故，萬進自稱留後，以知裕為左都押牙。庚子（二十一日），遣使奉表請降，亦遣使降於晉，晉王命周德威安撫之。知裕心不自安，遂來奔，帝為之置歸化軍，以知裕為指揮使，凡軍士自河朔來者皆隸之。辛丑（二十二日），以萬進為義昌留後。甲辰（二十五日），改義昌為順化軍，以萬進為節度使。

㈦乙巳（二十六日），帝發貝州，丁未（二十八日），至魏州㉗。

㈧戊申（二十九日），周德威遣裨將李存暉等攻瓦橋關㉘，其將吏及莫州刺史㉙李嚴皆降。嚴，幽州人也，涉獵書傳，晉王使傅其子繼岌。嚴固辭，晉王怒，將斬之，教練使孟知祥徒跣入諫曰：「彊敵未滅，大王豈宜以一怒戮嚮義之士乎？」乃免之。知祥，遷之弟子，李克讓之婿也㉚。

㈨吳鎮南節度使劉威、歙州觀察使陶雅、宣州觀察使李遇、常州刺史李簡皆武忠王舊將㉛，有大功，以徐溫自牙將秉政㉜，內不能平。李遇尤甚，常言徐溫何人，吾未嘗識面，一旦乃當國邪？館驛使徐玠使於吳越，道過宣州，溫使玠說遇入見新王，遇初許之，玠曰：「公不爾㉝，人謂公反。」遇怒曰：「君言遇反，殺侍中者非反邪？」侍中，謂威王也㉞。溫怒，以淮南節度副使王檀㉟為宣州制置使，數遇不入朝之罪，遣都指揮使柴再用帥昇、潤、池、歙㊱兵納檀於宣州，昇州副使徐知誥為之副。遇不受代，再用攻宣州，踰月不克。

(十)夏，四月癸丑（初五日），以楚王殷為武安、武昌、靜江、寧遠節度使，洪、鄂四面行營都統㊲。

(十一)乙卯（初七日），博王友文來朝㊳，請帝還東都。丁巳（初九日），發魏州，己未（十一日），至黎陽，以疾淹留，乙丑（十七日），至滑州㊴。

(十二)維州㊵羌胡董琢反，蜀主遣保鑾軍使趙綽討平之。

(十三)己巳（二十一日），帝至大梁。

(十四)帝聞嶺南與楚相攻，甲戌（二十六日），以右散騎常侍韋戩等為潭、廣和叶使往解之。

(十五)戊寅（三十日），帝發大梁。

(十六)周德威白晉王，以兵少不足攻城㊶。晉王遣李存審將吐谷渾契苾騎兵會之。李嗣源攻瀛州㊷，刺史趙敬降。

(十七)五月，甲申（初六日），帝至洛陽，疾甚。

(十八)司空門下侍郎同平章事薛貽矩卒。

(十九)燕主守光遣其將單廷珪將精兵萬人出戰，與周德威遇於龍頭岡㊸，【考異】莊宗實錄作羊頭岡，今從莊宗列傳。莊宗實錄，四月己卯朔，周德威擒單廷珪，進軍大城。薛史及莊宗列傳、周德威傳云，五月七日，擒廷珪，十二日，次大城，今從之。廷珪曰：「今日必擒周楊五以獻。」楊五者，德威小名也。既戰，見德威於陳，援槍單騎逐之，槍及德威背，德威側身避之，奮檛反擊，廷珪墜馬，生擒置於軍門。燕兵退走，德威引騎乘之，燕兵大敗，斬首三千級。廷珪，燕驍將也，燕人失之奪氣。

(廿)己丑（十一日），蜀大赦。

(廿一)李遇少子為淮南牙將，遇最愛之，徐溫執之，至宣州城下示之，其子啼號求生，遇由是不忍戰。溫使典客何蕘入城，以吳王命說之曰：「公本志果反，請斬蕘以徇，不然隨蕘納款。」遇乃開門請降，溫使柴再用斬之，夷其族，於是諸將始畏溫㊹，莫敢違其命。

徐知誥以功遷昇州刺史，知誥事溫甚謹，安於勞辱，或通夕不解帶，溫以是特愛之，每謂諸子曰：「汝輩事我，能如知誥乎？」時諸州長史，多武夫，專以軍旅為務，不恤民事，知誥在昇州，獨選用廉吏，修明政教，招延四方士大夫，傾家資無所愛。洪州進士宋齊丘，好縱橫之術，謁知誥，知誥奇之，辟為推官，與判官王令謀、參軍王翃專主謀議，以牙吏馬仁裕、周宗、曹悰為腹心。仁裕，彭城人；宗，漣水人也。

(廿二)閏月壬戌（十五日），帝疾增甚，謂近臣曰：「我經營天下三十年㊺，不意太原餘孽㊻更昌熾如此。吾觀其志不小，天復奪我年，我死，諸兒非彼敵也，吾無葬地矣。」因哽咽，絕而復蘇。

(廿三)高季昌潛有據荊南之志，乃奏築江陵外郭，增廣之。

(廿四)丙寅（十九日），蜀門下侍郎同平章事王鍇罷為兵部尚書。

(廿五)帝長子郴王友裕早卒，次假子博王友文㊼，帝特愛之，常留守東都，兼建昌宮使㊽，次郢王友珪，其母亳州營倡也㊾，為左右控鶴都指揮使，次均王友貞，為東都馬步都指揮使。

初，元貞張皇后嚴整多智，帝敬憚之㊿。後殂，帝縱意聲色，諸子雖在外，常徵其婦入侍，帝往往亂之。友文婦王氏色美，帝尤寵之，雖未以友文為太子，帝意常屬之，友珪心不平。友珪嘗有過，帝撻之，友珪益不自安。帝疾甚，命王氏召友文於東都，欲與之訣，且付之後事，友珪婦張氏亦朝夕侍帝側，知之，密告友珪，曰：「大家[51]以傳國寶付王氏，懷往東都，吾屬死無日矣。」夫婦相泣。左右或說之曰：「事急計生，何不改圖？時不可失。」六月，丁丑朔，帝命敬翔出友珪為萊州刺史，即令之官。已宣旨，未行敕[52]，時左遷者多追賜死，友珪益恐。戊寅（初二日），友珪易服微行入左龍虎軍，見統軍韓勍，以情告之，勍亦見功臣宿將多以小過被誅，懼不自保，遂相與合謀。勍以牙兵五百人從友珪，雜控鶴士[53]入伏於禁中，中夜斬關入，至寢殿，侍疾者皆散走。帝驚起，問反者為誰？友珪曰：「非它人也。」帝曰：「我固疑此賊，恨不早殺之。汝悖逆如此，天地豈容汝乎？」友珪曰：「老賊萬段。」友珪僕夫馮廷諤刺帝腹，刃出於背[54]，友珪自以敗氈裹之，瘞於寢殿，秘不發喪，遣供奉官丁昭溥馳詣東都，命均王友貞殺友文。己卯（初三日），矯詔稱博王友文謀逆，遣兵突入殿中，賴郢王友珪忠孝，將兵誅之，保全朕躬，然疾因震驚，彌致危殆，宜令友珪權主軍國之務。韓勍為友珪謀，多出府庫金帛賜諸軍及百官以取悅。辛巳（初五日），丁昭溥還，聞友文已死，乃發喪，宣遺制，友珪即皇帝位。

時朝廷新有內難，中外人情恟恟，許州㊺軍士，更相告變，匡國節度使韓建皆不之省，亦不為備。丙申（二十日），馬步都指揮使張厚作亂，殺建，【考異】莊宗實錄，九月，建遇害，今從薛史。友珪不敢詰。甲辰（二十八日），以厚為陳州刺史㊻。

（七六）秋，七月丁未（初二日），大赦。

（七七）天雄節度使羅周翰幼弱，軍府事皆決於牙內都指揮使潘晏。北面都招討使宣義節度使楊師厚軍於魏州，久欲圖之，憚太祖威嚴，不敢發。至是師厚館於銅臺驛㊼，潘晏入謁，執而殺之，引兵入牙城，據位視事。壬子（初七日），制以師厚為天雄節度使。【考異】梁功臣列傳、楊師厚傳云：「太祖初棄天下，郡府乘間為亂甚眾，魏之衙內都指揮使潘晏與大將臧延範、趙訓將謀反變，有密告者，師厚布兵，擒捕斬之，七月，除魏博節度使。」薛史師厚傳略同，今從莊宗列傳、朱友珪傳及莊宗實錄。徙周翰為宣義節度使㊽。

（七八）以侍衛諸軍使韓勍領匡國節度使㊾。

（七九）甲寅（初九日），加吳越王鏐尚父。

(卅)甲子（十九日），以均王友貞為開封尹，東都留守。

(卅一)蜀太子元坦，更名元膺(六〇)。

(卅二)丙寅（二十一日），廢建昌宮使，以河南尹張宗奭為國計使卒，凡天下金穀舊隸建昌宮者，悉主之(六一)。

(卅三)八月，龍驤軍三千人戍懷州者，潰亂東走(六二)，所過剽掠。【考異】莊宗列傳、友珪傳云：「重霸據懷州為亂，壯健者團結於鞏村，將為朱溫雪恥。」明宗實錄、杜晏球傳云：「龍驤軍作亂，欲入京城，已至河陽。」今按梁祖實錄，戊子，鄭州奏稱懷州屯駐龍驤騎軍潰散，十一日，夜，至州南十五里鞏村安下，及五鼓，分隊逃逸，安得據懷州及至河陽事也。戊子（十三日），遣東京馬步軍都指揮使霍彥威、左耀武指揮使杜晏球討之，庚寅（十五日），擊破亂軍，執其都將劉重遇於鄢陵，甲午（十九日），斬之。

(卅四)郢王友珪既篡立，諸宿將多憤怒，雖曲加恩禮，終不悅。告哀使至河中(六三)，護國節度使冀王朱友謙(六四)泣曰：「先帝數十年開創基業，前日變起宮掖，聲聞甚惡，吾備位藩鎮，心竊恥之。」友珪加友謙侍中、中書令，以詔書自辨，且徵之。友謙謂使者曰：「所立者為誰？先帝晏駕不以理。吾且至洛陽問罪，何以徵為？」戊戌（二十三日），以侍衛諸軍使韓勍為西面行營招討使，督諸軍討之，友謙以河中附於晉以求救。九月丁未（初三日），以感化節度使康懷貞為河中都招討使，更以韓勍副之。

(卌五)友珪以兵部尚書知崇政院事敬翔，太祖腹心，恐其不利於己，欲解其內職(六五)，恐失人望，庚午（二十六日），以翔為中書侍郎，同平章事。壬申（二十八日），以戶部尚書李振充崇政院使。翔多稱疾，不預事。

(卌六)康懷貞等與忠武節度使牛存節合兵五萬屯河中城西，攻之甚急，晉王遣其將李存審、李嗣肱、李嗣恩將兵救之，敗梁兵於胡壁(六六)。嗣恩，本駱氏子也(六七)。

(卌七)吳武忠王之疾病也，周隱請召劉威(六八)，威由是為帥府所忌(六九)。或譖之於徐溫，溫將討之。威幕客黃訥說威曰：「公受謗雖深，反本無狀，若輕舟入覲，則嫌疑皆亡矣。」威從之。陶雅聞李遇敗，亦懼，與威偕詣廣陵，溫待之甚恭，如事武忠王之禮，優加官爵，雅等悅服，由是人皆重溫。訥，蘇州人也。

溫與威、雅帥將吏請於李儼，承制加嗣吳王隆演太師、吳王(七〇)，以溫領鎮海節度使、同平章事，淮南行軍司馬如故。溫遣威、雅還鎮(七一)。

(六八)辛巳（九月乙巳朔，無辛巳），蜀改劍南東川曰武德軍。

(六九)朱友謙復告急於晉，冬十月，晉王自將自澤潞而西(七二)，遇康懷貞於解縣(七三)，【考異】莊宗同光四年實錄、莊宗列傳、薛史、唐餘錄、朱友謙傳，皆云與汴軍遇於平陽，大破之，今從莊宗天祐九年實錄。大破之，斬首千級，追至白徑嶺(七四)而還。梁兵解圍，退保陝州(七五)。友謙身自至猗氏謝晉王(七六)，從者數十人，撤武備，詣晉王帳，拜之為舅。晉王夜置酒張樂，友謙大醉，晉王留宿帳中，友謙安寢，鼾息自如(七七)。明旦，復置酒而罷。

(七〇)楊師厚既得魏博之眾，又兼都招討使，宿衛勁兵，多在麾下，諸鎮兵皆得調發，威勢甚重，心輕郢王友珪，遇事往往專行不顧，友珪患之，發詔召之，云有北邊軍機，欲與卿面議。師厚將行，其腹心皆諫曰：「往必不測。」師厚曰：「吾知其為人，雖往，如我何？」乃帥精兵萬餘人度河趣洛陽，友珪大懼。丁亥（十三日），至都門(七八)，留兵於外，與十餘人入見。友珪喜，甘言遜詞以悅之，賜與巨萬。癸巳（十九日），遣還。

㈣十一月，趙將王德明將兵三萬掠武城，至於臨清，攻宗城㊀，下之。癸丑（初九日），楊師厚伏兵唐店㊁邀擊，大破之，斬首五千餘級。

㈣甲寅（初十日），葬神武元聖孝皇帝於宣陵㊂，廟號太祖。

㈣吳淮南節度副使陳璋等將水軍襲楚岳州，執刺史苑玫㊃，楚王殷遣水軍都指揮使楊定貞救岳州。璋等進攻荊南，高季昌遣其將倪可福拒之。吳恐楚人救荊南，遣撫州刺史劉信帥江、撫、袁、吉、信五州兵屯吉州，為璋聲援㊄。

㈣十二月戊寅（初五日），蜀行營都指揮使王宗汾攻岐文州㊅，拔之，守將李繼夔走。

㈣是歲，隰州都將劉訓殺刺史，以州降晉，晉王以為瀛州刺史。訓，永和㊆人也。

㈣虔州防禦使李彥圖卒，州人奉譚全播知州事，遣使內附，詔以全播為百勝防禦使，虔、韶二州節度開通使㊇。

(四七)高季昌出兵聲言助梁伐晉，進攻襄州，山南東道節度使孔勍擊敗之，自是朝貢路絕(八七)。勍，兗州人也。

【今註】㈠德威東出飛狐：胡三省曰：「自代州出飛狐也。」《水經注》引魏《土地記》，代城南四十里有飛狐關，在今河北省淶源縣北，跨察哈爾省蔚縣界，兩崖峭立，迤邐百有餘里，號稱天險，古代城在今蔚縣境。《舊唐書・地理志》，蔚州有飛狐縣，本漢廣昌縣也，隋改為飛狐，即今河北省淶源縣。《元和郡縣志》，飛狐縣，因縣北飛狐口為名。㈡與趙王將王德明、義武將程巖會於易水：趙王王鎔，義武節度使王處直。㈢三鎮兵進攻燕祁溝關，下之：三鎮，幷、鎮、定也。胡三省曰：「祁溝關在涿州南，易州巨馬河之北。自關而西至易州六十里，巨馬河東至新城縣四十里。」按即《水經注》所謂奇溝也。又作岐溝，在今河北省涿縣西南三十里，唐末設關於此。㈣涿州：《舊唐書・地理志》，涿州，本幽州之范陽縣，唐代宗大曆四年，置為涿州。范陽，即漢涿郡之涿縣也，曹魏文帝改為范陽郡，晉為范陽國，後魏復為范陽郡，隋曰涿縣，唐高祖武德七年改為范陽縣，即今河北省涿縣。㈤劉守奇之客劉去非大呼於城下：劉守奇奔河東見卷二百六十六開平元年，今隨德威軍伐燕也。㈥遺蜀主書，呼之為兄：胡三省曰：「帝與蜀主偕起於細微者也，蜀兵彊地險，帝自度力不能制，故用敵國禮，呼之為兄。」㈦武涉：《舊唐書・地理志》，唐置武陟縣，屬懷州。即今河南省武陟縣。《元豐九域志》，自懷州東至武陟縣八十里。㈧崖州：《舊唐書・地理志》，崖州，隋珠崖郡，唐高祖武德四年置崖州，玄宗天寶元年，改為珠崖郡，肅宗乾元元年，復為崖州，在廣東府東南二千餘里，自雷州徐聞縣南入海舟行四百三十里而達崖州，漢武帝元封元年，遣使自徐聞南入海，得大洲，東西南北方一千里，略以為珠崖、儋耳二郡。按崖州即今之海南島，自徐聞南渡海數十里而至，唐州治舍城縣，在今瓊山縣東南。蓋當時視崖州為荒服，羈縻而已，故於道里遠近記載頗失其實。⑨棗強：《舊唐書・地理志》，棗強縣，漢屬清河郡，唐屬冀州。《元豐九域志》，棗強縣西北去鎮州九十五里。故城在今河北省棗強縣東南。⑩副使天平留後袁象先圍蓨縣：象先以天平留後充招討應接副使。唐置天平軍節度於鄆州。《舊唐書・地理志》，蓨縣漢屬渤海郡，唐屬冀州。宋白曰：「蓨縣即漢條侯國，隋開皇五年，改條縣為蓨縣。」按蓨《漢書・地理志》作修，《史記・絳侯周勃世家》作條，而表皆作蓨。《括地志》曰：「故蓨城俗名南條城。」《元豐九域志》，蓨縣在冀州東北一日五十里。當在今河北省景縣境。⑪下博：《舊唐書・地理志》，下博縣漢屬信都郡，唐高祖武德四年屬冀州，太宗貞觀元年改屬深州，十七年復屬冀州，睿宗先天二年還屬深州。章懷太子曰：「縣在博水下，故曰下博。」唐故城在今河北省深縣南。⑫觀津冢：觀津，漢故縣也。《舊唐書・地理志》，唐太宗貞觀元年分冀州蓨縣置觀津縣，尋廢。故城在今河北省武邑縣東南二十五里。胡三省曰：「漢觀津縣古城東南有青山，即漢文帝竇後父少涓冢也。涓，是縣人，遭秦之亂，漁釣隱身，墜淵而死，景帝立后，遣使者填以葬父，起大墳於觀津城東南，縣民謂之竇氏青山。」⑬帝棄行幄，亟引兵趣棗強，與楊師厚軍合；胡三省曰：「自下博至棗強六十餘里。」⑭師厚急攻之，數日不下，城壞復修，死傷者數萬：此言師厚攻城之軍死傷之數也。㉕裂眥：目眦欲裂，言怒之甚也。㉖因謀曰：胡三省曰：「謀當作請。」㉗忻州刺史：《舊唐書・地理志》，忻州，隋樓煩郡之秀容縣，隋恭帝義寧初置新興郡，唐高祖武德元年改為忻州，玄宗天寶元年，改為定襄郡，肅宗乾元元年，復為忻州，州治秀容縣，後魏所置，隋徙縣於九原故城，即今山西省忻縣。㉘裨將趙行實請入土門以避之：胡三省曰：「入土門則退歸晉陽矣。」土門即井陘也，井陘關一曰土門關，晉、趙間之要隘。㉙幽、薊：幽、薊二州。幽州註見前。《舊唐書・地理志》，唐玄宗開元十八年，分幽州置薊州，天寶元年，改為漁陽郡，肅宗乾元元年復為薊州，治漁陽縣，即今河北省薊縣。㉚下博橋：胡三省曰：「漳水逕下博縣，蓋跨漳水為橋也。」㉛一之衡水，一之南宮，一之信都，一之阜城：《舊唐書・地理志》，衡水、南宮、信都、阜城四縣皆屬冀州。衡水，古無此名，隋開皇十七年分信都北界、武邑西界、下博南界置為衡水縣。縣在長蘆河西，衡漳之故瀆也，故名，故城在今河北省衡水縣西南。南宮縣漢屬信都國，故城在今河北省南宮縣西北。信郡縣，漢信都國城也，唐為冀州治，即今河北省冀縣。阜城縣，漢屬渤海郡，北齊移治漢故城西二十二里，即今河北省阜城縣。㉜帝大駭，燒營夜遁：胡三省曰：「以朱溫之狡，濟之以楊師厚，使遇它敵，猶在亂而能整，今史建塘等以奇兵撓之，遂相與狼狽至於散遁，不能復振者，主將上下先有畏晉之心故也。」㉝史先鋒：晉王以史建塘為先鋒指揮使，故稱之。㉞帝不勝憤慙：帝久在兵間，嫻於戎事，今御大軍，見敵之遊騎而駭遁，故不勝憤慙。㉟留貝州旬餘，諸軍始集：胡三省曰：「潰散之甚，久而後集。」㊱義昌節度使劉繼威軍少，淫虐類其父：類其父劉守光也。㉗乙巳，帝發貝州，丁未，至魏州：胡三省曰：「自貝州南至魏州二百一十里。」㉘瓦橋關：瓦橋關在今河北省雄縣南易水上，唐代宗大曆九年，盧龍留後朱滔討田承嗣，軍於瓦橋，即此。《元豐九域志》，瓦橋關在涿州南一百二十里。㉙莫州刺史：《舊唐書・地理志》，莫州本瀛州之鄚縣，唐睿宗景雲二年，於縣置鄚州，玄宗開元十三年，改為莫州，治莫縣，即漢涿郡之鄚縣也，故城在今河北省任丘縣北三十里。㉚知祥，遷之弟子，李克讓之婿也：孟知祥之事始此。孟遷即以邢州降晉，復背晉以邢州降梁者也。李克讓，晉王克用之弟。㉛歙州觀察使陶雅、宣州觀察使李遇、常州刺史李簡皆忠武王舊將：《九國志》，陶雅字國華，合肥人，本儒家子，儀形魁偉，眉目俊秀，性沈靜，好讀書，手不釋卷，雖臨敵陳，常褒衣博帶，禮賢敬上，疏財重士，非公宴不舉音樂，所臨之地，民感其化。李遇，合肥人。李簡，上冊人，有膽勇，資質瓌偉，此三人與楊行密俱起行伍，吳之宿將也。吳諡行密為忠武王。《舊唐書・地理志》，歙州，隋新安郡，唐高祖武德四年置歙州，玄宗天寶元年，改為新安郡，肅宗乾元元年，復為歙州，州治歙縣，漢屬丹陽郡，以縣南有歙浦而得名，即今安徽省歙縣。宣州，隋宣城郡，唐高祖武德三年置宣州，玄宗天寶元年改為宣城郡，肅宗乾元元年，復為宣州，州治宣城縣，漢丹陽郡宛陵縣也，隋初改縣曰宣城，即今安徽省宣城縣。常州，隋毗陵郡，唐高祖武德三年置常州，玄宗天寶元年改為晉陵郡，肅宗乾元元年，復為常州，治晉陵縣，漢會稽郡毗陵縣也，晉改曰晉陵，並置晉陵郡於此，即今江蘇省武進縣。㉜以徐溫自牙將秉政：徐溫自右牙指揮使秉政，見卷二百六十六開平元年。㉝不爾：猶言不如此。㉞侍中，謂威王也：楊渥謚威王，此以唐所授官稱之。㉟淮南節度副使王檀：按《九國志》，檀當作壇。㊱昇、潤、池、歙：昇、潤、池、歙四州。《舊唐書·地理志》，潤州，隋江都郡之延陵縣，唐高祖武德三年置潤州，玄宗天寶元年，改為丹陽郡，肅宗乾元元年，復為潤州，州治丹徒，漢屬會稽郡，孫吳為京口戍，隋改曰延陵縣，即今江蘇省丹陽縣延陵鎮。池州，隋宣城郡之秋浦縣，唐高祖武德四年置池州，太宗貞觀元年廢，代宗永泰元年復置，治秋浦縣，漢丹陽郡石城縣也，隋改曰秋浦，故城在今安徽省貴池縣西。昇、歙二州註見前。㊲以楚王殷為武安、武昌、靜江、寧遠節度使，洪、鄂四面行營都統：唐置武安軍於潭州，武昌軍於鄂州，靜江軍於桂州，寧遠軍於容州。洪、鄂，洪、鄂二州也，時為吳有，梁蓋授以虛號，欲使攻吳之洪、鄂耳。㊳博王友文來朝：朝於魏州行宮。㊴滑州：《舊唐書·地理志》，滑州，隋東郡，唐高祖武德元年，改為滑州，以古滑臺為名，玄宗天寶元年，改為靈昌郡，肅宗乾元元年，復為滑州，治白馬縣，古滑臺城也，即今河南省滑縣。㊵維州，《舊唐書·地理志》，唐高祖武德元年，置維州於姜維故城，太宗貞觀元年罷，二年，復立維州於姜維城東，屬茂州為羈縻州，高宗麟德二年，進為正州，玄宗天寶元年，改為維川郡，肅宗乾元元年，復為維州，其後陷於吐蕃，至宣宗大中末，始復內附。州治薛城縣，蜀漢姜維討汶山叛羌於此，即姜維故壘也，隋置薛城戍，唐為縣，故城在今四川省理蕃縣西十里。㊶以兵少不足攻城：言幽州城大而固，見有兵少，不足以拔之。㊷瀛州：《舊唐書·地理志》，瀛州，隋河間郡，唐高祖武德四年改為瀛州，玄宗天寶元年，改為河間郡，肅宗乾元元年，復為瀛州，治河間縣，隋置，即今河北省河間縣。㊸龍頭岡：胡三省曰：「龍頭岡在幽州城東南。」㊹於是諸將始畏溫：諸將謂劉威、陶雅、李簡之輩。㊺我經營天下三十年：帝以唐僖宗中和三年為宣武軍節度使，創業之始也，至是凡三十一年。㊻太原餘孽：謂晉也。㊼次假子博王友文：《五代史・梁宗室傳》，友文本姓康，名勤，太祖養以為子。㊽常使留守東都，兼建昌宮使：帝以大梁舊第為建昌宮，以友文兼建昌宮使，見卷二百六十六開平元年。㊾次郢王友珪，其母亳州營倡也：《五代史・梁宗室傳》，友珪小字遙喜，母失其姓，本亳州營妓也，唐僖宗光啟中，帝徇地亳州，召而侍寢，月餘，將捨之而去，以娠告，是時，元貞皇后賢而有寵，帝素憚之，由是不果攜歸大梁，因留亳州，以別宅貯之，及期，妓以生男來告，帝喜，故字之曰遙喜，後迎歸汴，帝既受禪，封友珪為郢王。《舊唐書・地理志》，亳州，隋譙郡，唐高祖武德四年改為亳州，玄宗天寶元年，改為譙郡，肅宗乾元元年，復為亳州，治譙縣，即今安徽亳縣。㊿初，元貞張皇后嚴整多智，帝敬憚之：《五代史記・梁家人傳》，后姓張氏，單州碭山縣渠亭里富家子也，太祖少以婦禮聘之，生末帝，太祖貴，封魏國夫人，唐昭宗天祐元年卒，帝即位，追冊為賢妃，末帝立，追謚曰元貞皇太后。孫光憲《北夢瑣言》曰：「梁祖魏國夫人張氏，碭山富室女。父蕤，曾為宋州刺史。溫時聞張有姿色，私心傾慕，有麗華之歎。及溫在同州，得張於兵間，因以婦禮納之。溫以其宿款，深加禮異。張賢明有禮，溫雖虎狼其心，亦所景伏，每軍謀國計，必先延訪，或已出師，中途有所不可，張氏一介請旋，如期而至，其信重如。(51)大家：蔡邕《獨斷》曰：「親近侍從官稱天子曰大家。」(52)已宣旨，未行敕：胡三省曰：「敬翔時為宣政使，故使之行敕。」(53)控鶴士：唐武后聖曆二年置控鶴府，為近侍之官，後改為奉宸府，尋廢。其後頗取控鶴為禁衛軍號，《唐書・兵志》昭宗幸華州，留殿後兵三十人為控鶴排馬官是也，梁蓋以控鶴軍為侍衛親軍。(54)友珪僕夫馮廷諤刺帝腹，刃出於背：帝崩，年六十一。(55)許州：《舊唐書・地理志》，許州，隋潁川郡，唐高祖武德四年改為許州，玄宗天寶元年，改為潁川郡，肅宗乾元元年，復為許州，治長社縣，今河南省許昌縣。(56)陳州刺史：《舊唐書・地理志》，陳州，隋淮陽郡，唐高祖武德元年置陳州，玄宗天寶元年改為淮陽郡，肅宗乾元元年，復為陳州，治宛丘縣，即今河南省淮陽縣。(57)銅雀驛：胡三省曰：「因銅雀臺以名驛，然銅雀臺在鄴，不在魏州。」(58)制以師厚為天雄軍節度使，徙周翰為宣義軍節度使：羅弘信以唐僖宗文德元年得魏博，再傳至羅周翰而亡。(59)以侍衛諸軍使韓勍領匡國節度使：賞其同逆之功也。(60)蜀太子元坦更名元膺：宗懿更名元坦見上卷開平四年。《五代史記・前蜀世家》，時蜀主建得銅牌子於什仿縣，有文二十餘字，建以為符讖，因取以名諸子，故又更名元膺。(61)廢建昌宮使，以河南尹張宗奭為國計使，凡天下金穀舊隸建昌宮者悉主之：梁祖受禪，以博王友文領建昌宮使，領天下金穀，博王既誅，乃廢之而置國計使。(62)龍驤軍三千人戍懷州者潰亂東走，所過剽掠：胡三省曰：「戍懷州所以備晉人自上黨下太行以窺洛陽。」(63)河中：《舊唐書・地理志》，河中府，隋河東郡，唐高祖武德元年置蒲州，玄宗開元八年，置中都，改蒲州曰河中府，尋罷中都，依舊為蒲州，天寶元年，改為河東郡，肅宗乾元元年，復為蒲州，憲宗元和三年，復為河中府，治河東縣，隋置，即今山西省永濟縣。(64)護國節度使冀王朱友謙：唐置護國軍節度使於河中。《舊唐書・朱友謙傳》，友謙本名簡，字德光，許州人，初為陝州牙將，唐末附梁祖，梁祖賞其忠誠，賜名曰友謙，比於諸子。㊅欲解其內職：內職，謂知崇政院事。㊅胡壁：胡壁鎮在今山西省榮河縣東三十里，與萬泉縣接界。㊅嗣恩，本駱氏子也：《五代史記・義兒傳》：嗣恩本姓駱，吐谷渾部人也。㊅吳武王之疾病也，周隱請召劉威：事見二百六十五唐哀帝天祐二年。㊅威由是為帥府所忌：帥府，廣陵帥府也。㊆溫與威、雅請於李儼承制加嗣吳王隆演太帥，吳王：隆演之嗣吳王，岐王李茂貞承制所加也，吳武王尊李儼承制，見卷二百六十三唐昭宗天復二年，故徐溫等因其舊而請於儼。㊆溫遣威、雅還鎮：示以無猜閒，故遣還鎮。劉威鎮洪州，陶雅鎮歙州。㊆晉王自將自澤潞而西：自汾晉南出以援河中也。㊆解縣：《舊唐書・地理志》，唐高祖武德元年，改隋虞鄉縣為解縣，別於漢解縣地置虞鄉縣，隋虞鄉縣，蓋後魏分漢解縣所置南解縣地，俱屬蒲州，太宗貞觀十七年，省解縣併入虞鄉縣，二十二年，復析置解縣，即今山西省解縣。㊆白徑嶺：《水經注》，鹽澤南面層山，左右壁立，間不容軌，謂之石門，路出其中，名曰白徑。在今山西省解縣東南十五里，跨平陸、安邑二縣界，中條山之別嶺也。㊆梁兵解圍，退保陝州：解河中之圍也。《元豐九域志》，自河中南至陝州二百三十八里。㊆友謙身自至猗氏謝晉王：《元豐九域志》，猗氏縣在河中府東北九十五里。《舊唐書・地理志》，猗氏縣屬河中府，古郇國也，即今山西省猗氏縣。㊆友謙大醉，晉王留宿帳中，友謙安寢，鼾息自如：友謙示委心於晉王，無所猜閒也。㊆都門：胡三省曰：「城外郭門曰都門。」㊆宗城：《舊唐書・地理志》，宗城縣，隋置，屬貝州。

故城在今河北省威縣東，漢廣宗縣之地也。(八〇)唐店：在今河北省廣宗縣南。(八一)葬神武元聖孝皇帝於宣陵：《五代史·梁太祖紀》，宣陵在河南府伊闕縣，伊闕，漢新城縣也，隋曰伊闕，故城在今河南省洛陽縣南。(八二)吳淮南節度副使陳璋等將水軍襲楚岳州，執刺史苑玫：楚取岳州，見卷二百六十七開平元年，至是復為吳有。《舊唐書·地理志》，岳州，隋巴陵郡，唐高祖武德四年置巴州，六年，改為岳州，玄宗天寶元年，改為巴陵郡，肅宗乾元元年，復為岳州，州治巴陵縣，漢長沙郡下雋縣也，孫吳置巴陵縣，即今湖南省岳陽縣。(八三)吳恐楚人救荊南，遣撫州刺史劉信帥江、撫、袁、吉、信五州兵屯吉州，為璋聲援：胡三省曰：「屯吉州以張聲勢，若將進兵攻潭、衡者，以牽制楚兵。」《舊唐書·地理志》，江州，隋九江郡，唐高祖武德四年，置江州，玄宗天寶元年，改為潯陽郡，肅宗乾元元年，復為江州，州治潯陽縣，漢屬廬江郡，隋改為彭蠡縣，取彭蠡湖以為名，煬帝改曰湓城縣，取湓水為名，唐高祖武德四年，復曰潯陽，即今江西省九江縣。(八四)文州：《舊唐書·地理志》，文州，隋武都郡之曲水縣，隋恭帝義寧二年置陰平郡，唐高祖武德間改為文州，玄宗天寶元年改為陰平郡，肅宗乾元元年復為文州。州治曲水縣，漢廣漢郡陰平道，隋改曰曲水，即今甘肅省文縣。(八五)永和：《舊唐書·地理志》，永和縣，隋置，唐屬隰州，漢之狐讘縣也。《元豐九域志》，永和縣在隰州城西一百里。即今山西省永和縣。(八六)詔以全播為百勝防禦使，虔、韶二州節度開通使：胡三省曰：「虔州先有百勝指揮，今因以為軍州之號。開通使者，言使之開通道路，南達交、廣也。」(八七)高季昌出兵聲言助梁伐晉，進攻襄州，山南道節度使孔勍擊敗之，自是朝貢路絕：唐置山南東道節度使於襄州，管襄、復、均、房、隋、郢等州。季昌入梁之道阻於孔勍，遂不復朝貢也。

均王㈠上之上

乾化三年㈡（西元九一三年）

㈠春正月丁巳（初四日），晉周德威拔燕順州㈢。

㈡癸亥（二十日），郢王友珪朝享太廟，甲子（二十一日），祀圓丘，大赦，改元鳳歷。【考異】莊宗列傳云七日，實錄云庚戌，友珪祀圓丘，改元，今從薛史。

㈢吳陳璋攻荊南，不克而還。荊南兵與楚兵會於江口㈣以邀之，璋知之，舟二百艘，駢為一列，夜過，二鎮兵遽出追之，不能及。

㈣晉周德威拔燕安遠軍，薊州將成行言等降於晉。

㈤二月壬午（初九日），蜀大赦。

㈥郢王友珪既得志，遽為荒淫，內外憤怒，友珪雖啗以金繒，終莫之附。駙馬都尉趙巖，犨之子，太祖之壻也㈤，左龍虎統軍侍衛親軍都指揮使袁象先，太祖之甥也㈥。巖奉使至大梁，均王友貞密與之謀誅友珪。巖曰：「此事成敗，在招討楊令公㈦耳！得其一言諭禁軍，吾事立辦(八)。」均王乃遣腹心馬慎交之魏州，說楊師厚曰：「郢王篡弒，人望屬在大梁，公若因而成之，此不世之功也。」且許事成之日，賜犒軍錢五十萬緡。師厚與將佐謀之，曰：「方郢王弒逆，吾不能即討，今君臣之分已定，無故改圖，可乎？」或曰：「郢王親弒君父，賊也；均王舉兵復讎，義也。奉義討賊，何君臣之有？彼若一朝破賊，公將何以自處乎？」師厚曰：「吾幾誤計！」乃遣其將王舜賢至洛陽，陰與袁象先謀，遣招討馬步都虞侯譙(九)人朱漢賓將兵屯滑州為外應。趙巖歸洛陽，亦與象先密定計。友珪治龍驤軍潰亂者(一〇)，搜捕其黨，獲者族之，經年不已。時龍驤軍有戍大梁者，友珪徵之，均王因使人激怒其眾曰：「天子以懷州屯兵叛，追汝輩，欲盡阬之。」【考異】莊宗列傳、朱友貞傳及薛史、歐陽史末帝紀云，左右龍驤都戍汴，友貞偽作友珪詔追還洛下。莊宗實錄云：「友珪疑而召之。」按梁太祖實錄云：「丙寅，東京言龍驤軍准詔追赴西京，軍情不肯進發。」實友珪徵之，非友貞偽作，但激怒言坑之耳！其眾皆懼，莫知所為。丙戌（十三日），均王奏龍驤軍疑懼，未肯前發。戊子（十五日），龍驤將校見均王，泣請可生之路。王曰：「先帝與汝輩三十餘年征戰，經營王業，今先帝尚為人所弒，汝輩安所逃死乎？」因出太祖畫像示之而泣曰：「汝能自趣洛陽雪讎恥，則轉禍為福矣！」眾皆踴躍呼萬歲，請兵仗，王給之。庚寅（十七日），旦，袁象先等帥禁兵數千人突入宮中，友珪聞變，與妻張氏及馮廷諤趨北垣樓下，將踰城，自度不免，令廷諤先殺妻，後殺己，廷諤亦自剄。諸軍十餘萬大掠都市，百司逃散，中書侍郎同平章事杜曉、侍講學士李珽皆為亂兵所殺。門下侍郎同平章事于兢、宣政使李振被傷，至晡乃定。象先、巖齋傳國寶詣大梁迎均王，王曰：「大梁，國家創業之地㊁，何必洛陽？」乃即帝位於大梁，復稱乾化三年，追廢友珪為庶人，復博王友文官爵。

㈦丙申（二十三日），晉李存暉攻燕檀州㊂，刺史陳確以城降。

㈧蜀唐道襲自興元罷歸，復為樞密使，太子元膺廷疏㊂道襲過惡，以為不應復典機要，蜀主不悅。庚子（二十七日），以道襲為太子太保。

㈨三月，甲辰朔，晉周德威拔燕盧臺軍。

（十）丁未（初四日），帝更名鍠，久之，又名瑱。【考異】薛史云：「貞明中，更名瑱。」諸書中皆無年月，今因名鍠終言之。

（十一）庚戌（初七日），加楊師厚兼中書令，賜爵鄴王，賜詔不名，事無巨細，必咨而後行。

（十二）帝遣使招撫朱友謙，友謙復稱藩，奉梁年號[一四]。

（十三）丙辰（十三日），立皇弟友敬為康王。

（十四）乙丑（二十二日），晉將劉光濬克古北口[一五]，燕居庸關[一六]使胡令圭等奔晉。

（十五）戊辰（二十五日），以保義留後戴思遠為節度使，鎮邢州[一七]。【考異】薛史思遠傳云：「貞明中為邢州留後，屬張萬進殺劉繼威，命思遠鎮之。」按萬進殺繼威在前，今從本紀。

（十六）燕王守光命大將元行欽將騎七千牧馬於山北，募山北兵以應契丹[一八]。又以騎將高行珪為武州刺史[一九]，以為外援。晉李嗣源分兵狥山後八軍，皆下之，晉王以其弟存矩為新州刺史[二〇]總之，以燕納降軍使盧文進為裨將。

李嗣源進攻武州，高行珪以城降。元行欽聞之，引兵攻行珪，行珪使其弟行周質於晉軍以求救，李嗣源引兵救之，行欽解圍去。嗣源與行周追至廣邊軍㊁，凡八戰，行欽力屈而降。嗣源愛其驍勇，養以為子。【考異】莊宗實錄，行周作行溫。張昭周太祖實錄云：「燕城危蹙，甲士亡散，劉守光召元行欽，行欽部下諸將以守光必敗，赴召無益，乃請行欽為燕帥，稱留後，行欽無如之何，乃謂諸將曰：『我為帥，亦須歸幽州。』眾然之。行欽以行珪在武州，慮為後患，乃令人於懷戎掠得其子，縶之，自隨至武州。行欽謂行珪曰：『將士立我為留後，共汝父子同行，先定軍府，然後降太原，若不從，必殺汝子。』行珪曰：『大王委爾親兵，遂圖叛逆，吾死不能從也。』其子泣告行珪，行珪謂曰：『元公謀逆，何以順從？與爾訣矣。』行珪城守月餘，城中食盡，士有飢色，行珪乃召集居人謂之曰：『非不為父老惜家，屬不幸，軍士乏食，可斬予首出降，即坐見寧帖。』行珪為治有恩，眾泣曰：『願出私糧濟軍，以死共守。』乃夜縋其弟行周於晉軍，乞兵救援。周德威命李嗣本、李嗣源、安金全救武州，比至，行欽解圍矣，嗣源與行珪追躡至廣邊軍，行欽帥騎拒戰。行珪呼謂行欽曰：『與公俱事劉家，我為劉家守城，爾則僭稱留後，誰之過也？今日之事，何勞士眾？與君抗衡，以決勝負。』行欽驍猛，騎射絕眾，報曰：『可。』行周馬足微蹶，將踣，嗣源躍馬救之，檛擊行欽幾墜。行欽正身引弓，射嗣源，中髀貫鞍，嗣源拔矢，凡八戰，控弦七發，矢中行欽，猶沫血酣戰不解。是夜，行欽窮蹙，固守廣邊軍，晉兵圍之。嗣源遣人告之曰：『彼此戰將，不假言諭，事勢可量，亟來相見，必保功名。』翌日，行欽面縛出降，嗣源酌酒飲之，撫其背曰：『吾子，壯士也。』養為假子，臨敵擒生，必有所獲，名聞軍中。」莊宗實錄、薛史紀及元行欽傳、明宗實錄，皆云行欽聞行珪降晉，帥兵攻之，惟周太祖實錄、高行周傳云行欽稱留後，行珪城守不從。然恐行周卒時去燕亡已久，行周名位尊顯，門生故吏虛美其兄弟，故與諸說特異，今從眾書。嗣源進攻儒州㊂，拔之，以行珪為代州刺史。行周留事嗣源，常與嗣源假子從珂分將牙兵以從㊂。從珂母魏氏，鎮州人，先適王氏，生從珂，嗣源從晉王克用戰河北，得魏氏以為妾，故從珂為嗣源子。及長，以勇健知名，嗣源愛之。【考異】張昭國初修唐廢帝實錄云：「廢帝諱從珂，明宗皇帝之元子也，母曰宣憲皇后魏氏，鎮州平山人。中和末，明宗徇地山東，留戍平山，得魏后，帝以光啟元年正月二十三日生於外舍，屬趙人負盟，用兵不息，音問阻絕，帝甫十歲，方得歸宗。時明宗為裨將，性闊達，不能治生，曹后亦疏於畫略，生計所資，惟宣憲而已。曹后未有胎胤，幹家宜室，帝與部曲王建立、皇甫立代北往來供饋，曹后憐之，不異所生。」薛史：「末帝諱從珂，本姓王氏，鎮州人也，母宣憲皇后魏氏，以光啟元年生帝於平山，景福中，明宗為武皇騎將，略地至平山，遇魏氏，虜之。帝時年十餘歲，明宗養為己子。」劉恕取廢帝錄以為明宗即位後不立從珂而欲立從榮，從榮死，傳位與從厚，故人皆謂從珂為養子。按張昭仕明宗為史官，異代修廢帝錄，無所諱避而不言養子事，似可信，然李克用光啟以前未常徇地山東，又從珂若果是明宗子，明宗必不捨之而立從榮，從珂亦當不服，今從薛史。

(十七)吳行營招討使李濤帥眾二萬出千秋嶺，攻吳越衣錦軍(二四)，吳越王鏐以其子湖州刺史傳瓘為北面應援都指揮使以救之。睦州刺史(二五)傳璙為招討收復都指揮使，將水軍攻吳東洲(二六)以分其兵勢。

(十八)夏，四月癸未（十一日），以袁象先領鎮南節度使(二七)，同平章事。

(十九)晉周德威進軍逼幽州南門，壬辰（二十日），燕主守光遣使致書於德威以請和，語甚卑而哀。德威曰：「大燕皇帝尚未郊天，何雌伏(二八)如是邪？予受命討有罪者，結盟繼好，非所聞也。」不答書。守光懼，復遣人祈哀，德威乃以聞於晉王。

(廿)千秋嶺道險狹，錢傳瓘使人伐木以斷吳軍之後而擊之，吳軍大敗，虜李濤及士卒三千餘人以歸(二九)。

(廿一)己亥（二十七日），晉劉光濬拔燕平州，執刺史張在吉，五月，光濬攻營州㉚，刺史楊靖降。

(廿二)乙巳（初四日），蜀主以兵部尚書王鍇為中書侍郎、同平章事。

(廿三)楊師厚與劉守奇將汴、滑、徐、兗、魏、博、邢、洺之兵十萬，大掠趙境㉛，師厚自柏鄉入攻土門，趣趙州。守奇自貝州入趣冀州㉜，所過焚掠。庚戌（初九日），師厚至鎮州㉝，營於南門外，燔其關城。壬子（十一日），師厚自九門退軍下博，守奇引兵與師厚會攻下博，拔之。

晉將李存審、史建瑭戍趙州，兵少，趙王告急於周德威，德威遣騎將李紹衡會趙將王德明同拒梁軍，師厚、守奇自弓高度御河而東㉞，逼滄州，張萬進懼，請遷於河南，師厚表徙萬進鎮青州，以守奇為順化節度使㉟。

(廿四)吳遣宣州副指揮使花虔將兵會廣德鎮遏使渦信屯廣德㊱，將復寇衣錦軍，吳越錢傳瓘就攻之。

(廿五)六月，壬申朔，晉王遣張承業詣幽州與周德威議軍事。

(廿六)丙子（初五日），蜀主以道士杜光庭為金紫光祿大夫、左諫議大夫，封蔡國公，進號廣成先生。光庭博學善屬文，蜀主重之，頗與議政事。

㊆吳越錢傳瓘拔廣德，虜花虔、渦信以歸。

㊇戊子（十七日），以張萬進為平盧節度使㊂㊆。

㊈辛卯（二十日），燕王守光遣使詣張承業，請以城降，承業以其無信，不許。

㊉蜀太子元膺豭喙齙齒㊂㊇，目視不正而警敏知書，善騎射，性狷急猜忍，蜀主命杜光庭選純靜有德者使侍東宮。光庭薦儒者許寂、徐簡夫，太子未嘗與之交言，日與樂工羣小嬉戲無度，僚屬莫敢諫。

秋，七月，蜀主將以七夕出遊，丙午（初六日），太子召諸王、大臣宴飲，集王宗翰、內樞密使潘峭、翰林學士承旨高陽㊂㊈毛文錫不至，太子怒曰：「集王不來，必峭與文錫離間也。」大昌軍使徐瑤、常謙素為太子所親信，酒行，屢目少保唐道襲，道襲懼而起。丁未初（七日），旦，太子入白蜀主曰：「潘峭、毛文錫離間兄弟。」蜀主怒，命貶逐峭、文錫，以前武泰節度使兼侍中潘炕為內樞密使。

太子出，道襲入，蜀主以其事告之。道襲曰：「太子謀作亂，欲召諸將、諸王，以兵錮之㊵，然後舉事耳！」蜀主疑焉，遂不出㊶。道襲請召屯營兵入宿衛，許之，內外戒嚴。

太子初不為備，聞道襲召兵，乃以天武甲士自衛，捕潘峭、毛文錫至，撾之幾死，囚諸東宮。又捕成都尹潘嶠，囚諸得賢門。戊申（初八日），徐瑤、常謙與懷勝軍使嚴璘等各帥所部兵奉太子攻道襲，至清風樓，道襲引屯營兵出拒戰，道襲中流矢，逐至城西，斬之。【考異】九國志，建將七夕出遊，先一日，元膺召諸軍使及諸王宴飲邸第中，且議七夕從行之禮，而集王宗翰等不至。又曰：「詰朝，元膺入白建曰：『潘峭、毛文錫離間兄弟，將圖不軌。』」又曰：「及聞唐襲徵兵，乃遣伶官安悉香諭軍使全殊，率天武甲士以自衛。」又曰：「明日，徐瑤、常謙與懷勝軍使嚴璘等協謀，以所部兵挾元膺以逐唐襲。元膺介馬率卒，過其兄宗賀之門，召與同進。宗賀曰：『兵起無名，不敢聞命。』」又曰：「建急召宗侃、宗賀及諸軍使，令以兵討寇，乃逐唐襲至城西，斬之，盡殺屯營兵。又自大安門登陴以入，攻瑤、謙等。」歐陽史曰：「元膺與伶人安悉香、軍將喻全殊率天武兵自衛，召大將徐瑤、常謙率兵出拒襲，與襲戰神武門，襲中流矢，墜馬死。」十國紀年：「丁未，元膺令軍使喻全殊帥天武兵自衛，戊申，徐瑤、常謙及左大昌軍使王承燧等各帥所部兵奉元膺攻唐道襲，道襲自私第被甲乘馬，過王宗賀門，邀之，宗賀曰：『兵起無名，且不奉詔，公宜緩行。』元膺遣天武將唐據帥親兵逐道襲至城西，斬之。」據九國志云，徐瑤等挾元膺以逐唐襲，似襲在宮中，欲逐之也。歐陽史云，元膺召瑤等帥兵出拒襲，攻東宮而元膺拒之。紀年云瑤等奉元膺攻唐道襲，道襲自私第被甲乘馬，似道襲出在外第，元膺就攻之也。按道襲正以挾君自重，既勸蜀主發兵自衛，豈肯更在外第，必止於禁中也。蓋瑤等引兵攻宮禁，以求道襲，道襲以屯營兵出拒戰，兵敗，走至城西，為唐據所殺耳。九國志又云，元膺介馬帥卒過其兄宗賀之門，召與同進，是元膺邀宗賀也，紀年云道襲自私第被甲乘馬過宗賀門要之，是道襲邀宗賀也，按道襲私第安得有兵？觀宗賀所答之辭，似語太子，非語道襲也，若語道襲，宜勸之速入宿衛，豈得云公宜緩行也？潘炕言太子非有它志，陛下宜面諭大臣以安社稷，蓋當時蜀主聞亂，既信道襲之言，又不忍討太子，無決然號令，故炕言太子無它志，當召大臣討徐瑤等為亂者。九國志云令宗侃等出兵討寇，乃逐唐襲至城西，斬之，是官軍斬襲也，若然，何故明日亟加襲贈諡乎？此必誤也。殺屯營兵甚眾，中外驚擾。

潘炕言於蜀主曰：「太子與唐道襲爭權耳，無它志也，陛下宜面諭大臣，以安社稷。」蜀主乃召兼中書令王宗侃、王宗賀、前利州團練使王宗魯使發兵討為亂者徐瑤、常謙等。宗侃等陳於西毬場門，兼侍中王宗黯自大安門梯城而入，與瑤、謙戰於會同殿前，殺數十人，瑤死，謙與太子奔龍躍池㊷，匿於艦中。己酉（初九日），太子出就舟人匃食㊸，舟人以告，蜀主亟遣集王宗翰往慰撫之。比至，太子已為衛士所殺。蜀主疑宗翰殺之，大慟不已。左右恐事變，會張格呈慰諭軍民牓，讀至不行斧鉞之誅，將誤社稷之計。蜀主收涕曰：「朕何敢以私害公？」於是下詔廢太子元膺為庶人。宗翰奏誅手刃太子者，元膺左右坐誅死者數十人，貶竄者甚眾。庚戌（初十日），贈唐道襲太師，諡忠壯，復以潘峭為樞密使。

（卌）甲子（二十四日），晉五院軍使拔莫州，擒燕將畢元福。八月乙亥（初六日），李信拔瀛州。

（三二）賜高季昌爵勃海王。

（三三）晉王與趙王鎔會於天長（四四）。

（三四）楚寧遠節度使姚彥章（四五）將水軍侵吳鄂州，吳以池州團練使呂師造為水陸行營應援使，未至，楚兵引去。

（三五）九月甲辰（初五日），以御史大夫姚洎為中書侍郎，同平章事。

（三六）燕主守光引兵夜出，復取順州（四六）。

（三七）吳越王鏐遣其子傳瓘、傳璙及大同節度使傳瑛攻吳常州，營於潘葑（四七）。徐溫曰：「浙人輕而怯。」帥諸將倍道赴之。至無錫，黑雲都將陳祐言於溫曰：「彼謂吾遠來罷倦，未能決戰，請以所部乘其無備擊之。」乃自它道出敵後，溫以大軍當其前，夾攻之，吳越大敗，斬獲甚眾。

（三八）高季昌造戰艦五百艘，治城塹，繕器械，為攻守之具，招聚亡命，交通吳、蜀（四八），朝廷浸不能制。

（三九）冬十月，己巳朔，燕主守光帥眾五千夜出，將入檀州，庚午

（初二日），周德威自涿州引兵邀擊，大破之，守光以百餘騎逃歸幽州，其將卒降者相繼。

㊼蜀潘炕屢請立太子，蜀主以雅王宗輅類己，信王宗傑才敏，欲擇一人立之。鄭王宗衍最幼，其母徐賢妃有寵，欲立其子，使飛龍使唐文扆諷張格上表請立宗衍。格夜以表示功臣王宗侃等，詐云受密旨，眾皆署名。蜀主令相者視諸子，亦希旨言鄭王相最貴，蜀主以為眾人實欲立宗衍，不得已許之，曰：「宗衍幼懦，能堪其任乎？」甲午（二十六日），立宗衍為太子。受冊畢，潘炕以朝廷無事，稱疾請老，蜀主不許。涕泣固請，乃許之，國有大疑，常遣使就第問之。

㊽嶺南節度使劉巖求昏於楚，楚王許以女妻之。

㊾盧龍巡屬㊿皆入於晉，燕主守光獨守幽州城，求援於契丹，契丹以其無信，竟不救。守光屢請降於晉，晉人疑其詐，終不許。至是守光登城謂周德威曰：「俟晉王至，吾則開門泥首聽命。」德威使白晉王。十一月甲辰（初六日），晉王以監軍張承業權知

軍府事，自詣幽州。辛酉（二十三日），單騎抵城下，謂守光曰：「朱溫篡逆，余本與公合河朔五鎮〔五〇〕之兵，興復唐祚，公謀之不臧，乃効彼狂僭，鎮、定二帥〔五一〕，皆俛首事公，而公曾不之恤，是以有今日之役〔五二〕。丈夫成敗，須決所向，公將何如？」守光曰：「今日，俎上肉耳，惟王所裁。」王憫之，與折弓矢為誓，曰：「但出相見，保無它也〔五三〕。」守光辭以它日。

先是守光愛將李小喜多贊成守光之惡，言聽計從，權傾境內，至是守光將出降，小喜止之。是夕，小喜踰城詣晉軍，且言城中力竭。壬戌（二十四日），晉王督諸軍四面攻城，克之，擒劉仁恭及其妻妾，守光帥妻子亡去。癸亥（二十五日），晉王入幽州〔五四〕。

（四三）以寧國節度使王景仁為淮南西北行營招討應接使〔五五〕，將兵萬餘侵廬、壽〔五六〕。

【今註】㊀均王：諱友貞，太祖第三子也。母曰元貞皇后張氏，即位後，改名曰瑱，後又改名鍠，即梁末帝。㊁乾化三年：是年，庶人友珪鳳曆元年，二月，末帝復稱乾化三年。㊂順州：《舊唐書・地理志》，唐太宗貞觀六年置順州，寄治營州南五柳城，玄宗天寶元年，改為順漢義郡，肅宗乾元元年，復為順州。蓋唐平突厥所置羈縻州也，在今熱河省朝陽縣南。沈括曰：「幽州東北三十里有望京館，東行少北十餘里出古長城，又二十里至中頓，又逾孫侯河行二十里至順州。其北平斥，土厚宜稼，又東北行七十里至檀州。」㈣江口：胡三省曰：「荊江口也。」㈤駙馬都尉趙巖，犨之子，太祖之壻也；趙犨守陳州，拒黃巢有功，見唐僖宗紀。《五代史・趙犨傳》，犨次子巖，初名霖，改名巖，尚太祖女長樂公主，開平初，授衛尉卿，駙馬都尉。駙馬都尉，漢置。駙，副也，謂掌副車之馬也，魏晉以後，但受俸祿而不隸事。《初學記》引齊職儀曰：「杜預尚晉宣帝女高陸公主，拜駙馬都尉，王濟尚晉文帝女常山公主，拜駙馬都尉，後代因魏晉以為恆。」㈥左龍虎統軍侍衛親軍都指揮使袁象先，太祖之甥也：《五代史・袁象先傳》，象先父敬初尚梁祖妹萬安大長公主，故象先於太祖為甥。㈦招討楊令公：胡三省曰：「楊師厚官中書令，北面都招討使，故稱之。」按《五代史記・楊師厚傳》當作招討楊公，師厚時尚未兼中書令也。㈧得其一言諭禁軍，吾事立辦：時宿衛勁旅多在師厚麾下，又為諸鎮元戎，勳名為眾所服，故欲得其言以諭禁軍。㈨譙：譙，漢舊縣，唐為亳州治，即今安徽省亳縣。㈩友珪治龍驤軍潰亂者：懷州龍驤軍潰亂見上年。㈡大梁，國家創業之地：梁祖自宣武節度使併諸鎮而創帝業，大梁，宣武帥府所在。㈢檀州：《舊唐書・地理志》，檀州，後漢漁陽郡奚縣地，隋置安樂郡，分幽州燕樂、密雲二縣隸之，唐高祖武德元年，改為檀州，治密雲縣，隋置，今河北省密雲縣。宋白曰：「檀州，古白檀之地也。」匈奴須知檀州南至燕京一百六十里，東南至薊州一百九十里。㈢廷疏：胡三省曰：「疏，分列也，於朝會廷中條分列言其過惡，故曰廷疏。」㊃帝遣使招撫朱友謙，友謙復稱藩，奉梁年號：去年友謙背梁附晉。今雖復稱藩於梁，實陰附晉。㊄古北口：胡三省曰：「檀州燕樂縣東有東軍、北口二守捉，北口，長城口也。」燕樂故城在今河北省密雲縣東北七十里。沈括曰：「檀州東北五十里有金溝館，自館少東北行，乍原乍隰三十餘里至中頓，過頓屈折北行，峽中濟欒水通三十餘里，鈎折投山隙以度，所謂古北口也。」亦作虎北口，在今河北省密雲縣東北一百二十里，為喜峯口、居庸關間之險扼。㊅居庸關：胡三省曰：「幽州昌平縣北十五里有軍都徑，西北三十五里有納款關，即居庸故關。」按《新唐書・地理志》、《太平寰宇記》，軍都徑即居庸關也，亦曰薊門關，北齊改為納款關。在今河北省昌平縣西北，北去察哈爾省延慶縣五十里，關門南北相距四十里，兩山夾峙，巨澗中流，懸崖削壁，號稱絕險。㊆以保義留後戴思遠為節度使，鎮邢州：《五代史記・職方考》，梁置保義軍於邢州。胡三省曰：「唐昭義軍統潞、澤、邢、洺、磁五州，唐末兵爭，晉得潞州，仍以為昭義軍，自孟方立以至於梁，以邢、洺、磁三州為昭義軍，遂有兩昭義軍，今梁改邢、洺、磁為保義軍而以陜州之保義軍為鎮國軍。」㊇燕主守光命大將元行欽將騎七千牧馬於山北，募山北兵以應契丹：燕主劉守光求救於契丹，故命行欽募兵山北以應之。㊈武州刺史：《唐書・地理志》，武州領文德一縣。歐陽忞《輿地廣記》，武州，唐末置。文德縣，金曰宣德，即今察哈爾省宣化縣。⑳新州刺史：《唐書・地理志》，新州領永興，礬山、龍門、懷安四縣。《輿地廣記》，新州，唐末置。永興，金曰德興，即今河北省涿鹿縣。㉑廣邊軍：《續通典》曰：「廣邊軍在媯州北一百三十里。」《唐書・地理志》，媯州懷戎縣北有廣邊軍，故白雲城也。唐嬀州領懷戎一縣，即今察哈爾懷來縣。㉒儒州：《輿地廣記》，唐末置儒州，領晉山一縣。故治即今察哈爾延慶縣。㉓行周留事嗣源，常與嗣源假子從珂分將牙兵以從：從珂，即後唐末帝也。㉔吳行營招討使李濤帥眾二萬出千秋嶺攻吳越衣錦軍：《五代史記．吳越世家》，唐哀帝天祐四年升衣錦城為衣錦軍。在今浙江省臨安縣衣錦山旁。胡三省曰：「自杭州東南度千秋嶺則至杭州臨安縣。」按千秋嶺在今浙江省於潛縣西北五十五里，天目山之支麓也，接安徽省寧國縣界，岡連纚屬，溪谷幽深，宋南渡後置兵戍守，有千秋關。㉕睦州刺史：《舊唐書．地理志》，睦州，隋遂安郡，唐高祖武德四年改為睦州，治雉山縣。七年，改為東睦州，八年，復為睦州，玄宗天寶元年，改為新定郡，肅宗乾元元年，復為睦州。州治建德縣，漢會稽郡富春縣地也，孫吳分置建德縣，隋廢，唐高宗永淳二年復置，武后萬歲通天二年，移睦州治於此，即今浙江省建德縣。㉖東洲：胡三省曰：「東洲，即常州東洲也。」㉗以袁象先領鎮南節度使：鎮南軍治洪州，時屬吳，梁蓋以虛號授之。㉘雌伏：喻退藏卑怯無所作為也。《後漢書》趙溫曰：「大丈夫當雄飛，安能雌伏？」㉙虜李濤及士卒三千餘人以歸：《吳越備史》作虜八千餘人。㉚營州：《舊唐書．地理志》，營州，隋柳城郡，唐高祖武德元年，改為營州，治柳城縣，武后萬歲通天二年，為契丹所陷，中宗神龍元年，寄治幽州界，玄宗開元四年，還治柳城，八年，又寄治漁陽，十一年，復還柳城，天寶元年，改為柳城郡，肅宗乾元元年，復為營州。柳城，後魏之和龍也，即今熱河省朝陽縣。《續通典》曰：「平州東北至營州六百九十里。」㉛楊師厚與劉守奇將汴、滑、徐、兗、魏、博、邢、洺之兵十萬大掠趙境：劉守奇奔梁見上乾化二年。《舊唐書・地理志》，汴州，隋滎陽郡之浚儀縣也，唐高祖武德四年置汴州，玄宗天寶元年，改為陳留郡，肅宗乾元元年，復為汴州。浚儀古縣在今河南省開封縣西北，隋徙置今開封縣北三十里，唐移置今開封縣。徐州，隋彭城郡，唐高祖武德四年置徐州，玄宗天寶元年，改徐州為彭城郡，肅宗乾元元年，復為徐州，治彭城縣，即今江蘇省銅山縣。兗州，隋魯郡，唐高祖武德五年置兗州，玄宗天寶元年，改為魯郡，肅宗乾元元年，復為兗州，治瑕丘縣，春秋魯之瑕邑也，漢置縣，晉省，隋復置，故城在今山東省滋陽縣西二十五里。㉒師厚自柏鄉入攻土門，趣趙州，守奇自貝州入趣冀州：《元豐九域志》，自柏鄉北至趙州七十餘里，自貝州北至冀州一百二十餘里。㉓師厚至鎮州：《元豐九域志》，自趙州北至鎮州九十五里。㉔師厚、守奇自弓高度御河而東：御河即永濟渠也，隋煬帝所開，引沁水南達于河，北通涿郡，以導源今河南省輝縣，春秋衛地也，故又曰衛河。《舊唐書・地理志》，弓高縣，漢平原郡鬲縣也，隋置弓高縣，唐為景州治，故城在今河北省景縣東北四十里。㉕以守奇為順化軍節度使：梁改滄州義昌軍為順化軍，見上年。㉖廣德：《舊唐書・地理志》，唐肅宗至德二年，改隋之綏安縣曰廣德縣，屬宣州。廣德，漢丹陽郡鄣縣地也，隋置綏安縣於此，即今安徽廣德縣。㉗平盧節度使：唐置平盧軍節度使於青州，今山東省益都縣。㉘豭喙齙齒：豭，牡豕也，齙當作齙，齒不正也。㉙高陽：《舊唐書・地理志》，高陽縣，漢屬涿郡，唐屬瀛州，故城在今河北省高陽縣東。㊵以兵錮之：錮者，以禁錮為義。言以兵防閑，禁其出入也。㊶蜀主疑焉，遂不出：疑太子有反謀，遂不以七夕出遊。㊷龍躍池：龍躍池在四川省華陽縣東南。《方輿勝覽》曰：「隋開皇中欲伐陳，作此池以教水戰。」胡三省曰：「龍躍池即摩訶池也。」按清《一統志》，摩呵、龍躍本二池。《太平寰宇記》，摩訶池一名汙池，蕭摩訶所置，在今四川省成都城內，今堙。㊸匄食，匄與丐同，乞也。㊹晉王與趙王鎔會於天長：即鎮州之天長鎮也，唐昭宗景福初，晉王李克用與王處存合兵攻王鎔，拔天長鎮，即此，在今河北省平山縣東滹沱河東北。㊺楚寧遠節度使姚彥章：按此當作寧遠節度副使姚彥章，殷以彥章為寧遠節度副使見上乾化元年。《九國志》，殷建國，彥章自寧遠軍節度副使拜左相，遷昭順軍節度使，亦未言其為寧遠節度使也。唐置寧遠軍於容州，時為劉巖所有，彥章但得虛號耳。㊻燕主守光引兵夜出，復取順州：是年正月，晉將周德威拔燕順州。㊼潘葑：潘葑鎮在今江蘇省無錫縣西北十八里，地瀕運河，為往來通道，胡三省曰：「今常州無錫縣有潘葑酒庫。」㊽交通吳、蜀：東通吳，西通蜀。㊾盧龍巡屬：涿、幽、瀛、莫、檀、薊、平、營、嬀、順等州，皆盧龍巡屬也。㊿河朔五鎮：胡三省曰：「五鎮，潞、鎮、定、幽、滄也。」(51)鎮、定二帥：鎮帥王鎔，定帥王處直。(52)而公曾不之恤，是以有今日之役：守光攻易、定二州，晉王救之，遂有伐燕之舉，事見上年。(53)但出相見，保無它也：言但出相見，當相全不殺。(54)晉王入幽州：劉仁恭以唐昭宗乾寧二年據幽州，至是凡歷十九年而亡。(55)以寧國節度使王景仁為淮南西北行營招討應接使：期欲攻取淮南西北境，故以為官號。唐置寧國軍於宣州，宣州時為吳有，梁欲取之，故以授景仁。(56)盧、壽：盧、壽二州。《舊唐書・地理志》，盧州，隋盧江郡，唐高祖武德三年，改為盧州，玄宗天寶元年，改為盧江郡，肅宗乾元元年，復為廬州，州治合肥縣，在漢故九江郡合肥縣南，即今安徽省合肥縣。夏水出城父東南，至此與肥水合，故曰合肥也。壽州，隋為淮南郡，唐高祖武德三年，改為壽州，玄宗天寶元年，改為壽春郡，肅宗乾元元年，復為壽州，治壽春縣，漢屬九江郡，晉曰壽陽，後魏復曰壽春，即今安徽省壽縣。

卷二百六十九　後梁紀四

司馬光編集
林瑞翰註

起昭陽作噩十二月，盡彊圉赤奮若六月，凡三年有奇。（癸酉十二月至丁丑六月，西元九一三年至九一七年）

均王上之下

乾化三年（西元九一三年）

㈠十二月，吳鎮海節度使徐溫、平盧節度使朱瑾帥諸將拒之㈠，遇於趙步㈡，吳徵兵未集，溫以四千餘人與景仁戰，不勝而卻，景仁引兵乘之，將及於隘，吳吏士皆失色，左驍衛大將軍宛丘陳紹援槍大呼曰：「誘敵太深，可以進矣。」躍馬還鬬，眾隨之，梁兵乃退。溫拊其背曰：「非子之智勇，吾幾困矣！」賜之金帛，紹悉以分麾下。吳兵既集，復戰於霍丘，梁兵大敗，王景仁以數騎殿，吳人不敢逼㈢。

梁之渡淮而南也，表其可涉之津㈣，霍丘守將朱景浮表於木，徙置深淵㊄，及梁兵敗還，望表而涉，溺死者太半，吳人聚梁尸為京觀於霍丘。

㈡庚午（初三日），晉王以周德威為盧龍節度使，兼侍中，以李嗣本為振武節度使㊅。

燕主守光將奔滄州就劉守奇㊆，涉寒足腫㊇，且迷失道，至燕樂㊈之境，晝匿阬谷，數日不食，令妻祝氏乞食於田父張師造家，師造怪婦人異狀，詰知守光處，幷其三子擒之。癸酉（初六日），晉王方宴將吏，擒守光適至，王語之曰：「主人何避客之深邪？」幷仁恭置之館舍，以器服膳飲賜之。

王命掌書記王緘草露布，緘不知故事，書之於布，遣人曳之⑩。

㈢晉王欲自雲代歸⑪，趙王鎔及王處直請由中山、真定趣井陘⑫，王從之。庚辰（十三日），晉王發幽州，劉仁恭父子皆荷校⑬於露布之下，守光父母唾其面而罵之，曰：「逆賊破我家至此。」守光俛首而已。甲申（十七日），至定州，舍於關城。丙戌（十九日），晉王與王處直謁比嶽廟⑭，是日，至行唐⑮，趙王鎔迎謁於路。

【今註】㊀吳鎮海軍節度使徐溫，平盧節度使朱瑾帥諸將拒之：拒王景仁也。㊁趙步：趙步鎮在今安徽省鳳臺縣東北淮河北岸。胡三省曰：「趙步瀕淮津濟之處，南直壽春紫金山。」㊂王景仁以數騎殿，吳人不敢逼：王景仁本吳將，吳人素畏之，故不敢逼。㊃梁之渡淮而南也，表其可涉之津：於淮津淺而可涉處，立表水中以為誌也。㊄霍丘守將朱景浮表於木，徙置深淵：胡三省曰：「浮表於木者，徙梁所立之表，其下接之以木，立諸深淵以誤之。」《九國志》，朱景，壽陽霍丘人，少豪猾驍壯有膽略，為邑中所服，楊行密得淮南，以霍丘地界南北，盜賊交會，難可防限，聞景之勇為遠近所畏，故委以霍丘城守之任，且伺北鄙之奔突。景招合無賴少年，得絕技者百餘人，撫馭之，盡與捕獵，暮分巡警，月餘而材技彊力無有及景者，以是服從如一，沿淮羣盜，莫敢犯之。㊅晉王以周德威為盧龍節度使，兼侍中，以李嗣本為振武節度使：《五代史記・義兒傳》，嗣本本姓張氏，鴈門人，少事晉王李克用，克用愛之，賜姓名，養以為子。周德威先以破潞州夾寨之功為振武軍節度使，至是以平燕之功徙帥盧龍，以李嗣本代帥振武。㊆燕王守光將奔滄州就劉守奇：劉守奇藉梁兵以取滄州見上卷上年。㊇涉寒足腫：足腫即凍瘡；涉寒，涉歷寒氣也。腫，癰之有頭而未潰者。㊈燕樂：燕樂縣，唐屬檀州，故城在今河北省密雲縣東北七十里。㊉王命掌書記王緘草露布，緘不知故事，書之於布，遣人曳之：露布者，捷書也。《封演聞見記》曰：「露布，捷書之別名也，諸軍破賊則以帛書建諸竿，上兵部，謂之露布，亦謂之露板，魏武奏事云：『有警急輒露板插羽』是也。」《魏書・韓顯宗傳》：「顯宗破齊軍，孝文問何不作露布。」謂之露布者，暴露其事而布告於天下也。王緘不知故事，望文生義，故書之於布而遣人曳之。㊁晉王欲自雲代歸：胡三省曰：「自幽州取山後路歷雲、代等州至晉陽。」《舊唐書・地理志》，唐高祖武德六年於隋馬邑郡雲內縣界恆安鎮置北恆州，七年廢，太宗貞觀十四年，自朔州北定襄城移雲州及定襄縣於此，高宗永淳元年廢，玄宗開元二十年復置，並改定襄縣為雲中縣，天寶元年，改為雲中郡，肅宗乾元元年，復為雲州，州治雲中縣，即後魏之平城也，今為山西省大同縣。代州，隋為鴈門郡，唐高祖武德元年置代州，玄宗天寶元年，改為鴈門郡，肅宗乾元元年，復為代州，州治鴈門縣，漢之廣武縣也，隋曰鴈門縣，即今山西省代縣。㊂趙王鎔及王處直請由中山、真定趣井陘：欲晉王取道鎮、定之境以入普也。《舊唐書・地理志》，定州治安喜縣，漢中山國治盧奴縣也，即今河北省定縣。真定縣，鎮州治，即今河北省正定縣。自真定西趣井陘則入晉境。㊂荷校：校，桎梏也，桎梏在身，故曰荷校。㊃晉王與王處直謁北嶽廟：胡三省曰：「北岳廟在恆山之大茂山，在定州曲陽縣西北。」《太平御覽》，北岳恆山一名大茂山，蓋大茂山即恆山之別名也，在今河北省阜平縣東北七十里，接曲陽縣界。㊄行唐：《舊唐書・地理志》，行唐縣，漢常山郡之南行唐縣也，唐高祖武德四年，置王城縣，武后長壽二年，改為章武縣，中宗神龍元年，復曰行唐，屬鎮州，即今河北省行唐縣。《元豐九域志》，行唐縣在鎮州城北五十五里。

四年（西元九一四年）

㈠春，正月，戊戌朔，趙王鎔詣晉王行帳，上壽置酒。鎔願識劉太師面㊀，晉王命吏脫仁恭及守光械，引就席同宴，鎔答其拜，又以衣服鞍馬酒饌贈之。己亥（初二日），晉王與鎔畋於行唐之西，鎔送境上而別。

㈡丙午（初九日），蜀主命太子判六軍，開崇勳府，置僚屬，後更謂之天策府。

㈢壬子（十五日），晉王以練綎劉仁恭父子㊁，凱歌入於晉陽。丙辰（十九日），獻於太廟，自臨斬劉守光。守光呼曰：「守光死不恨，然教守光不降者，李小喜也。㊂」

㈣王召小喜證之，小喜瞋目叱守光曰：「汝內亂禽獸行，亦我教邪？」王怒其無禮㊃，先斬之。守光曰：「守光善騎射，王欲成霸業，何不留之使自効。」其二妻李氏、祝氏讓之㊄曰：「皇帝，事已如此，生亦何益？」即伸頸就戮。守光至死，號泣哀祈不已。

王命節度副使盧汝弼等械仁恭至代州，刺其心血以祭先王墓，然後斬之㈥。

或說趙王鎔曰：「大王所稱尚書令，乃梁官也。大王既與梁為讎，不當稱其官。且自太宗踐阼已來，無敢當其名者㈦，今晉王為盟主，勳高位卑，不若以尚書令讓之㈧。」鎔曰：「善。」乃與王處直各遣使推晉王為尚書令，晉王三讓然後受之，始開府置行臺如太宗故事㈨。

㈤高季昌以蜀夔、萬、忠、涪四州⑩舊隸荊南，興兵取之。先以水軍攻夔州。時鎮江節度使㈡兼侍中嘉王宗壽鎮忠州，夔州刺史王成先請甲，宗壽但以白布袍給之，成先帥之逆戰，季昌縱火船焚蜀浮橋，招討副使張武舉鐵絙拒之，船不得進㈢，會風反，荊南兵焚溺死者甚眾㈢。季昌乘戰艦，蒙以牛革，飛石中之，折其尾，季昌易小舟而遁，荊南兵大敗，俘斬五千級。成先密遣人奏宗壽不給甲之狀，宗壽獲之，召成先斬之。

㈥帝以岐人數為寇，二月，徙感化節度使康懷英為永平節度使，鎮長安㈣，懷英即懷貞也，避帝名改焉。

㈦夏，四月丙子（初十日），蜀主徙鎮江軍治夔州㈤。

㈧丁丑（十一日），司空兼門下侍郎同平章事於兢坐挾私遷補軍校，罷為工部侍郎，再貶萊州司馬。

㈨吳袁州刺史劉崇景叛附於楚。崇景，威之子也㈥。楚將許貞將萬人援之，吳都指揮使柴再用、米志誠帥諸將討之㈦。

㈩楚岳州刺史許德勳將水軍巡邊㈧，夜分㈨，南風暴起，都指揮使王環乘風趣黃州㈩，以繩梯登城，徑趣州署，執吳刺史馬鄴，大掠而還。德勳曰：「鄂州將邀我，宜備之㈡。」環曰：「我軍入黃州，鄂人不知，奄過其城㈢，彼自救不暇，安敢邀我？」乃展旗鳴鼓而行，鄂人不敢逼。

㈠五月，朔方節度使兼中書令潁川王韓遜卒，軍中推其子洙為留後。癸丑（十七白），詔以洙為節度使。

㈡吳柴再用等與劉崇景、許貞戰於萬勝岡，大破之，崇景、貞棄袁州遁去。

㈢晉王既克幽州，乃謀入寇。秋，七月，會趙王鎔及周德威於趙州，南寇邢州，李嗣昭引昭義兵會之。楊師厚引兵救邢州㈢，軍於漳水之東，晉軍至張公橋㈣，裨將曹進金來奔，晉軍退，諸鎮兵皆引歸㈤。八月，晉王還晉陽。

㈣蜀武泰節度使王宗訓鎮黔州㈥，貪暴不法，擅還成都，庚辰（十六日），見蜀主，多所邀求，言辭狂悖，蜀主怒，命衛士毆殺之。戊子（二十四日），以內樞密使潘峭為武泰節度使，同平章事，翰林學士承旨毛文錫為禮部尚書，判樞密院。

峽上有堰，或勸蜀主乘夏秋江漲決之以灌江陵，毛文錫諫曰：「高季昌不服，其民何罪？陛下方以德懷天下，忍以鄰國之民為魚鱉食乎？」蜀主乃止。

㈤帝以福王友璋為武寧節度使㈦，前節度使王殷，友珪所置也，懼不受代，叛附於吳。九月，命淮南西北面招討應接使牛存節及開封尹劉鄩將兵討之。冬，十月，存節等軍於宿州㈧，吳平盧節度使朱瑾等將兵救徐州，存節等逆擊破之，吳兵引歸。

⒃十一月乙巳（十三日），南詔寇黎州㉙，蜀主以夔王宗範、兼中書令宗播、嘉王宗壽為三招討以擊之。丙辰（二十四日），敗之於潘倉嶂㉚，斬其酋長趙嵯政等，壬戌（三十日），又敗之於山口城㉛，十二月乙亥（十三日），破其武侯嶺十三寨㉜，辛巳（一九日），又敗之於大渡河㉝，俘斬數萬級，蠻爭走度水，橋絕，溺死者數萬人。宗範等將作浮梁，濟大渡河攻之，蜀主召之令還㉞。

⒄癸未（二十一日），蜀興州刺史兼北路制置指揮使王宗鐸攻岐階州㉟，及固鎮㊱，破細砂等十一寨，斬首四千級。甲申（二十二日），指揮使王宗儼破岐長城關等四寨，斬首二千級。

⒅岐靜難節度使李繼徽為其子彥魯所毒而死，彥魯自為留後。

【今註】 ㈠鎔願識劉太師面：梁以劉仁恭為太師，故鎔以稱之。㈡晉王以練紤劉仁恭父子：紤當作繫，以組練繫之也。㈢然教守光不降者，李小喜也：事見上卷上年。㈣王怒其無禮：怒其無禮於故主。㈤其二妻李氏、祝氏讓之：讓，責也。㈥王命節度副使盧汝弼等械仁恭至代州，刺其心血以祭先王墓，然後斬之：以劉仁恭叛其父也。晉王葬其先王克用於代州鴈門縣，後曰建極陵。㈦且自太宗踐阼以來，無敢當其名者：唐太宗在藩邸，嘗為尚書令，自太宗即位，後之臣下率不敢當其名，而以左右僕射為尚書省長官。㈧不若以尚書令讓之：讓，推賢尚善也。㈨始開府置行臺如太宗故事：唐太宗置行臺事見〈唐高祖紀〉。㈩夔、萬、忠、涪四州：《舊唐書・地理志》，夔州，隋巴東郡，唐高祖武德元年改為信州，二年，又改為夔州，玄宗天寶元年，改為雲安郡，肅宗乾元元年，復為夔州，州治奉節縣，漢巴郡魚腹縣也，隋改曰人復縣，唐太宗貞觀二十三年，改曰奉節，故治在今四州省奉節縣東。萬州，隋巴東郡之南浦縣，唐初屬信州，高祖武德二年，置南浦州於此，八年，州廢，其年復立，太宗貞觀八年，改為萬州，玄宗天寶元年，改為南浦郡，肅宗乾元元年，復為萬州，州治南浦縣，漢朐䏰縣地也，後魏折置魚泉縣，周改曰萬川，隋曰南浦，即今四川省萬縣。忠州，隋巴東郡之臨江縣，隋恭帝義寧二年置臨州，唐太宗貞觀八年，改為忠州，天寶元年，改為南賓郡，肅宗乾元元年，復為忠州，故治即今四州省忠縣，《唐書・地理志》，唐高祖武德元年，以渝州之涪陵縣置涪州，故治即今四川省涪陵縣。㈡鎮江節度使：唐代宗廣德間置夔忠涪防禦使於夔州，哀帝天祐間升為鎮江軍節度使。㈢季昌縱火船焚蜀浮橋，招討副使張武舉鐵絙拒之，船不得進：張武作鐵絙鏁峽，絕江中流，見卷二百六十五唐昭宗天祐元年。㈢會風反，荊南兵焚溺死者甚眾：乘風縱火，風反則自焚。㈣徙感化軍節度使康懷英為永平節度使，鎮長安：感化軍治陝州，蓋自陝州徙鎮長安也。梁初徙佑國軍於長安，尋改為永平軍。㈤蜀主徙鎮江軍治夔州：唐鎮江軍鎮夔州，蜀蓋徙鎮忠州，復還治夔州也。㈥崇景，威之子也：劉威，與楊行密同起合肥，吳之宿將也，時為鎮南軍節度使，鎮洪州。㈦吳都指揮使柴再用，朱志誠帥諸將討之：胡三省曰：「此都指揮使，盡統諸將，非一都之指揮使。」⑱楚岳州刺史許德勳將永軍巡邊：胡三省曰：「楚之岳州東北皆邊於吳。」⑲夜分：夜半也。⑳都指揮使王環乘風趨黃州：胡三省曰：「五環乃一州之都指揮使。」《舊唐書・地理志》，黃州，隋永安郡，唐高祖武德三年，改為黃州，玄宗天寶元年，改為齊安郡，肅宗乾元元年，復為黃州，治黃岡縣，即今湖北省黃岡縣。㉑鄂州將邀我，宜備之：鄂州，今湖北省武昌縣。自黃州西還岳州，舟行過鄂州城外，故許德勳畏其邀擊。㉒奄過其城：奄，遽也。㉓楊師厚引兵救邢州：自魏州引兵救邢州。㉔張公橋：胡三省曰：「張公橋在邢州龍岡縣界。按薛史，唐末，葛從周敗晉軍於沙河，追至張公橋。沙河縣在邢州南二十五里，邢州治龍岡，則張公橋在龍岡縣界可知矣。」㉕諸鎮兵皆引歸：諸鎮兵謂燕、趙、潞之兵也。㉖蜀武泰軍節度使王宗訓鎮黔州：唐置黔中節度使於黔州，僖宗光啟中改曰武泰軍。㉗帝以福王友璋為武寧節度使：唐置武寧軍節度使於徐州，後升為感化軍，梁祖更名武寧軍。㉘存節等軍於宿州：《元豐九域志》，自宿州北至徐州一百四十五里。胡三省曰，「牛存節不徑攻徐州而南屯宿州，據埇橋之要，所以絕淮南之援也。」㉙南詔破黎州：《五代會要》曰：「南詔蠻，本烏蠻之別種，在漢永昌之東，姚州之西。蠻俗謂王曰詔。其先渠帥有六，故號六詔，各有君長，不相統攝。」《唐書・南蠻傳》，六詔者，蒙舍、蒙巂、磨些、浪穹、邆睒、施浪也，而蒙舍最南，謂之南詔。唐時蒙歸義為酋，兼並五詔，遂以南詔為六詔。《舊唐書・地理志》，唐武后大足元年，割雅州之漢源、飛越二縣及巂州之陽山縣置黎州，玄宗天寶元年，改為洪源郡，肅宗乾元元年，復為黎州，州治漢源縣，古越巂郡之地也，隋立漢源縣，故治在今四川省漢源縣南。㊁潘倉嶂：《唐書・地理志》，黎州有潘倉城，潘倉城在今四川省漢源縣東北，唐文宗太和中所築。山之高險者曰嶂，蓋在潘倉境，故以為名。㊂又敗之山口城：《九國志》，王宗範募果敢士出卭崍關，至潘倉，大破蠻眾，追奔至山口城，與王宗壽合殺八千餘人，擒蠻王子趙龍眉等三人以歸。是山口城在潘倉城之南。㊂破其武侯嶺十三寨：《唐書・地理志》，黎州南界有武侯城。㊂又敗之於大渡河：《水經注》，南安縣南有蛾眉山，有濛水，即大渡水也，水發濛濛，東南流與涐水合，又東入於江。《元豐九域志》，黎州三面阻大渡河，南面至大渡河一百里，東南面至大渡河一百二十里，西南面至大渡河三百里。按大渡河，實泯江之支流也，上源曰大金川，源出今四川省松潘縣之大分水嶺，合梭磨河南流，經四川省西境與西康接近之處，至懋功縣西南，會小金川，始稱大渡河，又南流入西康境，經瀘定縣西，入四川省越嶲縣西北境，折而東流，經漢源縣南境，又東至峨邊縣西北，會越嶲河，又經縣北至峨眉縣南境，折而東流，又折而北流至樂山縣西南，會青衣江，又東至樂山縣東南入於泯江。漢源縣，即古黎州也。㊃宗範等將作浮梁，濟大渡河攻之，蜀主召之令還：胡三省曰：「蠻地深阻，不欲勞師遠攻，驅之出境而已。」㊄蜀興州刺史兼北路制置指揮使王宗鐸攻岐階州：《元豐九域志》，自興州西南至階州五百一十里。階州即武州也，隋為武都郡，唐高祖武德元年置武州，玄宗天寶元年，改為武都郡，肅宗乾元元年，復為州，後沒吐蕃，懿宗咸通中，始得故地，昭宗龍紀初，遣使招葺之，景福元年，就武州故地置階州，治皋蘭鎮，在今甘肅省武都縣東。㊅固鎮：胡三省曰：「固鎮在青泥嶺東北，薛史地理志鳳州固鎮之地。」《五代會要》，周顯德六年，以鳳州固鎮為雄勝軍。按即今甘肅省徽縣治。

貞明元年㈠（西元九一五年）

㈠春，正月己亥（初八日），蜀主御得賢門，受蠻俘，大赦。初，黎、雅㈡蠻酋劉昌嗣、郝玄鑒、楊師泰雖內屬於唐，受爵賞，號綢金堡三王㈢，而潛通南詔，為之詗導㈣，鎮蜀者多文臣，雖知其情，不敢詰。至是蜀主數以漏泄軍謀斬於成都市，毀綢金堡，自是南詔不復犯邊。

㈡二月，牛存節等拔彭城，王殷舉族自焚。【考異】莊宗列傳、朱友貞傳云：「乾化四年十一月，拔徐州，殷自燔死。」五代通錄、薛史紀及王殷傳皆云，貞明元年者，今從之。

㈢三月丁卯（初七日），以右僕射兼門下侍郎同平章事趙光逢為太子太保，致仕。

㈣天雄節度使兼中書令鄴王楊師厚卒㈤。師厚晚年矜功恃眾，擅割財賦，選軍中驍勇，置銀槍効節都數千人，給賜優厚，欲以復故時牙兵之盛㈥。帝雖外加尊禮，內實忌之，及卒，私於宮中受賀㈦。

租庸使㈧趙巖、判官邵贊㈨言於帝曰：「魏博為唐腹心之蠹，二百餘年不能除去者，以其地廣兵強之故也。羅紹威、楊師厚據之，朝廷皆不能制，陛下不乘此時為之計，所謂彈疽不嚴，必將復聚㈩，安知來者不為師厚乎？宜分六州為兩鎮㈡，以弱其權。」【考異】莊宗列傳，宰相敬翔、租庸使趙巖、判官邵贊等為友貞畫策，分魏博六州為兩鎮，薛史無敬翔名，今從之。帝以為然，以平盧節度使賀德倫為天雄節度使，置昭德軍於相州，割澶、衛二州隸焉，以宣徽使張筠為昭德節度使，仍分魏州將士府庫之半於相州。筠，海州人也。

二人既赴鎮，朝廷恐魏人不服，遣開封尹劉鄩將兵六萬自白馬濟河㈢，以討鎮、定為名，實張形勢以脅之。

魏兵皆父子相承數百年㈢，族姻磐結，不願分徙，德倫屢趣之，應行者皆嗟怨，連營聚哭。

己丑（二十九日），劉鄩屯南樂㈣，先遣澶州刺史王彥章將龍驤五百騎入魏州，屯金波亭。魏兵相與謀曰：「朝廷忌吾軍府彊盛，欲設策使之殘破耳！吾六州歷代藩鎮，兵未嘗遠出河門㈤，一旦骨肉流離，生不如死。」是夕，軍亂，【考異】莊宗列傳，二十七日，劉鄩屯南樂，遣龍驤都將王彥章以五百騎入魏州，是夜，三鼓，魏軍亂。是月辛酉朔，薛史紀云，己丑，魏博軍作亂，蓋莊宗列傳九字誤為七字耳。縱火大掠，圍金波亭，王彥章斬關而走。詰旦，亂兵入牙城，殺賀德倫之親兵五百人。劫德倫置樓上。有效節軍校張彥者，自帥其黨，拔白刃，止剽掠。夏，四月，帝遣供奉官扈異撫諭魏軍，許張彥以刺史，彥請復相、澶、衛三州如舊制(一六)。異還，言張彥易與，但遣劉鄩加兵，立當傳首，帝由是不許，但以優詔答之。使者再返，彥裂詔書抵於地。戟手(一七)，南向詬朝廷，謂德倫曰：「天子愚暗，聽人穿鼻(一八)。今我兵甲雖彊，苟無外援，不能獨立，宜投款於晉。」遂逼德倫以書求援於晉。

㈤李繼徽假子保衡殺李彥魯，【考異】蜀書劉知俊傳，保衡作彥康，今從薛史。自稱靜難留後，舉邠、寧二州來附(一九)，詔以保衡為感化節度使，以河陽留後霍彥威為靜難節度使。

㈥吳徐溫以其子牙內都指揮使知訓為淮南行軍副使、內外馬步諸軍副使。

㈦晉王得賀德倫書，命馬步副總管李存審自趙州進據臨清(二〇)。五月，存審至臨清，劉鄩屯洹㉒。賀德倫復遣使告急於晉，晉王引大軍自黃澤嶺㉓東下，與存審會於臨清，猶疑魏人之詐，按兵不進。德倫遣判官司空頲犒軍，密言於晉王曰：「除亂當除根。」因言張彥凶狡之狀，勸晉王先除之，則無虞矣，王默然㉓。頲，貝州人也。

晉王進屯永濟㉔，張彥選銀槍効節五百人，皆執兵自衛，詣永濟謁見。王登驛樓語之曰：「汝陵脅主帥，殘虐百姓，數日中迎馬訴冤者百餘輩。我今舉兵而來以安百姓，非貪人土地，汝雖有功於我，不得不誅以謝魏人。」遂斬彥及其黨七人，餘眾股栗。王召諭之曰：「罪止八人，餘無所問，自今當竭力為吾爪牙。」眾皆拜伏呼萬歲。明日王緩帶輕裘而進，令張彥之卒擐甲執兵，翼馬而從㉕，仍以為帳前銀槍都，眾心由是大服㉖。劉鄩聞晉軍至，選兵萬餘人自洹水趣魏縣㉗。晉王留李存審屯臨清，遣史建瑭屯魏縣以拒之。王自引親軍至魏縣，與鄩夾河為營㉘。

帝聞魏博叛，大悔懼，遣天平節度使牛存節將兵屯楊劉【考異】

牛存節傳，楊劉作楊留或陽劉，今從唐裴度傳及薛史諸人傳。為鄜聲援。會存節病卒，以匡國節度使王檀代之。

㈧岐王遣彰義節度使劉知俊圍邠州，霍彥威固守拒之㉙。

㈨六月，庚寅朔，賀德倫帥將吏請晉王入府城慰勞。既入，德倫上印、節㉚，請王兼領天雄軍，王固辭曰：「比聞汴寇侵逼貴道，故親董師徒遠來相救，又聞城中新罹塗炭，故暫入存撫，明公不垂鑒信，乃以印節見推，誠非素懷。」德倫再拜曰：「今寇敵密邇㉛，軍城新有大變，人心未安，德倫心腹紀綱㉜，為張彥所殺殆盡，形孤勢弱，安能統眾？一旦生事，恐負大恩。」王乃受之。德倫帥將吏拜賀，王承制以德倫為大同節度使㉝，遣之官。德倫至晉陽，張承業留之㉞。

時銀槍効節都在魏城㉟，猶驕橫，晉王下令，自今有朋黨流言及暴掠百姓者殺無赦。以沁州刺史李存進為天雄都巡按使，【考異】莊宗實錄云，為軍城使，存進傳云，都部署，莊宗列傳及薛史存進傳皆云天雄軍都巡按使，今從之。有訛言搖眾及強取人一錢已上者，存進皆梟首，磔尸於市。旬日，城中肅然，無敢喧譁者。存進本姓孫，名重進，振武人也㊱。

晉王多出征討，天雄軍府事，皆委判官司空頲決之。頲恃才挾勢，睚眦必報，納賄驕侈。頲有從子在河南㊲，頲密使人召之。都虞候張裕執其使者以白王，王責頲曰：「自吾得魏博，庶事悉以委公，公何得見欺如是？獨不可先相示邪？」揖令歸第。是日，族誅於軍門，以判官王正言代之。正言，鄆州人也㊳。

魏州孔目吏孔謙勤敏，多計數，善治簿書，晉王以為支度務使㊴。謙能曲事權要，由是寵任彌固。魏州新亂之後，府庫空竭，民間疲弊，而聚三鎮之兵，戰於河上㊵，殆將十年，供億軍須，未嘗有闕，謙之力也。然急徵重斂，使六州愁苦歸怨於王，亦其所為也。

張彥之以魏博歸晉也，貝州刺史張源德不從，北結滄、德㊶，南連劉鄩以拒晉，數斷鎮、定糧道。或說晉王，請先發兵萬人取源德，然後東兼滄、景㊷，則海隅之地，皆為我有。晉王曰：「不然，貝州城堅兵多，未易猝攻，德州隸於滄州而無備，若得而戍之，則滄、貝不得往來㊸，二壘既孤㊹，然後可取。」乃遣騎兵五百晝夜兼行襲德州，刺史不意晉兵至，逾城走，遂克之。以遼州守捉將馬通為刺史。秋，七月，晉人夜襲澶州，陷之(㊄)。刺史王彥章在劉鄩營，晉人獲其妻子，待之甚厚，遣間使誘彥章，彥章斬其使，晉人盡滅其家。晉王以魏州將李巖為澶州刺史。【考異】莊宗實錄作李嚴，今從薛史。晉王勞軍於魏縣，因帥百餘騎循河而上，覘劉鄩營。會天陰晦，鄩伏兵五千於河曲叢林間，鼓譟而出，圍王數重。王躍馬大呼，帥騎馳突，所向披靡。裨將夏魯奇等操短兵力戰，自午至申，乃得出，亡其七騎。魯奇手殺百餘人，傷夷遍體，會李存審救兵至，乃得免。王顧謂從騎曰：「幾為虜嗤。」皆曰：「適足使敵人見大王之英武耳！」魯奇，青州人也，王以是益愛之，賜姓名曰李紹奇。

劉鄩以晉兵盡在魏州，晉陽必虛，欲以奇計襲取之，乃潛引兵自黃澤西去。晉人怪鄩軍數日不出，寂無聲迹，遣騎覘之，城中無煙火，但時見旗幟循堞往來。晉王曰：「吾聞劉鄩用兵，一步百計，此必詐也。」更使覘之，乃縛芻為人，執旗乘驢在城上耳。

得城中老弱者，詰之，云：「軍去已二日矣。」晉王曰：「劉鄩長於襲人(四六)，短於決戰。計彼行纔及山下(四七)，亟發騎兵追之。」會陰雨積旬，黃澤道險，堇泥深尺餘(四八)，士卒援藤葛而進，皆腹疾足腫，死者什二三。晉將李嗣恩倍道先入晉陽，城中知之，勒兵為備。鄩至樂平(四九)，糗糧且盡，又聞晉有備，追兵在後，眾懼將潰。鄩諭之曰：「今去家千里，深入敵境，腹背有兵，山谷高深，如墜井中，去將何之？惟力戰庶幾可免，不則以死報君親耳。」眾泣而止。

周德威聞鄩西上，自幽州引千騎救晉陽，至土門，鄩已整眾下山，自邢州陳宋口踰漳水而東，屯於宗城(五〇)。鄩軍往還，馬死殆半。時晉軍乏食，鄩知臨清有蓄積，欲據之以絕晉糧道(五一)，德威急追鄩，再宿，至南宮(五二)，遣騎擒其斥候者數十人，斷腕而縱之，使言曰：「周侍中已據臨清矣。」【考異】薛史，德威聞劉鄩東還，急趨南宮，知鄩軍在宗城，遣十餘騎迫其營，擒斥候者數十人，皆剸刃其背，縶而遣之，既至，謂鄩曰：「周侍中已據宗城矣！」鄩軍大駭。按剸刃於背，其人豈能復活而言？今從莊宗實錄及薛史莊宗紀。又鄩見在宗城，而云周侍中據宗城，蓋臨清字誤耳。鄩軍大駭。詰朝，德威略鄩營而過，入臨清，鄩引軍趨貝州。

時晉王出師屯博州，劉鄩軍堂邑[53]，周德威攻之，不克。翌日，鄩軍於莘縣[54]，晉軍踵之。鄩治莘城塹而守之，自莘及河，築甬道以通饋餉[55]。晉王營於莘西三十里，煙火相望，一日數戰。

晉王愛元行欽驍健，從代州刺史李嗣源求之，嗣源不得已獻之，以為散員都部署[56]，賜姓名曰李紹榮。紹榮嘗力戰深入，劍中其面，未解，高行周救之，得免。王復欲求行周，重於發言，密使人以官祿啗之。行周辭曰：「代州養壯士，亦為大王耳，行周事代州，亦猶事大王也。**【考異】**周太祖實錄，晉王密令人啗之利祿，行周辭曰：「總管用人，亦為國家，事總管猶事王也。予家昆仲，脫難再生，承總管之厚恩，安忍背之？」按明宗實錄，此年猶為代州刺史，天祐十八年，始為副總管，此言總管，蓋周太祖實錄之誤。代州脫行周兄弟於死[57]，行周不忍負之。」乃止。

㈩絳州刺史尹皓攻晉之隰州，八月，又攻慈州，皆不克[58]。王檀與紹義留後賀瓌攻澶州，拔之，執李巖送東都[59]，帝以楊師厚故將楊延直為澶州刺史，使將兵萬人助劉鄩，且招誘魏人。

(十一)晉王遣李存審將兵五千擊貝州。張源德有卒三千，每夕分出剽掠，州民苦之，請塹其城以安耕耘。存審乃發八縣丁夫[60]塹而圍之。

劉鄩在莘久，饋運不給。晉人數抵其寨下挑戰，鄩不出，晉人乃攻絕其甬道，以千餘斧斬寨木，梁人驚擾而出，因俘獲而還。帝以詔書讓鄩老師費糧，失亡多，不速戰。鄩奏：「臣比欲以奇兵擣其腹心㊅，還取鎮、定，期以旬時㊆，再清河朔，無何，天未厭亂，淫雨積旬，糧竭士病，又欲據臨清，斷其饋餉，而周楊五㊇奄至，馳突如神。臣今退保莘縣，享士訓兵，以俟進取。觀其兵數甚多，便習騎射，誠為勍敵，未易輕也。苟有隙可乘，臣豈敢偷安養寇？」帝復問鄩決勝之策，鄩曰：「臣今無策，惟願人給十斛糧，賊可破矣㊈。」帝怒，責鄩曰：「將軍蓄米，欲破賊邪？欲療饑邪？」乃遣中使往督戰。

鄩集諸將，問曰：「主上深居禁中，不知軍旅，徒與少年新進輩謀之。夫兵在臨機制變，不可預度。今敵尚彊，與戰必不利，奈何？」諸將皆曰：「勝負當一決，曠日何待？」鄩默然不悅，退謂所親曰：「主暗臣諛，將驕卒惰，吾未知死所矣！」他日，復集諸將於軍門，人置河水一器於前，令飲之，衆莫之測。鄩諭之曰：「一器猶難，滔滔之河，可勝盡乎？」衆失色。後數日，鄩將萬餘人薄鎮、定營，鎮、定人驚擾，晉李存審以騎兵二千橫擊之，李建及以銀槍千人助之，鄩大敗奔還，晉人逐之及寨下，俘斬千計。

(十一)劉巖逆婦於楚，楚王殷遣永順節度使存送之。

(十二)乙未（初七日），蜀主以兼中書令王宗綰為北路行營都制置使，兼中書令王宗播為招討使攻秦州，兼中書令王宗瑤為東北面招討使，同平章事王宗翰為副使攻鳳州㊅。

(十四)庚戌（二十二日），吳以鎮海節度使徐溫為管內水陸馬步諸軍都指揮使，兩浙都招討使、守侍中、齊國公，鎮潤州，以昇、潤、常、宣、歙、池六州為巡屬，軍國庶務，參決如故，留徐知訓居廣陵秉政。

(十五)初，帝為均王娶河陽節度使張歸霸女為妃㊅，即位，欲立為后，后以帝未南郊，固辭。九月壬午（二十四日），妃疾甚，冊為德妃。是夕，卒。

康王友敬，目重瞳子㊅㊆，自謂當為天子，遂謀作亂。冬，十月辛亥（二十四日），夜，德妃將出葬，友敬使腹心數人匿於寢殿，帝覺之，跣足踰垣而出，召宿衛兵索殿中，得而手刃之。壬子（二十五日），捕友敬誅之。帝由是疏忌宗室，專任趙巖及德妃兄弟漢鼎、漢杰、從兄弟漢倫、漢融，咸居近職，參預謀議，每出兵，必使之監護。巖等依勢弄權，賣官鬻獄，離閒舊將相，敬翔、李振雖為執政，所言多不用。振每稱疾不預事以避趙、張之族，政事日紊，以至於亡。

㈥劉鄩遣卒詐降於晉，謀賂膳夫以毒晉王。事泄，晉王殺之，並其黨五人。

㈦十一月己未（初三日），夜，蜀宮火。自得成都以來，寶貨貯於百尺樓，悉為煨燼。諸軍都指揮使兼中書令宗侃等帥衛兵欲入救火，蜀主閉門不內㊅㊇。庚申（初四日），旦，火猶未熄，蜀主出義興門見羣臣㊅㊈，命有司聚太廟神主，分巡都城。言訖，復入宮閉門[七〇]，將相皆獻帷幕飲食。

(十六)壬戌（初六日），蜀大赦。

(十九)乙丑（初九日），改元[七一]。【考異】吳越備史云，正月壬辰朔改元，大赦，今從薛史末帝紀。

(廿)己巳（十三日），蜀王宗翰引兵出青泥嶺，克固鎮，與秦州將郭守謙戰於泥陽川[七二]，蜀兵敗，退保鹿臺山[七三]。

辛未（十五日），王宗綰等敗秦州兵於金沙谷[七四]，擒其將李彥巢等，乘勝趣秦州。興州刺史王宗鐸克階州[七五]，降其刺史李彥安。甲戌（十八日），王宗綰克成州[七六]，擒其刺史李彥德。

蜀軍至上染坊[七七]，秦州節度使李繼崇遣其子彥秀奉牌印迎降。宗絳入秦州[七八]，表排陳使王宗儔為留後。

劉知俊攻霍彥威於邠州，半歲不克[七九]，聞秦州降蜀，知俊妻子皆遷成都。知俊解圍還鳳翔，終懼及禍，夜帥親兵七十人斬關而出，庚辰（二十四日），奔於蜀軍。【考異】十國紀年知俊奔秦州，庚戌，來降。按上有甲戌，下有癸未，必庚辰也。

王宗綰自河池、兩當進兵會王宗瑤攻鳳州，癸未（二十七日），克之[八〇]。

(廿)岐義勝節度使同平章事李彥韜知岐至衰弱，十二月，舉耀、鼎二州來降，彥韜即溫韜也㈡。乙未（初九日），詔改耀州為崇州，鼎州為裕州，義勝軍為靜勝軍，復彥韜姓溫氏，名昭圖，官任如故。

(廿一)丁未（二十一日），蜀大赦，改明年元曰通正，置武興軍於鳳州，割文、興二州隸之，以前利州團練使王宗魯為節度使。

(廿二)是歲，清海、建武節度使兼中書令劉巖㈢，以吳越王鏐為國王而已獨為南平王㈢，表求封南越王及加都統，帝不許。巖謂僚屬曰：「今中國紛紛，孰為天子，安能梯航㈣萬里，遠事偽庭乎？」自是貢使遂絕。

【今註】㈠貞明元年：是年十一月，方改元貞明。㈡黎、雅：黎、雅二州。《舊唐書・地理志》，雅州，隋臨邛郡，唐高祖武德元年，改為雅州，玄宗天寶元年，改為盧山郡，肅宗乾元元年，復為雅州，州治嚴道縣，漢蜀郡嚴道縣地，後魏置蒙山縣，隋改曰名山，又改曰嚴道，在今四川省雅安縣西。㈢號㺜堡三王：胡三省曰：「㺜，蠻語多也，大也。」《唐書》黎、邛二州之西有三王蠻，蓋筰都夷、白馬氐之遺種，楊、劉、郝三姓世為長，襲封王，謂之三王。部落疊甓而居，號㺜舍，至宋又有趙、王二族，並劉、郝、楊謂之五部落，居黎州之西，去州百餘里，限以飛越嶺。其居疊石為碉，積糗糧器甲於上，族無君長，惟老宿之聽，往來漢地，悉能華言，故比諸羌尤桀黠。㊃詗導：詗，偵候也，導，嚮導。㊄天雄軍節度使兼中書令鄴王楊師厚卒：《舊五代史・楊師厚傳》，河朔之俗，上元比屋夜遊，及師厚鎮魏州，乃課魏人戶立燈竿，千釭萬炬，洞照一城，縱士女嬉游，復彩畫舟舫，令妓女櫂歌於御河，縱酒彌日，又於黎陽採巨石，將紀德政，以鐵車負載，驅牛數百以拽之，所至之處，邱墓廬舍，悉皆毀壞，百姓望之，皆曰碑來，及碑石纔至而師厚卒，魏人以為悲來之應。㊅師厚晚年矜功恃眾，擅割財賦，選軍中驍勇，置銀槍効節都數千人，給賜優厚，欲以復故時牙兵之盛：《舊五代史・楊師厚傳》，師厚置銀槍效節軍數千人，普選摘驍銳，縱恣豢養，復故時牙軍之態，時人病之。《清異錄》云：「槍材難能十全，魏州石屋，材多可用，楊師厚時銀槍效節都皆采於此。」蓋魏博自田承嗣置牙兵，至羅紹威而罷之，今楊師厚復置之也。㊆及卒，私於宮中受賀：帝畏楊師厚之逼，故私幸其死。㊇租庸使：《五代會要》，梁置租庸使，班在崇政院使下，宣徽院使上。注曰：「唐朝以戶部度支掌泉貨，鹽鐵則特置使名，戶部、度支則尚書省本司侍郎、郎中判其事。天寶中，楊慎矜、王鉷、楊國忠雖承恩顧，各守本司，別帶使額，下及劉晏、第五琦亦如舊制，自後又以宰臣各判一司，不帶使額，乾符之後，天下兵興，隨置租庸使以掌調發，兵罷輒停，偽梁不閑典故，乃置租庸使總天下征賦。」乾符，唐僖宗年號。㊈判官邵贊：租庸判官。㊉所謂彈疽不嚴，必將復聚：譬如病疽，膿血彈之不盡，必將復結聚成為新疽也。㊁宜分六州為兩鎮：魏博節度使，管魏、貝、博、相、澶、衛六州。㊁自白馬濟河：白馬津在滑州，今河南省滑縣北，即黎陽津也，《水經注》作鹿鳴津。㊂魏兵皆父子相承數百年：胡三省曰：「曰數百年者，言其來也久，非必實經歷數百年也。」㊃劉鄩屯南樂：《元豐九域志》，南樂縣北去魏州四十四里。南樂縣即唐魏州之昌樂縣也，後唐避獻祖諱，改曰南樂，史因而書之。《舊唐書・地理志》，昌樂縣，晉屬平陽郡，隋廢，唐高祖武德五年復置，屬魏州，六年，移治故縣之東，即今河北省南樂縣。㊄河門：胡三省曰：「按舊唐書，魏州城外有河門舊隄，周八十里，樂彥禎所築。」㊅彥復請相、澶、衛三州如舊屬：請罷昭德軍，復以相、澶、衛三州隸天雄軍如舊屬。㊆戟手：《左傳》哀公戟其手。杜預注曰：「抵徒手屈肘如戟形。」凡人盛怒，則戟手而罵。㊇聽人穿鼻：謂如牛鼻為人所穿而聽命於人也。㊈舉邠、寧二州來附：叛岐附梁。㊉臨清：《舊唐書・地理志》，臨清縣屬貝州，在今山東省臨清縣南。⑪洹水：《舊唐書・地理志》，北周武帝建德六年，分臨漳東北界置洹水縣，唐屬相州。故城在今河北省大名縣西故魏縣西南三十里。⑫黃澤嶺：《魏書・地形志》，樂平郡遼陽縣有黃澤嶺。《舊唐書・地理志》，隋改魏遼陽縣為遼山縣，唐為遼州治。遼山縣即今山西省遼縣，黃澤嶺在其東南一百二十里，山陘險峻，曲折而上凡十八盤，明設巡司於此，號十八盤巡司。⑬王默然：胡三省曰：「已諭其意而不形於言也。」⑭晉王進屯永濟：《唐書・地理志》，唐代宗大曆七年，析魏州之臨清置永濟縣，隸貝州，哀帝天祐三年，移屬魏州。其城在魏州北數十里，今山東省臨清縣南。⑮翼馬而從：翼衛馬之左右而從行。⑯眾心由是大服：以晉王推誠任人而不疑也。⑰選兵萬餘人自洹水趣魏縣：《舊唐書・地理志》，魏縣屬魏州，在今河北省大名縣西三十五里，漢魏縣故城之北。㉘王自引親軍至魏縣，與鄩夾河為營：夾漳河為營也。漳河過魏縣，亦謂之魏河。㉙岐王遣彰義節度使劉知俊圍邠州，霍彥威固守拒之：梁以霍彥威為靜難軍節度使鎮邠州見上四月。㉚德倫上印節：上天雄軍府印及旌節。㉛今寇敵密邇：謂劉鄩之兵逼魏州。㉜心腹紀綱：謂侍衛親兵也。《左傳》，秦伯納三千人於晉以衛晉文公，實紀綱之僕。杜預曰：「晉有呂郤之亂，國未輯睦，故以兵衛文公，諸門戶僕隸之事，皆使秦卒共之，與晉人為紀綱。」㉝以德倫為大同節度使：唐宣宗大中間分河東節度置大同節度於雲州，僖宗中和中復併入河東節度，《五代史記・職方考》梁時唐雲州有大同軍，蓋晉王復置也。㉞德倫至晉陽，張承業留之：胡三省曰：「大同軍北臨極邊，賀德倫新附，張承業不欲使其有城有兵，故留之。」㉟魏城：魏州城。㊱存進，本姓孫，名重進，振武人也：《五代史記・義兒傳》，晉王克用破朔州，得重進，賜以姓名，養為從子。《舊唐書・地理志》，單于都護府治振武軍，秦漢時雲中郡城也，東北至朔州五百五十七里。故治在今綏遠省和林格爾縣境。㊲頲有從子在河南：胡三省曰：「此河南謂大河之南。」河南，梁境也。㊳正言，鄆州人也：《五代史・王正言傳》，正言早孤貧，從沙門學，工詩，賀德倫刺密州，令歸俗，署郡職，德倫鎮青州，表為推官，移鎮魏州，改觀察判官，晉王平定魏博，仍舊職，小心端慎，與物無競。《舊唐書・地理志》，鄆州，隋東平郡須昌縣，唐高祖武德四年，置鄆州，玄宗天寶元年，改鄆州為東平郡，肅宗乾元元年，復為鄆州。州治須昌縣，在今山東省東平縣西北。㊴晉王以為支度務使：胡三省曰：

「唐節度多兼支度等使，至其末世，藩鎮署官，有為支計官者，有為支度務使者。」㊵而聚三鎮之兵戰於河上：三鎮，幷、鎮、魏也。㊶張彥之以魏博歸晉也，貝州刺史張源德不從，北結滄德：劉守奇略滄、德以附於梁見上卷乾化三年。《舊唐書・地理志》，德州，漢平原郡，隋置德州，又為平原郡，唐高祖武德四年復置德州，玄宗天寶元年，改為平原郡，肅宗乾元元年，復為德州，州治安德縣，漢平原郡屬縣也，即今山東省陵縣。㊷滄、景：滄、景二州。《舊唐書・地理志》，隋於漢平原郡鬲縣境置弓高縣，屬渤海郡，唐高祖武德四年，於縣置觀州，後廢，太宗貞觀二年，又於弓高縣置景州，穆宗長慶元年，廢景州，二年，復置，文宗太和四年復廢，昭宗景福元年復置，故治在今河北省景縣東北四十里。㊸德州隸於滄州而無備，若得而戍之，則滄、貝不得往來：德州在滄、貝二州之間，若晉戍德州，而梗滄、貝二州往來之道。《元豐九域志》，德州西南至貝州二百三十里，東北至滄州亦二百三十里。㊹二壘既孤：二壘，謂滄、貝二州。㊺晉人夜襲澶州，陷之：自魏州南襲澶州。《元豐九域志》，魏州南至澶州一百四十里。㊻劉鄩長於襲人：胡三省曰：「劉鄩取兗州，克潼關，皆以掩襲得之，故云然。」㊼山下：胡三省曰：「相、魏之西皆連山。」㊽堇泥深尺餘：堇泥，黏土也。堇又作墐。㊾鄩至樂平：《舊唐書・地理志》，樂平縣，唐屬太原府。漢沾縣之地也，故治在今山西省昔陽縣西南三十里。胡三省曰：「樂平拒晉陽二百五十里。」㊿宗城：《唐書・地理志》，隋置宗城縣，唐高祖武德四年，置宗州於此，九年廢，以縣屬貝州，哀帝天祐三年，移屬魏州。宗城縣，漢廣宗縣地也，故城在今河北省威縣東三十里。《元豐九域志》，宗城縣在魏州西北一百七十里。(五一)鄗知臨清有蓄積，欲據之以絕晉糧道：胡三省曰：「自宗城東行斜趣臨清數十里。」(五二)德威急追鄗，再宿，至南宮：胡三省曰：「南宮縣在冀州西南六十二里，東南趣臨清亦數十里。」(五三)時晉王出師屯博州，劉鄗軍堂邑：《元豐九域志》，傳州在魏州東一百八十里，堂邑在博州西四十里。《舊唐書・地理志》，堂邑，漢堂邑縣，後魏廢，隋分清陽縣復置，唐屬博州。故城在今山東省堂邑縣西十里。《續通典》，漢堂邑故城在隋堂邑縣西北。(五四)鄗軍於莘縣：胡三省曰：「劉鄗見晉軍在博州，移軍而四，漸逼魏州。」《元豐九域志》，莘縣在魏州東九十里。《舊唐書・地理志》，莘縣，本漢陽平縣地，唐屬魏州。《續通典》，莘本春秋之衛邑也，漢為陽平縣，後周改曰清邑，隋煬帝更名莘縣，即今山東省莘縣治。(五五)自莘及河，築甬道以通饋餉：胡三省曰：「莘縣東距大河二十餘里，度河而東南，即鄆濮之境，故築甬道屬河以通饋餉。」於道外築牆垣如街巷以防馳突，謂之甬道。(五六)散員都部署：胡三省曰：「都部署之名，始見於此，後遂為行軍總帥之稱。」《五代史・元行欽傳》，時有散指揮都頭，名為散員，命行欽為都部署。(五七)代州脫行周兄弟於死：事見上卷乾化三年。代州，謂李嗣源也，時為代州刺史。(五八)絳州刺史尹皓攻晉之隰州，八月，又攻慈州，皆不克：《元豐九域志》，絳州西北至隰州五百一十四里，隰州西南至慈州一百六十里。《舊唐書・地理志》，隋改後魏之南汾州為耿州，又為文成郡，唐高祖武德元年，改為汾州，五年，改為南汾州，八年，改為慈州，以郡近慈烏戍故也。州治吉昌縣，漢北屈縣地也，後魏置定陽縣，隋改曰吉昌，即今山西省吉縣。(五九)王檀與昭義留後賀瓌攻澶州，拔之，執李巖送東都：晉王以李巖刺澶州見上七月。胡三省曰：「按歐史職方考，梁無昭義軍，參考賀瓌傳，蓋為宣義留後也。昭當作宣。」唐置昭義軍節度於潞州，時為晉有。按《五代史》、《五代史記・賀瓌傳》當作宣義節度使，或梁虛授瓌以昭義留後，期以取潞州耳。(六〇)存審乃發八縣丁夫：按《唐書・地理志》，貝州時領八縣，清河、清陽、武城、經城、臨清、漳南、歷亭、夏津。(六一)臣比欲以奇兵搗其腹心：謂自黃澤西襲晉陽也。(六二)旬時：十日。(六三)周陽五：周德威小字陽五。(六四)惟願人給十斛糧，賊可破矣：劉鄩意欲以持久制晉。(六五)蜀主以兼中書令王宗綰為北路行營都制置使、兼中書令王宗播為招討使攻秦州，兼中書令王宗瑤為東北面招討使，同平章事王宗翰為副使攻鳳州：以伐岐也，秦、鳳二州時皆屬岐。《舊唐書・地理志》，唐高祖武德元年，改隋河池郡為鳳州，玄宗天寶元年，復為河池郡，肅宗乾元元年，復為鳳州，州治梁泉縣，元魏置，漢故道縣地也，即今陝西省鳳縣。(六六)初，帝為均王娶河陽節度使張歸霸女為妃：唐置河陽軍節度使於孟州，治河陽城，在今河南省孟縣西三十五里，帝謂梁太祖。(六七)目重瞳子：目中有兩眸子。(六八)諸軍都指揮使兼中書令宗侃等帥衛兵欲入救火，蜀主閉門不納：胡三省曰：「恐其乘救火為變，故不納。」(六九)蜀主出義興門見羣臣：以安眾心。(七〇)言訖，復入宮閉門：胡三省曰：「火未熄，未敢弛備。」(七一)改元：改元貞明。(七二)泥陽川：《元豐九域志》，成州栗亭縣有泥陽鎮。泥陽，本後魏泥陽縣也，西魏廢，故城在今甘肅省成縣東。泥陽川即泥陽河也，源出甘肅省徽縣西北，經成縣復入徽縣合栗河，南流即稱泥陽川，入陝西省略陽縣，與故道水合。(七三)鹿臺山：胡三省曰：「今成縣東十里有鹿玉山。」(七四)金沙谷：金沙谷在今甘肅省天水縣東南。(七五)興州刺史王宗鐸克階州：《元豐九域志》，階州東北去成州二百五十里，去秦州五百一十五里。⑯王宗綰克成州：《元豐九域志》，成州在秦州西南二百六十五里。⑰上梁坊：上梁坊在甘肅省天水縣南三十二里。⑱宗絳入秦州：宗絳當作宗綰。《元豐九域志》，秦州東南至鳳州三百二十里。⑲劉知俊攻霍彥威於邠州，半年不克：劉知俊攻邠州始是年五月，至是歷時半載。⑳王宗綰自河池、兩當進兵會王宗瑤攻鳳州，癸未，克之：岐之秦、鳳、階、成四州之地遂入於蜀。《舊唐書・地理志》，兩當縣，漢故道縣地也，晉改曰兩當，取兩當水以為名，河池縣，後漢屬武都郡，以河池川為名，唐俱屬鳳州。按河池縣，後魏曰廣化，隋復舊名。《水經注》，河池水出河池北谷，南逕河池戍東，西南入濁水，濁水又東南，兩當水注之，水出陳倉縣之大散嶺，西南流入故道川，謂之故道水，西南逕故道城東，與馬鞍山水合。《元豐九域志》，河池在鳳州西二百五十五里，兩當在鳳州西八十五里。河池故城在今甘肅省徽縣西，兩當故城在今甘肅省兩當縣東三十五里。㉑岐義勝節度使同平章事李彥韜知岐王衰弱，十二月，舉耀、鼎二州來降，彥韜即溫韜也：岐置義務軍節度於耀州以處溫韜，見卷二百六十八太祖乾化元年。㉒清海、建武節度使兼中書令劉巖：《五代史記・職方考》，南漢置建武軍於邕州。按邕州本唐邕管經略使治所也，巖既幷其地，置建武軍於此。㉓以吳越王鏐為國王而已獨為南平王：南平王，南平郡王也，故巖以為不平。㉔梯航：謂梯山航海，歷險遠之道也。令狐楚賀赦表：「百蠻梯航以內面，萬國歌舞而宅心。」

貞明二年㈠(西元九一六年)

㈠春,正月,宣武節度使守中書令廣德靖王全昱㈡卒。

㈡帝聞前河南府參軍李愚學行,召為左拾遺,充崇政院直學士。衡王友諒貴重,李振等見皆拜之,愚獨長揖。帝聞而讓之曰:「衡王於朕兄也,朕猶拜之,卿長揖可乎?」對曰:「陛下以家人禮見衡王,拜之宜也,振等陛下家臣,臣於王無素㈢,不敢妄有所屈。」久之,竟以抗直罷為鄧州㈣觀察判官。

㈢蜀主以李繼崇為武泰節度使兼中書令,隴西王。

㈣二月辛丑(十六日),夜,吳宿衛將馬謙、李球劫吳王登樓,發庫兵討徐知訓。知訓將出走,嚴可求曰:「軍城有變,公先棄眾自去,眾將何依?」知訓乃止。眾猶疑懼,可求闔戶而寢,鼾息㈤聞於外,府中稍安。壬寅(十七日),謙等陳於天興門外㈥,諸道副都統朱瑾自潤州至㈦,視之曰:「不足畏也。」返顧外眾,舉手大呼,亂兵皆潰,擒謙、球斬之。

㈤帝屢趣劉鄩戰，鄩閉壁不出，晉王乃留副總管李存審守營㈧，自勞軍於貝州㈨，聲言歸晉陽。鄩聞之，奏請襲魏州。帝報曰：「今掃境內以屬將軍，社稷存亡，繫茲一舉，將軍勉之。」鄩令澶州刺史楊延直引兵萬人會於魏州，延直夜半至城南，城中選壯士五百潛出擊之，延直不為備，潰亂而走。詰旦，鄩自莘縣悉眾至城東，與延直餘眾合，李存審引營中兵踵其後，李嗣源以城中兵出戰，晉王亦自貝州至，與嗣源當其前。鄩見之，驚曰：「晉王邪！」引兵稍却。晉王躡之，至故元城西⑩，與李存審遇。晉王為方陳於西北，存審為方陳於東南，鄩為圓陳於其中間，四面受敵，合戰良久，梁兵大敗。鄩引數十騎突圍走，梁步卒凡七萬，晉兵環而擊之，敗卒登木，木為之折，追至河上，殺溺殆盡。鄩收散卒自黎陽度河保滑州。

　匡國節度使王檀密疏請發關西兵襲晉陽㈡，帝從之，發河中、陝、同、華諸鎮兵㈢合三萬出陰地關，奄至晉陽城下，晝夜急攻。城中無備，發諸司丁匠及驅市人乘城拒守，城幾陷者數四，張承業大懼。代北故將安金全退居太原㉓，往見承業曰：「晉陽，根本之地，若失之，則大事去矣！僕雖老病，憂兼家國㉔，請以庫甲見授，為公擊之。」承業即與之，金全帥其子弟及退將之家得數百人，夜出北門，擊梁兵於羊馬城內，梁兵大驚引却。昭義節度使李嗣昭聞晉陽有寇，遣牙將石君立將五百騎救之。君立朝發上黨，夕至晉陽㉕，梁兵扼汾河橋㉖，君立擊破之，徑至城下，大呼曰：「昭義侍中㉗大軍至矣！」遂入城，夜與安金全等分出諸門擊梁兵，梁兵死傷什二三。詰朝，王檀引兵大掠而還。晉王性矜伐，以策非己出，故金全等賞皆不行㉘。梁兵之在晉陽城下也，大同節度使賀德倫部兵多逃入梁軍，張承業恐其為變，收德倫斬之。帝聞劉鄩敗，又聞王檀無功，歎曰：「吾事去矣！」

㈥三月，乙卯朔，晉王攻衛州，壬戌（初八日），刺史米昭降之，又攻惠州，刺史靳紹走，擒斬之，復以惠州為磁州㉙。晉王還魏州。

㈦上屢召劉鄩不至，己巳（十五日），即以鄩為宣義節度使㉚，使將兵屯黎陽。

㈧夏，四月，晉人拔洺州，以魏州都巡檢使袁建豐為洺州刺史。

劉鄩既敗，河南大恐，鄩復不應召，由是將卒皆搖心。帝遣捉生都指揮使李霸帥所部千人戍楊劉㉑，癸卯（一九日），出宋門㉒，其夕，復自水門入，大譟，縱火剽掠，攻建國門㉓。帝登樓拒戰㉔，龍驤四軍都指揮使杜晏球㉕以五百騎屯毬場，賊以油沃幕，長木揭之，欲焚樓，勢甚危，晏球於門隙窺之，見賊無甲冑，乃出騎擊之，決力死戰，俄而賊潰走。帝見騎兵擊賊，呼曰：「非吾龍驤之士乎？誰為亂首？」晏球曰：「亂者惟李霸一都，餘軍不動。陛下但帥控鶴守宮城，遲明㉖，臣必破之。」既而晏球討亂者，闔營皆族之，以功除單州刺史㉗。

㈨五月，吳越王鏐遣浙西安撫判官皮光業自建、汀、虔、郴、潭、岳、荊南道入貢㉘。光業，日休之子也㉙。

㈩六月，晉人攻邢州，保義節度使閻寶拒守。帝遣捉生都指揮使張溫將兵五百救之，溫以其眾降晉。

(十一)秋，七月，甲寅朔，晉王至魏州[三〇]。

(十二)上嘉吳越王鏐貢獻之勤[三一]，壬戌（初九日），加鏐諸道兵馬元帥。

朝議多言鏐之入貢，利於市易[三二]，不宜過以名器假之，翰林學士竇夢徵執麻以泣，坐貶蓬萊尉[三三]。夢徵，棣州人也。

(十三)甲子（十一日），吳潤州牙將周郊作亂，入府殺大將秦師權等，大將陳祐等討斬之。

(十四)八月丁酉（十五日），以太子太保致仕趙光逢為司空，兼門下侍郎，同平章事。

(十五)丙午（二十四日），蜀主以王宗綰為東北面都招討，集王宗翰、嘉王宗壽為第一、第二招討，將兵十萬出鳳州[三四]，以王宗播為西北面都招討，武信軍節度使劉知俊、天雄節度使王宗儔[三五]、匡國軍使唐文裔為第一、第二、第三招討，將兵十二萬出秦州以伐岐[三六]。

(十六)晉王自將攻邢州，昭德節度使張筠棄相州走，晉人復以相州隸天雄軍[三七]，以李嗣源為刺史。【考異】劉恕廣本云：「筠奔東都，授左衛上將軍。」莊宗實錄，命李存審入城招撫，除昭德軍額，仍舊隸魏州，徙洺州刺史袁建豐為相州刺史。按上四月，筠已遣人納款於晉，此復云走者，蓋始者文降，今為晉兵所迫，故走耳！筠既降晉，今還猶得將軍者，蓋潛通款於晉，梁朝不知耳！明宗實錄云：「八月，張筠走，移帝為相州刺史，九月，為安國節度使。」而莊宗實錄云，袁建豐為相州刺史。按明宗實錄建豐傳云，戰胡柳陂，建豐猶為相州，乃是天祐十五年十二月，蓋明宗初為相州，移邢州後方除建豐，莊宗錄誤書在張筠走耳下！

晉王遣人告閻寶以相州已拔，又遣張溫帥援兵至城下諭之，寶舉城降㊳，晉王以寶為東南面招討使，領天平節度使、同平章事㊴，以李存審為安國節度使，鎮邢州㊵。【考異】王溥五代會要、薛史地理志、樂史寰宇記皆云梁建保義軍，唐同光元年，改為安國軍，而莊宗、明宗實錄、列傳、薛史存審傳皆云此年授安國節度使，恐是纔屬晉，即改軍額，會要等書誤云同光元年。

㈦契丹王阿保機帥諸部兵三十萬，號百萬，自麟、勝攻晉蔚州，陷之，虜振武節度使李嗣本㊶，【考異】開元中，振武軍在朔州西北三百五十里，單于都護府城內，隸朔方節度使，乾元元年，置振武節度使，領鎮北大都護、麟、勝二州，後唐振武節度使亦帶安北都護、麟、勝等州觀察等使，石晉以後，皆帶朔州刺史，據此，乃治蔚州，不知遷徙年月。遣使以木書求貨於大同防禦使李存璋，存璋斬其使。契丹進攻雲州，存璋悉力拒之㊷。

㈧九月，晉王還晉陽。

王性孝，故雖經營河北而數還晉陽省曹夫人，歲再三焉㊸。

㈨晉人以兵逼滄州，順化節度使戴思遠棄城奔東都㊹，滄州將毛璋據城降晉，晉王命李嗣源將兵鎮撫之。嗣源遣璋詣晉陽。晉王徒李存審為橫海節度使，鎮滄州㊺，以嗣源為安國節度使。嗣源以安重誨為中門使㊻，委以心腹，重誨亦為嗣源盡力。重誨，應州胡人也㊼。

㈩晉王自將兵救雲州，行至代州，契丹聞之，引去，王亦還，以李存璋為大同節度使。晉人圍貝州踰年㊽，張源德聞河北諸州皆為晉有，欲降，謀於其眾，眾以窮而後降，恐不免死，不從，共殺源德，嬰城固守。城中食盡，噉人為糧，乃謂晉將曰：「出降懼死，請擐甲執兵而降，事定而釋之。」晉將許之，其眾三千出降，既釋甲，圍而殺之，盡殪。【考異】莊宗實錄：「賊將張源德固守貝州，既聞河北皆平，遂有翻然之志，詢謀於眾，羣賊皆河南人，懼其歸罪，不從，因殺源德，噉人為糧，固守其城，王師歷年攻圍，及既食竭，呼我大將曰：『今欲請罪，懼晉王不我赦，我請衿甲持兵而見，已即解之，如何。』報曰：『無便於此者。』其眾三千衿甲出降，我將甘言喻之，俱釋兵解甲，既而四面陳兵，皆殺之。」歐陽史死事傳曰：「晉王入魏，河北六鎮數十州之地皆歸晉，獨貝一州圍之踰年不可下，城中食且盡，貝人勸源德出降，源德不從，遂見殺。」按源德若以不降而死，其眾當即降於晉，豈得猶拒守與晉邀約而後出哉？明是眾懼死不降耳！今從莊宗實錄。晉王以毛璋為貝州刺史，於是河北皆入於晉，惟黎陽為梁守。

(廿一)晉王如魏州。

(廿二)吳光州將王言殺刺史載肇㊾，吳王遣楚州㊿團練使李厚討之。

盧州觀察使張崇不俟命，引兵趣光州，言棄城走。以李厚權知光州。崇，慎縣㊄㊀人也。

(廿三)庚申（初八日），蜀新宮成，在舊宮之北。

(廿四)天平節度使兼中書令琅邪忠毅王王檀多募羣盜置帳下為親兵，己卯（二十七日），盜乘檀無備，突入府殺檀。節度副使裴彥帥府兵討誅之，軍府由是獲安。

(廿五)冬，十月甲申（初二日），蜀王宗綰等出大散關，大破岐兵，俘斬萬計，遂取寶雞㊄㊁，己丑（初七日），王宗播等出故關，至隴州㊄㊂。

丙申（十四日），保勝節度使㊄㊃兼侍中李繼岌畏岐王猜忌，帥其眾二萬棄隴州，奔於蜀軍。蜀兵進攻隴州，以繼岌為西北面行營第四招討。劉知俊會王宗綰等圍鳳翔，岐兵不出，會大雪，蜀主召軍還。復李繼岌姓名曰桑弘志，弘志，黎陽人也。

(廿六)丁酉（十五日），以禮部侍郎鄭珏為中書侍郎，同平章事。珏，綮之姪孫也㊄㊄。【考異】薛史梁末帝紀，無珏初拜相年月，此年十月丁酉，以中書侍郎平章事鄭珏兼刑部尚書平章事，至貞明四年四月己酉，又云以中書侍郎平章事鄭珏兼刑部尚書，疑貞明二年拜相，四年轉州部尚書也。本傳云：「累遷禮部侍郎，貞明中，拜平章事。」唐餘錄、均帝紀，貞明二年十月丁酉，禮部侍郎鄭珏為中書侍郎平章事。今從之。又高若拙後史補云，珏應一十九舉方捷，姓名為第十九人，第行亦同，自登第凡十九年為宰相。今按珏光化三年及第，自光化三年至此年，纔十七年矣，又不可合。

(廿七)己亥（十七日），蜀大赦。

(廿八)晉王遣使如吳會兵以擊梁。十一月，吳以行軍副使徐知訓為淮北行營都招討使，及朱瑾等將兵趣宋、亳，與晉相應。既渡淮，移檄州縣，進圍潁州(五六)。

(廿九)十二月戊申（二十七日），蜀大赦，改明年元曰天漢，國號大漢。

(卅)楚王殷聞晉王平河北，遣使通好，晉王亦遣使報之。

(卅一)是歲，慶州叛附於岐(五七)，岐將李繼陟據之。詔以左龍虎統軍賀瓌為西面行營馬步都指揮使，將兵討之，破岐兵，下寧、衍二州(五八)。

【考異】薛史賀瓌傳，貞明二年，慶州叛，為李繼陟所據，帝命左龍虎統軍賀瓌為西面行營馬步軍都指揮使，兼諸軍都虞候，與張筠破涇、鳳之眾三萬，下寧、衍二州，此非小事，而末帝紀、李茂貞傳皆無，惟瓌傳有之，今以為據。

(卅二)河東監軍張承業既貴用事，其姪瓘等五人自同州往依之，晉王以承業故，皆擢用之。承業治家甚嚴，有姪為盜，殺販牛者，承業立斬之，王亟使救之，已不及。王以瓘為麟州刺史，承業謂瓘曰：「汝本車度一民，與劉開道為賊〔五九〕，慣為不法，今若不悛，死無日矣！」由此瓘所至不敢貪暴。

〔五三〕吳越牙內先鋒都指揮使錢傳珦逆婦於閩，自是閩與吳越通好。

〔五四〕閩鑄鋭錢，與銅錢並行。

〔五五〕初，燕人苦劉守光殘虐，軍士多歸於契丹。及守光被圍於幽州〔六〇〕，其北邊士民多為契丹所掠，契丹日益彊大。契丹王阿保機自稱皇帝，國人謂之天皇王，以妻述律氏為皇后，置百官，至是改元神冊。【考異】紀年通語云：「舊史不記保機建元事，今契丹中有曆日，通紀百二十年，臣景祐三年冬北使幽薊，得其曆，因閱年次，以乙亥為首，次年始著神策之元，其後復有天贊。」按五代契丹傳，自耶律德光乃謂天顯之名，疑當時未得其傳，不然，虜人恥保機無號，追為之耳！保機虜中又號天皇王。虜庭雜記：「太祖一舉併吞奚國，仍立奚人依舊為奚王，命契丹監督兵甲，又滅勃海，虜其王大諲譔，立長子為勃海東丹王，號人皇王，自號天皇王，始立年號曰天贊，國稱大遼，於所居大部落置樓，謂之西樓，今謂之上京，又於其南木葉山置樓，謂之南樓，又於其東千里置樓，謂之東樓，又於其北三百里置樓，謂之北樓，太祖四季常游獵於四樓之間。」又曰：「阿保機變家為國之後，始以王族號為橫帳，姓世里沒里，以漢語譯之，謂之耶律氏，賜后族姓曰蕭氏，王族惟與后族同昏，其諸部若不奉北主之命，不得與二部落通昏。」歐陽史曰：「阿保機用其妻述律策，使人告諸部大人曰：「我有鹽池，諸部所食，然諸部知食鹽之利而不知鹽有主人，可乎？當來犒我。」諸部以為然，共以酒會鹽池，阿保機伏兵其旁，酒酣，伏發，盡殺諸部大人，遂立不復代。」阿保機稱皇帝，前史不見年月，莊宗列傳、契丹傳在莊宗即帝位，李存審守范陽後，漢高祖實錄、唐餘錄皆云：「阿保機設策併諸族，遂稱帝。」在乾寧中，劉仁恭冀幽州前，薛史在莊宗天祐末。按紀元通譜，阿保機神策元年，歲在丙子，乃莊宗天祐十三年，梁貞明二年，似不在天祐末，及莊宗即位後。編遺錄，開平二年五月，太祖賜阿保機記事，猶呼之為卿，及言臣事我朝，望國家降使冊立，必未稱帝，安得在劉仁恭鎮幽州前？唐餘錄全取漢高祖實錄契丹事作傳，最為差錯，及不知其稱帝實在何年，今因其改年號置於此。述律后勇決多權變，阿保機行兵御眾，述律后常預其謀(六一)。阿保機嘗度磧擊党項(六二)，留述律后守其帳。黃頭、臭泊二室韋(六三)，乘虛合兵掠之，述律后知之，勒兵以待其至，奮擊，大破之，由是名震諸夷。述律后有母、有姑，皆踞榻受其拜，曰：「吾惟拜天，不拜人也。」晉王方經營河北，欲結契丹為援，常以叔父事阿保機，以叔母事述律后(六四)。

劉守光末年衰困，遣參軍韓延徽求援於契丹(六五)，【考異】漢高祖實錄延徽傳云：「天祐中，連帥劉守光攻中山，不利，欲結北戎，遣延徽將命入虜。」劉恕以為劉守光據幽州後未嘗攻定州，推唐光化三年，汴將張存敬拔瀛、莫，攻定州，劉仁恭遣守光救定州，為存敬所敗，恐是此時，仁恭方為幽帥，非守光也。按劉仁恭父子彊盛之時，常陵暴契丹，豈肯遣使與之相結？乾化三年，守光攻易、定，王處直求救於晉，故晉王遣周德威伐之，其遣延徽結契丹，蓋在此時，然事無顯據，故但云衰困，附於此。契丹主怒其不拜，使牧馬於野。延徽，幽州人，有智略，頗知屬文，述律后言於契丹主曰：「延徽能守節不屈，此今之賢者，奈何辱以牧圉？宜禮而用之。」契丹主召延徽，與語，悅之，遂以為謀主，舉動訪焉。延徽始教契丹建牙開府，築城郭，立市里，以處漢人，使各有配偶，墾藝荒田，由是漢人各安生業，逃亡者益少，契丹威服諸國，延徽有助焉。頃之，延徽逃奔晉陽，晉王欲置之幕府，掌書記王緘疾之，延徽不自安，求東歸省母(六六)，過真定，止於鄉人王德明家(六七)。德明問所之，延徽曰：「今河北皆為晉有，當復詣契丹耳！」德明曰：「叛而復往，得無取死乎？(六八)」延徽曰：「彼自吾來，如喪手目，今往詣之，彼手目復完，安肯害我？」既省母，遂復入契丹。契丹主聞其至，大喜，如自天而下(六九)，拊其背曰：「曏者何往？」延徽曰：「思母，欲告歸恐不聽，故私歸耳！」契丹主待之益厚。及稱帝，以延徽為相，累遷至中書令(七〇)。晉王遣使至契丹，延徽寓書於晉王，敍所以北去之意，且曰：「非不戀英主，非不思故鄉，所以不留，正懼王緘之讒耳！」因以老母為託，且曰：「延徽在此，契丹必不南牧。(七一)」故終同光之世，契丹不深入為寇，延徽之力也(七二)。

【今註】㊀貞明二年：遼太祖神冊元年。㊁廣德靖王全昱：廣，國名，德靖，謚也。全昱，梁太祖之兄，末帝之伯父也。㊂無素：無舊誼。㊃鄧州：《舊唐書・地理志》，唐高祖武德二年，改隋南陽郡為鄧州，玄宗天寶元年，改為南陽郡，肅宗乾元元年，復為鄧州，治穰縣，漢屬南陽郡，後魏及隋為南陽郡治，故治即今河南省鄧縣外城東南隅。㊄鼾息：臥中鼻息聲也。㊅天興門：楊行密以揚州牙城南門為天興門。㊆諸道副都統朱瑾自潤州至：自徐溫鎮所至廣陵也。㊇晉王乃留副總管李存審守營：守莘西之營。時晉王營於莘西三十里。㊈自勞軍於貝州：自往貝州勞圍張源德之軍。⑩至故元城西：故元城，隋元城縣之故城也。《舊唐書・地理志》，元城縣，唐屬魏州，初治王莽城，玄宗開元十三年，移治魏州郭下，魏州即今河北省大名縣；隋元城縣治古殷城，在朝城縣東二十里，所謂故元城也。⑪匡國節度使王檀密疏請發關西兵襲晉陽：王檀代牛存節拒晉兵於河上見上年五月。⑫發河中、陝、同、華諸鎮兵：發河中府及陝、同、華三州之兵。《舊唐書・地理志》，陝州，隋河南郡之陝縣，隋恭帝義寧元年，置弘農郡，唐高祖武德元年，改為陝州，玄宗天寶元年，改曰陝郡，肅宗乾元元年，復曰陝州，昭宗天祐初，改為興德府，哀帝即位，復為陝州，治陝縣，即今河南省陝縣。⑬代北故將安金全退居太原：安金全從晉王李克用起於代北，時以老病退居太原，故云故將。⑭憂兼家國：謂晉陽若陷，不惟國亡，兼以家破也。⑮君立朝發上黨，夕至晉陽：《元豐九域志》，自上黨至晉陽五百餘里，輕騎疾馳，朝發而夕至，其速甚矣！⑯汾河橋：《水經注》，汾水逕晉陽城東，復西逕晉陽城南，汾河橋蓋在汾水上。⑰昭義侍中：李嗣昭為昭義軍節度使兼侍中，故稱之。⑱晉王性矜伐，以策非己出，故金全等賞皆不行：《五代史・安金全傳》，晉王性矜伐，凡大將立功，不時行賞，非惟非出己策而不賞也。矜伐，恃才而驕也。策非己出，言全晉陽之功，策非出於己。⑲復以惠州為磁州：《唐書・地理志》，唐哀帝天祐三年，以磁、慈聲相近，更磁州曰惠州。唐哀帝時，政在朱氏，晉既取之，因復唐舊名也。⑳上屢召劉鄩不至，己巳，即以鄩為宣義節度使：

劉鄩既屢喪師，懼罪不敢入朝，故屢召不至，時梁軍精鋭皆隸劉鄩，梁懼其反側，故就以宣義節度使授之。唐置宣義軍節度於滑州。㉑楊劉：楊劉戍在今山東省東阿縣北六十里，臨河濟要津，今城迹已堙不可考。㉒宋門：胡三省曰：「宋門，大梁城東面南來第二門。」《五代會要》，梁太祖開平元年，改宋門曰觀化門，晉高祖天福三年，復改宋門為仁和門。蓋梁雖改宋門為觀化門，而時人不改其舊稱。㉓建國門：《續通典》，大梁皇城南為建國門。㉔帝登樓拒戰：樓，建國門樓也。㉕龍驤四軍都指揮使杜晏球：《五代史記・王晏球傳》，晏球字瑩之，本洛陽王氏子，少遇亂，為盜所掠，汴州富人杜氏得之，養以為子，冒姓杜氏，唐莊王入汴，晏球降唐，賜姓名曰李紹虔，尋復本姓曰王晏球。㉖遲明：王念孫曰：「黎，遲聲相近，黎明，遲明，皆謂比明也。」比，待也，謂待天明時也。㉗單州刺史：《唐書・地理志》，唐昭宗光化二年，以宋州之碭山、虞城、單父等縣、曹州之成武縣置輝州，初治碭山縣，三年，徙治單父縣，即今山東省單縣。《五代史記・職方考》，後唐改梁之輝州為單州。㉘吳越王鏐遣浙西安撫判官皮光業自建、汀、虔、郴、潭、岳、荊南道入貢：胡三省曰：「吳越界西南盡衢州。按九域志，自衢州界西南至建州四百四十五里，自建州西至汀州九百三十里，自汀州西至虔州五百五十里，自虔州西至郴州六百六十里，自郴州東北至潭州四百九十八里，自潭州東北至岳州三百八十五里，自岳州西北至荊南四百三十里。」《舊唐書・地理志》，唐高祖武德四年置建州於隋建安郡之建安縣，玄宗天寶元年，改為建安郡，肅宗乾元元年，復為建州，建安縣，吳置，漢治縣地也，以建溪為名，即今福建省建甌縣。玄宗開元二十四年，開福、撫二州山洞置汀州，天寶元年，改為臨汀郡，肅宗乾元元年，復為汀州，治長汀縣，即今福建省長汀縣。高祖武德四年，於隋桂陽郡置郴州，玄宗天寶元年，改為桂陽郡，肅宗乾元元年，復為郴州，治郴縣，漢桂陽郡治也，即今湖南省郴縣。高祖武德四年，於隋長沙郡置潭州，玄宗天寶元年，改為長沙郡，肅宗乾元元年，復為潭州，以昭潭為名也，治長沙縣，漢長沙郡臨湘縣也，隋改曰長沙，即今湖南省長沙縣。㉙光業，日休之子也：皮日休見卷二百五十四唐僖宗廣明元年。㉚秋，七月，甲寅朔，晉王至魏州：《五代史・唐莊宗紀》，五月，晉王還晉陽，至是復自晉陽至魏州。㉛上嘉吳越王鏐貢獻之勤：以其取道同遠入貢也。㉜朝議多言鏐之入貢，利於市易：謂鏐利於梁朝之官爵而入貢，如相與為市，以其所有易其所無也。㉝蓬萊尉：蓬萊縣尉。蓬萊，登州治。㉞將六十萬出鳳州：出鳳州取道寶雞以攻鳳翔。㉟天雄節度使王宗儔：《五代史記・職方考》，蜀置天雄軍於秦州。蜀取秦州見上年十一月。㊱將兵十二萬出秦州以伐岐：出秦州以攻隴州。㊲晉人復以相州隸天雄軍：去年梁分相州為昭德軍，今廢昭德軍，復使相州隸天雄軍。㊳寶舉城降：舉邢州城以降晉。㊴晉王以寶為東南面招討使，領天平節度使，同平章事：唐置天平軍節度於鄆州，時為梁有，晉遙授之而已。㊵以李存審為安國節度使，鎮邢州：梁置保義軍於邢州，至是晉改為安國軍。㊶契丹王阿保機帥諸部兵三十萬，號百萬，自麟、勝攻晉蔚州，陷之，虜振武節使李嗣本：振武節度使治單于都護府城內，註已見前。按《遼史・太祖紀》，是月，契丹拔朔方，擒李嗣本，勒石紀功於青塚南，十一月，下蔚、新、武、媯、儒五州，《通鑑》誤也。胡三省曰：「契丹攻蔚州，自麟、勝出詭道以掩晉不備也。按麟、勝至蔚州，中間縣隔雲、朔，蔚州恐當作朔州。」《舊唐書・地理志》，唐高祖武德中，於隋榆林郡置勝州，玄宗天寶元年，復為榆林郡，肅宗乾元元年，復為勝州，治榆林縣，隋置，故治在今綏遠省境鄂爾多斯左翼後旗黃河南流處。以北近榆林塞，故名。又玄宗天寶元年，割勝州之連谷、銀城二縣置麟州，並析二縣地置新泰縣為州治，其年，改麟州為新泰郡，肅宗乾元元年，復為麟州，故治在今陝西省神木縣北四十里。蔚州，隋鴈門郡之靈丘縣也。唐高祖武德六年置蔚州，寄治幷州陽曲縣，七年，寄治代州繁畤縣，八年，又寄治忻州秀容縣之北恆州城，太宗貞觀五年，始移治靈邱縣，玄宗天寶元年，改為安邊郡，肅宗至德二年，改為與唐郡，乾元元年，復為蔚州，故治即今山西省靈邱縣。唐書地理志，玄宗開元初，蔚州徙治安邊縣，肅宗至德二年，復治靈邱也。安邊縣即今察哈爾省蔚縣。㊷契丹進攻雲州，存璋悉力拒之：大同軍治雲州。㊸王性孝，故雖經營河北而數還晉陽省曹夫人，歲再三焉：曹夫人，晉王之生母，卒謚貞簡皇太后。《五代史・唐后妃傳》，晉王之援鎮、定也，太后曰：「予齒漸衰，兒但不墜先人之業為幸矣，何事櫛風沐雨，離我晨昏？」王曰：「稟先王之遺旨，須滅仇讎，山東之事，機不可失。」及發，太后餞於汾僑，悲不自勝。王既平定趙、魏，駐節鄴城，每一歲之內，馳賀歸寧者數四，民士服其仁孝。寧，安也，歸寧，歸問父母之安。㊹晉人以兵逼滄州，順化節度使戴思遠棄城奔東都：時河朔之地，皆為晉有，滄州孤危，戴思遠不能守。㊺晉王徙李存審為橫海節度使，鎮滄州：李存審自安國軍徙為橫海軍。唐置橫海軍節度於滄州，梁曰順化軍，既屬晉，復改為橫海軍，從唐舊也。㊻嗣源以安重誨為中門使：胡三省曰：

「晉王封內，凡節鎮晉有中門使，其任即天朝樞密使也。」㊼重誨，應州胡人也：《五代史・安重誨傳》，重誨之先本北部豪長，父福遷，為河東將，救兗、鄆而歿。㊽晉人圍貝州踰年：晉圍貝州始上年八月。㊾吳光州將王言殺刺史載肇：胡三省曰：「載當作戴。」《舊唐書・地理志》，唐高祖武德三年，改隋弋陽郡為光州，玄宗天寶元年，改為弋陽郡，肅宗乾元元年，復為光州，州治定城縣，漢汝南郡弋陽縣地，南齊為南弋陽縣，尋改為定城縣，即今河南省潢川縣。㊿楚州：《舊唐書・地理志》，唐高祖武德四年，立東楚州於隋江都郡之山陽縣，八年，廢西楚州，遂改東楚州曰楚州，玄宗天寶元年，改為淮陰郡，肅宗乾元元年，復為楚州。山陽縣，晉置，漢臨淮郡射陽縣地也，縣東南境有射湖，故治即今江蘇省淮安縣。(五一)慎縣：《舊唐書・地理志》，隋置慎縣，唐屬廬州，故治在今安徽省合肥縣東北。(五二)寶雞：《舊唐書・地理志》，唐肅宗至德二年，改陳倉縣曰鳳翔縣，尋改為寶雞縣，屬鳳翔府，即今陝西省寶雞縣。(五三)王宗播等出故關，至隴州：胡三省曰：「故關，大震故關也。自薛逵徙築安戎關，由是汧隴之人，謂大震為故關，安戎為新關。」故關在新關之東，今陝西省隴縣西隴山下，即隴關故關也。《唐書・地理志》，汧源縣西有安戎關，在隴山，本大震關，唐宣宗大中六年防禦使薛逵所築，更名安戎關。(五四)保勝節度使：胡三省曰：「岐置保勝軍於隴州。」(五五)珏，綮之姪孫也：鄭綮見卷二百五十九唐昭宗乾寧元年。(五六)潁州：《舊唐書・地理志》，唐高祖武德四年，於隋汝陰郡汝陰縣西北十里置信州，六年，改為潁州，移州治於汝陰縣，玄宗天寶元年，改為汝陰郡，肅宗乾元元年，復為潁州，故治即今安徽省阜陽縣。(五七)是歲，慶州叛附於岐：慶州本岐地也，邠寧節度使之巡屬，去年李保衡以邠寧附梁，遂為梁有。(五八)寧、衍二州：胡三省曰：「衍州，岐李茂貞置，在寧、慶之間，宋廢衍州為定平鎮，屬邠州。」故治在今甘肅省寧縣南六十里。按《唐志》無衍州，《五代史記・職方考》衍州下未言岐置，蓋置於唐末。《五代史・郡縣志》，周世宗顯德五年六月，廢衍州為定平鎮，隸邠州，蓋後周時衍州已廢。(五九)劉開道：胡三省曰：「劉開道，必指劉知俊也。知俊為梁開道指揮使，又嘗鎮同州。」(六〇)及守光被圍於幽州：事見上卷。(六一)述律后勇決多權變，阿保機行兵御眾，述律后常預其謀：《遼史・后妃傳》曰：「太祖淳欽皇后述律氏，諱平，小字月理朵，其先回鶻人，糯思生魏寧舍利，魏寧生慎思梅里，慎思生婆姑梅里，婆姑娶匀德恝王女，生后於契丹右大部。婆姑名月椀，仕遙輦氏為阿扎割只。后簡重果斷有雄略，嘗至遼、土二河之會，有女子乘青牛車，倉卒避路，忽不見。未幾童謠曰：『青牛嫗，曾避路。』蓋諺謂地祇為青牛嫗云。太祖即位，羣臣上尊號曰地皇后。太祖平渤海，后與有謀。」《遼史・國語解》，舍利，諸帳官；阿札割只，墩官也，位在樞密使下；梅里，貴戚官名也，未詳何職。(六二)阿保機嘗度磧擊党項：党項在磧西。《五代會要》曰：「党項羌，古析枝之地，漢西羌之別種，其地東至松州，南接舂桑、迷桑諸羌，北連吐谷渾，處山谷間，旦三千餘里，種有數姓，自為部落，一姓之中，復分為小部落，有細封氏、費聽氏、析氏、野利氏、拓拔氏，最為強族。俗皆土著，居有棟宇，織毛罽以覆之。其人多壽，或至百五六十歲。不事生業，好為盜竊，自唐寶應、正元之後，皆率部族內附，居慶州號東山部落，居夏州號平夏部落。」《五代史記・四夷附錄》曰：「党項無城邑而有室屋，以毛罽覆之。」

《冊府元龜》曰：「党項其種有巖昌、白銀狼，東接臨洮，西距葉護，南北數千里，處山谷間，每姓別為部落，大者五千餘騎，小者千餘騎。」㊂黃頭，臭泊二室韋：胡三省曰：「黃頭室韋，彊部也；臭泊室韋，以所居地名其部。」黃頭室韋參見卷二百六十六太祖開平元年。㊃晉王方經營河北，欲結契丹為援，常以叔父事阿保機，以叔母事述律后：以晉王克用與阿保機結為兄弟。㊄劉守光末年衰困，遣參軍韓延徽求援於契丹：《遼史・韓延徽傳》：「延徽字藏明，幽州安次人，少英敏，燕帥劉仁恭奇之，召為幽都府文學，平州錄事參軍。」葉隆禮《契丹國志》曰：「韓延徽仕劉守光為幕府參軍，守光與六鎮構怨，自稱燕帝，延徽諫之不從，守光置斧質於庭曰：『敢諫者斬。』孫鶴力諫，守光殺之，延徽以幕府之舊，且素重之，得全。守光末年衰困，盧龍所屬，皆入於晉，遣延徽求援於契丹。」按此皆守光未滅時事，史因遼太祖建國而追述之。㊅求東歸省母：自晉陽東歸幽州也。㊆過真定，止於鄉人王德明家：王德明，趙王鎔養子也，即燕人張文禮。真定，鎮州治。㊇叛而復往，得無取死乎：言延徽既叛契丹而歸中國，今復往，恐將為所殺也。㊈契丹主聞其至，大喜，如自天而下：《遼史・韓延徽傳》，延徽既至，遼主問其故，延徽曰：「忘親非孝，棄君非忠，臣雖挺身逃，臣心在陛下，臣是以復來。」遼主大悅，賜名曰匣列，匣列者，遼言復來也。㊉及稱帝，以延徽為相，累遷至中書令：按《五代史記・四夷附錄》，阿保機以延徽為相，號政事令，契丹謂之崇文相公。《遼史・韓延徽傳》亦云，守政事令，崇文館大學士。㊀契丹必不南牧：南牧，南侵也。賈誼〈過秦論〉：「胡人不敢南下而牧馬。」㊁故終同光之世，契丹不深入為寇，延徽之力也：胡三省曰：「按莊宗之世，契丹圍周德威，救張文禮，曷嘗不欲深入為寇哉？晉之兵力方強，能折其鋒耳，豈延徽之力邪！」同光，唐莊宗年號。

三年（西元九一七年）

㈠春，正月，詔宣武節度使袁象先救潁州㈠。既至，吳軍引還。

㈡二月甲申（初五日），晉王攻黎陽，劉鄩拒之，數日，不克而去。

㈢晉王之弟威塞軍防禦使存矩在新州㈡，驕惰不治，侍婢預政。晉王使募山北部落驍勇者及劉守光亡卒以益南討之軍，又率其民出馬，民或鬻十牛易一戰馬，期會迫促，邊人嗟怨。存矩得五百騎，自部送之，以壽州刺史盧文進為裨將㈢。行者皆憚遠役，存矩復不存恤。甲午（十五日），至祁溝關，小校宮彥璋與士卒謀曰：「聞晉王與梁人確鬥㈣，騎兵死傷不少，吾儕捐父母妻子，為人客戰㈤，千里送死而使長復不矜恤㈥，奈何？」眾曰：「殺使長，擁盧將軍還新州，據城自守，其如我何？」因執兵大譟，趣傳舍，詰朝，存矩寢未起，就殺之，文進不能制㈦，撫膺哭其尸曰：「奴輩既害郎君，使我何面復見晉王？」因為眾所擁還新州，守將楊全章拒之，又攻武州㈧，鴈門以北都知防禦兵馬使李嗣肱擊敗之，周德威亦遣兵追討，文進帥其眾奔契丹。晉王聞存矩不道以致亂，殺侍婢及幕僚數人

㈣初，幽州北七百里有渝關，下有渝水通海，自關東北循海有道，道狹處纔數尺，旁皆亂山，高峻不可越㈨，比至進牛口㈩，舊置八防御軍，募士兵守之，田租皆供軍食，不入於薊⑪，幽州歲致繒纊以供戰士衣，每歲早穫，清野堅壁以待契丹，契丹至，輒閉壁不戰，俟其去，選驍勇據隘邀之，契丹常失利走，士兵皆自為田園，力戰有功，則賜勳加賞⑫，由是契丹不敢輕入寇。及周德威為盧龍節度使，恃勇不修邊備，遂失渝關之險，契丹每芻牧於營平之間⑬。德威又忌幽州舊將有名者，往往殺之，吳王遣使遺契丹主以猛火油⑭，曰攻城，以此油然火焚樓櫓，敵以水沃之，火愈熾。契丹主大喜，即選騎三萬欲攻幽州。述律后哂之曰：「豈有

試油而攻一國乎？」因指帳前樹，謂契丹主曰：「此樹無皮，可以生乎？」契丹主曰：「不可。」述律后曰：「幽州城亦猶是矣！吾但以三千騎伏其旁，掠其四野，使城中無食，不過數年，城自困矣，何必如此躁動輕舉，萬一不勝，為中國笑，吾部落亦解體矣！」契丹主乃止。

三月，盧文進引契丹兵急攻新州，刺史安金全不能守，棄城走，文進以其部將劉殷為刺史，使守之。晉王使周德威合河東、鎮、定之兵攻之，旬日不克，契丹主帥眾三十萬救之，德威眾寡不敵，大為契丹所敗，奔歸。

㈤楚王殷遣其弟存攻吳上高，俘獲而還。

㈥契丹乘勝進圍幽州，聲言有眾百萬，氈車毳幕㈤，彌漫山澤。盧文進教之攻城，為地道，晝夜四面俱進，城中穴地，然膏以邀之，又為土山以臨城，城中鎔銅以灑之，日殺千計而攻之不止。周德威遣間使詣晉王告急，王方與梁相持河上，欲分兵則兵少，欲勿救恐失之，謀於諸將，獨李嗣源、李存審、閻寶勸王救之。

王喜曰：「昔太宗得一李靖，猶擒頡利㈥。今吾有猛將三人，復何憂哉！㈦」存審、寶以為虜無輜重，勢不能久，俟其野無所掠，食盡自還，然後踵而擊之。李嗣源曰：「周德威，社稷之臣，今幽州朝夕不保，恐變生於中，何假待虜之衰？臣請身為前鋒以赴之。」王曰：「公言是也。」即日命治兵。

夏，四月，晉王命嗣源將兵先進，軍於淶水㈧，閻寶以鎮、定之兵繼之。

㈦吳昇州刺史徐知誥治城市府舍甚盛。五月，徐溫行部至昇州㈨，愛其繁富，潤州司馬陳彥謙勸溫徙鎮海軍治所於昇州⑳，溫從之，徙知誥為潤州團練使。知誥求宣州，溫不許，知誥不樂。宋齊丘密言於知誥曰：「三郎驕縱，敗在朝夕，潤州去廣陵隔一水耳㉑，此天授也。」知誥悅，即之官。三郎，謂溫長子知訓也，溫以陳彥謙為鎮海節度判官，溫但舉大綱，細務悉委彥謙，江淮稱治。彥謙，常州人也㉒。

㈧高季昌與孔勍修好㉓，復通貢獻。

【今註】㊀詔宣武節度使袁象先救潁州：吳圍潁州始去年十一月。㊁晉王之弟威塞軍防禦使在新州：《五代史記·職方考》，後唐置威塞軍於新州。《輿地廣記》，新州，唐末置，後唐莊宗同光二年，升威塞軍節度。按《通鑑》，晉蓋先置威塞軍於新州，先為防御軍，滅梁後升為節鎮也。《唐書·地理志》，新州治永興縣，即今察哈爾省涿鹿縣。㊂以壽州刺史盧文進為裨將：胡三省曰：「壽州屬吳，盧文進遙領刺史耳！」馬令《南唐書》作蔚州刺史盧文進。意是時晉盡有河朔之地，壽州屬吳，無遙領之理，從《南唐書》作蔚州為是。㊃確鬥：胡三省曰：「確，堅也，凡戰者隨兵勢而為進退離合，至於確鬥，則兩敵相當，用實力而鬥，惟堅耐而用長技乃勝耳！」㊄客戰：戰於異鄉也。㊅千里送死而使長復不矜恤：胡三省曰：「防禦使為一州之長，故曰使長。」㊆存矩寢未起，就殺之，文進不能制：馬氏《南唐書》曰：「盧文進，字大用，范陽人也，為劉守光騎將。唐莊宗攻范陽，文進先降，拜蔚州刺史，莊宗以屬其弟存矩。存矩為團練使，統山後八軍，莊宗與劉鄩相拒於莘，召存矩會兵擊鄩，存矩募山後勁兵數千人，課民出馬，民以十牛易一馬，山後之人皆怨，而兵又不樂南行，至祁溝關，聚而謀亂。文進有女，少而美，存矩求為側室，文進以其大將，不敢拒，雖與，心常歉之也，因與亂軍殺存矩，反攻新州，不克，攻武州，又不克，遂奔於契丹，契丹使守平州。」按《南唐書》，存矩之死，盧文進有謀焉，與《通鑑》小異。㊇武州：《輿地廣記》，武州，唐末置，後唐明宗長興元年，改為毅州。《唐書·地理志》，武州領文德一縣，即今察哈爾省宣化縣。㊈幽州北七百里有渝關，下有渝水通海，自關東北循海有道，道狹處纔數尺，旁皆亂山，高峻不可越：唐書地理志，平州石城縣本曰臨渝，有臨渝關，一名臨閭關。按臨渝關，即渝關也，又作榆關。《五代史記・四夷附錄》曰：「距幽州北七百里有榆關，關東臨海，北有兔耳、覆舟山，山皆斗絕，並海東北有路，狹僅通車，其旁地可耕植，唐時置東西硤石、淥疇、米磚、長揚、黃花、紫蒙、白狼等戍於此以扼契丹。」《續通典》曰：「渝關關城下有渝水入大海，其關東臨海，北有兔耳山、覆舟山，皆皆斗峻，山下尋海道東北行，狹處纔通一軌。三面皆海，北連陸關，西亂山至進牛柵，凡六口，柵戍相接，此天所以限戎狄者也。」渝關在今河北省臨渝縣東門，今曰山海關。⑽比至進牛口：比當作北，進牛口即進牛柵。⑾田租皆供軍食，不入於薊：幽州盧龍軍節度治薊縣。⑿賜勳加賞：賜勳級，加賞賜。⒀遂失渝關之險，契丹每芻牧於營平之間：謂契丹得入渝關而侵擾於營、平二州之間。《金虜節要》曰：「燕山之地，易州西北乃金坡關，昌平縣之西乃居庸關，順州之地乃古北口，景州之東北乃松亭關，平州之東乃渝關，渝關之東即金人來路也。此數關皆天造地設以分蕃漢之限，一夫守之，可以當百。本朝復燕之役，若得諸關，則燕山之境可保，然關內之地，平、灤、營三州自後唐陷於阿保機，改平州為遼興府，以營、灤二州隸之，號為平州路，至石晉之初，耶律德光又得燕山檀、順、景、薊、涿、易諸州，建燕山為燕京，以轄六郡，號燕京路，而與平州自成兩路。海上議割地，但云燕云兩路而已，初謂燕山路盡得關內之地，殊不知燕山、平州盡在關內而異路也。破遼之後，金人復得平州路據之，故阿離不由平州入寇，乃當時議燕雲不明地理之故。」又金虜行程云：「灤州古無之，唐末阿保機攻陷平、營，劉守光據幽州，暴虐，民多亡入虜中，乃築此城。營州，古柳城郡，漢、唐遼西地，其城外多大山，高下皆石，不產草木，地當營室，故以為名。自營州東至渝關，並無保障，沃野千里，北限大山，重岡複嶺，中有五關，唯渝關、居庸可以通餉饋，松亭、金坡、古北口止通人馬，不可行車。其山之南，則五穀百果，良材美木，無所不有，出關未數里，則地皆脊鹵，豈天設此以限華夷乎！」⒁猛火油：即石油。⒂氈車毳幕：契丹作戰，多以車隨。氈車者，施氈帳於車上以禦風雪。毳音脆，鳥獸細毛也，以毳為帳幕，亦以禦寒。⒃昔太宗得李靖，猶擒頡利：李靖擒頡利可汗，見卷一百九十三唐太宗貞觀四年。⒄今吾有猛將三人，復何憂哉：晉王以李嗣源，李存處、閻寶比唐李靖，蓋欲以激勵其氣。⒅晉王命嗣源將兵先進，軍于淶水：《舊唐書・地理志》，淶水縣，漢遒縣地，唐屬易州，即今河北省淶水縣。宋白曰：「李嗣源時屯淶水，扼祁溝諸關以伺賊勢。」⒆徐溫行部至昇州：吳以昇、潤、常、宣、歙、池六州為鎮海軍巡屬，見上貞明元年。⒇潤州司馬陳彥謙勸溫徙鎮海軍治所於昇州：鎮海軍本治潤州。㉑潤州去廣陵隔一水耳：徐溫出鎮潤州，留長子知訓於廣陵輔政。揚、潤夾江相去纔五十餘里，故曰一水之隔，言其近可俟其變也。㉒彥謙常州人也：《九國志》曰：「彥謙，毗陵人，少負壯節，有理繁治劇之才，楊行密定江表，召為潤州司馬，以幹略聞，徐溫鎮浙右，以機務為寄，彥謙亦坦然不疑，言行計從，人莫能間。」唐常州，宋曰常州毗陵郡。㉓高季昌與孔勍修好：高季昌為孔勍所敗見上卷太祖乾化二年。

卷二百七十 後梁紀五

司馬光編集
林瑞翰註

起彊圉赤奮若七月，盡屠維單閼九月，凡二年有奇。（丁丑七月至己卯九月，西元九一七年至九一九年）

均王中

貞明三年（西元九一七年）

㈠秋，七月庚戌（初三日），蜀主以桑弘志為西北面第一招討，王宗宏為東北面第二招討。己未（十二日），以兼中書令王宗侃為東北面都招討，武信節度使劉知俊為西北面都招討㊀。

㈡晉王以李嗣源、閻寶兵少，未足以敵契丹，辛未（二十四日），更命李存審將兵益之㊁。

㈢蜀飛龍使唐文扆居中用事，張格附之，與司徒判樞密院事毛文錫爭權，文錫將以女適左僕射兼中書侍郎同平章事庾傳素之子，會親族於樞密院用樂，不先表聞，蜀主聞樂聲，怪之，文扆從而譖之。八月庚寅（十三日），貶文錫茂州㈢司馬，其子司封員外郎詢流維州，籍沒其家，貶文錫弟翰林學士文晏為榮經尉㈣，傳素罷為工部尚書，以翰林學士承旨使凝績權判內樞密院事。凝績，傳素之再從弟㈤也。

㈣清海、建武節度使劉巖即皇帝位於番禺㈥，國號大越，大赦，改元乾亨。以梁使趙光裔為兵部尚書，節度副使楊洞潛為兵部侍郎，節度判官李殷衡為禮部侍郎，並同平章事。建三廟，追尊祖安仁曰太祖文皇帝，父謙曰代祖聖武皇帝，兄隱曰烈宗襄皇帝。以廣州為興王府。

㈤契丹圍幽州且二百日㈦。城中危困。李嗣源、閻寶、李存審步騎七萬會於易州㈧。存審曰：「虜眾吾寡，虜多騎，吾多步，若平原相遇，虜以萬騎蹂吾陳，吾無遺類矣。」嗣源曰：「虜無輜重，吾行必載糧食自隨，若平原相遇，虜抄吾糧，吾不戰自潰矣！不若自山中潛行趣幽州，與城中合勢，若中道遇虜，則據險拒之。」甲午（十七日），自易州北行，庚子（二十三日），踰大房嶺㈨，循澗而東。嗣源與養子從珂將三千騎為前鋒，距幽州六十里，與契丹遇，契丹驚却，晉兵翼而隨之㈩。契丹行山上，晉兵行澗下，每至谷口，契丹輒邀之，嗣源父子力戰，乃得進，至山口，契丹以萬餘騎遮其前將士失色。嗣源以百餘騎先進，免冑揚鞭，胡語謂契丹曰：「汝無故犯我彊場，晉王命我將百萬眾，直抵西樓㈡，滅汝種族。」因躍馬奮撾，三入其陳，斬契丹酋長一人，後軍齊進，契丹兵却，晉兵始得出。李存審命步兵伐木為鹿角，人持一枝，止則成寨。契丹騎環寨而過，寨中發萬弩射之，流矢蔽日，契丹人馬死傷塞路。將至幽州，契丹列陳待之，存審命步兵陳於其後㈢，戒勿動，先令羸兵曳柴然草而進，煙塵蔽天，契丹莫測其多少，因鼓譟合戰，存審乃趣後陳起乘之，契丹大敗，席卷其眾，自北山去㈢，委棄車帳、鎧仗、羊馬滿野，晉兵追之，俘斬萬計。辛丑（二十四日），嗣源等入幽州，周德威見之，握手流涕㈣。

契丹以盧文進為幽州留後㈤，其後又以為盧龍節度使。文進常居平州，帥奚騎歲入北邊，殺掠吏民。晉人自瓦橋運糧輸薊城㈥，雖以兵援之，不免抄掠。契丹每入寇，則文進帥漢卒為鄉導。盧龍巡屬諸州，為之殘弊㈠㈦。

㈥劉鄩自滑州入朝，朝議以河朔失守責之㈠㈧；九月，落鄩平章事，左遷亳州團練使。

㈦冬，十月己亥（二十三日），加吳越王鏐天下兵馬元帥。

㈧晉王還晉陽㈠㈨。王連歲出征，凡軍府政事，一委監軍使張承業。承業勸課農桑，畜積金穀，收市兵馬，徵租行法，不寬貴戚，由是軍城㈡〇肅清，饋餉不乏。王或時須錢蒱博及給賜伶人，而承業靳之㈡㈠，錢不可得，王乃置酒錢庫，令其子繼岌為承業舞，承業以寶帶及幣、馬贈之，王指錢積呼繼岌小名，謂承業曰：「和哥乏錢，七哥㈡㈡宜以錢一積與之，帶、馬未為厚也。」承業曰：「郎君纏頭㈡㈢，皆出承業俸祿，此錢，大王所以養戰士也。承業不敢以公物為私禮。」王不悅，憑酒㈡㈣以語侵之，承業怒曰：「僕，老敕使耳，非為子孫計，惜此庫錢，所以佐王成霸業也，不然，王自取用之，何問僕為？不過財盡民散，一無所成耳！」王怒，顧李紹榮索劍，承業起挽王衣，泣曰：「僕受先王顧托之命，誓為國家誅汴賊㉕，若以惜庫物，死於王手，僕下見先王無愧矣㉖，今日就王請死。」閻寶從旁解承業手令退，承業奮拳毆寶踣地，罵曰：「閻寶，朱溫之黨，受晉大恩㉗，曾不盡忠為報，顧欲以諂媚自容邪？」曹太夫人聞之，遽令召王㉘，王惶恐，叩頭謝承業曰：「吾以酒失忤七哥，必且得罪於太夫人，七哥為吾痛飲，以分其過。」王連飲四卮，承業竟不肯飲。

王入宮，太夫人使人謝承業曰：「小兒忤特進㉙，適已笞之矣！」明日，太夫人與王俱至承業第謝之㉚，未幾，承制授承業開府儀同三司、左衛上將軍、燕國公。承業固辭不受，但稱唐官以至終身。

掌書記盧質嗜酒輕傲，嘗呼王諸弟為豚犬，王銜之。承業恐其及禍，乘閒言曰：「盧質數無禮請為大王殺之。」王曰：「吾方招納賢才，以就功業，七哥何言之過也？」承業起立賀曰：「王能如此，何憂不得天下？」質由是獲免。

晉王元妃衛國韓夫人，次燕國伊夫人，次魏國劉夫人。劉夫人最有寵㉑，其父成安人，以醫卜為業㉒，夫人幼時，晉將袁建豐掠得之㉓，入於王宮，性狡悍淫妒，從王在魏，父聞其貴，詣魏宮上謁，王召袁建豐示之，建豐曰：「始得夫人時，有黃鬚丈人護之，此是也。」王以語夫人，夫人方與諸夫人爭寵，以門地相高，恥其家寒微，大怒曰：「妾去卿時，略可記憶，妾父不幸死亂兵，妾守尸哭之而去，今何物田舍翁敢至此？」命笞劉叟於宮門。

㈨越主巖遣客省使劉瑭使於吳告即位㉔，且勸吳王稱帝。

㈩閏月戊申（初二日），蜀主以判內樞密院庾凝績為吏部尚書、內樞密使。

(十一)十一月，丙子朔，日南至，蜀主祀圓丘。

(十二)晉王聞河冰合，曰：「用兵數歲，限一水，不得度㉕，今冰自合，天贊我也。」亟如魏州。

(十三)蜀主以劉知俊為都招討使㉖，諸將皆舊功臣，多不用其命，且疾之，故無成功㉗，唐文扆數毀之，蜀主亦忌其才，普謂所親曰：「吾老矣，知俊非爾輩所能馭也！」十二月辛亥（初六日），收知俊，稱其謀叛，斬於炭市。

(十四)癸丑（初八日），蜀大赦，改明年元曰光天。

(十五)壬戌（十七日），以張宗奭為天下兵馬副元帥。

(十六)帝論平慶州功㊳，丁卯（二十二日），以左龍虎統軍賀瓌為宣義節度使，同平章事，尋以為北面行營招討使。

(十七)戊辰（二十三日），晉王畋於朝城㊴。是日，大寒，晉王視河冰已堅，引步騎稍度，梁甲士三千戍楊劉城，緣河數十里，列柵相望，晉王急攻，皆陷之，進攻楊劉城，使步兵斬其鹿角，負葭葦㊵塞塹，四面進攻，即日拔之，獲其守將安彥之。

先是租庸使戶部尚書趙巖言於帝曰：「陛下踐阼以來，尚未南郊，議者以為無異藩侯，為四方所輕。請幸西都行郊禮，遂謁宣陵㊶。」敬翔諫曰：「自劉鄩失利以來㊷，公私困竭，人心惴恐。今展禮圜丘，必行賞賚，是慕虛名而受實弊也。且勁敵近在河上㊸，乘輿豈宜輕動？俟北方既平，報本㊹未晚。」帝不聽，己巳（二十四日），如洛陽，閱車服，飾宮闕，郊祀有日，聞楊劉失守，道路訛言晉軍已入大梁，扼汜水㊺矣，從官皆憂其家，相顧涕泣，帝惶駭失圖，遂罷郊祀，奔歸大梁。

(十八)甲戌（二十九日），以河南尹張宗奭為西都留守。

(十九)是歲，閩王審知為其子牙內都指揮使延鈞娶越主巖之女。

【今註】㈠以兼中書令王宗侃為東北面都招討，武信節度使劉知俊為西北面都招討：分二道以伐岐也。㈡晉王以李嗣源、閻寶兵少，未足以敵契丹，更命李存審將兵益之：《五代史・外國傳》曰：「契丹乘勝攻幽州，是時或言契丹三十萬，或言五十萬，所在北騎皆滿。」㈢茂州：《舊唐書・地理志》，唐高祖武德元年，改隋汶山郡為會州，四年，改為南會州，太宗貞觀八年，改為茂州，玄宗天寶元年，改為通化郡，肅宗乾元元年，復為茂州。州治汶山縣，漢蜀郡汶江縣，舊駹冉之地也，宋曰廣陽，周曰汶山，移治漢縣之南，即今四川省茂縣。㈣榮經尉：《舊唐書・地理志》，唐高祖武德三年，析漢嚴道縣地置榮經縣，屬雅州，即今四川省榮經縣。㈤再從弟：同祖之弟為從弟，同曾祖之弟為再從弟。㈥清海、建武節度使劉巖即皇帝位於番禺：《舊唐書・地理志》，番禺縣，唐屬廣州，按秦置番禺縣，為南海郡治，漢置交州，孫吳置廣州，皆治番禺，隋改番禺為南海，唐析南海兼置番禺縣，即今廣東省番禺縣。唐天祐元年，劉隱為廣州節度使，至是歷十三年而弟巖建號稱帝。㈦契丹圍幽州且二百日：契丹圍幽州始見上卷是年三月。㈧李嗣源、閻寶、李存審步騎七萬會於易州：胡三省曰：「閻寶班在李存審之下而先書寶者，嗣源與寶先進屯淶水而存審繼之也。」嗣源、寶自淶州引兵會存審於易州以援幽州也。匈奴須知，淶水西至易州四十里，易州東北至幽州二百二十里。㊈大房嶺：大房嶺在今河北省房山縣西北，相近有小房山，故曰大房以別之。《魏書・地形志》，良鄉縣有大房山，《水經注》，良鄉縣西北有大防山，雲南防水出焉。大防山即大房山也。㊉晉兵翼而隨之：張左右翼而躡其後也。㊁西樓：《趙志・忠虜廷雜記》曰：「遼太祖自號天皇王，於所居大部置樓，謂之西樓，今謂之上京，又於其南木葉山置樓，謂之南樓，又於其東千里置樓，謂之東樓，又於其北三百里置樓，謂之北樓。太祖四季遊獵於四樓之間。」《五代史記・四夷附錄》云：「契丹好鬼而貴日，每月朔旦，東向而拜日，其大聚會，視國事，皆以東向為尊，四樓門屋皆東向。」《五代史・外國傳》云：「契丹舊俗隨畜牧，素無邑屋，得燕人所教，乃為城郭宮室之制於漠北，距幽州三千里，名其邑曰西樓，邑屋門皆東向，如車帳之法，城南別作一城以實漢人，名曰漢城。」胡嶠《陷北記》曰：「自幽州西北入居庸關，明日又西北入石門關，關路崖狹，一夫可以當百，此中國控扼契丹之隘也。又三日至可汗州，又三日至新武州，西北行五十里有雞鳴山，又四日至歸化州，又三日登天嶺，嶺東西連亘，有路北下，四顧冥然，黃雲白草，不可窮極。又行三四日至黑榆林，又明日入斜谷，谷長五十里，高崖峻谷，仰不見日，又行二日渡湟水，又明日渡黑水，又二日至湯城淀地，又二日至儀坤州，渡麝香河，又二日至赤崖，又行三日，遂至上京，所謂西樓也。」是西樓即上京也，遼置臨潢府於此，謂之皇都，城臨潢水。清《一統志》曰：「今巴林東北，當烏爾圖綽農河會和戈圖綽農河處，有波羅城址，內有三塔，久毀，當即古之臨潢。」烏爾圖綽農河即倬納河，東流經博羅和屯東南，博羅即波羅，其故城在今熱河省林西縣，即內蒙古巴林東北一百四十里之波羅城。葉隆禮《契丹國志》曰：「西樓有蒲，瀕水叢生，葉如柳，長不盈尋丈，用以作箭，不矯揉而堅，左氏所謂董澤之蒲是也。」㊂存審命步兵陳於其後：存審令羸卒為軍鋒，而以步兵之勇健者陳於其後也。㊂自北山去：胡三省曰：「取古北口路而去。」古北口在今河北省密雲縣東北一百二十里，亦曰虎北口，長城之要隘也。顧炎武《昌平山水記》曰：「唐莊宗取幽州，遼太祖取山南，金之破遼兵，敗宋取燕京，皆由古北口，故中居庸、山海而制其阨塞者，古北、喜峯二口焉。」羅璧《識遺》曰：「虎北口即漢上谷郡，其山西連太行，東亘遼海，狼居胥諸山為襟帶，關南北通處，路繞兩崖間，風起，人行或為所掀，彭文子謂隘如線，側如傾，其峻絕天，其下有澗，巨石磊塊凡四十五里，艱折萬狀。山外寒氣先山南兩月，燕之東百里曰榆關，蓋自虎北口下，皆亂山層複，至此循海方有狹徑，實遼東諸州之障阻。」沈括曰：「檀州東北五十里有金溝館，自館少東北，乍原乍隰，三十餘里至中頓，過頓，屈折北行峽中，濟灤水，通三十餘里，鈎折投山隙以度，所謂古北口也。」高士奇《塞北小鈔》載蘇轍〈古北口道中〉詩云：「亂山環合疑無路，小徑縈回長傍谿，髣髴夢中尋蜀道，興州東谷鳳州西。」韓琦〈安陽集過虎北口〉詩云：「東西層巘鬱嵯峨，關口纔容數騎過，天意本將南北限，即今天意又如何！」㊃嗣源等入幽州，周德威見之，握手流涕：為敵所困久而得救，故喜極而流涕。㊄契丹以盧文進為幽州留後：期得幽州，故以為留後。㊅晉人自瓦橋運糧輸薊城：

瓦橋關在今河北省雄縣南易水上，唐代宗大曆九年，盧龍留後朱滔討田承嗣，軍於瓦橋，即此，後周置雄州於此。《元豐九域志》，瓦橋北至涿州一百二十里，涿州北至薊城一百二十里。⑰契丹每入寇，則文進帥漢卒為鄉導，盧龍巡屬諸州，為之殘弊：幽、涿、瀛、莫、檀、薊、平、營、嬀、順等州，皆盧龍巡屬。《五代史記・盧文進傳》曰：「文進之奔契丹也，數引契丹攻掠幽、薊之閒，虜其人民，教契丹以中國織紝工作無不備，契丹由是益彊。同光中，契丹數以奚騎出入塞上，攻掠燕趙，人無寧歲。唐兵屯涿州，歲時饋運，自瓦橋關至幽州，嚴兵斥堠，常苦鈔奪，為唐患者十餘年，皆文進為之也。」同光，後唐莊宗年號，胡三省曰：「盧龍諸州，自唐中世以來，自為一域，外而捍禦兩蕃，內而連兵河朔，其力常有餘，及幷於晉，則歲遣糧援繼之而不足，此其故何也？保有一隅者其心力專，廣土眾民，其心力有所不及也。」⑱劉鄩自滑州入朝，朝議以河朔失守責之：河朔失守事見上卷。⑲晉王還晉陽：自魏州還晉陽。⑳軍城：晉陽也。晉陽，河東節度使治所。㉑靳之：吝惜之而不與。㉒七哥：張承業行七，晉王以兄事之，呼之為七哥。㉓郎君纏頭：吳斗南曰：「漢制二千石以上得任其子為郎，故謂人之子弟曰郎君。」胡三省曰：「唐時凡為人舞，人則以錢綵寶貨謝之，謂之纏頭。」《舊唐書・郭子儀傳》：「出羅錦二百匹為子儀纏頭之費。」又〈僕固懷恩傳〉：「酒酣起舞，奉先贈纏頭彩。」蓋古者起舞，以錦纏頭，故為人舞者恆賜以羅錦為彩，謂之纏頭。㉔憑酒：借酒使氣也。㉕為國家誅汴賊：國家，謂唐室。朱梁都汴，故斥為汴賊。㉖僕下見先王無愧矣：先王，謂晉王李克用。㉗閻寶，朱溫之黨，受晉大恩：謂閻寶本梁臣，背梁歸晉，晉王不殺而寵貴之也。閻寶以邢州降晉，見上卷貞明元年。㉘曹太夫人聞之，遽令召王：欲召而責之。㉙小兒忤特進：小兒謂晉王。張承業於唐世未嘗為特進，此官蓋亦晉王承制授之。㉚明日，太夫人與王俱至承業第謝之：胡三省曰：「史言晉王之在魏，皆張承業足饋餉以輔之，亦內有曹夫人，故承業得行其志。」㉛劉夫人最有寵：孫光憲《北夢瑣言》曰：「莊宗劉皇后，魏州成安人，家世寒微。太祖攻魏州，取成安，得后，時年五六歲，歸晉陽宮為太后侍者，教吹笙。及笄，姿色絕眾，聲伎亦所長，太后賜莊宗，為韓國夫人侍者，後誕皇子繼笈，寵待日隆。」太后，即莊宗生母曹夫人。㉜其父成安人，以醫卜為業：《五代史記・唐家人傳》，劉夫人父劉叟，黃鬚，善醫卜，自號劉山人。《舊唐書・地理志》，成安縣，漢魏郡斥丘縣也，北齊改置成安縣，唐屬相州。《唐書・地理志》，唐哀帝天祐三年，移成安縣屬魏州。即今河北省成安縣。㉝夫人幼時，晉將袁建豐掠得之：《北夢瑣言》作內臣劉建豐，《五代史記・唐家人傳》作裨將袁建豐，蓋傳聞之異。㉞越主巖遣客省使劉瑭使於吳告即位：是年八月，劉巖稱帝。即位，即帝位也。㉟用兵數歲，限一水，不得度：謂阻於黃河之水，不得南渡也。胡三省曰：「貞明元年，晉得魏博兵，始窺河上，若以破夾寨為用兵之始，則已十年矣！」㊱蜀主以劉知俊為都招討使：見是年七月。㊲故無成功：謂伐岐無功也。㊳帝論平慶州功：賀瓌平慶州見上卷上年。㊴晉王敗於朝城：自魏州敗於朝城。《元豐九域志》，自魏州東南八十里至朝城，又十里至河。㊵葭葦：葭，葦之未秀者也，初生曰葭，長成曰葦。㊶請幸西都行郊禮，遂謁宣陵：西都，洛陽也，宣陵在河南伊闕縣，故請帝因郊西都而謁陵。㊷自劉鄩失利以來：劉鄩敗見上卷上年。㊸且勁敵近在河上：勁敵謂晉也。晉時盡陷河朔諸鎮，與梁但一河之隔。㊹報本：《晉書・禮志》曰：「郊祀者，帝王之重事，所以報本反始也。」㊺扼汜水：《舊唐書・地理志》，汜水縣屬河南府。汜水，古虎牢邑，在今河南省汜水縣西北，漢曰成皋，隋曰汜水，唐移縣治今河南省汜水縣。扼汜水，謂阨虎牢之險也。

四年（（西元九一八年））

㈠春正月，乙亥朔，蜀大赦，復國號曰蜀㈠。

㈡帝至大梁㈡，晉兵侵掠至鄆、濮而還㈢。

敬翔上疏曰：「國家連年喪師，疆土日蹙，陛下居深宮之中，所與計事者，皆左右近習，豈能量敵國之勝負乎？先帝之時，奄有河北㈣，親御豪傑之將，猶不得志㈤，今敵至鄆州，陛下不能留意。臣聞李亞子繼位以來，於今十年㈥，攻城野戰，無不親當矢石，近者攻楊劉，身負束薪，為士卒先，一鼓拔之。陛下儒雅守文，晏安自若，使賀瓌輩敵之，而望攘逐寇讎，非臣所知也。陛下宜詢訪黎老㈦，別求異策，不然，憂未艾也。臣雖駑怯，受國重恩，陛下必若乏才，乞於邊垂自効。」疏奏，趙、張之徒㈧，言翔怨望，帝遂不用。

㈢吳以右都押牙王祺為虔州行營都指揮使，將洪、撫、袁、吉之兵擊譚全播，嚴可求以厚利募贛石水工，故吳兵奄至虔州城下，虔人始知之㈨。

㈣蜀太子衍⑩好酒色，樂遊戲。蜀主嘗自夾城過，聞太子與諸王鬪雞擊毬，喧呼之聲⑪，歎曰：「吾百戰以立基業，此輩其能守之乎？」由是惡張格⑫而徐賢妃為之內主，竟不能去也。信王宗傑有才略，屢陳時政，蜀主賢之，有廢立意。二月癸亥（二十日），宗傑暴卒，蜀主深疑之。

㈤河陽節度使北面行營排陳使謝彥章⑬將兵數萬攻楊劉城，甲子（二十一日），晉王自魏州輕騎詣河上。彥章築壘自固，決河水，瀰浸數里，以限晉兵，晉兵不得進。彥章，許州人也。安彥之散卒多聚於兗、鄆山谷為羣盜，以觀二國成敗，晉王招募之，多降於晉。

㈥己亥（二月甲辰朔，無己亥），蜀主以東面招討使王宗侃為東西兩路諸軍都統⑭。

㈦三月，吳越王鏐初立元帥府，置官屬⑮。

㈧夏，四月，癸卯朔，蜀主立子宗平為忠王，宗特為資王。

㈨岐王復遣使求好於蜀⑯。

㈩己酉（初七日），以吏部侍郎蕭頃為中書侍郎，同平章事。

⑪保大節度使高萬金卒。癸亥（二十一日），以忠義節度使高萬興兼保大節度使，幷鎮鄜、延⑰。

⑫司空兼門下侍郎、同平章事趙光逢告老，己巳（二十七日），以司徒致仕。

⑬蜀主自永平末⑱，得疾昏瞀，至是增劇。以北面行營招討使兼中書令王宗弼沉靜有謀，五月，召還，以為馬步都指揮使。乙亥（初三日），召大臣入寢殿，告之曰：「太子仁弱，朕不能違諸公之請，踰次而立之⑲。若其不堪大業，可寘諸別宮，幸勿殺之，但王氏子弟，諸公擇而輔之。徐妃兄弟止可優其祿位，慎勿使之

掌兵預政，以全其宗族。」內飛龍使唐文扆久典禁兵，參預機密，欲去諸大臣，遣人守宮門，王宗弼等三十餘人日至朝堂，不得入見，文扆屢以蜀主之命慰撫之，伺蜀主殂，即作難，遣其黨內皇城使潘在迎偵察外事，在迎以其謀告宗弼等，宗弼等排闥入，言文扆之罪，以天冊府掌書記崔延昌權判六軍事⑳，召太子入侍疾。丙子（初四日），貶唐文扆為眉州刺史㉑，翰林學士承旨王保晦坐附會文扆，削官爵，流瀘州㉒。在迎，坑之子也㉓。

丙申（二十四日），蜀主詔中外財賦、中書除授、諸司刑獄案牘專委庾凝績，都城及行營軍旅之事委宣徽南院使宋光嗣。丁酉（二十五日），削唐文扆官爵，流雅州。辛丑（二十九日），以宋光嗣為內樞密使，與兼中書令王宗弼、宗瑤、宗綰、宗夔並受遺詔輔政。初，蜀主雖因唐制置樞密使，專用士人㉔，及唐文扆得罪，蜀主以諸將多許州故人㉕，恐其不為幼主用，故以光嗣代之，自是宦者始用事。六月壬寅（朔），蜀主殂。【考異】北夢瑣言云：「余聞宗弼親吏王處琪言建疑信王暴卒，唐文扆與徐妃、張格陰謀使尚食進雞燒餅，因寘毒，建疾困，大臣魏弘夫等請誅文扆，建曰：『太子好酒色，若不克負荷，幸無殺之，徐氏兄弟，勿與兵權。』言訖，長吁而逝。」劉恕按舊史貶衣扆後二十七日，蜀主始殂，疑王處琪之妄，孫光憲從而記之。癸卯（初二日），太子即皇帝位㉖，尊徐賢妃為太后㉗，徐淑妃為太妃，以宋光嗣判六軍諸衛事㉘。乙卯（十四日），殺唐文扆、王保晦，命西面招討副使王全昱殺天雄節度使唐文裔於秦州㉙，免左保勝軍使領右街使唐道崇官。

㈣吳內外馬步都軍使昌化節度使同平章事徐知訓驕倨淫暴，威武節度使知撫州李德誠㉚有家妓數十，知訓求之，德誠遣使謝曰：「家之所有，皆長年㉛，或有子，不足以侍貴人，當更為公求少而美者。」知訓怒，謂使者曰：「會當殺德誠，幷其妻取之。」知訓狎侮吳王，無復君臣之禮。嘗與王為優，自為參軍，使王為蒼鶻㉜，總角弊衣，執帽以從，又嘗泛舟濁河，王先起，知訓以彈彈之；又嘗賞花於禪智寺㉝，知訓使酒悖慢，王懼而泣，四座股栗。左右扶王登舟，知訓乘輕舟逐之，不及，以鐵撾殺王親吏，將佐無敢言，父溫皆不之知。

知訓及弟知詢皆不禮於徐知誥㉞，獨季弟知諫以兄禮事之㉟。知訓嘗召兄弟飲，知誥不至，知訓怒曰：「乞子不欲酒，欲劍乎？」

又嘗與知誥飲，伏甲欲殺之，知諫躡知誥足，知誥陽起如廁，遁去。知訓以劍授左右刁彥能，使追殺之，彥能馳騎及於中塗，舉劍示知誥而還，以不及告㊱。

平盧節度使同平章事諸道副都統朱瑾遣家妓通候問於知訓，知訓強欲私之，瑾已不平，知訓惡瑾位加己上，置靜淮軍於泗州，出瑾為靜淮節度使，瑾益恨之，然外事知訓愈謹。瑾有所愛馬，冬貯於幄，夏貯於幬㊲，寵妓有絕色，知訓過別瑾㊳，瑾置酒，自捧觴，出寵妓使歌，以所愛馬為壽，知訓大喜。瑾因延之中堂，伏壯士於戶內，出妻陶氏拜之㊴，知訓答拜，瑾以笏自後擊之踣地，呼壯士出斬之。瑾先繫二悍馬於廡下，將圖知訓，密令人解縱之，馬相蹄齧㊵，聲甚厲，以是外人莫之聞。瑾提知訓首出，知訓從者數百人皆散走。瑾馳入府，以首示吳王曰：「僕已為大王除害。」王懼，以衣障面，走入內曰：「舅自為之㊶，我不敢知。」瑾曰：「婢子不足與成大事。」以知訓首擊柱，挺劍㊷將出，子城使翟虔等已闔府門，勒兵討之㊸，乃自後逾城，墜而折足，顧追者曰：「吾為萬人除害，以一身任患。」遂自剄。徐知誥在潤州聞難，用宋齊丘策，即日引兵濟江㊹，【考異】吳錄、九國志、徐鉉江南錄，知訓死，知誥過江，皆無日。江南錄曰：「先主聞亂，即日以州兵度江，至廣陵，會瑾自殺，因撫定其眾。」十國紀年、吳史，六月，乙卯，瑾殺知訓，踰城自殺。戊午，知誥入揚州，代知訓執政，己未，誅瑾黨與。廣本，戊午，知誥親吏馬仁裕聞知訓死，自蒜山度白知誥，知誥即日帥兵入揚州，撫定吏民。按揚、潤相去至近，知誥豈得四日然後聞之？今從江南錄。瑾已死，因撫定軍府。時徐溫諸子皆弱，溫乃以知誥代知訓執吳政，沈朱瑾尸於雷塘而滅其族。瑾之殺知訓也，泰寧節度使米志誠從十餘騎問瑾所向，聞其已死，乃歸。

宣諭使李儼貧而困，寓居海陵㊺，溫疑其與瑾通謀，皆殺之。嚴可求恐志誠不受命，詐稱袁州大破楚兵，將吏皆入賀，伏壯士於戟門，擒志誠斬之，幷其諸子。

㊻壬戌（二十一日），晉王自魏州勞軍於楊劉，自泛舟測河水，其深沒槍。王謂諸將曰：「梁軍非有戰意，但欲阻水以老我師，當涉水攻之。」甲子（二十三日），王引親軍先涉，諸軍隨之，褰甲橫槍，結陳而進，是日，水落，深纔及膝。匡國節度使北面行營排陳使謝彥章帥眾臨岸拒之，晉兵不得進，乃稍引卻，梁兵

從之，及中流，鼓譟復進[46]，彥章不能支，稍退登岸，晉兵因而乘之，梁兵大敗，死傷不可勝紀[47]，河水為之赤，彥章僅以身免。是日，晉人遂陷濱河四寨。

（十六）蜀唐文扆既死，太傅、門下侍郎、同平章事張格內不自安[48]，或勸格稱疾俟命，禮部尚書楊玢自恐失勢，謂格曰：「公有援立大功[49]，不足憂也。」庚午（二十九日），貶格為茂州刺史，玢為榮經尉，吏部侍郎許寂、戶部侍郎潘嶠皆坐格黨貶官，格尋再貶維州司戶。庾凝績奏徙格於合水鎮[50]，令茂州刺史顧承鄖伺格陰事。王宗侃妻以格同姓，欲全之，謂承鄖母曰：「戒汝子勿為人報仇，他日將歸罪於汝。」承鄖從之，凝績怒，因公事抵承鄖罪。

秋，七月，壬申朔，蜀主以兼中書令王宗弼為鉅鹿王，宗瑤為臨淄王，宗綰為臨洮王，宗播為臨潁王。宗裔、宗夔及兼侍中宗黯皆為琅邪郡王[51]。甲戌（初三日），以王宗侃為樂安王。丙子（初五日），以兵部尚書庾傳素為太子少保，兼中書侍郎，同平章事。蜀主不親政事，內外遷除，皆出於王宗弼。宗弼納賄多私，上下咨怨，宋光嗣通敏，善希合(五二)，蜀主寵任之，蜀由是遂衰。

(七)吳徐溫入朝於廣陵(五三)，疑諸將皆預朱瑾之謀，欲大行誅戮。徐知誥、嚴可求具陳徐知訓過惡，所以致禍之由，溫怒稍解，乃命網瑾骨於雷塘而葬之(五四)，責知訓將佐不能匡救，皆抵罪，獨刁彥能屢有諫書，溫賞之。戊戌（二十七日），以知誥為淮南節度行軍副使、內外馬步都軍副使，通判府事，【考異】按十國紀年：六月、乙卯、知訓被殺，至此、四十四日，吳之政事必有所出，蓋知誥至廣陵，即代知訓執吳政，至此，方除官耳！兼江州團練使，以徐知諫權潤州團練事(五五)，溫還鎮金陵，總吳朝大綱，自餘庶政，皆決於知誥。知誥悉反知訓所為，事吳王盡恭，接士大夫以謙，御眾以寬，約身以儉，以吳王之命，悉蠲天祐十三年以前逋稅(五六)，餘俟豐年乃輸之(五七)，求賢才，納規諫，除奸猾，杜請托，於是士民翕然歸心，雖宿將悍夫，無不悅服。

先是吳有丁口錢(五八)，又計畝輸錢，錢重物輕(五九)民甚苦之。齊丘說知誥以為錢非耕桑所得，今使民輸錢，是教民棄本逐末也，請蠲丁口錢，自餘稅悉輸穀、帛、綢、絹，匹直千錢者當稅三千(六〇)。或曰：「如此，縣官歲失錢億萬計。」齊丘曰：「安有民富而國家貧者邪？」知誥從之。由是江、淮閒曠土盡闢㊅，桑柘㊁滿野，國以富彊。

知誥欲進用齊丘而徐溫惡之㊂，以為殿直軍判官。知誥每夜引齊丘於水亭屏語，常至夜分㊃，或居高堂，悉去屏障㊄，獨置大爐，相向坐不言，以鐵箸畫灰為字，隨以匙滅去之，故其所謀人莫得而知也。

㈥虔州險固，吳軍攻之久不下㊅，軍中大疫。王祺病，吳以鎮南節度使劉信為虔州行營招討使㊆。未幾，祺卒。譚全播求救於吳越、閩、楚，吳越王鏐以統軍使傳球為西南面行營應援使㊇，將兵二萬攻信州，楚將張可求將萬人屯古亭、閩兵屯雩都以救之㊈。信州兵纔數百，逆戰不利，吳越兵圍其城。刺史周本啟關，張虛幕於門內，召僚佐登城樓，作樂宴飲，飛矢雨集，安坐不動。吳越疑有伏兵，中夜解圍去。吳以前舒州刺史陳璋為東南面應援招討使，將兵侵蘇、湖㊉。

錢傳球自信州南屯汀州(七一)。

晉王遣閒使持帛書會兵於吳(七二)，吳人辭以虔州之難。

(十九)晉王謀大舉入寇，周德威將幽州步騎三萬，李存審將滄景步騎萬人，李嗣源將邢、洺步騎萬人，王處直遣將將易定步騎萬人，及麟、勝、雲、蔚、新、武等州諸部落奚、契丹、室韋、吐谷渾皆以兵會之。八月，并河東、魏博之兵，大閱於魏州。

(二十)蜀諸王皆領軍使，彭王宗鼎謂其昆弟曰：「親王典兵，禍亂之本。今王少臣彊，讒閒將興，繕甲訓士，非吾輩所宜為也。」因固辭軍使，蜀主許之，但營書舍，植松竹，自娛而已。

(二十一)泰寧節度使張萬進輕險好亂(七三)，時嬖倖用事，多求賂於萬進。萬進聞兵將出，己酉（初九日），遣使附於晉，且求援。以亳州團練使劉鄩為兗州安撫制置使，將兵討之。【考異】莊宗實錄，天祐十五年八月己酉，張萬進歸款。薛史末帝紀，貞明五年三月癸未，削奪張守進官爵，命劉鄩為制置使，十月，下兗州，族守進。萬進傳云，貞明四年七月叛，五年冬，拔其城。劉鄩傳，五年，萬進反，冬，拔其城。莊宗實錄萬進傳云，劉鄩攻圍歷年，屠其城。莊宗列傳云，天祐十五年八月，萬進歸於我。均王無實錄，紀傳多不同，難以為據，今以莊宗實錄、列傳為定。

(二十二)甲子（二十四日），蜀順德皇后殂(七四)。

(七三)乙丑（二十五日），蜀主以內給事王廷紹、歐陽晃、李周輅、朱光葆(七五)，宋承蘊、田魯儔等為將軍及軍使，皆干預政事，驕縱貪暴，大為蜀患，周庠切諫，不聽(七六)，晃患所居之隘，夜因風縱火，焚西鄰軍營百間，明旦，召匠廣其居，蜀主亦不之問。光葆，光嗣之從弟也。

(七四)晉王自魏州如楊劉，引兵略鄆、濮而還，循河而上，軍於麻家渡(七七)。賀瓌、謝彥章將梁兵屯濮州北行臺村，相持不戰(七八)。晉王好自引輕騎追敵營挑戰，危窘者數四，賴李紹榮力戰翼衛之得免(七九)，趙王鎔及王處直皆遣使致書曰：「元元(八〇)之命繫於王，本朝(八一)中興繫於王，奈何自輕如此？」王笑謂使者曰：「定天下者，非百戰何由得之？安可深居帷房以自肥乎？」

一旦，王將出營，都營使(八二)李存審扣馬泣諫曰：「大王當為天下自重，彼先登陷陳，將士之職也，存審輩宜為之，非大王之事也。」王為之攬轡而還。它日，伺存審不在，策馬急出，顧謂左右曰：「老子妨人戲。」王以數百騎抵梁營，謝彥章伏精甲五千於隄下，王引十餘騎度隄，伏兵發，圍王數十重，王力戰於中，後騎繼至者攻之於外，僅得出。會李存審救至，梁兵乃退，王始以存審之言為忠。

㈤吳劉信遣其將張宣等夜將兵三千襲楚將張可求於古亭，破之，又遣梁詮等擊吳越及閩兵。二國聞楚兵敗，俱引歸。

㈥梅山蠻寇邵州㈧，楚將樊須擊走之。

㈦九月壬午（十二日），蜀內樞密使宋光嗣以判六軍讓兼中書令王宗弼，蜀主許之。

㈧吳劉信晝夜急攻虔州，斬首數千級，不能克，使人說譚全播取質納賂而還。徐溫大怒，杖信使者。信子英彥典親兵，溫授英彥兵三千，曰：「汝父居上游之地，將十倍之眾㈣，不能下一城，是反也。汝可以此兵往，與父同反。」又使昇州牙內指揮使朱景瑜與之俱，曰：「全播守卒皆農夫，飢窘踰年，妻子在外，重圍既解，相賀而去，聞大兵再往，必皆逃遁，全播所守者空城耳，往必克之。」

㊇冬，十一月壬申（初三日），蜀葬神武聖文孝德明惠皇帝於永陵，廟號高祖。

㊈越主巖祀南郊，大赦，改國號曰漢。

㊉劉信聞徐溫之言，大懼，引兵還擊虔州，先鋒始至，虔兵皆潰。譚全播奔雩都，追執之㊇㊄。吳以全播為右威衛將軍，領百勝節度使。

先是吳越王鏐常自虔州入貢，至是道絕㊇㊅，始自海道出登、萊，抵大梁㊇㊆。

㊉初，吳徐溫自以權重而位卑，說吳王曰：「今大王與諸將皆為節度使，雖有都統之名，不足相臨制㊇㊇，請建吳國，稱帝而治。」王不許。嚴可求屢勸溫以次子知詢代徐知誥，知吳政，知誥與駱知祥謀，出可求為楚州刺史。可求既受命，至金陵，見溫，說之曰：「吾奉唐正朔，常以興復為辭，今朱、李方爭，朱氏日衰，李氏日熾，一旦李氏有天下，吾能北面為之臣乎？不若先建吳國，以繫民望。」溫大悅，復留可求參總庶政，使草具禮儀㊇㊈。知誥知

可求不可去，乃以女妻其子續。

㊽晉王欲趣大梁，而梁軍扼其前，堅壁不戰百餘日。十二月，庚子朔，晉王進兵距梁軍十里而舍㊿。

初，北面行營招討使賀瓌善將步兵，排陳使謝彥章善將騎兵，瓌惡其與己齊名，一日，瓌與彥章治兵於野，瓌指一高地曰：「此可以立柵。」至是晉軍適置柵於其上，瓌疑彥章與晉通謀。瓌屢欲戰，謂彥章曰：「主上悉以國兵授吾二人，社稷是賴，今彊寇壓吾門而逗遛不戰，可乎？」彥章曰：「彊寇憑陵，利在速戰，今深溝高壘，據其津要，彼安敢深入？若輕與之戰，萬一蹉跌，則大事去矣！」瓌益疑之，密譖之於帝，與行營馬步都虞候曹州刺史㊹朱珪謀，因享士伏甲殺彥章及濮州刺史孟審澄、別將侯溫裕，以謀叛聞㊷。審澄、溫裕，亦騎將之良者也。丁未（初八日），以朱珪為匡國留後。癸丑（十四日），又以為平盧節度使兼行營馬步副指揮使以賞之。

晉王聞彥章死，喜曰：「彼將帥自相魚肉，亡無日矣。賀瓌殘虐，失士卒心，我若引兵直指其國都(九三)，彼安得堅壁不動？幸而一與之戰，蔑不勝矣！」。

王欲自將萬騎直趣大梁，周德威曰：「梁人雖屠上將(九四)，其軍尚全，輕行(九五)徼利，未見其福。」不從。戊午（十九日），下令軍中老弱悉歸魏州，起師趨汴。庚申（二十一日），毀營而進，眾號十萬。

(卌四)辛酉（二十二日），蜀改明年元曰乾德。

(卌五)賀瓌聞晉王已西(九六)，亦棄營而踵之。

晉王發魏博白丁三萬從軍，以供營柵之役，所至營柵立成。壬戌（二十三日），至胡柳陂(九七)。癸亥（二十四日），旦，候者言梁兵自後至矣。周德威曰：「賊倍道而來，未有所舍，我營柵已固，守備有餘，既深入敵境，動須萬全，不可輕發。此去大梁至近，梁兵各念其家，內懷憤激，不以方略制之，恐難得志。王宜按兵勿戰，德威請以騎兵擾之，使彼不得休息，至暮，營壘未立，樵爨未具，乘其疲乏，可一舉滅也！」王曰：「前在河上，恨不見賊，今賊至不擊，尚復何待？公何怯也！」顧李存審曰：「敕輜重先發，吾為爾殿後，破賊而去。」即以親軍先出，德威不得已，引幽州兵從之。謂其子曰：「吾無死所矣！」

賀瓌結陳而至，橫亘數十里，王師銀鎗都陷其陳，衝盪擊斬，往返十餘里。行營左廂馬軍都指揮使鄭州(九八)防禦使王彥章軍先敗，西走趣濮陽(九九)，晉輜重在陳西，望見梁旗幟，驚潰(一〇〇)，入幽州陳(一〇一)，幽州兵亦擾亂，自相蹈藉，周德威不能制，父子皆戰死。魏博節度副使王緘與輜重俱行，亦死，晉兵無復部伍，梁兵四集，勢甚盛。

晉王據高丘，收散兵，至日中，軍復振(一〇二)。陂中有土山，賀瓌引兵據之。晉王謂將士曰：「今日得此山者勝，吾與汝曹奪之。」即引騎兵先登，李從珂與銀槍大將王建及以步卒繼之。梁兵紛紛而下，遂奪其山。

日向晡，賀瓌陳於山西，晉兵望之，有懼色。諸將以為諸軍未盡集，不若斂兵還營，詰朝復戰。天平節度使東南面招討使閻寶曰：「王彥章騎兵已入濮陽(一〇三)，山下惟步卒(一〇四)，向晚，皆有歸志，我乘高趣下擊之，破之必矣！今王深入敵境，偏師不利㊧，復引退，必為所乘。諸軍未集者，聞梁再克，必不戰自潰，凡決勝料敵，惟觀情勢，情勢已得，斷在不疑，王之成敗，在此一戰，若不決力取勝，縱收餘眾北歸，河朔非王有也㊨。」昭義節度使李嗣昭曰：「賊無營壘，日晚思歸，但以精騎擾之，使不得夕食，俟其引退追擊，可破也。我若斂兵還營，彼歸整眾復來，勝負未可知也。」王建及擐甲橫槊而進曰：「賊大將已遁㊩，王之騎軍，一無所失，今擊此疲乏之眾，如拉朽耳，王但登山觀臣為王破賊。」王愕然曰：「非公等言，吾幾誤計。」

嗣昭、建及以騎兵大呼陷陳，諸軍繼之，梁兵大敗。元城令吳瓊、貴鄉令胡裝各帥白丁萬人於山下曳柴揚塵鼓譟以助其勢，梁兵自相騰藉，棄甲山積，死亡者幾三萬人。裝，證之曾孫也㊪。是日，兩軍所喪士卒各三之二，皆不能振。

晉王還營，聞周德威父子死，哭之慟，曰：「喪吾良將，是吾罪也。」以其子幽州中軍兵馬使光輔為嵐州刺史㊫。

李嗣源與李從珂相失，見晉軍撓敗(二〇)，不知王所之。或曰：「王以北度河矣！(二一)」，嗣源遂乘冰北度，將之相州(二二)，是日，從珂從王奪山(二三)，晚戰，皆有功。

甲子（二十五日），晉王進攻濮陽，拔之。

李嗣源知晉軍之捷，復來見王於濮陽。王不悅曰：「公以吾為死邪？度河安之？」嗣源頓首謝罪。王以從珂有功，但賜大鍾酒以罰之，自是待嗣源稍薄。

(卌六)初，契丹主之弟撒刺阿撥，號北大王(二四)，謀作亂於其國，事覺，契丹主數之曰：「汝與吾如手足(二五)，而汝興此心，我若殺汝，則與汝何異？」乃囚之。朞年而釋之，撒刺阿撥帥其眾奔晉，晉王厚遇之，養為假子，任為刺史(二六)。胡柳之戰，以其妻子來奔。

晉軍至德勝渡(二七)，王彥章敗卒有走至大梁者，曰：「晉人戰勝，將至矣！」頃之，晉兵有先至大梁問次舍者(二八)，京城大恐。帝驅市人登城，又欲奔洛陽，遇夜而止。敗卒至者不滿千人，傷夷逃散，各歸鄉里，月餘，僅能成軍。

【今註】㊀蜀大赦，復國號曰蜀：蜀改國號曰漢見上卷貞明二年。㊁帝至大梁：自洛陽還至大梁。㊂晉兵侵掠至鄆、濮而還：胡三省曰：「晉拔楊劉，楊劉屬鄆州，界之西則濮州界。」楊劉戍在東阿縣，東阿屬鄆州，故云楊劉屬鄆州也。《舊唐書·地理志》，唐高祖武德四年，置濮州於隋東郡之鄄城縣，玄宗天寶元年，改為濮陽郡，肅宗乾元元年，復為濮州。鄄城縣，漢為兗州治，故城在今山東省濮縣東二里。㊃先帝之時，奄有河北：開平間，幽、滄、鎮、定、魏諸鎮皆附於梁，故云然。㊄親御豪傑之將，猶不得志：胡三省曰：「謂夾寨、柏鄉、蓨縣之役，皆不得志於晉。」㊅臣聞李亞子繼位以來，於今十年：李亞子，謂晉王存勗也。《北夢瑣言》，唐昭宗謂晉王可亞其父克用，時人號曰亞子。晉王以開平元年嗣位，至是凡十一年。㊆黎老：老人也。《國語》：「今王播棄黎老。」韋昭注：「鮐背之耈稱黎老。」黎，黑也，人老則面色滯黑，故曰黎老。㊇趙、張之徒：謂趙巖及張漢鼎、漢傑、漢倫、漢融之屬。㊈嚴可求以厚利募贛石水工，故吳兵奄至虔州城下，虔人始知之：胡三省曰：「虔州水行至吉州，有贛石之險，祺先募水工，習於水道，故舟行無礙。」贛石即贛江十八灘，註詳前。㊉蜀太子衍：宗衍既即位，去宗名衍。⑪蜀主嘗自夾城過，聞太子與諸王鬥雞擊毬喧呼之聲：胡三省曰：「蜀蓋倣長安之制，附夾城為諸王宅。」⑫由是惡張格：張格贊立太子宗衍見卷二百六十八太祖乾化二年。以立非其人，故惡之。⑬河陽節度使北面行營排陳使謝彥章：《五代史·謝彥章傳》，彥章幼事葛從周為養父，從周憐其敏慧，教以兵法，常以千錢置大盤中，布其行陳偏伍之狀，示以出沒進退之節，彥章盡得其訣，及壯，事梁太祖為騎將，末帝嗣位，以戰功累官河陽節度使，遷許州節度使，貞明四年，為北面行營排陣使。《五代史記・謝彥章傳》亦曰累遷匡國軍節度使。梁置匡國軍於許州，許州節度即匡國軍節度也，《通鑑》下作匡國節度使是也。㈣蜀主以東面招討使王宗侃為東西兩路諸軍都統：都統東西二路之兵以伐岐。東路即上之東北路，出寶雞，西路即西北路，出秦隴。㈤吳越王鏐初立元帥府，置官屬：前年，梁加鏐諸道兵馬元帥，去年復加天下兵馬元帥，今始立帥府，置僚屬。㈥岐王復遣使求好於蜀：岐與蜀絕交，見卷二百六十七太祖乾化元年。㈦保大軍節度使高萬金卒，以忠義軍節度使高萬興兼保大節度使，幷鎮鄜、延：唐置保大軍於鄜州，保塞軍於延州，唐末皆屬李茂貞，梁既得鄜、延，改保塞軍為忠義軍。高萬金，萬興之兄也，兄弟並鎮鄜，延，今併為一。㈧永平末：梁乾化二年，蜀改元永平，貞明二年，蜀改元通正。永平末，當指貞明元年時也。㈨太子仁弱，朕不能違諸公之請，踰次而立之：謂張格令諸公署表贊立宗衍而蜀主不能違也，事見卷二百六十八乾化二年。㈩以天冊府掌書記崔延昌權判六軍事：將罪唐文扆，故先奪其兵權。蜀置天策府見上卷乾化四年。冊與策同。㈡眉州刺史：《舊唐書・地理志》，唐高祖武德二年，置眉州於隋眉山郡之通義縣，玄宗天寶元年，改為通義郡，肅宗乾元元年，復為眉州。通義縣，南朝梁齊通縣，宋改通義曰眉山，即今四川省眉山縣。㈢瀘州：《舊唐書・地理志》，唐高祖武德元年，改隋瀘川縣為瀘州，玄宗天寶元年，改為瀘川郡，肅宗乾元元年，復為瀘州，州治瀘川縣，漢犍為郡江陽縣地也，南朝梁始置瀘州於此，故改江陽為瀘川，即今四川省瀘縣。㈢在迎，炕之子也：潘炕，蜀主之信臣也，入管樞密，出居方鎮。㈣初，蜀主雖因唐制置樞密使，專用士人：按樞密院雖始置於唐，本用宦者，五代始改用士人也。㉕蜀主以諸將多許州故人：蜀主本許州舞陽人，其同起諸將亦多許人。㉖太子即皇帝位：太子名衍，字化源，建之幼子也。㉗尊徐賢妃為太后：徐賢妃，衍母也。㉘以宋光嗣判六軍諸衛事：《五代史記．前蜀世家》，建疾亟，乃以宦者來光嗣為樞密使，判六軍而建卒。是光嗣判六軍諸衛事蓋在衍立之前。㉙命西面招討副使王全昱殺天雄節度使唐文裔於秦州：貞明二年，蜀主命唐文裔伐岐，因自匡國軍使轉天雄軍節度使鎮秦州。㉚吳昌化軍節度使同平章事徐知訓，威武節度使知撫州李德誠：胡三省曰：「歐史職方考曰：『五代之際，外屬之州，揚州曰淮南，宣州曰寧國，鄂州曰武昌，洪州曰鎮南，復州曰武威，杭州曰鎮海，越州曰鎮東，江陵府曰荊南，益州、梓州曰劍南東西川，遂州曰武信，興元府曰山南西道，洋州曰武定，黔州曰黔南，潭州曰武安，桂州曰靜江，容州曰寧遠，邕州曰建武，廣州曰清海，皆唐故號，更五代無所易，而今因之者也。其餘僭偽改置之名不可悉考而不足道，其因著於今者略注於譜。』案歐公之時，去五代未遠，十國僭偽，自相署置，其當時節鎮之名已無所考，況欲考之於數百年之後乎！今臺州有魯洵作杜雄墓碑云：『唐僖宗光啟三年，陸臺州為德化軍。』洵乃雄吏，時為德化軍判官者也。又嘉定中，黃巖縣永寧江有泗於水者，拾一銅印，其文曰『臺州德化軍行營朱記』，宋太祖乾德元年，錢昱以德化軍節度使本路安撫使兼知臺州，臺州小郡，猶置節度，其它州郡從可知矣！吳之昌化、威武，蓋亦置之境內屬城，但不可得而考其地耳！」㉛長年：言年已長而色衰也。㉜蒼鶻：戲劇腳色名，今謂之副末。胡三省曰：「蒼鶻髽角弊衣，如僮之狀。」陶宗儀《輟耕錄》云：

「副末古謂之蒼鶻，鶻能擊禽鳥，末可打副淨，故云。」㉝禪智寺：《續通典》，禪智寺在揚州城東，寺前有橋跨舊官河。㉞知訓及弟知詢皆不禮於徐知誥：以知誥為徐溫養子也。㉟獨季弟知諫以兄禮事之：以兄禮事知誥。㊱以不及告：告知訓以追之不及。㊲瑾有所愛馬，冬貯於幄，夏貯於幬：《釋名》曰：「幄，屋也，以帛依板施之，形如屋也。」《唐韻》曰：「幬，單帳也。」冬貯於幄，欲其暖也，夏貯於幬，欲其涼兼以隔絕蚊蟲也。㊳知訓過別瑾：過訪瑾而言別。㊴出妻陶氏拜之：《九國志》，瑾妻陶氏，陶雅之女也。㊵馬相踶齧：踶者，以蹄相蹴；齧，噬也，以齒相噬。㊶舅自為之：胡三省曰：「吳王行密先娶朱氏，與瑾同姓，因呼之為舅。」㊷挺劍：挺，拔也。㊸子城使翟處等已闔府門，勒兵討之：子城，內城也，廣陵軍府所在，吳王所居。翟處蓋徐溫親將，故使為子城使以防衛吳王。㊹徐知誥在潤州聞難，用宋齊丘策，即日引兵濟江：知誥出鎮潤州，蓋從宋齊丘之策也，事見上卷上年。㊺宣諭使李儼貧而困，寓居海陵：李儼宣諭淮南，見卷二百六十三唐昭宗天復二年。《舊唐書．地理志》，海陵縣，漢屬臨淮郡，隋屬南兗州，唐屬揚州。《輿地紀勝》曰：「以其地傍海而高，故曰海陵。」即今江蘇省泰縣，南唐置泰州於此。㊻梁兵從之，及中流，鼓譟復進：晉兵既却，梁兵追及河之中流，晉兵鼓譟復進，與梁兵戰於中流也。㊼彥章不能支，稍退登岸，晉兵因而乘之，梁兵大敗，死傷不可勝紀：胡三省曰：「臨岸與涉水者戰，則據高者得其利，故晉兵不得進，俱戰於水中，則勇者勝，此謝彥章之所以敗也。」㊽蜀唐文扆既死，太傅、門下侍郎、同平章事張格內不自安：張格附唐文扆，故不自安，事見上三年。㊾公有援立大功：謂格有令諸公署表請立宗衍之功。(50)合水鎮：《元豐九域志》，邛州蒲江縣有合水鎮，蒲江故治在今四川省蒲江縣北。(51)宗奭、宗夔及兼侍中宗黯皆為琅邪郡王；胡三省曰：「自司馬氏度江以來，江左以琅邪之王為衣冠甲族，故三人皆封琅邪。」(52)希合：希旨迎合也。(53)吳徐溫入朝於廣陵：自昇州入朝。(54)乃命網瑾骨於雷塘而葬之：溫先既沈朱瑾之尸於雷塘，至是知咎在其子，故網撈其尸而葬之。(55)以徐知諫權潤州團練事：以代徐知誥。(56)悉蠲天祐十三年以前逋稅：逋，欠也，應納之稅逾限而未納，謂之逋稅。天祐十三年，梁之貞明二年，梁既篡唐，淮南仍稱天祐年號。蠲天祐十三年以前逋稅，是天祐十四年逋稅仍徵之也，是歲為天祐十五年。(57)餘俟豐年乃輸之：餘謂天祐十四年逋租也。(58)丁口錢：程大昌《演繁露》曰：「今之丁錢，即漢世算錢也，以其計口輸錢，故亦名口賦錢也。唐制，成丁而就役，不役則計日收其庸，末世所謂丁口錢。」(59)又計畝輸錢，錢重物輕：謂田租輸錢而不輸粟，故民重錢而輕物。(60)匹直千錢者當稅三千：謂凡輸帛、紬、絹，其每匹直千錢者，可抵三千錢之稅額。(61)曠土盡闢：荒曠不耕之土，盡闢墾為田畝。(62)桑柘：柘亦桑之屬也。李時珍曰：「柘喜叢生，山中處處有之，幹疏而直，葉豐而厚，團而有尖，其葉飼蠶，其實狀如桑子而圓如椒，其木染黃赤色，謂之柘黃。」(63)知誥欲進用齊丘而徐溫惡之：胡三省曰：「宋齊丘為徐知誥謀奪徐氏之政，使溫知之，豈特惡之而已，蓋齊丘之為人，輕佻褊躁，溫以此惡之耳！」(64)知誥每夜引齊丘於水亭屏語，常至夜分：屏，除也，除左右而獨與語也。語於水亭者，以水亭四顧空闊，防為人所竊聽也。(65)或居高堂，悉去屏障：居高堂而去屏障，亦所以防人隱蔽其身而竊聽。(66)虔州險固，吳軍攻之，久不下：吳攻虔州始是年二月。㊅㊆吳以鎮南節度使劉信為虔州行營招討使：《九國志》，劉信字興遠，兗州中都人，少豪勇，善騎射，始陷蔡盜許勍軍中，勍敗，自滁州奔楊行密，屢著戰功，累遷鎮南軍節度使，為治苛猛，民流言將反，會王祺率舟師溯贛江南上攻虔州，信意其圖己，乃乘小舟解冠詣祺請罪，祺大驚曰：「奉命討譚全播，非有他也。」時虔城險固，攻之久不克，而祺以疫死，遂改信為招討使。㊅㊇吳越王鏐以統軍使傳球為西南面行營應援使：以援虔州也。胡三省曰：「統軍使，吳越所置官。」㊅㊈楚將張可求將萬人屯古亭，閩兵屯雩都以救之：古亭墟在今江西省崇義縣西南上猶水之北岸，道通大庾縣，舊有水汛，《舊唐書・地理志》，雩都縣，漢屬豫章郡，唐屬虔州。《元豐九域志》，雩都縣在虔州南一百七十里，故城在今江西省雩都縣東北。㊆㊉吳以前舒州刺史陳璋為東南面應援招討使，將兵侵蘇湖：胡三省曰：「侵蘇、湖以牽制吳越救虔州之兵力。」《舊唐書・地理志》，舒州，隋同安郡，唐高祖武德四年，改為舒州，玄宗天寶元年，改為同安郡，肅宗至德二年，改為盛唐郡，乾元元年，復為舒州，州治懷寧縣，漢皖縣地也，晉置懷寧縣，即今安徽省潛山縣。隋平陳，置蘇州於漢會稽郡之吳縣，取州西牯蘇山為名也，尋改為吳郡。唐興，就置為蘇州，玄宗天寶元年，改為吳郡，肅宗乾元元年，復為蘇州，治吳縣，即今江蘇省吳縣。㊆㊀錢傳球自信州南屯汀州：胡三省曰：「按元豐九域志，汀州北至虔州四百八十里。移兵屯汀州，示將救虔也。」㊆㊁晉王遣閒使持帛書會兵於吳：謂閒使者，伺閒潛越敵境而使於吳也，梁阻於晉、吳二國之閒，故遣閒使，欲吳會兵以共攻梁。㊆㊂泰寧節度使張萬進輕險好亂：唐置泰寧軍節度於兗州。

(七四)蜀順德皇后殂：后周氏，蜀主建之正室也。(七五)朱光葆：按《五代史記・前蜀世家》當作宋光葆。(七六)周庠切諫，不聽：周庠與蜀主建同起於兵閒，蜀之重臣。(七七)麻家渡：胡三省曰：「麻家渡，蓋在濮州界。」(七八)相持不戰：胡三省曰：「凡言相持不戰，度其力未足以相勝而各伺其勢之有可乘者也。」(七九)晉王好自引輕騎迫敵營挑戰，危窘者數四，賴李紹榮力戰翼衛之得免：翼，覆護也，詩曰：「鳥覆翼之。」《五代史・元行欽傳》，晉王好戰，勇於大敵，或臨陣有急兵，行欽必橫身解鬥翼衛之。晉王嘗與汴軍戰於潘張，晉軍不利奔亂，晉王得三四騎而旋中野，為汴軍數百騎攢矛攻之，事將不測，行欽識其幟，急馳援，奮劍斷二矛，斬一級，汴軍乃解圍，翼晉王還。元行欽即李紹榮也。(八〇)元元：庶民也。《國策・秦策》：「步海內，子元元，臣諸侯。」高誘注曰：「元，善也，民之類善，故稱元。」(八一)本朝：謂唐朝。(八二)都營使：胡三省曰：「都營使，都總行營之事，一時署置之官名也。」(八三)梅山蠻寇邵州：胡三省曰：「梅山蠻居邵州界，宋熙寧五年，開置新化縣，在邵州東北二百五十里。」《舊唐書・地理志》，唐高祖武德四年，置南梁州於隋長沙郡之邵陽縣，太宗貞觀十年，改名邵州，玄宗天寶元年，改為邵陽郡，肅宗乾元元年，復為邵州。邵陽縣，本漢長沙國昭陵縣。後漢改為昭陽，晉曰邵陽，即今湖南省寶慶縣。梅山在今湖南省安化縣西南，接新化縣界，宋神宗熙寧中開梅山道，以新化為上梅山，安化為下梅山，山俱相通。(八四)汝父居上游之地，將十倍之眾：劉信本鎮洪州，州治今江西省南昌縣，於廣陵居長江上流之地，故云。時吳攻虔之兵，十倍於虔人。(八五)譚全播奔雩都，追執之：唐僖宗光啟元年，譚全播推盧光稠據虔州，中更黎球、李圖，圖卒，全播繼之。自光啟元年至是凡歷三十四年而亡。(八六)先是吳越王鏐常自虔州入貢，至是道絕：吳越取道虔州入貢見上卷貞明二年，今虔州入吳，故入貢之道絕。(八七)始自海道出登、萊抵大梁：自登、萊二州入海抵大梁。胡三省曰：「此即閩越入貢大梁水程也，但吳越必就許浦或定海就舟，水程比閩為近耳！」(八八)今大王與諸將皆為節度使，雖有都統之名，不足相臨制：唐授吳王行密為諸道行營都統，行密卒，子渥、隆演嗣，皆以宣諭使李儼承制授之。(八九)使草具禮儀：草具建國禮儀也。(九〇)晉王進兵距梁軍十里而舍：舍，止也。自麻家渡進兵去行臺村十里而止也。(九一)曹州刺史：《舊唐書・地理志》，唐高祖武德四年改隋濟陰郡為曹州，玄宗天寶元年，改為濟陰郡，肅宗乾元元年復為曹州，治濟陰縣，隋置，在今山東省曹縣西北。(九二)以謀叛聞：誣謝彥章、孟審澄、侯溫裕等以謀叛而聞奏於上。(九三)我若引兵直指其國都：國都，謂梁都大梁。(九四)梁人雖屠上將：謂殺謝彥章也。(九五)輕行：捨大軍輕裝而急行。(九六)賀瓌聞晉王已西：自行臺村趣大梁，自東徂西。(九七)胡柳陂：胡三省曰：「胡柳陂在濮州西臨濮縣界。」在今山東省濮縣西南。(九八)鄭州：《舊唐書・地理志》，鄭州，隋滎陽郡，唐高祖武德四年置鄭州，初治武牢縣，後徙管城縣，隋置，即今河南省鄭縣。(九九)濮陽：《舊唐書・地理志》，濮陽縣，唐屬濮州。故城在今河北省濮陽縣南。胡三省曰：「九域志，濮陽縣在濮州西九十里，按唐志，濮陽屬濮州，九域志為澶州治所。唐澶州治頓丘縣，宋熙寧六年，省頓丘入清豐縣，清豐縣在澶州北六十里，縣有舊州鎮，即澶州所治頓丘城也。蓋五代以前，濮陽在河南而九域志之濮陽，晉天福四年移就澶州南郭者也。」(一〇〇)晉輜重在陳西，望見梁旗幟，驚潰：晉王命輜重先發，故在陳西，見梁騎西走，謂其來犯，故驚潰。㉑入幽州陳：幽州兵，周德威所將。㉒晉王據高丘，收散兵，至日中，軍復振：胡三省曰：「據高丘則散兵望見晉王而集，故其軍復振。復振者，謂師徒已撓敗，復振迅而起也。」㉓王彥章騎兵已入濮陽：言王彥章騎兵已敗而西去。㉔山下惟步卒：即賀瓌所部步卒陳於土山之西者。㉕偏師不利：偏師，謂周德威所部幽州之兵。㉖若不決力取勝，縱收餘眾北歸，河朔非王有也：胡三省曰：「言晉大舉而敗退，梁兵乘勝度河，則河朔必望風而歸梁。」㉗賊大將已遁：謂王彥章遁走濮陽。㉘裝，證之曾孫也：胡證歷事唐憲宗、穆宗二朝，致位通顯。㉙嵐州刺史：《舊唐書・地理志》，唐高祖武德四年，置東會州於隋樓煩郡之嵐城縣，更名嵐城曰宜芳，六年，更名嵐州，玄宗天寶元年，改為樓煩郡，肅宗乾元元年，復為嵐州，故治在今山西省嵐縣北。㉚撓敗：戰敗也，勢屈為撓。《左傳》齊候曰：「畏君之震，強徒撓敗。」㉛王以北度河矣：以當作已。㉜嗣源遂乘冰北度，將之相州：胡三省曰：「欲自相州歸邢州。」㉝從珂從王奪山：謂奪胡柳陂土山也。㉞北大王：《遼史・百官志》：契丹北面官有南、北院大王，分掌部族軍民之政。又曰：「遼國官制，北面治宮帳、部族、屬國之政，南面治漢人州縣，租賦、軍馬之事。初，太祖分迭剌夷離菫為南、北二大王，謂之北、南院，宰相、樞密、宣徽，林牙下至郎君護衛皆分北、南，其實所治皆北面之事，語遼官制者不可不辨。凡遼朝官，北樞密視兵部，南樞密視吏部，北、南二王視戶部，夷離畢視刑部，宣徽視工部，敵烈麻都視禮部，北、南府宰相總之。」㉟汝與吾如手足：兄弟之親，如手如足。㊱任為刺史：胡三省曰：「官之刺史而不釐務。」㊲德勝渡：胡三省曰：「德勝渡在濮州北，河津之要也。」按德勝渡在今河北省濮陽縣，貞明五年，李存審於德勝渡南北築二城，謂之寨，其北城即今之濮陽縣治，南城在縣東南五里。㈥晉兵有至大梁問次舍者：胡三省曰：「此亦晉之散兵也。」

貞明五年（西元九一九年）

㈠春，正月辛巳（十二日），蜀主祀南郊，大赦。

㈡晉李存審於德勝南北築兩城而守之㈠，晉王以存審代周德威為內外蕃漢馬步總管。晉王還魏州，遣李嗣昭權知幽州軍府事。

㈢漢主巖立越國夫人馬氏為皇后，殷之女也㈡。

㈣三月丙戌（十八日），蜀北路行營都招討武德節度使王宗播等自散關擊岐，度渭水㈢，破岐將孟鐵山，會大雨而還，分兵戍興元、鳳州及威武城㈣。戊子（二十日），天雄節度使同平章事王宗昱攻隴州，不克。

㈤蜀主奢縱無度，日與太后，太妃遊宴於貴臣之家，及遊近郡名山，飲酒賦詩，所費不可勝紀。仗內教坊使嚴旭強取士民女子內宮中，或得厚賂而免之，以是累遷至蓬州刺史㈤。太后太妃各出教令，賣刺史、令、錄㈥等官，每一官闕，數人爭納賂，賂多者得之。

㈥晉王自領盧龍節度使㈦，以中門使李紹宏提舉軍府事代李嗣昭。紹宏，宦者也，本姓馬，晉王賜姓名，使與知嵐州事孟知祥俱為中門使。知祥又薦教練使鴈門郭崇韜能治劇，王以為中門副使。崇韜倜儻有智略，臨事敢決，王寵待日隆。先是中門使吳珪㈧、張虔厚相繼獲罪，及紹宏出幽州，知祥懼禍，稱疾辭位，王乃以知祥為河東馬步都虞侯，自是崇韜專典機密。

㈦詔吳越王鏐大舉討淮南。鏐以節度副大使傳瓘為諸軍都指揮使，帥戰艦五百艘自東洲擊吳㈨，吳遣舒州刺史彭彥章及裨將陳汾拒之。

㈧吳徐溫帥將吏藩鎮請吳王稱帝，吳王不許。夏，四月，戊戌朔，即吳國王位，大赦，改元武義，建宗廟、社稷，置百官，宮殿文物，皆用天子禮。以金繼土㈩，臘用丑。改謚武忠王曰孝武王，廟號太祖㈡。威王曰景王㈢，尊母為太妃，以徐溫為大丞相，都督中外諸軍事、諸道都統、鎮海、寧國節度使、守太尉、兼中書令、東海郡王，以徐知誥為左僕射、參政事，兼知內外諸軍事，仍領江州團練使，以揚府㈢左司馬王令謀為內樞使，營田副使嚴可求為門下侍郎，鹽鐵判官駱知祥為中書侍郎，前中書舍人盧擇㈣為吏部尚書，兼太常卿，掌書記殷文圭為翰林學士，館驛巡官游恭為知制誥，前駕部員外郎楊迢為給事中。擇，醴泉人；迢，敬之之孫也㈤。

(九)錢傳瓘與彭彥章遇。傳瓘命每船皆載灰豆及沙。乙巳（初八日），戰於狼山江㈥，吳船乘風而進，傳瓘引舟避之，既過，自後隨之。吳回船與戰，傳瓘使順風揚灰，吳人不能開目，及船舷㈦相接，傳瓘使散沙於己船而散豆於吳船，豆為戰血所漬，吳人踐之皆僵仆，傳瓘因縱火焚吳船，吳兵大敗。彥章戰甚力，兵盡，繼之以木，身被數十創，陳汾按兵不救，彥章知不免，遂自殺。傳瓘俘吳裨將七十人㈧，斬首千餘級。吳人誅汾，籍沒家資，以其半賜彥章家，稟其妻子終身。

㈩賀瓌攻德勝南城，百道俱進，以竹笮聯艨艟十餘艘，蒙以牛革，設睥睨戰格如城狀(一九)，橫於河流以斷晉之救兵，使不得度。晉王自引兵馳往救之，陳於北岸(二〇)，不能進，遣善游者馬破龍入南城，見守將氏延賞。延賞言矢石將盡，陷在頃刻，晉王積金帛於軍門，募能破艨艟者，眾莫知為計。親將李建及(二一)曰：「賀瓌悉眾而來，冀此一舉，若我軍不度，則彼為得計，今日之事，建及請以死決之。」乃選効節敢死士得三百人，被鎧操斧，帥之乘舟而進。將至艨艟，流矢雨集，建及使操斧者入艨艟閒，斧其竹笮，又以木甖載薪沃油然火於上流縱之，隨以巨艦實甲士鼓譟攻之，艨艟既斷，隨流而下，梁兵焚溺者殆半，晉兵乃得度，瓌解圍走。晉兵逐之，至濮州而還(二二)，瓌退屯行臺村。

(十一)蜀主命天策府諸將無得擅離屯戍，五月，丁卯朔，左散旗軍使王承諤、承勳、承會違命，蜀主皆原之，自是禁令不行。

(十二)楚人攻荊南，高季昌求救於吳，吳命鎮南節度使劉信等帥、洪、吉、撫、信步兵自瀏陽趣潭州㉓，武昌節度使李簡等帥水軍攻復州㉔。信等至潭州東境，楚兵釋荊南引歸，簡等入復州，執其知州鮑唐。

㈢六月，吳人敗吳越兵於沙山。

㈣秋，七月，吳越王錢鏐遣錢傳瓘將兵三萬攻吳常州，徐溫帥諸將拒之，右雄武統軍陳璋以水軍下海門㉕，出其後。壬申（初七日），戰於無錫㉖。會溫病熱，不能治軍，吳越攻中軍，飛矢再集。鎮海節度判官陳彥謙遷中軍旗鼓於左，取貌類溫者擐甲冑，號令軍事，溫得少息。俄頃，疾稍間㉗，出拒之。時久旱草枯，吳人乘風縱火，吳越兵亂，遂大敗，殺其將何逢、吳建，斬首萬級，傳瓘遁去。追至山南，復敗之。陳璋敗吳越於香彎。

溫募生獲叛將陳紹者賞錢百萬，指揮使崔彥章獲之。紹勇而多謀，溫復使之典兵㉘。初，衣錦之役㉙，吳馬軍指揮曹筠叛奔吳越㉚，徐溫赦其妻子，厚遇之，遣間使告之曰：「使汝不得志而去，吾之過也，汝無以妻子為念。」及是役，筠復奔吳。溫自數昔日不用鈞言者三，而不問鈞去來之罪，歸其田宅，復其軍職，鈞內愧而卒。

知誥請帥步卒二千，易吳越旗幟、鎧仗，躡敗卒而東襲取蘇州。溫曰：「爾策固善，然吾且求息兵，未暇如汝言也。」諸將皆以為吳越所恃者舟楫，今大旱，水道涸，此天亡之時也，宜盡步騎之勢，一舉滅之。溫歎曰：「天下離亂久矣，民困已甚，錢公亦未易輕，若連兵不解，方為諸君之憂，今戰勝以懼之，戢兵以懷之，使兩地之民，各安其業，君臣高枕，豈不樂哉！多殺何為？」遂引還。

吳越王鏐見何逢馬，悲不自勝，故將士心附之。寵姬鄭氏父犯法，當死。左右為之請。鏐曰：「豈可以一婦人亂我法？」出其女而斬之。

鏐自少在軍中，夜未嘗寐，倦極則就圓木小枕，或枕大鈴，寐熟輒欹而寤，名曰警枕㊂。置粉盤於臥內，有所記則書盤中，比老，不倦。或寢方酣，外有白事者，令侍女振紙，即寤時，彈銅丸於樓牆之外，以警直更者㉒。嘗微行，夜叩北城，門吏不肯啟關，曰：「雖大王來，亦不可啟。」乃自他門入。明日，召北門吏，厚賜之。

(十五)丙戌（二十一日），吳王立其弟濛為廬江郡公，溥為丹陽郡公，潯為新安郡公，澈為鄱陽郡公，子繼明為廬陵郡公㉓。

(十六)晉王歸晉陽，以巡官馮道為掌書記。中門使郭崇韜以諸將倍養者眾，請省其數㉔，王怒曰：「孤為効死者設食，亦不得專，可令軍中別擇河北帥，孤自歸太原。」即召馮道令草詞，以示眾。道執筆逡巡不為，曰「大王方平河南，定天下，崇韜所請，未至大過，大王不從可矣，何必以此驚動遠近？使敵國聞之，謂大王君臣不和，非所以隆威望也。」會崇韜入謝，王乃止。

(十七)初，唐滅高麗㉕，天祐初，高麗石窟寺眇僧躬又聚眾據開州稱王㉖，【考異】薛史、唐餘錄、歐陽史皆云，唐末，其國自立王，前王姓高氏，後王王建，此據十國紀年。號大封國。至是遣佐良尉金立奇入貢於吳。

(十八)八月，乙未朔，宣義節度使賀瓌卒，以開封尹王瓚為北面行營招討使㊲。瓚將兵五萬自黎陽度河，掩擊澶、魏至頓丘，遇晉兵而旋㊳。瓚為治嚴，令行禁止，據晉人上游十八里楊村㊴，夾河築壘，運洛陽竹木，造浮橋，自滑州饋運相繼。

晉蕃漢馬步副總管振武節度使李存進亦造浮梁於德勝，或曰：「浮梁須竹笮、鐵牛、石囷㊵，我皆無之，何以能成？」存進不聽，以葦笮維巨艦，繫於土山巨木，踰月而成，人服其智。

(十九)吳徐溫遣使以吳王書歸無錫之俘於吳越，吳越王鏐亦遣使請和於吳，自是吳國休兵息民，三十餘州㊶民樂業者二十餘年。吳王及徐溫屢遺吳越王鏐書，勸鏐自王其國，鏐不從。

(廿)九月丙寅（初二日），詔削劉巖官爵，命吳越王鏐討之㊷，鏐雖受命，竟不行㊸。

(廿一)吳盧江公濛有材氣，常歎曰：「我國家而為他人所有，可乎？㊹」徐溫聞而惡之。

【今註】 ㈠晉李存審於德勝南北築二城而守之：胡三省曰：「唐澶州治頓丘縣，自築德勝南北城，及晉天福三年，遂移澶州及頓丘縣於德勝以防河津，懼契丹南牧也。宋景德澶淵之役，猶在德勝，熙寧以來，澶州治濮陽，又非石晉所移之地。」㈡漢主巖立越國夫人馬氏為皇后，殷之女也：巖娶楚王馬殷女見上卷貞明元年。㈢王宗播自散關擊岐，度渭水：出散關度渭水以攻寶雞。㈣威武城：胡三省曰：「威武城在鳳州北，蜀所築也。」㈤蓬州刺史：《舊唐書・地理志》，唐高祖武德元年，割巴州之安固、伏虞、隆州之儀隴、大寅、梁州之宕渠、咸安等六縣置蓬州，初治安固，玄宗開元初，徙治大寅。《唐書・地理志》，代宗廣德元年，更大寅曰蓬池，故治在今四川省儀隴縣東南六十里。㈥令、錄：縣令、錄事參軍。㈦晉王自領盧龍節度使：胡三省曰：「周德威死，難其代者，且北邊大鎮，士馬彊銳，故自領之。」㈧中門使吳珪：《五代史》郭崇韜傳作吳珙。㈨帥戰艦五百艘自東洲擊吳：胡三省曰：「自常州東洲出海，復泝江而入以擊吳。」㈩以金繼土：唐，土行也，吳欲繼唐，故言以金德王。⑪改謚武忠王曰孝武王，廟號太祖：楊行密初謚武忠王。⑫威王曰景王：楊渥初謚威王。⑬楊府：吳都廣陵，廣陵，揚州治也，故謂揚州為楊府。⑭前中書舍人盧擇：胡三省自：「前中書舍人，蓋唐官也。」《唐六典》，中書舍人，掌侍奉進奏，參議表章，凡詔旨制敕，璽書策命，皆按故事起草進畫，既下，則署而行之。其禁有四，一曰漏洩，二曰稽緩，三曰違失，四曰忘誤，所以重王命也。⑮沼，敬之之孫也：敬之，楊憑弟子也。⑯狼山江：胡三省曰：「今通州靜海縣南五里有狼山，山外即大江，絕江南渡，舟行八十里抵蘇州縣，自江順流出大海。」按狼山在今江蘇省南通縣南十八里，雄峙大江北岸，與常熟縣之福山鎮隔江對峙，長江至此廣闊，一望無涯，為江海閒重鎮。⑰船舷：舷，船邊也。⑱傳瓘俘吳裨將七十人：《吳越備史》作生擒士卒七千餘人。⑲賀瓌攻德勝南城，百道俱進，以竹笮聯艨艟十餘艘，蒙以牛革，設睥睨戰格如城狀：竹笮，竹索也，笮與筰通蒙以牛革以禦矢石。睥睨，城上女垣也。《釋名》曰：「城上垣曰睥睨，言於其孔中睥睨非常也。」⑳陳於北岸：北岸，大河之北岸。㉑親將李建及：李建及，即上之王建及也，時為晉銀槍都大將，銀槍，晉王帳前親兵也，故曰親將，《五代史・唐莊宗紀》作親從都將。建及本姓王，少事李罕之為養子，後復姓王，故史或書李建及，或書王建及。㉒晉兵逐之，至濮州而還：《元豐九域志》，自德勝東至濮州九十里。㉓吳命鎮南節度使劉信等帥洪、吉、撫，信步兵自瀏陽趣潭州：《元豐九域志》，自瀏陽西南至潭州一百六十里。《舊唐書・地理志》，吳分長沙置瀏陽縣，隋廢，唐中宗景龍二年於故城復置，屬潭州。故城在今湖南省瀏陽縣東，因縣南瀏陽水為名也。㉔武昌節度使李簡等帥水軍攻復州：《舊唐書・地理志》，唐高祖武德五年，改隋之沔陽郡為復州，治竟陵縣，太宗貞觀七年，移治沔陽縣，玄宗天寶元年，改為竟陵郡，肅宗乾元元年，復為復州。沔陽縣故城在今湖北省沔陽縣西。武昌節度使治鄂州，今湖北省武昌縣，自鄂州以水軍攻復州，由大江入漢口，泝漢水而上也。㉕海門：胡三省曰：「海門在今通州東海門縣界，大江至此入海，遵海東南則太湖入海之口，舟行由此入太湖，可以達常州之東洲。」海門在今江蘇省南通縣東，本一沙角突出江海閒，曰料角嘴，為江海閒漲沙之沖積地，今沙地逐漸東展，已不復在江口矣。㉖無錫：《舊唐書・地理志》，漢屬會稽郡，唐屬常州，即今江蘇省無錫縣。㉗疾稍閒：病少差也。《方言》曰：「南楚病愈者謂之差，或謂之間。」㉖紹勇而多謀，溫復使之典兵：胡三省曰：「霍丘之役，陳紹之功居多，溫不討其外叛之罪而念其功，故復使之典兵。」㉗衣錦之役：吳攻吳越衣錦軍，見卷二百六十八乾化三年。㉘吳馬軍指揮曹筠叛奔吳越：指揮當作指揮使。㉙警枕：取義夢寐之閒，不忘自警。㉚更者：巡更之卒。㉛吳王立其弟濛為廬江郡公，溥為丹陽郡公，潯為新安郡公，澈為鄱陽郡公，子繼明為廬陵郡公：唐玄宗天寶元年，改廬州為廬江郡，潤州為丹陽郡，歙州為新安郡，饒州為鄱陽郡，吉州為廬陵郡。㉜中門使郭崇韜以諸將倍食者眾，請省其數：據《五代史・馮道傳》，倍當作伴。以伴食者眾，主者不辦，故崇韜請省其數也。㉝高麗：《五代史・外國傳》云：「高麗，本扶餘之別種，其國都平壤城，即漢樂浪郡之故地，在京師東西千餘里，東渡海至於新羅，西北渡遼水至於營州，南渡海至於百濟，北至靺鞨，東西三千一百里，南北二千里。其官大者號大對盧，比一品，總知國事，三年一代，若稱職者不拘年限。對盧以下官總十二級，外置州縣六，餘大城置傉薩一人，比都督，小城置道使一人，比刺史，其下各有僚佐，分掌曹事。其王以白羅為冠，白皮小帶，咸以金節。唐貞觀末，太宗伐之不能下，至總章初，高示命李勣率軍征之，遂拔其城，分其地為郡縣。及唐之末年，中原多事，其國遂自立君長。前王姓高氏，唐同光、天成中，累遣使朝貢，周顯德六年，高麗遣使貢紫白水晶二千顆。」《五代史記・四夷附錄》曰：「高麗當唐之末，其王姓高氏，同光元年，遣使廣評侍郎韓申一、副使春部少卿朴巖來，而其國王姓名史迭不紀。至長興三年，權知國事王建遣使者來，明宗乃拜建玄菟州都督，充大義軍使，封高麗國王。建，高麗之大族也。開運二年，建卒，子武立，乾祐四年，武卒，子昭立。王氏三世，終五代常來朝貢，其立也必請命中國，中國常優答之。」葉夢得《石林燕語》曰：「高麗自三國以來，見於史者，句驪其國號，高其姓也。隋去句字，故自唐以來，正稱高麗。《五代史記》，後唐同光元年韓申來，其王尚姓高，則自三國至五代，止傳一姓。長興中，始稱權知國事王建，王氏代高，當在同光、長興之間，而史失其傳。元豐初，王徽遣使金梯入貢，建之七世孫也，其表章稱知國王事，蓋習用其舊。」徐兢宣和奉使高麗圖經亦曰：「王氏之先，蓋高麗大族也，當高氏政衰，國人以建賢，遂共立為君長，後唐長興三年，遂自稱權知國事。」是高麗王室本高氏，至後唐明宗時始易王氏也。李燾《資治通鑑長編》曰：「高麗國王誦卒，其弟詢權領國事，嘗置六城於境上，曰興化，曰鐵州，曰通州，曰龍州，曰龜州，曰郭州。」詢立，當宋真宗祥符七年，此殆《五代史》所謂外置州縣六者也。孫穆《雞林類事》曰：「高麗王建自後唐長興中始代高氏為君長，傳位不欲與其孫，乃及於弟，生女不與國臣為姻，令兄弟自妻之，言王姬之貴，不當下嫁也。國人姻嫁無聘財，令人通說，或男女相欲為夫婦則為之。夏日羣沐於漢流，男女無別。父母病，閉於室中，穴孔與藥餌，死不送。」又曰：「高麗國城三面負山，北最高峻，有溪曲折貫城中，西南當下流，故地稍平衍。城周二十餘里，雖雜沙礫築之，勢亦堅壯。」又曰：「高麗各官月下朝參，文班百七十二員，六拜舞蹈而退，國王躬身還禮。稟事，膝行而前，得旨，復行而退，國人卑者見尊者亦如之。其軍民見國官甚恭，尋常則胡跪而坐，官民子拜父，父亦答以半禮。夷俗不盜，少爭訟，國法不嚴，追呼惟寸紙，不至則罰。凡人詣官府，少亦資米數斗，民貧，甚憚之。有犯不去中衣，但褫袍帶，杖笞頗輕，束荊使自擇，以牌記其杖數。最苦執縛交臂反接，量罪為之，自一至九，又視輕重屬其時刻而釋之。惟死罪可久，甚者髀肉相摩，腦皮析裂。凡大罪亦刑部拘役也，周歲待決終不逃。其法，惡逆及罵父母斬，餘止杖，亦不甚楚。歲以八月論囚，諸州不殺，咸送王府，夷姓人至期多赦宥，或配送青嶼、黑水，永不得還。五穀皆有之，粱最大，無秫糯，以秔米為酒。少絲蠶，每一羅直銀十兩，故國中多衣麻苧。地瘠，惟生人參、松子、龍鬚席。視日早晚為市，皆婦人挈以柳箱，以稗米定物價而貿易之，他皆視此為高下。癸未年，倣本朝鑄錢交易，以海東重寶、三韓通寶為記。」又宣和奉使《高麗圖經》曰：「高麗有在家和尚，不服袈裟，不持戒律，白紵窄衣，束腰皂帶，徒跣以行，間有穿履者。自為居室，取婦鞠子。其於公上，負戴器用，掃除道路，開治溝洫，修築城室，悉以從事。邊陲有警，則團結而出，雖不閑於馳逐，然頗勇壯。其趨軍旅之事，則人自裹糧，故國用不費而能戰也。契丹嘗為麗人所敗，正賴此輩。」按《通鑑考異》，建實殺眇僧躬乂而建國，詳見下。㊱高麗石窟寺眇僧躬乂聚眾據開州稱王：胡三省曰：「眇僧，僧之眇目者。此開州，高麗所置，在平壤之東，今高麗以為國都，謂之開城府，亦曰蜀莫郡，其地左溪右山。」㊲以開封尹王瓚為北面行營招討使：代賀瓌也。㊳瓚將兵五萬自黎陽度河，掩擊澶、魏，至頓丘，遇晉兵而旋：澶、魏，澶、魏二州也。乘敵之不備，掩覆而擊滅之，謂之掩擊，遇晉兵知其有備而退。㊴據晉人上游十八里楊村：時晉軍於德勝，楊村蓋在德勝上游十八里。㊵浮梁須竹笮、鐵牛，石囷：石囷，石礅之形圓如囷者。竹笮所以維舟，取其堅韌，鐵牛、石囷所以繫竹筰。㊃三十餘州：《五代史記・職方考》，時吳有揚、楚、泗、滁、和、光、洪、黃、舒、蘄、廬、壽、海、泰、濠、潤、常、宣、歙、鄂、昇、池、饒、信、江、撫、袁、吉、虔，凡二十九州。㊂詔削劉巖官爵，命吳越王鏐討之：以劉巖建號稱帝而不修職責也。㊂鏐雖受命，竟不行：胡三省曰：「受命者，不逆梁之意，不行者，不肯自弊其力以伐與國也。」㊃我國家為他人所有，可乎：時吳國政在徐氏，故云然。

卷二百七十一　後梁紀六

起屠維單閼十月盡玄默敦牂凡三年有奇。（己卯十月至壬午，西元九一九年至九二二年）

司馬光編集
林瑞翰註

均王下

貞明五年（西元九一九年）

㈠冬，十月，出濛為楚州團練使㊀。

㈡晉王如魏州，發徒數萬，廣德勝北城，日與梁人爭，大小百餘戰，互有勝負。左射軍使㊁石敬瑭與梁人戰於河壖㊂，梁人擊敬瑭，斷其馬甲㊃，橫衝兵馬使劉知遠以所乘馬授之，自乘斷甲者，徐行為殿，梁人疑有伏，不敢迫，俱得免，敬瑭以是親愛之。敬瑭、知遠，其先皆沙陀人㊄。敬瑭，李嗣源之壻也㊅。

㈢劉鄩圍張萬進於兗州經年㊆，城中危窘。晉王方與梁人戰河上，力不能救。萬進遣親將劉處讓乞師於晉，晉王未之許。處讓於軍門截耳曰：「苟不得請，生不如死。」晉王義之，將為出兵，會鄩已屠兗州，族萬進，乃止。以處讓為行臺左驍衛將軍。處讓，滄州人也㊇。

㈣十一月，吳武寧節度使張崇寇安州㊈。

㈤丁丑（十三日），以劉鄩為泰寧節度使，同平章事㊉。

㈥辛卯（二十七日），王瓚引兵至戚城㊀，與李嗣源戰，不利。

㈦梁築壘貯糧於潘張㊁，距楊村五十里。十二月，晉王自將騎兵自河南岸西上，邀其餉者，俘獲而還。梁人伏兵於要路，晉兵大敗，晉王以數騎走，梁數百騎圍之，李紹榮識其旗㊂，單騎奮擊，救之僅免。戊戌（初五日），晉王復與王瓚戰於河南，瓚先勝，獲晉將石君立等㊃，既而大敗，乘小舟度河，走保北城㊄，失亡萬計。

帝聞石君立勇，欲將之，繫於獄而厚餉之，使人誘之。君立曰：「我，晉之敗將，而為用於梁，雖竭誠効死，誰則信之？人各有君，何忍反為仇讎用哉？」帝猶惜之，盡殺所獲晉將，獨置君立㊅。

晉王乘勝，遂拔濮陽。**【考異】**莊宗實錄：「天祐十五年，賀瓌屯於濮州北行臺里，十二月辛酉，上次於臨濮，賊亦捨營躡我，癸亥，次於胡柳，明日，接戰，王彥章敗走濮陽，甲子，進攻濮陽，一鼓而拔。」按唐地理志，濮州亦謂之濮陽郡，治鄄城，有濮陽、臨濮二縣，據莊宗實錄，則行臺里在臨濮東，胡柳在濮陽東，彥璋所保，莊宗所拔者，皆濮陽縣，非濮州也。而莊宗列傳、薛史閻寶傳皆云，彥章騎軍已入濮州，山下惟列步兵，向晚皆有歸心，是以濮陽即為濮州也。李嗣昭傳，嗣昭云：「賊無營壘，去臨濮地遠，日已晡晚，皆有歸心，但以精騎撓之，無令夕食，晡後，迫擊，破之必矣！我若收軍拔寨，賊入臨濮，俟彼整齊復來，則勝負未決。」是又以濮陽即為臨濮也。按薛史梁紀，貞明五年四月，制書於濮州稅課，是濮州猶屬梁也。莊宗實錄，天祐十六年十二月，攻下濮陽，下教，告諭曹、濮百姓，勸令歸附，是濮州未屬晉也。又賀瓌屯於山西，晉軍在其東，彥章已西入濮陽，瓌豈得更東歸臨濮，疑寶傳濮州，嗣昭傳臨濮，皆當為濮陽，史氏文飾之誤也。又莊宗實錄，去年十二月，晉已拔濮陽，至此，又云攻下濮陽，按薛史梁紀，去年十二月，晉人攻濮陽，陷之，今年十二月，又云晉人陷濮陽，唐紀，去冬拔濮陽，今年四月，追襲賀瓌至濮陽，十二月，無攻下濮陽事，賀瓌傳，貞明四年，領大軍，營於行臺村，十二月，戰敗，四月，退軍行臺，尋卒，若非實錄及梁紀重複，則是去冬唐雖得濮陽，棄而不守，今年復攻拔之也。

帝召王瓚還，以天平節度使戴思遠⑰代為北面招討使，屯河上以拒晉人。

⑻己酉（十六日），蜀雄武節度使兼中書令王宗朗⑱有罪，削奪官爵，復其姓名曰全師朗，命武定節度使兼中書令桑弘志⑲討之。

⑼吳禁民私畜兵器，盜賊益繁。御史臺主簿⑳京兆盧樞上言：「今四方分爭，宜教民戰，且善人畏法禁，而姦民弄干戈，是欲偃武而反招盜也。宜團結民兵，使之習戰，自衛鄉里。」從之。

【今註】㈠出濛為楚州團練使：徐溫惡濛見上卷，故出之於楚州。㈡左射軍使：胡三省曰：「左射軍使，統軍士之能左射者。」㈢河壖：河邊地也。壖，堧之俗字，見《玉篇》。㈣梁人擊敬瑭，斷其馬甲：《五代史・漢高祖紀》曰：「時晉高祖為梁人所襲，馬甲連革斷。」⑤敬瑭、知遠，其先皆沙陀人：《五代史記・晉高祖紀》曰：「高祖父臬捩雞本出於西夷，自朱邪歸唐，從朱邪入居陰山，其後晉王李克用起於雲、朔之閒，臬捩雞以善騎射，常從晉王征伐，有功，官至洺州刺史。臬捩雞生敬瑭，其姓石氏，不知其得姓之始也。」又《五代史・晉高祖紀》謂敬瑭之先本漢丞相石奮之後，漢衰，關輔亂，子孫流泛西裔，遂居於甘州，四代祖璟以唐元和中與沙陀軍都督朱邪氏自靈武入附，官至朔州刺史，至父臬捩雞始事後唐武皇及莊宗，時人遂以敬瑭為沙陀人也，於〈漢高祖紀〉則直謂其先本沙陀部人，而未為之溯宗附會，然則石敬瑭殆胡化之漢人也。⑥敬瑭，李嗣源之壻也：《五代史・晉高祖紀》，敬瑭性沈澹，寡言笑，讀兵法，重李牧、周亞夫行事，李嗣源為代州刺史，每深心器之，因妻以愛女。《五代史記・晉高祖紀》，敬瑭尚後唐明宗女，是為永寧公主。後唐明宗，即李嗣源也。⑦劉鄩圍張萬進於兗州經年：劉鄩圍兗州事始上卷貞明四年八月，至是逾年。⑧處讓，滄州人也：張萬進自滄州徙鎮兗州，劉處讓蓋從之。⑨安州：《舊唐書・地理志》，唐高祖武德四年，改隋安陸郡為安州，玄宗天寶元年，改為安陸郡，肅宗乾元元年，復為安州，治安陸縣，漢屬江夏郡，南朝宋始立安陸郡於此，即今湖北省安陸縣。⑩以劉鄩為泰寧節度使，同平章事：劉鄩以失河朔落平章事，左遷亳州團練使見上卷貞明三年，至是以平張萬進功復為使相，並代萬進鎮兗州。⑪戚城：胡三省曰：「戚城在德勝西，即春秋時衛之戚邑也。」杜預曰：「戚，河上之邑。」德勝北城即今河北省濮陽縣。自黃河改道，濮陽、戚城皆已不臨河津。⑫潘張：胡三省曰：「潘張，地名，蓋潘、張二姓居之，因以名村。如楊村之類，一姓而名村也，其他如麻家渡、趙步，又皆以姓而名津、步。」步，埠也，水濱泊船之所也。㊂李紹榮識其旗：凡行軍，主帥各建旗鼓以為表識。㊃獲晉將石君立等：石君立，李嗣昭部將，即自上黨趨救晉陽者也，見卷二百六十九貞明二年。㊄走保北城：楊村北壘城也。㊅獨置君立：置，赦也。置君立而不殺。㊆天平節度使戴思遠：唐置天平軍節度於鄆州。㊇蜀雄武軍節度使兼中書令王宗朗：《五代史記・職方考》，岐置雄武軍於秦州，後入蜀，移雄武軍於金州。㊈武定節度使兼中書令桑弘志：唐置武定軍節度於洋州，治今陝西省洋縣。㊉御史臺主簿：《唐書・百官志》，御史臺置主簿一人，掌印，主公廨及奴婢、勳散官之職。

六年（西元九二〇年）

㈠春，正月戊辰（初五日），蜀桑弘志克金州㊀，執全師朗獻於成都，蜀主釋之。

㈡吳張崇攻安州，不克而還。崇在廬州，貪暴不法，廬江民訟縣令受賕，徐知誥遣侍御史知雜事楊廷式往按之，欲以威崇。廷式曰：「雜端推事㊁，其體至重，職業不可不行。」知誥曰：「何如？」廷式曰：「械繫張崇，使吏如昇州，簿責都統㊂。」知誥曰：「所按者縣令耳，何至於是？」廷式曰：「縣令微官，張崇使之取民財轉獻都統耳，豈可捨大而詰小乎。」知誥謝之，曰：「固知小事不足相煩。」以是益重之。廷式，泉州㊃人也。

㈢晉王自得魏州㊄，以李建及為魏博內外牙都將，將銀鎗効節都。建及為人忠壯，所得賞賜，悉分士卒，與同甘苦，故能得其死力，所向立功，同列疾之。宦者韋令圖監建及軍，譖於晉王曰：「建及以私財驟施㊅，此其志不小，不可使將牙兵。」王疑之，建及知之，行之自若。三月，王罷建及軍職，以為代州刺史。

㈣漢楊洞潛請立學校，開貢舉，設銓選，漢主巖從之。

㈤夏，四月乙巳（十三日），以尚書左丞李琪為中書侍郎、同平章事。琪，珽之弟也㊆。性疏俊，挾趙巖、張漢傑之勢，頗通賄賂，蕭頃與琪同為相，頃謹密而陰伺琪短，久之，有以攝官求仕者，琪輒改攝為守，頃奏之㊇，帝大怒，欲流琪遠方，趙、張左右之㊈，止罷為太子少保。**【考異】**薛史止有琪作相月日，無罷相年月，故終言之。

㈥河中節度使冀王友謙以兵襲取同州，逐忠武節度使程全暉⑩，全暉奔大梁。友謙以其子令德為忠武留後，表求節鉞，帝怒，不許，既而懼友謙怨望，己酉（十七日），以友謙兼忠武節度使。制下，友謙已求節鉞於晉王，晉王以墨制除令德忠武節度使。【考異】莊宗列傳，上令幕客王正言送節旄賜之。莊宗實錄列傳、薛史友謙傳，皆云友謙以令德為帥，請節鉞，不許。薛史末帝紀貞明六年云，陷同州，以令德為留後，表求節旄，不允。而貞明四年六月甲辰，以歙州刺史朱令德為忠武留後，恐是四年已陷同州。

㈦吳宣王⑪重厚恭恪，徐溫父子專政，王未嘗有不平之意形於言色，溫以是安之。及建國稱制，尤非所樂⑫，多沈飲鮮食⑬，遂成寢疾。五月，溫自金陵入朝，議當為嗣者。或希溫意，言曰：「蜀先主謂武侯嗣子不才，君宜自取⑭。」溫正色曰：「吾果有意取之，當在誅張顥之初⑮，豈至今日邪？使楊氏無男有女，亦當立之，敢妄言者斬。」乃以王命迎丹楊公溥監國。【考異】吳錄、九國志有女當立之語在誅張顥時，今從薛史。十國紀年，王疾病，大丞相溫來朝，議立嗣君，門下侍郎嚴可求言王諸子皆不才，引蜀先主顧命諸葛亮事，溫以告知誥，知誥曰：「可求多知，言未必誠，不過順大人意爾。」溫曰：「吾若自取，非止今日，張顥之亂，嗣主幼弱，政在吾手，取之易於反掌，然思太祖大漸，欲傳位劉威，吾獨力爭，太祖垂泣，以後事托我，安可忘也。」乃與內樞密使王令謀定策，稱隆演命，迎丹楊公溥監國，己丑，隆演卒，六月，戊申，溥即王位。恐可求亦不應有此言，今從薛史。徙溥兄濛為舒州團練使⑯。己丑（二十八日），宣王殂(一七)，六月戊申（十八日），溥即吳王位(一八)，尊母王氏曰太妃。

(八)丁巳（二十七日），蜀以司徒兼門下侍郎同平章事周庠同平章事，充永平節度使(一九)。

(九)帝以泰寧節度使劉鄩為河東道招討使，帥感化節度使尹皓、靜勝節度使溫昭圖、莊宅使(二〇)段凝攻同州。

(十)閏月，庚申朔，蜀主作高祖原廟於萬里橋(二一)，帥后妃百官用褻味(二二)，作鼓吹祭之。華陽尉(二三)張士喬上疏諫，以為非禮，蜀主怒，欲誅之，太后以為不可，乃削官爵，流黎州，士喬感憤，赴水死。

(十一)劉鄩等圍同州，朱友謙求救於晉。秋七月，晉王遣李存審、李嗣昭、李建及、慈州刺史李存質將兵救之。

(十二)乙卯（二十六日），蜀主下詔北巡，以禮部尚書兼成都尹長安韓昭為文思殿大學士，位在翰林承旨上。昭無文學，以便佞得幸，出入宮禁，就蜀主乞通、渠、巴、集數州刺史賣之(二四)，以營居第，蜀主許之，識者知蜀之將亡。

八月戊辰（初十日），蜀主發成都，被金甲，冠珠帽，執弓矢而行，旌旗兵甲，亘百餘里。雖令㉕段融上言，不宜遠離都邑，當委大臣征討，不從。九月，次安遠城㉖。

㈢李存審等至河中，即日濟河㉗，梁人素輕河中兵，每戰，必窮追不置，存審選精甲二百，雜河中兵，直壓劉鄩壘，鄩出千騎逐之，知晉人已至，大驚㉘，自是不敢輕出。

晉人軍於朝邑㉙。

河中事梁久㉚，將士皆持兩端，諸軍大集，芻粟踴貴。友謙諸子說友謙且歸款於梁，以退其師。友謙曰：「昔晉王親赴吾急，秉燭夜戰㉛，今方與梁相拒㉜，又命將星行㉝，分我資糧，豈可負邪？」

晉人分兵攻華州，壞其外城。李存審等按兵累旬，乃進，逼劉鄩營。鄩等悉眾出戰，大敗，收餘眾退保羅文寨㉞。又旬餘，存審謂李嗣昭曰：「獸窮則搏，不如開其走路，然後擊之。」乃遣人牧馬於沙苑，鄩等宵遁，追擊至渭水，又破之，殺獲甚眾㉟。存審等移檄告諭關右，引兵略地至下邽㊱，謁唐帝陵㊲，哭之而還。

河中兵進攻崇州，靜勝節度使溫昭圖甚懼㊳，帝使供奉官竇維說之曰：「公所有者，華原、美原兩縣耳[39]，雖名節度使，實一鎮將，比之雄藩，豈可同日語也？公有意欲之乎？」昭圖曰：「然。」維曰：「當為公圖之。」即教昭圖表求移鎮，帝以汝州防禦使華温琪權知靜勝留後。

(14)冬，十月辛酉（初三日），蜀主如武定軍[40]，數日，復還安遠。

(15)十一月，戊子朔，蜀主以兼侍中王宗儔為山南節度使[41]、西北面都招討行營安撫使、天雄節度使[42]，同平章事王宗昱、永寧軍使王宗晏、左神勇軍使王宗信為三招討以副之，將兵伐岐，出故關，壁於咸宜[43]，入良原[44]。丁酉（初十日），王宗儔攻隴州，岐王自將萬五千人屯汧陽[45]。癸卯（十六日），蜀將陳彥威出散關，敗岐兵於箭筈嶺[46]。蜀兵食盡，引還。宗昱屯秦州，宗儔屯上邽[47]，宗晏、宗信屯威武城。

庚戌（二十三日），蜀主發安遠城，十二月庚申（初三日），至利州，閬州[48]團練使林思諤來朝，請幸所治，從之。癸亥（初六日），泛江而下[49]，龍舟畫舸[50]，輝映江渚，州縣供辦，民始愁怨[51]。壬申（十五日），至閬州，州民何康女色美，將嫁，蜀主取之，賜其夫家帛百匹，夫一慟而卒[52]。癸未（二十六日），至梓州[53]。

(十八)趙王鎔自恃累世鎮成德，得趙人心，生長富貴，雍容自逸，治府第園沼，極一時之盛[54]，多事嬉游，不親政事，事皆仰成於僚佐，深居府第，權移左右。行軍司馬李藹、宦者李弘規，用事於中外[55]，宦者石希蒙，尤以諂諛得幸[56]。

初，劉仁恭使牙將張文禮從其子守文鎮滄州，守文詣幽州省其父，文禮於後據城作亂，滄人討之，奔鎮州。文禮好誇誕，自言知兵，趙王鎔奇之，養以為子，更名德明，悉以軍事委之。德明將行營兵從晉王[57]，鎔欲寄以腹心，使都指揮使符習代還，以為防城使。

鎔晚年好事佛及求仙，專講佛經，受符籙，廣齋醮，合煉仙丹，盛飾館宇於西山，每往遊之，登山臨水，數月方歸[58]。將佐士卒陪從者常不下萬人，往來供頓，軍民皆苦之。是月，自西山還，宿鶻營莊。石希蒙勸王復之它所，李弘規言於王曰：「晉王夾河血戰(五九)，櫛風沐雨，親冒矢石，而王專以供軍之資，奉不急之費，且時方艱難，人心難測，王久虛府第，遠出遊從，萬一有姦人為變，閉關相距，將若之何？」王將歸，希蒙密言於王曰：「弘規妄生猜閒，出不遜語，以劫脅王，專欲誇大於外，長威福耳！」王遂留信宿(六〇)，無歸志。弘規乃教內牙都將蘇漢衡帥親軍擐甲拔刃，詣帳前白王曰：「士卒暴露已久，願從王歸。」弘規因進言曰：「石希蒙勸王遊從不已，且聞欲陰謀叛逆，請誅之以謝眾。」王不聽，牙兵遂大譟，斬希蒙首，投於前，王怒且懼，亟歸府。是夕，遣其長子副大使昭祚與王德明將兵圍弘規及李藹之第，族誅之，連坐者數十家，又殺蘇漢衡，收其黨與，窮治反狀，親軍大恐。

㈦吳金陵城成，陳彥謙上費用之籍。徐溫曰：「吾既任公，不復會計(六一)。」悉焚之。

㈧初，閩王審知承制加其從子泉州刺史延彬領平盧節度使，延彬治泉州十七年，吏民安之，會得白鹿及紫芝，僧浩源以為王者之符，延彬由是驕縱，密遣使浮海入貢，求為泉州節度使。事覺，審知誅浩源及其黨，黜延彬歸私第。

㈩漢主巖遣使通好於蜀。

㈩吳越王鏐遣使為其子傳琇求昏於楚，楚王殷許之。

【今註】㈠金州：《舊唐書・地理志》，唐高祖武德元年，改隋之西城郡為金州，玄宗天寶元年，改為安康郡，肅宗至德二年，改為漢南郡，乾元元年，復為金州。州治西城縣，漢屬漢中郡，後魏置為安康郡，尋改為東梁州，又以其地出金，改為金州，即今陝西省安康縣。㈡雜端推事：趙璘《因話錄》，唐人呼侍御史為端公，御史三院，以一人知雜事，謂之雜端，非知雜事者謂之散端。推事，推按獄事也。㈢簿責都統：顏師古曰：「簿責者，以文簿次第一一責之。」都統，謂徐溫。吳王以溫為諸道都統見上卷上年。㈣泉州：《舊唐書・地理志》，隋置泉州於閩縣，漢會稽郡東治縣也，煬帝改為建安郡，唐復曰泉州，武后聖曆二年，分泉州之南安、莆田、龍溪三縣置武榮州，三年，廢，以三縣還泉州，久視元年，又以三縣置武榮州，睿宗景雲二年，改為泉州，治南安縣，玄宗開元八年，分南安置晉江縣為州治，十三年，更名閩縣之泉州為福州，玄宗天寶元年，改泉州為清溪郡，肅宗乾元元年，復為泉州。故治即今福建省晉江縣，晉江逕其北。㈤晉王自得魏州：王得魏州，見卷二百六十九貞明元年。㈥驟施：驟，頻也，數也。《左傳》文公十四年：「齊公子商人驟施於國而多聚士。」㈦琪，珽之弟也：李珽始見於唐昭宗天復三年而死於梁友珪之難。㈧有以攝官求仕者，琪輒改攝為守，頃奏之：《五代史記・李琪傳》曰：「琪所私吏當得試官，琪改試為守，為頃所發。」凡官卑而職高者謂之守，試與攝皆非正官也。《五代會要》，後唐明宗天成元年敕云：「先朝以選門既無，攝官尤多，近年以來，銓注無幾，遂至諸道州縣，悉是攝官，既無考課之規，豈守廉勤之節？」㊈趙、張左右之：左右讀曰佐佑。㊉河中節度使冀王友謙以兵襲取同州，逐忠武節度使程全暉；《五代史記・職方考》，唐置忠武軍於許州，匡國軍於同州，梁改匡國軍曰忠武軍，忠武軍曰匡國軍。㊁吳宣王：吳王隆演，謚曰宣。㊂及建國稱制，尤非所樂：吳之建國稱制蓋出徐溫意，非王所樂為，事見上卷上年。㊂沈飲鮮食：鮮，少也。沈湎於酒而食少。㊃蜀先主謂武侯嗣子不才，君宜自取：事見卷六十九魏文帝黃初三年。㊄吾果有意取之，當在誅張顥之初：誅張顥，見卷二百六十九太祖開平二年。㊅乃以王命迎丹陽公溥監國，徙溥兄濛為舒州團練使：《五代史記・吳世家》，隆演卒，弟廬江公濛次第當立而徐氏秉政，不欲長君，乃立溥。按徐溫忌濛，故捨濛而立溥也，事見上卷上年。㊆宣王殂：時年二十四。㊇溥即吳王位：溥，行密之第四子也。㊈永平節度使：唐置永平軍於印州。《五代史記・職方考》，蜀以雅州為永平軍，蓋蜀徙置也，故治即今四州省雅安縣。㊉蜀主作高祖原廟於萬里橋：蜀主建廟號高祖。原廟之制起於漢。《史記・高祖紀》，孝惠五年，以沛宮為高祖原廟。集解曰：「謂原者，再也，先既已立廟，今又再立，故謂之原廟。」萬里橋在今四川省華陽縣南。《元和郡縣志》曰：「萬里橋在華陽縣南八里。蜀使費褘聘吳，諸葛亮祖之，褘歎曰：『萬里之行，始於此橋。』因名。」橋西唐杜南草堂在焉，甫有「萬里橋西一草堂」之句，又唐名妓薛濤亦曾居橋側，韋皋贈詩曰：「萬里橋邊女校書，枇杷花下閉戶居；掃眉才子知多少？管領春風總不如。」校書本官名，掌校讎書籍，濤有才學，工詩詞，韋南康寵之，故稱之為女校書。㈡莊宅使：《五代會要》，梁莊宅使位在飛龍使下，太和庫使上。㈢褻味：《禮記・郊特牲》曰：「禘嘗不敢用褻味而貴多味，所以交於神明之義也。」胡三省曰：「褻味，常御嗜好之味也。」㈢華陽尉：華陽縣尉。《舊唐書・地理志》，唐太宗貞觀十七年，分成都縣置蜀縣，在州郭下，與成都分理，肅宗乾元元年，改為華陽縣，屬成都府，成都府即益州也。故治即今四川省華陽縣。㈣就蜀主乞通、渠、巴、集數州刺史賣之：《舊唐書・地理志》，通州，隋通川郡，唐高祖武德元年，改為通州，玄宗天寶元年，改為通川郡，肅宗乾元元年，復為通州，州治通川縣，漢巴郡宕渠縣地也，後分置宣漢縣，後魏改為石城縣，隋曰通川縣，宋置達州於此，即今四川省達縣。渠州，隋宕渠郡，唐高祖武德元年，改為渠州，玄宗天寶元年，改為潾山郡，肅宗乾元元年，復為渠州，州治流江縣，漢巴郡宕渠縣地也，北周置流江郡於此，並置流江縣為郡治，即今四川省渠縣。又唐高祖武德元年，置巴州於隋清化郡，玄宗天寶元年，改為清化郡，肅宗乾元元年，復為巴州，治化城縣，後漢之昌縣也，梁改曰梁大縣，北周改為化城縣，即今四川省巴中縣。唐高祖武德元年，就隋漢川郡之難江縣置集州，以集水為名也，玄宗天寶元年，改為符陽郡，肅宗乾元元年，復為集州。難江縣，漢宕渠縣地也，後周改曰難江，即今四川省南江縣。㈤雒令：雒，漢廣漢郡雒縣也，唐為漢州治，即今四川省廣漢縣。㈥次安遠城：次，舍止也。《左傳》，凡師一宿為舍，再宿為信，過信為次。蜀置安遠軍於西縣，見卷二百六十八太祖乾化元年。㉗李存審等至河中，即濟河：自河中濟河以援同州。㉘存審選精甲二百，雜河中兵，直壓劉鄩壘，鄩出千騎逐之，知晉人已至，大驚：《五代史記・符存審傳》，河中兵少而弱，梁人素易之，且不虞晉軍之速至也，存審選精騎二百，雜河中兵出擊鄩壘，陽敗而走，鄩兵追之，晉騎反擊，獲其騎兵五十人，梁人知其晉軍也，皆大驚。㉙晉人軍於朝邑：《唐書・地理志》，唐肅宗乾元元三年，改同州朝邑縣曰河西縣，度屬河中府，代宗大曆三年，復曰朝邑，還隸同州。朝邑縣，漢臨晉縣地也，後魏置南五泉縣，西魏改曰朝邑，以北據朝坂為名，即今陝西省朝邑縣。《元豐九域志》，朝邑縣西去同州三十五里。㉚河中事梁久：唐昭宗之世，王珂以河中降朱全忠，遂事梁室。㉛昔晉王親赴吾急，秉燭夜戰：謂援河中，破梁將康懷貞之役也，事見卷二百六十八太祖乾化二年。㉜今方與梁相拒：謂晉時方與梁相拒於河上。㉝星行：星夜倍道而行。㉞收餘眾退保羅文寨：《五代史・劉鄩傳》云：「鄩以餘眾退保華州羅文寨。」㉟乃遣人牧馬於沙苑，鄩等宵遁，追擊至渭水，又破之，殺獲甚眾：《五代史記・符存審傳》云：「存審遣裨將王建及牧馬於沙苑，鄩以謂晉軍且懈，乃夜遁去，存審追擊於渭河，又大敗之。」胡三省曰：「劉鄩用兵，十步九計，以此得名於時，至同州之役，與李存審遇，為所玩弄，若嬰兒在人掌股之上，是何也？孽也。蓋鳥之中傷者曰孽，聞弦鳴則引而高飛，力不足斯抎矣！故空弓可落也。劉鄩先為晉兵所破，見晉兵之來，氣沮而膽消矣，烏能與之為敵哉！」抎，墜也。沙苑監在今陝西省大荔縣南，接朝邑縣界。《元和郡縣志》，沙苑東西八十里，南北三十里，後魏宇文泰大破高歡於沙苑，人植一樹以表功，其地宜六畜。《同州志》，沙苑在州南洛、渭之間，亦名沙海，又曰沙澤，其中坌起者曰沙阜，東跨朝邑，西至渭南，南連華州，其沙隨風流徙，不可耕植，唐置沙苑監，宋置牧龍坊，皆以養馬。㊱下邽：《舊唐書・地理志》，下邽縣本屬同州，睿宗垂拱元年，度屬華州，故城在今陝西省渭南縣東北五十里。㊲謁唐帝陵：《五代史・符存審傳》云：「存審略地至奉先，謁諸帝陵。」《舊唐書・地理志》，奉先縣，舊曰蒲城縣，屬同州，玄宗開元四年，以管橋陵改曰奉先，移隸京兆府。《唐書・地理志》，哀帝天祐三年，復以奉先屬同州，即今陝西省蒲城縣，唐帝陵在焉，睿宗橋陵在西北二十里豐山，玄宗泰陵在東北二十里金粟山，憲宗景陵在西北二十里金熾山，穆宗光陵在北十五里堯山，讓帝惠陵在西北十里。㊳河中兵進攻崇州，靜勝節度使溫昭圖甚懼：梁改耀州為崇州，義勝軍為靜勝軍，復李彥韜姓溫，賜名昭圖，見卷二百六十九貞明元年。㊴公所有者，華原、美原二縣耳：唐末，溫韜為盜，後事李茂貞為華原鎮將，冒姓李，名彥韜，茂貞墨制以華原縣為耀州，以韜為刺史，梁太祖圍茂貞於鳳翔，韜以耀州降梁，已向復叛歸茂貞，茂貞又墨制以美原縣為鼎州，建義勝軍，以韜為節度使，貞明元年，韜既降梁，梁改耀州為崇州，鼎州為裕州，義勝軍為靜勝軍，是韜所據者本唐之兩縣耳！㊵武定軍：唐置武定軍節度於洋州，即今陝西省洋縣。㊶蜀主以兼侍中王宗儔為山南節度使：置唐山南西道節度使於梁州興元府，山南東道節度使於襄州，時襄州屬梁，蜀未能有，《五代史記・職方考》，蜀置山南西道節度使於梁州，山南節度使即山南西道節度使也。㊷天雄節度使：《五代史記・職方考》，岐置雄武軍於秦州，後入蜀，蜀改曰天雄軍。㊸壁於咸宜：壁者，築壁壘以屯軍。胡三省曰：「咸宜當在隴州汧源縣界」。㊹良原：《舊唐書・地理志》，良原縣，唐屬涇州，本隋之陰盤縣，玄宗天寶元年，改為潘原，後廢潘原，置良原縣，界有潘原廢城。《元豐九域志》，良原縣在涇州西南六十里。涇州故治在今甘肅省涇川縣北五里。㊺汧陽：《舊唐書・地理志》，汧陽縣，唐屬隴州。《元豐九域志》，汧陽縣在隴州東六十七里，東距鳳翔五十五里。故城在今陝西省汧陽縣西，以在汧山之陽為名也。㊻箭括嶺：箭括嶺在今陝西省岐山縣東北六十里，北去麟遊縣五十里，即岐山也。《續通典》曰：「岐山即今之岐山縣，其山兩岐，故俗呼為箭括嶺。」㊼宗昱屯秦州，宗儔屯上邽：《唐書・地理志》，秦州本治上邽，玄宗開元二十二年，以地震，徙治成紀，天寶元年，還治上邽，宣宗大中三年，復徙治成紀。上邽縣在今甘肅省天水縣南，成紀縣即今甘肅省天水縣。㊽閬州：《舊唐書・地理志》，唐高祖武德元年，改隋巴西郡為隆州，睿宗先天元年，改為閬州，玄宗天寶元年，改為閬中郡，肅宗乾元元年，復為閬州，州治閬中縣，漢屬巴郡，故城在今四川省閬中縣東二十里，漢故縣在其西。《元豐九域志》，自利州東南至閬州二百四十里。㊾泛江而下：泛嘉陵江而下。㊿畫舸：大船之加彩髹雕畫者。《方言》曰：「南楚江湘凡船大者謂之舸。」《文選》左思〈吳都賦〉：「宏舸連軸。」李善注：「江湖凡大船曰舸。」(51)州縣供辦，民始愁怨：州縣，謂蜀主自利州至閬州所經行州縣也。(52)州民何康女色美，將嫁，蜀主娶之，賜其夫家帛百匹，夫一慟而卒：胡三省曰：「記：『諸侯不下漁色。』注云：『謂不內取於國中也。內取國中為下漁色。國君而內取，象捕魚然，中網則取之，是無所擇。』王衍奪人之妻，其為漁也，殆有甚焉。」(五三)梓州：《舊唐書・地理志》，唐高祖武德元年，改隋新城郡為梓州，玄宗天寶元年，改為梓潼郡，肅宗乾元元年，復為梓州，以梓潼水為名也。州治郪縣，漢故廣漢郡郪縣，左帶潼水，右挾中江，居水陸之衝要，即今四川省三臺縣。(五四)趙王鎔自恃累世鎮成德，得趙人心，生長富貴，雍容自逸，治府第園沼，極一時之盛：鎔四代祖廷湊為鎮人所推為成德軍節度使，廷湊卒，子元逵立，元逵卒，子紹鼎立，紹鼎卒，子景崇立，景崇卒，鎔立，鎔即景崇之子也。《五代史・王鎔傳》，鎔自幼聰悟，然仁而不武，征伐出於下，特以作藩數世，專制鎮、冀、深、趙四州，高屏塵務，不親軍政，多以閹人秉權，出納決斷，悉聽所為，皆雕靡第舍，崇飾園池，植奇花異木，遞相誇尚，人士皆裒衣博帶，高車大蓋，以事嬉遊，藩府之中，當時為盛。(五五)行軍司馬李藹、宦者李弘規用事於中外：外則李藹用事，中則李弘規用事。(五六)宦者石希蒙，尤以諂諛得幸：《五代史・王鎔傳》，閹人石希蒙姦寵用事，為鎔所嬖，恆與之臥起。(五七)德明將行營兵從晉王：事始卷二百六十七太祖乾化元年。(五八)鎔晚年好事佛及求仙，專講佛經，受符籙，廣齋醮，合煉仙丹，盛飾館宇於西山，每往遊之，登山臨水，數月方歸：鎮州西山，即房山也，一曰王母山，以上有王母觀故名，在今河北省平山縣西北，鎔欲求仙，故數往遊之。《五代史・王鎔傳》曰：「鎔宴安既久，惑於左道，專求長生之要：常聚緇黃合煉仙丹，或講說佛經，親受符籙。西山多佛寺，又有王母觀，鎔增置館宇，雕飾土木，道士王若訥者，誘鎔登山臨水訪求仙迹，每一出，數月方歸，百姓勞弊。王母觀石路既峻，不通輿馬，每登行，命僕妾數十人，維錦繡牽持而上。」(五九)晉王夾河血戰：或戰河北，或戰河南，故曰夾河。(六〇)信宿：再宿也，見《左傳》。朱駿聲曰：「信，申也，重宿之義。」㈥會計：計算財物之出納也。焦循曰：「零星算之為計，總合算之為會。」

龍德元年（西元九二一年㈠）

㈠春，正月甲午（初七日），蜀主還成都㈡。

㈡初，蜀主之為太子，高祖㈢為聘兵部尚書高知言女為妃，無寵。及韋妃入宮，尤見疏薄，至是遣還家。知言驚仆，不食而卒。韋妃者，徐耕之孫也，有殊色，蜀主適徐氏，見而悅之，太后因納於後宮。蜀主不欲娶於母族，托云韋昭度之孫㈣，初為婕妤，累加元妃。蜀主常列錦步障㈤，擊毬其中，往往遠適，而外人不知。爇諸香，晝夜不絕，久而厭之，更爇皂莢以亂其氣。結繒為山，及宮殿樓觀於其上，或為風雨所敗，則更以新者易之，或樂飲繒山，涉旬不下。山前穿渠通禁中，或乘船夜歸，令宮女秉蠟炬千餘居前船，却立照之，水面如晝。或酣飲禁中，鼓吹沸騰，以至達旦，以是為常。

㈢甲辰（十七日），徙靜勝節度使溫昭圖為匡國節度使，鎮許昌㈥。昭圖素事趙巖，故得名藩㈦。蜀主、吳主屢以書勸晉王稱帝，晉王以書示僚佐曰：「昔王太師亦嘗先遺王書，勸以唐室已亡，宜自帝一方㈧，先王語余云：『昔天子幸石門，吾發兵誅賊臣㈨。當是之時，威振天下，吾若挾天子，據關中，自作九錫禪文，誰能禁我？顧吾家世忠孝，立功帝室，誓死不為耳！汝它日當務以復唐社稷為心，慎勿効此曹所為。』言猶在耳，此議非所敢聞也！」因泣，既而將佐及藩鎮勸進不已，乃令有司市玉造法物㈩。

黃巢之破長安也㈡，魏州僧傳真之師得傳國寶，藏之四十年，至是傳真以為常玉，將鬻之，或識之曰：「傳國寶也。」傳真乃詣行臺獻之㈢，將佐皆奉觴稱賀。

張承業在晉陽，聞之，詣魏州諫曰：「吾王世世忠於唐室㈢，救其患難，所以老奴三十餘年為王捃拾財賦㈣，召補兵馬，誓滅逆賊，復本朝宗社耳㈤！今河北甫定，朱氏尚存，而王遽即大位，殊非從來征伐之意，天下其誰不解體乎？王何不先滅朱氏，復列聖之深讎，然後求唐後而立之，南取吳，西取蜀(一六)，汛掃宇內(一七)，合為一家。當是之時，雖使高祖、太宗復生，誰敢居王上者？讓之愈久，則得之愈堅矣！老奴之志無它，但以受先王大恩，欲為王立萬年之基耳！」王曰：「此非余所願，奈羣下意何？」承業知不可，慟哭曰：「諸侯血戰，本為唐家，今王自取之，誤老奴矣！」即歸晉陽，邑邑成疾，不復起。**【考異】**莊宗實錄：「上初獲玉璽，諸將動上復唐正朔，承業自太原急趣謁上曰：『殿下父子血戰三十餘年，蓋緣報國復仇，為唐宗社。今元凶未殄，軍賦不充，河朔數州，弊於供億，遽先大號，費養兵之事力，困凋弊之生靈，臣以為一未可也；殿下既化家為國，新創廟朝典禮制度，須取太常準的，方今禮院未見其人，儻失舊章，為人輕笑，二未可也。』因泣下霑衿。上曰：『余非所願，奈諸將意何？』承業自是多病，日加危篤，卒官。」莊宗列傳：「上受諸道勸進，將篡帝位，承業以為晉王三代有功於國，先王怒賊臣篡逆，匡復舊邦，賊既未平，不宜輕受推戴。方疾作，肩輿之鄴宮，見上力諫。」大指皆如實錄。薛史、唐餘錄皆與莊宗列傳同。五代闕文：「承業謂莊宗：『吾王世奉唐家，最為忠孝，自貞觀以來，王室有難，未嘗不從，所以老奴三十餘年為吾王捃拾財賦，招補軍馬者，誓滅逆賊朱溫，復本朝宗社耳！今河朔未定，朱氏尚存，吾王遽即大位，可乎？』莊宗曰：『奈諸將意何？』承業知不可諫止，乃慟哭曰：『諸侯血戰，本為李家，今吾王自取之，悞老奴矣！』即歸太原，不食而死。」秦再思洛中紀異：「承業諫帝曰：『大王何不待誅克梁孽，更平吳、蜀，俾天下一家，且先求唐氏子孫立之，復更以天下讓有功者，何人輒敢當之？讓一月即一月牢，讓一年即一年牢。設使高祖再生，太宗復出，又胡為哉？今大王一旦自立，頓失從前仗義征伐之旨，人情怠矣，老夫是閹宦，不愛大王官職富貴，直以受先王付囑之重，欲為先王立萬年之基爾。』莊宗不能從，乃謝病歸太原而卒。」歐陽史兼采闕文、紀異之意，按實錄等書，承業止情費多及儀物不備，太似淺陋，如闕文所言，承業事莊宗父子數十年，唐室近親已盡，豈不知其欲自取之意乎，褒美承業，亦恐太過，又按傳真以天祐十八年獻寶，承業以十九年十二月卒，云即歸太原，不食而死，亦非實也。如紀異之語，承業為莊宗忠謀，近得其實，今從之。

㈣二月，吳改元順義。

㈤趙王既殺李弘規、李藹，委政於其子昭祚。昭祚性驕愎，既得大權，曏時附弘規者皆族之。弘規部兵五百人欲逃，聚泣偶語，未知所之。會諸軍有給賜，趙王忿親軍之殺石希蒙，獨不時與，眾益懼。王德明素蓄異志，因其懼而激之曰：「王命我盡阬爾曹，吾念爾曹無罪併命㈦，欲從王命，則不忍，不然，又獲罪於王，奈何？」眾皆感泣㈨。是夕，親軍有宿於潭城⑳西門者，相與飲酒而謀之，酒酣，其中驍健者曰：「吾曹識王太保意㉑，今夕富貴決矣！」即踰城入。趙王方焚香受籙，二人斷其首而出，因焚府第。軍校張友順帥眾詣德明第，請為留後，德明復姓名曰張文禮，盡滅王氏之族㉒，獨置昭祚之妻普寧公主以自託於梁㉓。

㈥三月，吳人歸吳越王鏐從弟龍武統軍鎰於錢唐㉔，鏐亦歸吳將李濤於廣陵㉕，徐溫以濤為右雄武統軍，鏐以鎰為鎮海節度副使。

㈦張文禮遣使告亂於晉王，且奉牋勸進，因求節鉞，晉王方置酒作樂，聞之，投盃悲泣，欲討之。僚佐以為文禮罪誠大，然吾方與梁爭，不可更立敵於肘腋，宜且從其請以安之。王不得已，夏，四月，遣節度判官盧質承制授文禮成德留後。

(八)陳州刺史惠王友能反，舉兵趣大梁㉖。詔陝州留後霍彥威、宣義節度使王彥章、控鶴指揮使張漢傑將兵討之。友能至陳留㉗，兵敗，走還陳州，諸軍圍之。

(九)五月，丙戌朔，改元㉘。

(十)初，劉鄩與朱友謙為昏，鄩之受詔討友謙也㉙，至陝州，先遣使移書，諭以禍福，待之月餘，友謙不從，然後進兵。尹皓、段凝素忌鄩，因譖之於帝曰：「鄩逗遛養寇，俾俟援兵㉚。」帝信之。鄩既敗歸，以疾請解兵柄，詔聽於西都就醫㉛，密令留守張宗奭酖之。丁亥（初二日），卒。【考異】莊宗實錄云：「憂恚，發病卒。」薛史云：「張宗奭承朝廷密旨，逼令飲酖而卒。」今從之。

(十一)六月，乙卯朔，日有食之。

(十二)秋，七月，惠王友能降。庚子（十七日），詔赦其死，降封房陵侯㉜。

(十三)晉王既許藩鎮之請，求唐舊臣，欲以備百官，朱友謙遣前禮部尚書蘇循詣行臺㉓。循至魏州，入牙城，望府廨即拜，謂之拜殿。見王，呼萬歲，舞蹈，泣而稱臣。翌日，又獻大筆三十枚，謂之畫日筆㉔，王大喜，即命循以本官為河東節度副使，張承業深惡之。

㈣張文禮雖受晉命，內不自安，復遣間使因盧文進求援於契丹㉕，又遣間使來告曰：「王氏為亂兵所屠，公主無恙，今臣已北召契丹，乞朝廷發精甲萬人相助，自德、棣㉖度河，則晉人遁逃不暇矣！」帝疑未決，敬翔曰：「陛下不乘此釁，以復河北，則晉人不可復破矣！宜徇其請，不可失也。」趙、張輩皆曰：「今彊寇近在河上，盡吾兵力以拒之，猶懼不支，何暇分萬人以救張文禮乎？且文禮坐持兩端，欲以自固，於我何利焉！」帝乃止。

晉人屢於塞上及河津獲文禮蠟丸絹書㉗，晉王皆遣使歸之，文禮慙懼。文禮忌趙故將，多所誅滅。符習將趙兵萬人從晉王在德勝，文禮請召歸，以它將代之，且以習子蒙為都督府參軍㉘，召人齎錢帛，勞行營將士以悅之。習見晉王，泣涕請留。晉王曰：「吾與趙王同盟討賊[三九]，義猶骨肉，不意一旦禍生肘腋，吾誠痛之。汝苟不忘舊君，能為之復讎乎？吾以兵糧助汝。」習與部將三千餘人舉身投地，慟哭曰：「故使授習等劍，使之攘除寇敵[四〇]，自聞變故以來，冤憤無訴，欲引劍自剄，顧無益於死者[四一]。今大王念故使輔助之勤[四二]，許之復冤，習等不能煩霸府之兵[四三]，願以所部徑前，搏取凶豎，以報王氏累世之恩，死不恨矣。」

八月，庚申（十七日），晉王以習為成德留後，又命天平節度使閻寶、相州刺史史建瑭將兵助之，自邢、洺而北。文禮先病腹疽，甲子（二十一日），晉兵拔趙州，刺史王鋋降，晉王復以為刺史，文禮聞之，驚懼而卒。其子處瑾祕不發喪，與其黨韓正時謀悉力拒晉。

九月，晉兵渡滹沱，圍鎮州[四四]，決漕渠以灌之，獲其深州刺史張友順。壬辰（初十日），史建瑭中流矢卒。

晉王欲自分兵攻鎮州，北面招討使戴思遠聞之，謀悉楊村之眾，襲德勝北城。晉王得梁降者，知之。冬，十月己未（初七日），晉王命李嗣源伏兵於戚城，李存審屯德勝，先以騎兵誘之，為示羸怯，梁兵競進，晉王嚴中軍以待之。梁兵至，晉王以鐵騎三千奮擊，梁兵大敗㊺，思遠走趣楊村，士卒為晉兵所殺傷及自相蹈藉，墜河陷冰，失亡二萬餘人。晉王以李嗣源為蕃漢內外馬步副總管，同平章事。

㈤初，義武節度使兼中書令王處直未有子，妖人李應之得小兒劉雲郎於陘邑，以遺處直㊻曰：「是兒有貴相。」使養為子，名之曰都。及壯，便佞多詐，處直愛之，置新軍使典之，處直有孽子郁，無寵，奔晉，晉王克用以女妻之，累遷至新州團練使㊼，餘子皆幼，處直以都為節度副大使，欲以為嗣。及晉王存勗討張文禮，處直以平日鎮、定相為脣齒，恐鎮亡而定孤，固諫以為方禦梁寇，宜且赦文禮，晉王荅以文禮弒君，義不可赦，又潛引梁兵，恐於易、定亦不利。處直患之，以新州地鄰契丹㊽，乃潛遣人語郁，使賂契丹，召令犯塞，務以解鎮州之圍㊾，其將佐多諫，不聽。郁素疾都冒繼其宗，乃邀處直求為嗣，處直許之。軍府之人，皆不欲召契丹[五〇]，都亦慮郁奪其處，乃陰與書吏和昭訓謀劫處直。會處直與張文禮宴於城東[五一]，暮歸，都以新軍數百伏於府第大譟，劫之曰：「將士不欲以城召契丹，請令公歸西第。」乃幷其妻妾幽之西第[五二]，盡殺處直子孫在中山及將佐之為處直腹心者。都自為留後，具以狀白晉王，晉王因以都代處直。

(十六)吳徐溫勸吳王祀南郊，或曰：「禮樂未備，且唐祀南郊，其費巨萬，今未能辦也。」溫曰：「安有王者而不事天乎？吾聞事天貴誠，多費何為？唐每郊祀，啟南門，灌其樞，用脂百斛[五三]，此乃季世奢泰之弊，又安足法乎？」

甲子（十二日），吳王祀南郊，配以太祖[五四]，乙丑（十三日），大赦。加徐知誥同平章事，領江州觀察使，尋以江州為奉化軍，以知誥領節度使。

徐溫聞壽州團練使崔太初苛察，失民心，欲徵之。徐知誥曰：「壽州，邊隅大鎮，徵之恐為變，不若使之入朝，因留之。」溫怒曰：「一崔太初不能制，如它人何？」徵為右雄武大將軍。

(七)十一月，晉王使李存審、李嗣源守德勝，自將兵攻鎮州，張處瑾遣其弟處琪、幕僚齊儉謝罪請服，晉王不許(五五)，盡銳攻之，旬日不克。處瑾使韓正時將千騎突圍出趣定州，欲求救於王處直，晉兵追至行唐，斬之(五六)。

(八)契丹主既許盧文進出兵(五七)，王郁又說之曰：「鎮州美女如雲，金帛如山，天皇王速往，則皆己物也，不然，為晉王所有矣！」契丹主以為然，悉發所有之眾而南，述律后諫曰：「吾有西樓羊馬之富，其樂不可勝窮也，何必勞師遠出，以乘危徼利乎？吾聞晉王用兵，天下莫敵，脫有危敗，悔之何及？」契丹主不聽。十二月，辛未（二十日），攻幽州，李紹宏嬰城自守(五八)，契丹長驅而南，圍涿州(五九)，旬日，拔之，擒刺史李嗣弼，進攻定州(六〇)。王都告急於晉，晉王自鎮州將親軍五千救之，遣神武都指揮使王思同將兵戍狼山之南以拒之(六一)。

(九)高季昌遣都指揮使倪可福以卒萬人修江陵外郭，季昌行視，責功程之慢，杖之。季昌女為可福子知進婦，季昌謂其女曰：「歸語汝舅，吾欲威眾辨事耳！」以白金數百兩遺之。

（二〇）是歲，漢以尚書左丞倪曙同平章事。

（二一）辰溆蠻侵楚，楚寧遠節度副使姚彥章討平之（二二）。

【今註】㈠龍德元年：是年五月方改元。㈡蜀主還成都：去年七月，蜀主出巡，至是方還。㈢高祖：蜀主建，廟號高祖。㈣託言韋昭度之孫：韋昭度，唐僖宗時嘗奉制帥蜀，為川中望族，故托言之。㈤錦步障：以織錦為步障也，古者顯貴出行，常設障幕以屏蔽風塵，謂之步障。《晉書・石崇傳》，崇與王愷鬥富，愷作紫絲步障四十里，崇作錦步障五十里是也。㈥徙靜勝節度使溫昭圖為匡國節度使，鎮許昌：溫昭圖即溫韜也，求徙鎮見上年。㈦昭圖素事趙巖，故得名藩：時梁政在趙、張之徒，昭圖事趙巖，故得名藩。梁之匡國軍，唐之忠武軍也，領許、陳、汝三州，自唐以來為名藩。㈧昔王太師亦嘗遺先王書，勸以唐室已亡，宜自帝一方：蜀主建遺晉王克用書事見，卷二百六十七太祖開平元年。此曰王太師，蓋以唐官呼之。㈨昔天子幸石門，吾發兵誅賊臣：事見卷二百六十唐昭宗乾寧二年。㈩法物：章懷太子賢曰：「法物，謂大駕鹵簿儀式也。」胡三省曰：「法物，謂傳國八寶之類。」（一一）黃巢之破長安也：事見卷二百五十四唐僖宗廣明元年。（一二）傳真乃詣行臺獻之：晉王為尚書令，置行臺於魏州。《續通典》曰：「同光初，魏州開元寺僧傳真獻國寶，驗其文，即受命八寶也。」唐八寶，詳見卷二百六十六太祖開平元年註。（一三）吾王世世忠於唐室：謂晉王曾祖執宜、祖國昌，父克用皆勠力於唐室。㊃所以老奴三十餘年為王掊拾財賦：張承業以唐昭宗乾寧二年始監河東軍，至是二十七年耳！承業宦者，故自稱老奴。㊄復本朝宗社耳：本朝謂唐朝。㊅南取吳，西取蜀：吳謂楊氏，時據江淮，國號吳，蜀謂王氏，時據梁益，國號蜀。㊆汎掃宇內：謂平定天下。汎，灑也。㊇併命：胡三省曰：「併命，謂一時皆誅死。」㊈眾皆感泣：感張文禮全命之恩而泣。㊉潭城：胡三省曰：「潭城，常山牙城北偏也。歐陽公鎮陽殘杏詩云：『北潭跬步病不到，何暇騎馬尋郊原？』註云：『北潭，常山宮後池也。』州之勝遊惟此，以有池潭，故其城謂之潭城。」㊁吾曹識王太保意：王太保謂王德明。識其意者，謂德明所以語親軍者，意欲使之作亂。㊂盡滅王氏之族：王廷湊以唐穆宗長慶元年據成德軍，歷四世，凡百年而亡。《五代史・王鎔傳》曰：「初，鎔之遇害，不獲其尸，及莊宗攻下鎮州，鎔之舊人於所焚府弟灰間方得鎔之殘骸，莊宗命幕客致祭，葬於王氏故塋。」《五代史記・王鎔傳》云：「鎔少子昭誨，年十歲，其軍士有德鎔者，藏之穴中，亂定，髠其髮，被以僧衣，過湖南李震，與之，震匿昭誨於茶籠中，載之湖南，依南嶽為浮圖，易名崇隱。明宗時，昭誨已長思歸，而鎔故將符習為宣武軍節度使，震以歸習，習表於朝，昭誨自稱前成德軍中軍使以見，拜考功即中、司農少卿，周顯德中，猶為少府監云。」㊂獨置昭祚之妻普寧以自託於梁：昭祚尚梁主，見卷二百六十二唐昭宗光化三年。㊃吳人歸吳越王鏐從弟龍武統軍鎰於錢唐：錢鎰被擒，見卷二百六十五唐哀帝天祐二年。錢唐，吳越國都，唐為杭州治，即今浙江省杭縣。㊄鏐亦歸吳將李濤於廣陵：李濤被擒，見卷二百六十八太祖乾化二年。廣陵，吳國都，唐為江都縣，故城在今江蘇省江都縣。㉖陳州刺史惠王友能反，舉兵趣大梁：《元豐九域志》，自陳州北趣大梁三百四十里。㉗友能至陳留：《元豐九域志》，陳留縣在大梁東五十二里。《舊唐書・地理志》，隋置，唐屬汴州，按陳留，春秋鄭之留邑也，秦置陳留縣，晉廢，隋復置也，即今河南省陳留縣。㉘五月丙戌朔，改元：至是方改元龍德。㉙鄩之受詔討友謙也：事見上年。㉚鄩逗遛養寇，俾俟援兵：謂鄩不即攻友謙，俾友謙得以俟晉兵之援也。養寇，謂縱寇不擊，養成禍患。㉛詔聽於西都就醫：梁都汴，以洛陽為西都。㉜房陵侯：《舊唐書・地理志》，房陵縣，唐為房州治。按房陵縣，漢漢中郡之防陵縣也，後漢改曰房陵，北周改曰光遷，唐復曰房陵，即今湖北省房縣。㉝朱友謙遣前禮部尚書蘇循詣行臺：蘇循依朱友謙，見卷二百六十六太祖開平元年。㉞又獻大筆三十枚，謂之畫日筆：胡三省曰：「唐制敕皆天子畫日，蘇循以迎合禪代之議為朱全忠所薄而李存勗乃喜之，是其見識又在全忠下矣！」梁祖薄循事，亦見卷二百六十六太祖開平元年。㉟張文禮雖受晉命，內不自安，復遣間使因盧文進求援於契丹：張文禮內不自安，懼晉王終將討之也。盧文進叛晉歸契丹，契丹使鎮平州，事見卷二百六十九貞明二年、三年。㊱德、棣：德、棣二州。《舊唐書・地理志》，唐高祖武德四年，置棣州於滄州之陽信縣，領陽信、樂陵、滴河、厭次四縣，六年，州廢，以縣還隸滄州，太宗貞觀十七年，復置棣州於厭次，領厭次，滴河、陽信、蒲臺四縣，玄宗天寶元年，改為樂安郡，肅宗上元元年，復為棣洲。故治在今山東省惠民縣南十五里。㊲晉人屢於塞上及河津獲文禮蠟丸絹書：蠟丸絹書者，藏絹書於蠟丸之中以防洩漏也。胡三省曰：「塞上所獲者，通契丹之書，河津所獲者，通梁之書。」㊳且以習子蒙為都督府參軍：胡三省曰：「張文禮蓋自置鎮、冀、深、趙都督府，故有參佐。」㊴吾與趙王同盟討賊：晉、趙同盟，見卷二百六十七太祖開平元年。㊵故使授習等劍，使之攘除寇敵：故使，謂趙王鎔也，鎔為成德軍節度使，已死，故稱故使。寇敵，謂梁也。㊶顧無益於死者：顧，念也；死者，謂趙王鎔。自念身死，無益於趙王鎔。㊷今大王念故使輔助之勤：輔助，謂以兵力助晉王以伐梁。㊸習等不能煩霸府之兵：霸府，謂晉王府也。晉王建臺於魏州，為河北諸鎮盟主，故稱其府曰霸府。㊹晉兵渡滹沱，圍鎮州：范成《大北使錄》云：「過滹沱河五里至鎮州。」㊺梁兵至，晉王以鐵騎三千奮擊，梁兵大敗：《五代史・唐莊宗紀》，時李從珂偽為梁幟，奔入梁壘，斧其眺樓，持級而還，梁軍愈恐，李嗣源以鐵騎三千乘之，梁軍大敗。㊻初，義武節度使王處直未有子，妖人李應之得小兒劉雲郎於陘邑以遺處直：《舊唐書・地理志》，陘邑，漢苦陘縣，後漢章帝改為漢昌，曹魏改為魏昌，隋改為隋昌，唐高祖武德四年，改為唐昌，玄宗天寶元年，改為陘邑，屬定州，故城在今河北省無極縣東北。《五代史記・王處直傳》云：「處直好巫而客有李應之者，妖妄人也。處直有疾，應之以左道治之而愈，處直益以為神，使衣道士服，以為行軍司馬，政無大小，咸取決焉。初，應之於陘邑闌得小兒劉雲郎，養以為子，而處直未有子，乃以雲郎與處直而紿曰：『此子生而有異。』處直養以為子，更名曰都，甚愛之，應之由此益橫，乃籍管內丁壯別立新軍自將之，治第博陵坊，四面開門，皆用左道，處直將吏知其必為患而莫能諫也。」按此，新軍乃李應之所立以自將者，《通鑑》下云處直置新軍使都典之，與《五代史記》異。㊼累遷至新州團練使：《五代史記・王處直傳》作新州防禦使。㊽新州地鄰契丹：新州，晉之北鄙也，與契丹為鄰。㊾乃潛遣人語郁使賂契丹，召令犯塞，務以解鎮州之圍：《遼史・太祖紀》：「神冊六年，冬十月癸丑朔，晉新州防禦使以所部山北兵馬內附。」遼神冊六年即梁龍德元年也。《唐明宗實錄》曰：「莊宗未即位，盧文進、王郁相繼入遼，皆驅率數州士女，為虜南藩，教其織紝工作，中國所為，虜中悉備，契丹所以強盛侵陵中國者，以得文進、郁之故也。」㊿軍府之人，皆不欲召契丹：軍府，定州軍府也。(51)會處直與張文禮宴於城東：胡三省曰：「按張文禮時已受兵，安能至定州與王處直宴？處直所與宴者，必文禮使者也。文禮之下當有使字。」(52)乃幷其妻幽之西第：胡三省曰：「凡官府第舍以東為上，西第者，即安養閑之地。」王處存以唐僖宗乾符六年為義武節度使，兄弟相繼，至是凡歷四十二年而敗。(53)唐每郊祀，啟南門，灌其樞，用脂百斛：胡三省曰：「以脂灌樞，欲其滑而易轉。」(54)吳王祀南郊，配以太祖：以楊行密配天也。吳王行密，廟號太祖。(55)張處瑾遣其弟處琪、幕僚齊儉謝罪請服，晉王不許：《五代史・唐莊宗紀》，處琪等言猶不遜，晉王囚之而不許其降。(56)晉兵追至行唐，斬之：《元豐九域志》，行唐縣在鎮州城北五十五里。《舊唐書・地理志》，行唐縣，唐屬鎮州，蓋漢常山郡之南行唐縣，唐高祖武德四年，置為王城縣，武后長壽二年，改為章武，中宗神龍元年，復曰行唐，即今河北省行唐縣。(57)契丹主既許盧文進出兵：張文禮因盧文進求援於契丹，事見上。(58)攻幽州，李紹宏嬰城自守：貞明五年，晉王令李紹宏提舉幽州軍府事。(59)契丹長驅而南，圍涿州：胡三省曰：「自幽州西南至涿州一百二十里。」契丹蓋越幽州而南圍涿州也。

(六〇)進攻定州：胡三省曰：「自涿州至定州二百八十里。」(六一)遣神武都指揮使王思同將兵戍狼山之南以拒之：胡三省曰：「狼山在定州西北二百里，東北至易州八十里。」狼山在今河北省易縣西南，一曰郎山，五代時土人築堡其上以避寇，有西水及姑姑窩等寨。(六二)辰溆蠻侵楚，楚寧遠節度副使姚彥章討平之：辰溆蠻，蠻之據辰、溆二州者。寧遠節度使治容州，太祖乾化元年，姚彥章已棄容州，歸潭州，蓋仍領寧遠節度副使如故。

二年（西元九二二年）㊀

㈠春，正月，壬午朔，王都省王處直於西第，處直奮拳毆其胸，曰：「逆賊，我何負於汝？」既無兵刃，將噬其鼻，都掣袂獲免。未幾，處直憂憤而卒㊁。

㈡甲午（十三日），晉王至新城南㊂，候騎白契丹前鋒宿新樂㊃，涉沙河而南，將士皆失色。士卒有亡去者，主將斬之不能止。諸將皆曰：「虜傾國而來，吾眾寡不敵，又聞梁寇內侵，宜且還師魏州以救根本。」或請釋鎮州之圍，西入井陘避之，晉王猶豫未決。郭崇韜曰：「契丹為王郁所誘，本利貨財而來，非能救鎮州之急難也。王新破梁兵㊄，威振夷夏，契丹聞王至，心沮氣素，苟挫其前鋒，遁走必矣！」李嗣昭自潞州至，亦曰：「今彊敵在前，吾有進無退，不可輕動，以搖人心。」晉王曰：「帝王之興，自有天命，契丹其如我何？吾以數萬之眾，平定山東㊅，今遇此小虜而避之，何面目以臨四海？」乃自帥鐵騎五千先進，至新城北，半出桑林，契丹萬餘騎見之，驚走㊆，晉王分軍為二逐之，行數十里，獲契丹主之子。時沙河橋狹冰薄，契丹陷溺，死者甚眾。是夕，晉王宿新樂，契丹主車帳在定州城下㊇，敗兵至，契丹舉眾退保望都㊈。

晉王至定州，王都迎謁於馬前，請以愛女妻王子繼岌㊉。戊戌（十七日），晉王引兵趣望都，契丹逆戰，晉王以親軍千騎先進，遇奚酋禿餒五千騎，為其所圍，晉王力戰，出入數四，自午至申，不解。李嗣昭聞之，引三百騎橫擊之，虜退，王乃得出，因縱兵奮擊，契丹大敗，逐北至易州㊁。會大雪彌旬，平地數尺，契丹人馬無食，死者相屬於道㊂。契丹主舉手指天，謂盧文進曰：「天未令我至此。」乃北歸。晉王引兵躡之，隨其行止，見其野宿之所，布藁於地㊂，回環方正，皆如編翦，雖去，無一枝亂者，嘆曰：「虜用法嚴，乃能如是，中國所不及也。」

晉王至幽州，使二百騎躡契丹之後，曰：「虜出境即還。」一騎恃勇，追擊之，悉為所擒，惟兩騎自它道走免。契丹主責王郁，縶之以歸，自是不聽其謀。

晉代州刺史李嗣肱將兵定嬀、儒、武等州㊃，授山北都團練使。

㈢晉王之北攻鎮州也。李存審謂李嗣源曰：「梁人聞我在南兵少㊄，不攻德勝，必襲魏州，吾二人聚於此何為？不若分軍備之。」遂分軍屯澶州㊅。戴思遠果悉楊村之眾趣魏州，嗣源引兵先之㊆，軍於狄公祠下㊇，遣人告魏州，使為之備。思遠至魏店，嗣源遣其將石萬全將騎兵挑戰，思遠知有備，乃西度洹水，拔成安，大掠而還。又將兵五萬攻德勝北城，重塹複壘，斷其出入，晝夜急攻之，李存審悉力拒守。晉王聞德勝勢危，二月，自幽州赴之，五日至魏州，思遠聞之，燒營遁還楊村。

㈣蜀主好為微行酒肆倡家，靡所不到，惡人識之，乃下令士民皆著大裁帽㊆。

㊄晉天平節度使兼侍中閻寶築壘以圍鎮州，決呼沱水環之㊇，內外斷絕，城中食盡。丙午（三月二十六日），遣㊈五百餘人出求食，寶縱其出，欲伏兵取之，其人遂攻長圍㊉，寶輕之，不為備，俄數千人繼至，諸軍未集，鎮人遂壞長圍而出，縱火攻寶營，寶不能拒，退保趙州㊊。鎮人悉毀晉之營壘，取其芻粟，數日不盡。晉王聞之，以昭義節度使兼中書令李嗣昭為北面招討使以代寶。

㊅夏，四月，蜀軍使王承綱女將嫁，蜀主取之入宮，承綱請之，蜀主怒，流於茂州。女聞父得罪，自殺。

㊆甲戌（二十四日），張處瑾遣兵千人迎糧於九門，李嗣昭設伏於故營㊋，邀擊之，殺獲殆盡。餘五人㊌，匿於牆墟間，嗣昭環馬而射之，鎮兵發矢，中其腦，嗣昭箙中矢盡㊍，拔矢於腦以射之，一發而殪，會日暮還營，創流血不止，是夕卒。晉王聞之，不御酒肉者累日㊎。嗣昭遺命，悉以澤、潞兵授判官任圜，使督諸軍攻鎮州，號令如一，鎮人不知嗣昭之死。圜，三原人也㊏。晉王以天

雄馬步都指揮使振武節度使李存進為北面招討使，命嗣昭諸子護喪歸葬晉陽，其子繼能不受命，帥父牙兵數千自行營擁喪歸潞州㉙。晉王遣母弟存渥馳騎追諭之，兄弟俱忿，欲殺存渥㉚，存渥逃歸。嗣昭七子，繼儔，繼韜、繼達、繼忠、繼能、繼襲、繼遠㉛，繼儔為澤州刺史，當襲爵，素懦弱，繼韜凶狡，囚繼儔於別室，詐令士卒劫己為留後，繼韜陽讓，以事白晉王，晉王以用兵方殷㉜，不得已，改昭義軍曰安義，以繼韜為留後。【考異】按潞州本號昭義軍，今以繼韜為安義留後，蓋晉王避其父諱改之耳，及繼韜降梁，梁亦以為匡義節度使，今人猶謂澤州為安義云。

(八)閻寶慙憤㉝，疽發於背，甲戌（二十四日），卒。

(九)漢主巖用術者言，遊梅口鎮避災，其地近閩之西鄙㉞，閩將王延美將兵襲之，未至數十里，偵者告之，巖遁逃，僅免。

(十)五月，乙酉（初六日），晉李存進至鎮州，營於東垣渡㉟，夾呼沱水為壘。

(十一)晉衛州刺史李存儒本姓楊，名婆兒，以俳優得幸於晉王，頗有膂力，晉王賜姓名，以為刺史，專事掊斂，防城卒皆徵月課縱歸㊱。八月，莊宅使段凝與步軍都指揮使張朗引兵夜度河襲之，詰旦，登城，執存儒，遂克衛州。戴思遠又與凝攻陷淇門、共城、新鄉㊲，於是澶州之西，相州之南，皆為梁有㊳，晉人失軍儲三之一，梁軍復振，帝以張朗為衛州刺史。朗，徐州人也。

(十一)九月，戊寅朔，張處瑾使其弟處球乘李存進無備，將兵七千人奄至東垣渡。時晉之騎兵亦向鎮州城，兩不相遇，鎮兵及存進營門，存進狼狽引十餘人鬭於橋上，鎮兵退，晉騎兵斷其後，夾擊之，鎮兵殆盡，存進亦戰沒㊴。晉王以蕃漢馬步總管李存審為北面招討使。

鎮州食竭力盡，處瑾遣使詣行臺請降，未報。存審兵至城下，丙午夜（二十九日），城中將李再豐為內應，密投縋以納晉兵。比明，畢登，執處瑾兄弟家人及其黨高濛、李翥、齊儉送行臺，趙人皆請而食之，磔張文禮尸於市。趙王故侍者得趙王遺骸於灰燼中，晉王命祭而葬之，以趙將符習為成德節度使，烏震為趙州刺史，趙仁貞為深州刺史，李再豐為冀州刺史。震，信都人也。

符習不敢當成德，辭曰：「故使無後而未葬，習當斬衰以葬之㊂，俟禮畢聽命。」既葬，即詣行臺，趙人請晉王兼領成德節度使，從之。晉王割相、衛二州置義寧軍，以習為節度使。習辭曰：「魏博霸府，不可分也㊃，願得河南一鎮，習自取之。」乃以為天平節度使、東南面招討使，加李存審兼侍中。

㊂十一月，戊寅（初二日），晉特進河東監軍使張承業卒，曹太夫人詣其第，為之行服，如子姪之禮㊃。晉王聞其喪，不食者累日，命河東留守判官何瓚代知河東軍府事。

㊃十二月，晉王以魏博觀察判官晉陽張憲兼鎮冀觀察判官，權鎮州軍府事。魏州稅多逋負，晉王以讓司錄㊄濟陰㊅趙季良，季良曰：「殿下何時當平河南？」王怒曰：「汝職在督稅，職之不修，何敢預我軍事？」季良對曰：「殿下方謀攻取而不愛百姓，一旦百姓離心，恐河北亦非殿下之有，況河南乎？」王悅，謝之，自是重之，每預謀議。

㊄是歲，契丹改元天贊。

㈥大封王躬乂性殘忍，海軍統帥王建殺之自立，復稱高麗王㊺。以開州為東京，平壤為西京。建儉約寬厚，國人安之。

【今註】㊀龍德二年：遼太祖天贊元年。㊁處直憂憤而卒：《五代史記・王處直傳》曰：「初，有黃蛇見于牌樓，處直以為龍，藏而祠之，又有野鵲數百巢麥田中，處直以為己德所致，而定人皆知其不祥，曰：『蛇穴山澤而處人室，鵲巢鳥降而田居，小人竊位而在上者失其所居之象也。』已而處直果被廢死。」㊂晉王至新城南：胡三省曰：「按魏收地形志，新城在無極縣。」《魏書・地形志》，中山郡毋極縣有新城、廉臺。《舊唐書・地理志》，無極縣，漢屬中山國，無本作毋，唐武后萬歲通天二年，改毋為無。唐屬祁州，即今河北省無極縣。㊃新樂：《舊唐書・地理志》，新樂縣，古鮮虞子國，漢為新市縣，屬中山郡，隋改為新樂，即今河北省新樂縣。《續通典》曰：「新樂縣，隋開皇十六年置。新樂者，漢成帝時，中山孝王母馮昭儀隨王就國，建宮於樂里，在西鄉，呼為西樂城，後語訛，呼西為新，故曰新樂。」㊄王新破梁兵：貞明五年，晉王破賀瓌於胡柳，又破王瓚於戚城，是年，復破戴思遠於德勝。㊅吾以數萬眾，平定山東：山東，謂河朔也，在太行、常山之東，故曰山東。《史記・晉世家》：「晉兵先下山東。」亦謂太行山之東也。㊆契丹萬餘騎見之，驚走：胡三省曰：「契丹素憚晉王，不意其至，故驚走。」㊇契丹主車帳在定州城下：車帳，即氈車也，施氈帳於車上以禦風雪而寢處其中，謂之車帳。契丹帝后出師，多御車而不乘馬；陽城之役，契丹主坐大奚車中，《續資治通鑑・長編》記澶淵之盟，契丹國主與羣臣同處一車是也。沈括言奚人業伐山、陸種、斲車，契丹之車，皆資於奚，其乘車駕以橐駞，故曰奚車，又曰駞車。邵經《邦宏簡錄》云：「蔡卞使遼，遼人聞其名，卞適有寒疾，命載以白駝車，車為契丹主所乘。」即駝車也。⑨契丹舉眾退保望都：《舊唐書・地理志》，唐高祖武德四年，分安喜、北平二縣置望都縣，屬定州，即今河北省望都縣。范成《大北使錄》曰：「自真定府七十里過沙河至新樂縣，又四十五里至定州，又五十里至望都縣。劉昭曰：「望都縣有堯山、望都山，相去五十里。」張晏曰：「堯山在北，堯母慶都山在南，登堯山，見都山，故望都縣以為名。」按望都之戰，《遼史・太祖紀》、《五代史・外國傳》在去年十二月，而《五代史・唐莊宗紀》在是年正月，二者必有一誤。⑩晉王至定州，王都迎謁於馬前，請以愛女妻王子繼岌：胡三省曰：「王都新篡義武以附於晉，申之以婚姻，自固也。」⑪契丹大敗，逐北至易州：《元豐九域志》，自定州北至易州一百四十里。⑫會大雪彌旬，平地數尺，契丹人馬無食，死者相屬於道：《五代史・外國傳》，時契丹值大雪，野無所掠，馬無芻草，凍死者相望於路。蓋契丹初起，征戰不帶芻糧，但以抄掠供軍食，謂之打草穀，若野無所掠則人馬饑困。⑬布藁於地：藁，禾稈也。⑭晉代州刺史李嗣肱將兵定嬀、儒、武等州：胡三省曰：「匈奴須知，嬀州東南距幽州二百二十里，儒、武又在嬀州西北。契丹入塞，三州皆陷，故李嗣肱復定之。」《舊唐書・地理志》，嬀州領懷戎一縣，唐高祖武德七年，置北燕州於隋涿郡之懷戎縣，太宗貞觀八年，改名嬀州，取嬀水為名也，玄宗天寶元年，改名嬀川郡，肅宗乾元元年，復為嬀州，即今察哈爾懷來縣，《唐書·地理志》曰：「懷戎縣，嬀水貫其中。縣北九十里有長城，東南五十里有居庸塞，東連盧龍、碣石，西屬太行、常山，實天下之險。西有寧武軍，又北有廣邊軍，故白雲城也。」儒州治晉德縣，武州治文德縣，註俱見前。㊄梁兵聞我在南兵少：在南兵，謂晉兵之留守澶、魏者也。㊅遂分軍屯澶州：澶州時治頓丘。㊆嗣源引兵先之：先趣魏州以待敵。㊇軍於狄公祠下：狄公祠在魏州。唐狄仁傑刺魏州，有惠政，州人為之立祠。㊈蜀主好為微行，酒肆倡家，靡所不到，惡人識之，乃下令士民皆著大裁帽：《五代史·前蜀世家》，蜀人富而喜遨，當王氏晚年，俗競為小帽，僅覆其頂，俯首即墜，謂之危腦帽，衍以為不祥而禁之，衍好戴大帽，每微服出遊民間，民間以大帽識之，因令國中皆戴大帽。㊉晉天平節度使兼侍中閻寶築壘以圍鎮州，決呼沱水環之：滹沱河在鎮州南五里。《五代史·唐莊宗紀》，時鎮州累月受圍，城中艱食，寶築壘環之，又決滹沱水以絕城中出路。㊀其人遂攻長圍：其人，謂鎮兵五百餘人出求食者也，長圍即閻寶所築環鎮州之壘。㊁丙午：按《五代史·唐莊宗紀》蓋三月丙午，三月辛巳朔，丙午二十六日。㊂寶不能拒，退保趙州：《元豐九域志》，自鎮州南至趙州一百九十里。㊃故營：閻寶故壘也。㊄餘五人：《五代史》、《五代史記·李嗣昭傳》俱作三人。㊅嗣昭箙中矢盡：箙，盛矢之器也，皮曰箙，竹曰箙。㊆不御酒肉者累日：御，進奉於天子也。蔡邕《獨斷》曰：「凡衣服加於身，飲食入於口，妃妾接於寢，皆曰御。」㊇圜，三原人也：《舊唐書·地理志》，唐高祖武德四年，改三原縣為池陽縣，六年，改為華池縣，仍分置三原縣，太宗貞觀元年，廢三原縣，仍改華池縣曰三原縣，屬雍州，武后天授元年，改隸鼎州，大足元年，隸京兆府，按三原縣，漢池陽縣地也，符秦於截嶭山北置三原護軍，後魏改置三原縣，故城在今陝西省三原縣東北三十里。㉙其子繼能不受命，帥父牙兵數千自行營擁喪歸潞州：李嗣昭為昭義軍節度使，以潞州為根本。㉚兄弟俱忿，欲殺存渥：胡三省曰：「李嗣昭死守以全潞州，撫養創殘，葺理軍府，備有勳勞，身死行陣之間，晉王使其護喪歸葬晉陽，曾無褒死恤存之命，此其所以兄弟俱忿也。」㉛嗣昭七子，繼儔、繼韜、繼達、繼忠、繼能、繼襲、繼遠：《五代史・李嗣昭傳》，嗣昭七子，皆夫人楊氏所生，楊氏治家，善積聚，設法販鬻，致家財百萬。㉜晉王以用兵方殷：以鎮州未下，而梁軍時出擾河上，兵爭方殷也。殷，盛也。㉝閻寶憤慙：以鎮州之敗也。㉞漢主巖用術者言，遊梅口鎮避災，其地近閩之西鄙：《元豐九域志》，梅州程鄉縣有梅口鎮，與閩之汀州接境。程鄉縣即今廣東省梅縣也，梅口鎮在縣之東北，與福建省接界。㉟東垣渡：《舊唐書・地理志》，鎮州治真定縣，秦之東垣縣也，漢高帝改名真定。《史記正義》曰：「東垣，趙之東邑，在真定縣南八里。」真定南臨滹沱水，故其津濟之處猶有東垣之名。㊱防城卒皆徵月課縱歸：謂月徵其課錢而免其防城之勞。㊲戴思遠又與凝攻陷淇門、共城、新鄉：《元豐九域志》，衛州治汲縣有淇門鎮，在今河南省汲縣東北五十里。共城、新鄉二縣，皆屬衛州，註見前。㊳於是澶州之西，相州之南，皆為梁有：《元豐九域志》，澶州西至衛州二百四十里，相州南至衛州一百五十里。㊴存進亦戰沒：《五代史・李存進傳》，存進行軍出師，雖無奇迹，然能以法繩其驕放，營壘守戰之備，特推精力。胡三省曰：「當是時，晉兵彊天下，鎮號為怯，晉王仗順討逆，宜一鼓而下也，鎮人忘王氏百年煦養之恩而為張文禮父子爭一旦之命，史建瑭殞斃於前，閻寶敗退於後，李嗣昭、李存進相繼輿尸而歸，四人者，皆晉之驍將也，何哉？鎮人負弒君之罪，知城破之日，必駢首而就戮，故盡死一力以抗晉，晉以常勝之兵而臨必死之眾，此所以雖兵精將勇至於喪身而不能克也。」㊸故使無後而未葬，習當斬衰以葬之：臣為君服斬衰之服。㊹魏博霸府，不可分也：魏博節度自唐以來為強藩，相、衛二州其巡屬也，故云。㊺晉特進河東監軍使張承業卒，曹太夫人詣其第，為之行服，如子侄之禮：張承業輔晉以成其霸業，又平李克寧、存顥之難以安晉王之位，曹太夫人深德之，故命晉王以兄事之而為之行服如子侄之禮也。㊻司錄：胡三省曰：「唐制，諸州有司錄、司士、司兵、司功等諸曹，所謂判司也。」㊼濟陰：濟陰縣，唐為曹州治。㊽大封王躬乂性殘忍，海軍統帥王建殺之自立，復稱高麗王：躬乂聚眾據開州稱王，見上卷貞明五年。

卷二百七十二 後唐㈠紀一

昭陽協洽一年。(癸未、西元九二三年)

司馬光編集
林瑞翰註

莊宗光聖神閔孝皇帝㈡上

同光元年㈢(西元九二三年)

㈠春,二月,晉王下教置百官,於四鎮㈣判官中選前朝士族,欲以為相。河東節度判官盧質為之首,質固辭,請以義武節度判官豆盧革、河東觀察判官盧程為之,王即召革、程,拜行臺左右丞相,【考異】薛史作盧澄,今從實錄、莊宗別傳。以質為禮部尚書。

㈡梁主遣兵部侍郎崔協等冊命吳越王鏐為吳越國王,丁卯(二十二日),鏐始建國,儀衛名稱,多如天子之制,謂所居曰宮殿,府署曰朝廷,教令下統內曰制敕,將吏皆稱臣,惟不改元,表疏稱吳越國而不言軍㈤,以清海節度使兼侍中傳瓘為鎮海、鎮東留後,總軍府事,署百官,有丞相、侍郎、郎中、員外郎、客省等使。

【考異】十國紀年：「鏐功臣諸子領節制，皆署而後請命，居室服御，窮極侈靡，末年，荒恣尤甚，錢已據兩浙，逾八十年，外厚貢獻，內事奢僭，地狹民眾，賦斂苛暴，雞魚卵菜，纖悉收取，斗升之逋，罪至鞭背，每笞一人，則諸案吏各持其簿列於庭，先唱一簿，以所負多少為數，笞已，次吏復唱而笞之，盡諸簿乃止，少者猶笞數十，多者至五百餘，訖於國除，人苦其政。」吳越備史稱鏐節儉，衣衾用紬布，常膳惟甆、漆器，寢帳壞，文穆夫人欲易以青繒，鏐不許，嘗歲除夜，會子孫鼓琴，未數曲，止之，曰：「聞者以我為長夜之飲。」遂罷。錢易家話稱鏐公宴不貳羹胾，衣必三澣，然後易，劉恕以為錢元瓘子信撰吳越備史、備史遺事、忠懿王勳業志、戊申英政錄，弘倧子易撰家話，俶子惟演撰錢氏慶系圖譜、家王故事、秦國主貢奉錄，故吳越五王行事失實尤多，虛美隱惡，甚於它國。按錢鏐起於貧賤，知民疾苦，必不至窮極侈靡，其奢汰暴斂之事，蓋其子孫所為也，今從家話。

(三)李繼韜雖受晉王命為安義留後(六)，終不自安，幕僚魏琢、牙將申蒙復從而間之曰：「晉朝無人，終為梁所併耳！」會晉王置百官，三月，召監軍張居翰(七)、節度判官任圜赴魏州，琢、蒙復說繼韜曰：「王急召二人，情可知矣！」繼韜弟繼遠亦勸繼韜自託於梁，繼韜乃使繼遠詣大梁，請以澤、潞為梁臣。梁主大喜，更命安義軍曰匡義，以繼韜為節度使、同平章事。繼韜以二子為質。安義舊將裴約戍澤州，泣諭其眾曰：「余事故使踰二紀(八)，見其分財享士，志滅仇讎，不幸捐館(九)，柩猶未葬，而郎君遽背其親(一〇)，吾寧死不能從也。」遂據州自守。梁主以其驍將董璋為澤州刺史，將兵攻之。

繼韜散財募士，堯山(一一)人郭威往應募。威使氣殺人，繫獄，繼韜惜其才勇而逸之㈢。

㈣契丹寇幽州，晉王問帥於郭崇韜，崇韜薦橫海節度使李存審。時存審臥病，己卯（初五日），徙存審為盧龍節度使，輿疾赴鎮，以蕃漢馬步副總管李嗣源領橫海節度使㈢。

㈤普主築壇於魏州牙城之南，夏，四月己巳（二十五日），升壇祭告上帝，遂即皇帝位，國號大唐，大赦，改元㈣。尊母晉國太夫人曹氏為皇太后，嫡母秦國夫人劉氏為皇太妃，以豆盧革為門下侍郎，盧程為中書侍郎，並同平章事，郭崇韜、張居翰為樞密使㈤，盧質、馮道為翰林學士，張憲為工部侍郎、租庸使㈥，又以義武掌書記李德休為御史中丞。德休，絳之孫也㈦。

詔盧程詣晉陽，冊太后、太妃。

初，太妃無子，性賢，不妬忌，太后為武皇侍姬，太妃常勸武皇善待之，太后亦自謙退，由是相得甚歡㈧。及受冊，太妃詣太后宮賀，有喜色，太后忸怩不自安。太妃曰：「願吾兒享國久長，吾輩獲沒於地，園林㈨有主，餘何足言？」因相向歔欷。

豆盧革、盧程皆輕賤無它能，上以其衣冠之緒，霸府元僚，故用之〔二〇〕。初，李紹宏為中門使，郭崇韜副之，至是自幽州召還〔二一〕。崇韜惡其舊人，位在己上，乃薦張居翰為樞密使，以紹宏為宣徽使。紹宏由是恨之〔二二〕。居翰和謹畏事，軍國機政，皆崇韜掌之。

支度務使孔謙自謂才能勤効應為租庸使，眾議以謙人微地寒，不當遽總重任〔二三〕，故崇韜薦張憲，以謙副之，謙亦不悅。

以魏州為興唐府，建東京〔二四〕，又於太原府建西京，又以鎮州為真定府，建北都，以魏博節度判官王正言為禮部尚書，行興唐尹〔二五〕，太原馬步都虞候孟知祥為太原尹，充西京副留守，潞州觀察判官任圜為工部尚書，兼真定尹，充北京副留守〔二六〕。皇子繼岌為北都留守、興聖宮使〔二七〕，判六軍諸衛事。時唐國所有凡十三節度，五十州〔二八〕。

㈥閏月，追尊皇曾祖執宜曰懿祖昭烈皇帝，祖國昌曰獻祖文皇帝，考晉王曰太祖武皇帝，立宗廟於晉陽，以高祖、太宗、懿宗、昭宗洎懿祖以下為七室〔二九〕。

㈦甲午（二十日），契丹寇幽州，至易、定而還。

時契丹屢入寇，鈔掠饋運，幽州食不支半年，衛州為梁所取，潞州內叛，人情岌岌，以為梁未可取，帝患之。會鄆州將盧順密來奔，先是梁天平節度使戴思遠屯楊村㉚，留順密與巡檢使劉遂嚴、都指揮使燕顒守鄆州。順密言於帝曰：「鄆州守兵，不滿千人，遂嚴、顒皆失眾心，可襲取也。」郭崇韜等皆以為懸軍遠襲，萬一不利，虛棄數千人，順密不可從。帝密召李嗣源於帳中謀之，曰：「梁人志在吞澤、潞，不備東方，若得東平㉛，則潰其心腹，東平果可取乎？」嗣源自胡柳有度河之慙㉜，常欲立奇功以補過，對曰：「今用兵歲久，生民疲弊，苟非出奇取勝，大功何由可成？臣願獨當此役，必有以報。」帝悅。壬寅（二十八日），遣嗣源將所部精兵五千自德勝趣鄆州，比及楊劉，日已暮㉝，陰雨道黑，將士皆不欲進。高行周曰：「此天贊我也，彼必無備。」夜度河至城下㉞，鄆人不知，李從珂先登，殺守卒，啟關納外兵，進攻牙城，城中大擾。癸卯（二十九日），旦，嗣源兵盡入，遂拔牙城，劉遂嚴、燕顒奔大梁。嗣源禁焚掠，撫吏民，執知州事節度副使崔簹、判官趙鳳送興唐[三五]。帝大喜曰：「總管真奇才，吾事集矣！」即以嗣源為天平節度使。

梁主聞鄆州失守，大懼，斬劉遂嚴、燕顒於市，罷戴思遠招討使，降授宣化留後[三六]，遣使詰讓北面諸將段凝、王彥章等，趣令進戰。

敬翔知梁室已危，以繩內靴中入見梁主曰：「先帝取天下，不以臣為不肖，所謀無不用。今敵勢益彊，而陛下棄忽臣言，臣身無用，不如死。」引繩將自經。梁主止之，問所欲言，翔曰：「事急矣，非用王彥章為大將，不可救也。[三七]」梁主從之，以彥章代思遠為北面招討使，仍以段凝為副。帝聞之，自將親軍屯澶州，命蕃漢馬步都虞候朱守殷守德勝，戒之曰：「王鐵槍勇決[三八]，乘憤激之氣，必來唐突[三九]，宜謹備之。」守殷，王幼時所役蒼頭也[四〇]。又遣使遺吳王書，告以已克鄆州，請同舉兵擊梁。五月，使者至吳，徐溫欲持兩端，將舟師循海而北，助其勝者。嚴可求曰：「若梁人邀我登陸為援，何以拒之？」溫乃止。

㈧梁主召問王彥章以破敵之期，彥章對曰：「三日。」左右皆失笑㊶，彥章出，兩日馳至滑州㊷，辛酉（十八日），置酒大會，陰遣人具舟於楊村，夜命甲士六百皆持巨斧，載冶者，具韛、炭，乘流而下㊸，會飲尚未散，彥章陽起更衣，引精兵數千循河南岸趨德勝，天微雨，朱守殷不為備，舟中兵舉鑠燒斷之，因以巨斧斬浮橋㊹，而彥章引兵急擊南城，浮橋斷，南城遂破，時受命適三日矣。守殷以小舟載甲士濟河救之，不及。彥章進攻潘張、麻家口、景店諸寨，皆拔之㊺，聲勢大振。

帝遣宦者焦彥賓急趣楊劉，與鎮使李周固守，命守殷棄德勝北城，撤屋為栰㊻，載兵械浮河東下，助楊劉守備，徙其芻糧、薪炭於澶州，所耗失殆半，王彥章亦撤南城屋材浮河而行，各行一岸，每遇灣曲，輒於中流交鬥，飛矢雨集，或全舟覆沒，一日百戰，互有勝負，比及楊劉，殆亡士卒之半㊼。

己巳（二十六日），王彥章、段凝以十萬之眾攻楊劉，百道俱進，晝夜不息，連巨艦九艘，橫亘河津以絕援兵，城垂陷者數四，賴李周悉力拒之，與士卒同甘苦，彥章不能克，退屯城南，為連營以守之。楊劉告急於帝，請日行百里以赴之㊽，帝引兵救之，曰：「李周在內，何憂？」日行六十里，不廢畋獵。六月乙亥（初二日），至楊劉，梁兵塹壘重複，嚴不可入。帝患之，問計於郭崇韜。對曰：「今彥章據守津要意謂可以坐取東平，苟大軍不南，則東平不守矣！臣請築壘於博州東岸以固河津，既得以應接東平，又可以分賊兵勢，但慮彥章詗知，徑來薄我，城不能就。願陛下募敢死之士，日令挑戰以綴之，苟彥章旬日不東，則城成矣！」

時李嗣源守鄆州，河北聲問不通，人心漸離，不保朝夕。會梁右先鋒指揮使康延孝密請降於嗣源，延孝者，太原胡人㊾，有罪亡奔梁，時隸段凝麾下。嗣源遣押牙臨漳㊿范延光送延孝蠟書詣帝，延光因言於帝曰：「楊劉控扼已固，梁人必不能取，請築壘馬家口，以通鄆州之路。」帝從之，遣崇韜將萬人夜發，倍道趣博州，至馬家口，度河築城，晝夜不息㊿一。帝在楊劉，與梁人晝夜苦戰。

崇韜築新城，凡六日，王彥章聞之，將兵數萬人馳至。戊子（十五日），急攻新城，連巨艦十餘艘於中流以絕援路。時板築僅畢，城猶卑下，沙土疏惡，未有樓櫓及守備，崇韜慰勞士卒，以身先之，四面拒戰，遣間使告急於帝，帝自楊劉引大軍救之，陳於新城西岸，城中望之，增氣，大呼叱梁軍，梁人斷紲斂艦，帝艤舟㊷將度，彥章解圍退保鄒家口㊸，鄆州奏報始通。李嗣源密表請正朱守殷覆軍之罪，帝不從。

㈨秋，七月丁未（初五日），帝引兵循河而南，彥章等棄鄒家口，復趨楊劉。甲寅（十二日），遊弈將李紹興敗梁遊兵於清丘驛㊹南。段凝以為唐兵已自上流渡，驚駭失色，面數彥章，尤其深入㊺。

㈩乙卯（十三日），蜀侍中魏王宗侃卒。

㈪戊午（十六日），帝遣騎將李紹崇直抵梁營，擒其斥候，梁人益恐，又以火栰焚其連艦㊻。

王彥章等聞帝引兵已至鄒家口，己未（十七日），未解楊劉圍，走保楊村，唐兵追擊之，復屯德勝。梁兵前後急攻諸城，士卒遭矢石、溺水、暍死者，且萬人(五七)，委棄資糧、鎧仗、鍋幕動以千計，楊劉比至圍解，城中無食已三日矣！

(十一)王彥章疾趙、張亂政，及為招討使，謂所親曰；「待我成功還，當盡誅姦臣以謝天下。」趙、張聞之，私相謂曰：「我輩寧死於沙陀，不可為彥章所殺。」相與協力傾之。段凝素疑彥章之能而諂附趙、張，在軍中與彥章動相違戾，百方沮撓之，惟恐其有功，潛伺彥章過失，以聞於梁主，每捷奏至，趙、張悉歸功於凝，由是彥章功竟無成。及歸楊村，梁主信讒，猶恐彥章旦夕成功難制，徵還大梁，【考異】歐陽史云，末帝罷彥章，以段凝為招討使，彥章馳至京師入見，以笏畫地，陳勝敗之跡，巖等諷有司劾彥章不恭，勒還第，今從實錄。使將兵會董璋攻澤州(五八)。

甲子（二十二日），帝至楊劉，勞李周曰：「微卿善守，吾事敗矣。」

(十二)中書侍郎、同平章事盧程以私事干興唐府，府吏不能應，鞭吏背。光祿卿兼興唐少尹任團，圜之弟，帝之從姊壻也，指程訴之。程罵曰：「公何等蟲豸(五九)，欲倚婦力邪？」團訴於帝，帝怒，曰：「朕誤相此痴物，乃敢辱吾九卿。」欲賜自盡，盧質力救之，乃貶右庶子。

(十四)裴約遣閒使告急於帝，帝曰：「吾兄不幸生此梟獍(六〇)，裴約獨能知逆順。」顧謂北京內牙馬步軍都指揮使李紹斌曰：「澤州，彈丸之地，朕無所用(六一)，卿為我取裴約以來。」八月壬申（朔），紹斌將甲士五千救之，未至，城已陷，約死，帝深惜之。

(十五)甲戌（初三日），帝自楊劉還興唐。

(十六)梁主命於滑州決河，東注曹、濮及鄆以限唐兵。

(十七)初，梁主遣段凝監大軍於河上，敬翔、李振屢請罷之。【考異】歐陽史以為太祖時事。按晉人取魏博，然後與梁以河為境，故當以大兵守之，太祖時未也，就使當時曾屯軍河上，亦未繫社稷之安危也，況太祖時振言聽計從，均王時始疏斥，此必均王時事也，既不知其的在何時，故因凝任招討使而見之。梁主曰：「凝未有過。」振曰：「俟其有過，則社稷危矣！」至是凝厚賂趙、張求為招討使，翔、振力爭以為不可，趙、張主之，竟代王彥章為北面招討使。於是宿將憤怒，士卒亦不服。天下兵馬副元帥張宗奭言於梁主曰：「臣為副元帥，雖衰朽，猶足為陛下扞禦北方，段凝晚進，功名未能服人，眾議詾詾(六二)，恐貽國家深憂。」敬翔曰：「將帥繫國安危，今國勢已爾㊂，陛下豈可尚不留意邪？」梁主皆不聽。

戊子（十七日），凝將全軍五萬，營於王村，自高陵津濟河㊃，剽掠澶州諸縣，至於頓丘。梁主命王彥章將保鑾騎士及他兵合萬人屯兗、鄆之境，謀復鄆州，以張漢傑監其軍。

㈥庚寅（十九日），帝引兵屯朝城㊄。

戊戌（二十七日），康延孝帥百餘騎來奔，帝解所御錦袍玉帶賜之，以為南面招討都指揮使，領博州刺史。

帝屏人問延孝以梁事，對曰：「梁朝地不為狹，兵不為少，然迹其行事，終必敗亡，何則？主既暗懦，趙、張兄弟擅權，內結宮掖，外納貨賂，官之高下，唯視賂之多少㊅，不擇才德，不校勳勞，段凝智勇俱無，一旦居王彥章、霍彥威之右，自將兵以來，專率斂行伍，以奉權貴，每出一軍，不能專任將帥，常以近臣監之㊆，進止可否，動為所制。近又聞欲數道出兵，令董璋引陜、虢、澤、潞㊇之兵，自石會關趣太原，霍彥威以汝、洛之兵，自相、衛、邢、洺寇鎮、定，王彥章、張漢傑以禁軍攻鄆州，段凝、杜晏球以大軍當陛下，決以十月大舉。臣竊觀梁兵聚則不少，分則不多，願陛下養勇蓄力，以待其分兵，帥精騎五千，自鄆州直抵大梁，擒其偽主，旬月之間，天下定矣！」帝大悅。

(六八)蜀主以文思殿(六九)大學士韓昭、內皇城使潘在迎、【考異】在迎先為內皇城使，貶雅州，蜀主北巡，為馬步使，今不知何官，故且稱其舊官。武勇軍使顧在珣為狎客，陪侍遊宴與官女雜坐，或為艷歌相唱和，或談嘲謔浪，鄙俚褻慢，無所不至，蜀主樂之。在珣，彥朗之子也(七〇)。時樞密使宋光嗣等專斷國事，恣為威虐，務狥蜀主之欲以盜其權，宰相王鍇、庾傳素等各保寵祿，無敢規正，潘在迎每勸蜀主誅諫者，無使謗國。嘉州司馬劉贊獻陳後主三閣圖(七一)，并作歌以諷，賢良方正蒲禹卿對策，語極切直，蜀主雖不罪，亦不能用也。

九月庚戌（初九日），蜀主以重陽宴近臣於宣華苑(七二)，酒酣，嘉王宗壽乘間極言社稷將危，流涕不已，韓昭、潘在迎曰：「嘉王好酒悲。(七三)」因諧笑而罷。

㈩帝在朝城，梁段凝進至臨河之南㊹，澶西相南㊺，日有寇掠。自德勝失利以來㊻，喪芻糧數百萬，租庸副使孔謙暴斂以供，軍民多流亡，租稅益少，倉廩之積，不支半歲，澤、潞未下，盧文進、王郁引契丹屢過瀛、涿之南㊼，傳聞俟草枯冰合，深入為寇㊽，又聞梁人欲大舉，數道入寇㊾，帝深以為憂，召諸將會議。宣徽使李紹宏等皆以為鄆州城門之外，皆為寇境，孤遠難守，有之不如無之，請以易衛州及黎陽於梁㊿，與之約和，以河為境，休兵息民，俟財力稍集，更圖後舉。帝不悅，曰：「如此，吾無葬地矣！」乃罷諸將，獨召郭崇韜問之。對曰：「陛下不櫛沐，不解甲，十五餘年㊿，其志欲以雪家國之仇恥也。今已正尊號，河北士庶，日望升平，始得鄆州尺寸之地，不能守而棄之，安能盡有中原乎？臣恐將士解體，將來食盡眾散，雖畫河為境，誰為陛下守之？臣嘗細詢康延孝以河南之事，度已料彼，日夜思之，成敗之機，決在今歲。梁今悉以精兵授段凝，據我南鄙，又決河自固㊿，謂我猝不能渡，恃此不復為備，使王彥章侵逼鄆州，其意冀有奸人動搖，變生於內耳！段凝本非將才，不能臨機決策，無足可畏。降者皆言大梁無兵(八三)，陛下若留兵守魏，固保楊劉，自以精兵與鄆州合勢，長驅入汴，彼城中既空虛，必望風自潰，苟偽主授首，則諸將自降矣！不然，今秋穀不登，軍糧將盡，若非陛下決志，大功何由可成？諺曰：『當道築室，三年不成。』帝王應運，必有天命，在陛下勿疑耳！」帝曰：「此正合朕志，丈夫得則為王，失則為虜，吾行決矣！」司天奏今歲天道不利，深入必無功，帝不聽。

王彥章引兵踰汶水，將攻鄆州(八四)，李嗣源遣李從珂將騎兵逆戰，敗其前鋒於遞坊鎮，【考異】薛史作遞公鎮，今從實錄。獲將士三百人，斬首二百級，彥章退保中都(八五)。

戊辰（二十七日），捷奏至朝城，帝大喜，謂郭崇韜曰：「鄆州告捷，足壯吾氣。」己巳（二十八日），命將士悉遣其家屬歸興唐(八六)。

(廿一)冬，十月，辛未朔，日有食之。

(廿二)帝遣魏國夫人劉氏、皇子繼岌歸興唐(八七)，與之訣，曰：「事之成敗，在此一決，若其不濟，當聚吾家於魏宮而焚之。」仍命豆盧革、李紹宏、張憲、王正言同守東京㊇。壬申（初二日），帝以大軍自楊劉濟河，癸酉（初三日），至鄆州，中夜，進軍踰汶，以李嗣源為前鋒，甲戌（初四日），旦，遇梁兵，一戰敗之，追至中都，圍其城，城無守備，少頃，梁兵潰圍出，追擊破之，王彥章以數十騎走，龍武大將軍李紹奇單騎追之，識其聲㊈，曰：「王鐵槍也。」拔矟刺之，彥章重傷，馬躓，遂擒之，并擒都監張漢傑、曹州刺史李知節、裨將趙廷隱、劉嗣彬等二百餘人，斬首數千級。廷隱，開封人；嗣彬，知俊之族子也㊉。

彥章常謂人曰：「李亞子，鬥雞小兒，何足畏？」至是帝謂彥章曰：「爾常謂我小兒，今日服未？」又問：「爾名善將，何不守兖州㊀？中都無壁壘，何以自固？」彥章對曰：「天命已去，無足言者。」帝惜彥章之材，欲用之，賜藥傅其創，屢遣人誘諭之，彥章曰：「余本匹夫，蒙梁恩位至上將，與皇帝交戰十五年，今兵敗力窮，死自其分，縱皇帝憐而生我，我何面見天下之人乎？

豈有朝為梁將，暮為唐臣，此我所不為也！」帝復遣李嗣源自往諭之，彥章臥謂嗣源曰：「汝非邈佶烈乎？」彥章素輕嗣源，故以小名呼之。

於是諸將稱賀(九二)，帝舉酒屬嗣源曰：「今日之功，公與崇韜之力也。鄉從紹宏輩語，大事去矣！(九三)」

帝又謂諸將曰：「嚮所患惟王彥章，今已就擒，是天意滅梁也。段凝猶在河上，進退之計，宜何向而可？」諸將以為傳者雖云大梁無備，未知虛實，今東方諸鎮兵，皆在段凝麾下，所餘空城耳，以陛下天威臨之，無不下者，若先廣地，東傳於海，然後觀釁而動，可以萬全。康延孝固請亟取大梁，李嗣源曰：「兵貴神速，今彥章就擒，段凝必未之知，就使有人走告，疑信之間，尚須三日。設若知吾所向，即發救兵直路，則阻決河(九四)，須自白馬南渡，數萬之眾，舟楫亦難猝辦。此去大梁至近，前無山險，方陳橫行，晝夜兼程，信宿可至，段凝未離河上，友貞已為吾擒矣，延孝之言是也。請陛下以大軍徐進，臣願以千騎前驅。」帝從之，令下，諸軍皆踴躍願行。是夕，嗣源帥前軍倍道趣大梁。乙亥（初五日），帝發中都，舁王彥章自隨，遣中使問彥章曰：「吾此行，克乎？」對曰：「段凝有精兵六萬，雖主將非材，亦未肯遽爾倒戈，殆難克也。」帝知其終不為用，遂斬之㊈㊄，丁丑（初七日），至曹州㊈㊅，梁守將降。

王彥章敗卒有先至大梁告梁主以彥章就擒，唐軍長驅且至者，梁主聚族哭曰：「運祚盡矣。」召羣臣問策，皆莫能對。梁主謂敬翔曰：「朕居常忽卿所言，以至於此，今事急矣，卿勿以為懟㊈㊆，將若之何？」翔泣曰：「臣受先帝厚恩，殆將三紀㊈㊇，名為宰相，其實朱氏老奴，事陛下如郎君㊈㊈，臣前後獻言，莫匪盡忠。陛下初用段凝，臣極言不可㊀㊀，小人朋比㊀㊀，致有今日。今唐兵且至，段凝限於水北，不能赴救㊀㊁，臣欲請陛下出遊狄，陛下必不聽從，請陛下出奇合戰，陛下必不果決，雖使良、平更生，誰能為陛下計者？㊀㊂臣願先賜死，不忍見宗廟之亡也。」因與梁主相向慟哭。

梁主遣張漢倫馳騎追段凝軍，漢倫至滑州，墜馬傷足，復限水，不能進。

時城中尚有控鶴軍數千，朱珪請帥之出戰，梁主不從，命開封尹王瓚驅市人乘城為備。初，梁陝州節度使邵王友誨，全昱之子也，性穎悟，人心多向之，或言其誘致禁軍，欲為亂，梁主召還，與其兄友諒、友能並幽於別第(一〇四)。及唐師將至，梁主疑諸兄弟乘危謀亂，幷皇弟賀王友雍、建王友徽盡殺之。【考異】薛史云：「友諒、友能、友誨，莊宗入汴，同日遇害。」按中都既敗，均王親弟猶疑而殺之，況其從常為亂者，豈得獨存，故附於此。梁主登建國樓(一〇五)，面擇親信，厚賜之，使衣野服，齎蠟詔(一〇六)，促段凝軍，既辭，皆亡匿。或請幸洛陽，收集諸軍以拒唐，唐雖得都城，勢不能久留。或請幸段凝軍，控鶴都指揮使皇甫麟曰：【考異】莊宗實錄，麟作鏻，今從莊宗列傳及薛史。「凝本非將才，官由幸進(一〇七)，今危窘之際，望其臨機制勝，轉敗為功，難矣！且凝聞彥章敗，其膽已破，安知能終為陛下盡節乎？」趙巖曰：「事勢如此，一下此樓，誰心可保？」梁主乃止，復召宰相謀之。鄭珏請自懷傳國寶詐降以紓國難，梁主曰：「今日固不敢愛寶，但如卿此策，竟可了否？」珏俛首久之，曰：「但恐未了。」左右皆縮頸而笑。

梁主日夜涕泣，不知所為，置傳國寶於臥內，忽失之，已為左右竊之迎唐軍矣。戊寅（初八日），或告唐軍已過曹州，塵埃漲天，趙巖謂從者曰：「吾待溫許州厚，必不負我㉘」，遂奔許州㉙。梁主謂皇甫麟曰：「李氏，吾世讎，理難降首㉚，不可俟彼刀鋸。吾不能自裁，卿可斷吾首。」麟泣曰：「臣為陛下揮劍死唐軍則可矣，不可奉此詔。」梁主曰：「卿欲賣我耶？」麟欲自剄，梁主持之曰：「與卿俱死。」麟遂弒梁主㉛，因自殺。梁主為人溫恭約㉜，無荒淫之失，但寵信趙、張，使擅威福，疏棄敬、李舊臣㉝，不用其言，以至於亡。

己卯（初九日），旦，李嗣源軍至大梁，攻封丘門㉞。王瓚開門出降。嗣源入城，撫安軍民。是日，帝入自梁門㉟，百官迎謁於馬首，拜伏請罪，帝慰勞之，使各復其位。

李嗣源迎賀，帝喜不自勝，手引嗣源衣，以頭觸之，曰：「吾有天下，卿父子之功也，天下與爾共之。」

帝命訪求梁主，頃之，或以其首獻。【考異】實錄，帝慘然曰：「敵惠敵怨，不在後嗣，朕與梁主十年戰爭，恨不生識其面。」按莊宗漆均王首，藏之太社，豈有欲全之理？此特虛言耳。

李振敬謂翔曰：「有詔洗滌吾輩，相與朝新君乎。」翔曰：「吾二人為梁宰相，君昏不能諫，國亡不能救，新君若問，將何辭以對？」是夕未曙㉖，或報翔曰：「崇政李太保㉗已入朝矣！」翔歎曰：「李振謬為丈夫。朱氏與新君世為仇讎，今國亡君死，縱新君不誅，何面目入建國門乎？」乃縊而死㉘。

庚辰（二十日），梁百官復待罪於朝堂，帝宣敕赦之。

趙巖至許州，溫昭圖迎謁歸第，斬首來獻，盡沒巖所齎之貨，昭圖復名韜㉙。辛巳（十一日），詔王瓚收朱友貞尸，殯於佛寺，漆其首，函之，藏於大社。【考異】薛史末帝紀云：「詔河南尹張全義收葬之。」今從實錄。

段凝自滑州濟河入援，以諸軍排陳使杜晏球為前鋒，至封丘㉚，遇李從珂，晏球先降。壬午（二十二日），凝將其眾五萬至封丘，亦解甲請降。凝帥諸大將先詣闕待罪，帝勞賜之，慰諭士卒，使各復其所。凝出入公卿間，揚揚自得，無愧色，梁之舊臣見者，皆欲齕其面，抉其心。

丙戌（二十六日），詔貶梁中書侍郎、同平章事鄭珏為萊州司戶，蕭頃為登州司戶，翰林學士劉岳為均州司馬，任贊為房州司馬，姚顗為復州司馬，封翹為唐州司馬㉑，李懌為懷州司馬，竇夢徵為沂州司馬㉒，崇政學士劉光素為密州司戶㉓，陸崇為安州司戶，御史中丞王權為隨州司戶㉔，以其世受唐恩而仕梁貴顯故也。岳，崇龜之從子㉕；覬，萬年㉖人；翹，敖之孫㉗；懌，京兆人；權，龜之孫也㉘。

段凝、杜晏球上言，偽梁要人趙巖、趙鵠、張希逸、張漢倫、張漢傑、張漢融、朱珪等，竊弄威福，殘蠹羣生，不可不誅。詔敬翔、李振首佐朱溫共傾唐祚，契丹撒剌阿撥叛兄棄母，負恩背國，宜與巖等並族誅於市㉙，自餘文武將吏，一切不問。又詔追廢朱溫、朱友貞為庶人，毀其宗廟神主。

帝之與梁戰於河上也，梁拱宸左廂都指揮使陸思鐸善射，常於笴㉚上自鏤姓名，射帝，中馬鞍，帝拔箭藏之。至是思鐸從眾俱降，帝出箭示之，思鐸伏地待罪，帝慰而釋之，尋授龍武右廂都指揮使。

以豆盧革尚在魏，命樞密使郭崇韜權行中書事。梁諸藩鎮稍稍入朝，或上表待罪，帝皆慰釋之。宋州節度使袁象先首來入朝，陝州留後霍彥威次之。象先輦珍貨數十萬，徧賂劉夫人及權貴、伶官、宦者，旬日，中外爭譽之，恩寵隆異。己丑（十九日），詔偽庭節度、觀察、防禦、團練使、刺史及諸將校，並不議改更，將校官吏，先奔偽庭者，一切不問。

庚寅（二十日），豆盧革至自魏。

甲午（二十四日），加崇韜守侍中，領成德節度使㉜。崇韜權兼內外，謀猷規益，竭忠無隱，頗亦薦引人物，豆盧革受成而已，無所裁正。

㉝丙申（二十六日），賜滑州留後段凝姓名曰李紹欽，耀州刺史杜晏球曰李紹虔。

㉞乙酉（是月無乙酉，當作丁酉），梁西都留守河南尹張宗奭來朝，復名全義㉟，獻幣、馬千計。帝命皇子繼岌、皇弟存紀等兄事

之。

帝欲發梁太祖墓，斲棺，焚其尸，全義上言朱溫雖國之深讎，然其人已死，刑無可加，屠滅其家，足以為報，乞免焚斲，以存聖恩。帝從之，但鏟其闕室，削封樹而已㉝。

戊戌（二十八日），加天平節度使李嗣源兼中書令，以北京留守繼岌為東京留守㉞、同平章事。

(二五)帝遣使宣諭諸道，梁所除節度使五十餘人皆上表入貢。楚王殷遣其子牙內馬步都指揮使希範入見，納洪鄂行營都統印㉟，上本道將吏籍。

荊南節度使高季昌聞帝滅梁，避唐廟諱，更名季興㊱，欲自入朝。梁震曰：「唐有吞天下之志，嚴兵守險，猶恐不自保，況數千里入朝乎？且公，朱氏舊將㊲，安知彼不以仇敵相遇乎？」季興不從。

(二六)帝遣使以滅梁告吳、蜀，二國皆懼，徐溫尤嚴可求曰：「公前沮吾計㊳，今將奈何？」可求笑曰：「聞唐主始得中原，志氣驕滿，御下無法，不出數年，將有內變，吾卑裝厚禮，保境安民以待之耳！」唐使稱詔，吳人不受。帝易其書，用敵國之禮，曰：「大唐皇帝致書於吳國主。」吳人復書稱「大吳國主上大唐皇帝」，辭禮如牋表。

㈦吳人有告壽州團練使鍾泰章侵市官馬者，徐知誥以吳王之命，遣滁州刺史王稔巡霍丘，因代為壽州團練使㊴，以泰章為饒州刺史。徐溫召至金陵，使陳彥謙詰之者三，皆不對。或問泰章何以不自辨？泰章曰：「吾在揚州十萬軍中，號稱壯士，壽州去淮數里，步騎不下五千，苟有它志，豈王稔單騎能代之乎？我義不負國，雖黜為縣令，亦行，況刺史乎？何為自辨以彰朝廷之失？」徐知誥欲以法繩諸將，請收泰章治罪，徐溫曰：「吾非泰章，已死於張顥之手㊵，今日富貴，安可負之？」命知誥為子景通娶其女以解之。

㈧彗星見輿鬼，長丈餘㊶，蜀司天監言國有大災，蜀主詔於玉局化設道場㊷。右補闕張雲上疏，以為百姓怨氣上徹於天，故彗星見，此乃亡國之徵，非祈禳可弭。蜀主怒，流雲黎州，卒於道。

(卄九)郭崇韜上言河南節度使刺史上表者但稱姓名，未除新官，恐負憂疑。十一月。始降制以新官命之。

滑州留後李紹欽因伶人景進納貨於宮掖，除泰寧節度使㊸。

帝幼善音律，故伶人多有寵，常侍左右。帝或時自傅粉墨，與優人共戲於庭，以悅劉夫人，優名謂之李天下。常因為優，自呼曰：「李天下，李天下。」優人敬新磨遽前批㊹其頰，帝失色，羣優亦駭愕。新磨徐曰：「理天下者只有一人，尚誰呼邪？」帝悅，厚賜之。

帝常畋於中牟㊺，踐民稼，中牟令當馬前諫曰：「陛下為民父母，奈何毀其所養，使轉死溝壑乎？」帝怒，叱去，將殺之，敬新磨追擒至馬前，責之曰：「汝為縣令，獨不知吾天子好獵邪？奈何縱民耕種以妨吾天子之馳騁乎？汝罪當死，因請行刑。」帝笑而釋之。

諸伶出入宮掖，侮弄縉紳，羣臣憤嫉，莫敢出氣。亦反有相附託，以希恩澤者，四方藩鎮，爭以貨賂結之。其尤蠹政害人者，景進為之首。進好采閭閻鄙細事聞於上，上亦欲知外間事，遂委進以耳目，進每奏事，常屏左右問之，由是進得施其讒慝，干預政事，自將相大臣皆憚之，孔巖常以兄事之㊻。

(卅)壬寅（初二日），岐王遣使致書賀帝滅梁，以季父自居㊼，辭禮甚倨。

(卅一)癸卯（初三日），河中節度使朱友謙入朝，帝與之宴，寵錫無算。

(卅二)張全義請帝遷都洛陽，從之。【考異】實錄，甲辰，議修洛陽太廟。按梁以汴州為東京，洛京為西京，莊宗以魏州為東京，太原為西京，真定為北都，及滅梁，廢東京為汴州，以永平軍為西京，而不云以洛陽為何京，若以為東京，則與魏州無以異，諸書但謂之洛京，亦未嘗有詔改梁西京為洛京，至同光三年，始詔依舊以洛京為東都，或者以永平為西京時，即改梁西京為洛京，而史脫其文也，今無可質正，故但謂之洛陽。

(卅三)乙巳（初五日），賜朱友謙姓名曰李繼麟，命繼岌兄事之。

(卅四)以康延孝為鄭州防禦使，賜姓名曰李紹琛。

(卅五)廢北都復為成德軍㊽。

(卅六)賜宣武節度使袁象先姓名曰李紹安。

匡國節度使溫韜入朝，賜姓名曰李紹沖。紹沖多齎金帛賂劉夫人及權貴、伶宦，旬日，復遣還鎮。郭崇韜曰：「國家為唐雪恥，溫韜發唐山陵殆徧[49]，其罪與朱溫相埒[50]耳，何得復居方鎮？天下義士，其謂我何？」上曰：「入汴之初，已赦其罪。」竟遣之。

（三七）戊申（初八日），中書奏以國用未充，請量留三省、寺、監官，餘並停，俟見任[51]者滿二十五月，以次代之，其西班[52]上將軍以下，令樞密院準此。從之，人頗咨怨。

（三八）初，梁均王將祀南郊於洛陽，聞楊劉陷而止[53]，其儀物具在，張全義請上亟幸洛陽，謁廟畢，即祀南郊[54]，從之。

（三九）丙辰（十六日），復以梁東京開封府為宣武軍、汴州，梁以宋州為宣武軍，詔更名歸德軍[55]。

（四十）詔文武官先詣洛陽。

（四一）議者以郭崇韜勳臣為宰相，不能知朝廷典故，當用前朝名家以佐之。或薦禮部尚書薛廷珪、太子少保李琪，嘗為太祖冊禮使[56]，皆耆宿，有文，宜為相，崇韜奏廷珪浮華無相業，祺傾險無士風，尚書左丞趙光胤廉潔方正，自梁未亡，北人皆稱其有宰相器，豆盧革薦禮部侍郎韋說諳練朝章，丁巳（十七日），以光胤為中書侍郎，與說並同平章事。光胤，光逢之弟㊂；說，岫之子；廷珪，逢之子也㊃。光胤性輕率，喜自矜，說謹重守常而已。趙光逢自梁朝罷相㊄，杜門不交賓客，光胤時往見之，語及政事，它日，光逢署其戶曰：「請不言中書事。」

㊃租庸副使孔謙畏張憲公正，欲專使務㊅，言於郭崇韜曰：「東京重地，須大臣鎮之，非張公不可。」崇韜即奏以憲為東京副留守，知留守事㊆，戊午（十八日），以豆盧革判租庸兼諸道鹽鐵轉運使，謙彌失望。

㊄己未（十九日），加張全義守尚書令，高季興守中書令。時季興入朝，上待之甚厚，從容問曰：「朕欲用兵於吳、蜀，二國何先？」季興以蜀道險難取，乃對曰：「吳地薄民貧，克之無益，不如先伐蜀。蜀土富饒，又主荒民怨，伐之必克，克蜀之後，順流而下，取吳如反掌耳！」上曰：「善。」

(四四)辛酉（二十一日），復以永平軍大安府為西京京兆府(六二)。

(四五)甲子（二十四日），帝發大梁，十二月庚午（朔），至洛陽。

(四六)吳越王鏐以行軍司馬杜建徽為左丞相。

(四七)壬申（初三日），詔以汴州宮苑為行宮。

(四八)以耀州為順義軍，延州為彰武軍，鄧州為威勝軍，晉州為建雄軍，安州為安遠軍(六三)，自餘藩鎮，皆復唐舊名。

(四九)庚辰（十一日），御史臺奏：「朱溫篡逆，刪改本朝律令格式(六四)，悉收舊本焚之，今臺司及刑部、大理寺所用，皆偽庭之法，聞定州敕庫，獨有本朝律令格式具在，乞下本道錄進。」從之。

(五十)李繼韜聞上滅梁，憂懼不知所為，欲北走契丹。會有詔徵詣闕，繼韜將行，其弟繼遠曰：「兄以反為名，何地自容？往與不往等耳，不若深溝高壘，坐食積粟，猶可延歲月，入朝立死矣。」或謂繼韜曰：「先令公有大功於國(六五)，主上於公，季父也(六六)，往必無虞。」繼韜母楊氏善蓄財，家貲百萬，乃與楊氏偕行，齎銀四十萬兩，它貨稱是，大布賂遺。伶人、宦官爭為之言曰：「繼韜初無邪謀，為姦人所惑耳！嗣昭親賢，不可無後。」楊氏復入宮見帝，泣請其死，以其先人為言，又求哀於劉夫人，劉夫人亦為之言。及繼韜入見，待罪，上釋之，留月餘，屢從遊畋，寵待如故。皇弟義成節度使、同平章事存渥深詆訶之㊅，繼韜心不自安，復賂左右求還鎮，上不許。繼韜潛遣人遺繼遠書教軍士縱火，冀天子復遣己撫安之，事泄，辛巳（十二日），貶登州長史，尋斬於天津橋南，幷其二子，遣使斬李繼遠於上黨，以李繼達充軍城巡檢，召權知軍州事李繼儔詣闕。繼儔據有繼韜之室，料簡妓妾，搜校貨財，不時即路。繼達怒曰：「吾家兄弟父子，同時誅死者四人㊈，大兄曾無骨肉之情㊉，貪淫如此，吾誠羞之，無面視人，生不如死。」甲申（十五日），繼達衰服，帥麾下百騎坐戟門㊆呼曰：「誰與吾反者。」因攻牙宅㊇，斬繼儔。節度副使李繼珂聞亂，募市人得千餘，攻子城，繼達知事不濟，開東門歸私第㊈，盡殺其妻子，將奔契丹，出城數里，從騎皆散，乃自剄。

㊄甲午（二十五日），吳王復遣司農卿洛陽盧蘋來奉使㊉，嚴可

求豫料帝所問，教蘋應對，既至，皆如可求所料。蘋還，言唐主荒於游畋，嗇財拒諫，內外皆然。

(三)高季興在洛陽，帝左右伶官(七四)，求貨無厭，季興忿之。帝欲留季興，郭崇韜諫曰：「陛下新得天下，諸侯不過遣子弟將佐入貢，惟高季興身自入朝，當褒賞以勸來者，乃羈留不遣，棄信虧義，沮四海之心，非計也。」乃遣之。季興倍道而去，至許州(七五)，謂左右曰：「此行有二失，來朝一失，縱我去一失(七六)。」過襄州，節度使孔勍留宴，中夜斬關而去。【考異】五代史補：「季興行已浹旬，莊宗且悔，遽以急詔命襄州節度使劉訓伺便圖之，無何，季興至襄州，就館而心動，謂親吏曰：『梁先輩之言中矣！與其往而生，不若去而死。』遂棄輜重，與部曲數百人南走，至鳳林關，已昏黑，於是斬關而出。是夜三更，向之急詔果至，劉訓度其去遠不可及而止。」王舉天下大定錄亦云：「莊宗遣使追之，不及。」按季興自疑，故斬關夜道耳，未必莊宗追之也，今從薛史。丁酉（二十八日），至江陵，握梁震手曰：「不用君言，幾不免虎口(七七)。」又謂將佐曰：「新朝(七八)百戰方得河南，乃對功臣舉手云：『吾於十指上得天下。』矜伐如此，則他人皆無功矣！其誰不解體？又荒於禽色，何能久長？吾無憂矣！」乃繕城積粟，招納梁舊兵為戰守之備。

【今註】㊀後唐：晉王既即帝位，自以繼唐有天下，故仍國號曰唐，《通鑑》曰後唐，以別長安之唐。㈡莊宗光聖神閔孝皇帝：帝諱存勗，晉王克用長子也，其先本西突厥沙陀部人，姓朱邪氏，至執宜，歸唐，唐居之河東，執宜子赤心，助唐討龐勛於徐州，以功賜姓名李國昌，編之屬籍，克用，國昌之子也。㈢同光元年：是年四月，帝即位，始改天祐二十年為同光元年。天祐二十年，即梁末帝龍德三年也。㈣四鎮：河東、魏博、成德、義武。㈤表疏稱吳越國而不言軍：稱吳越國王而不復稱鎮海、鎮東軍節度使。㈥李繼韜雖受晉王命為安義留後：晉王改昭義軍為安義軍，以繼韜為留後，見上卷梁末帝龍德二年。㈦監軍張居翰：《五代史記．宦者傳》，張居翰，唐昭宗時為范陽監軍，與節度使劉仁恭相善，天復中，大誅宦者，仁恭匿居翰於大安山之北谿以免，其後梁兵攻仁恭，仁恭遣居翰從晉王攻梁潞州以牽其兵，晉遂取潞州，以居翰為昭義監軍。㈧余事故使逾二紀：十二年為一紀，故使，謂繼韜父嗣昭也。㈨捐館：謂死也，謂捐棄館舍而逝也。㈩而郎君遽背其親：棄君事讎，是背親之教命也。㈡堯山：《舊唐書．地理志》，堯山縣，漢之柏人縣也，唐高祖武德元年，置東龍州於此，四年，州廢，以縣屬邢州，玄宗天寶元年，更縣名曰堯山，其後金世宗以父名宗堯，改曰唐山，即今河北省唐山縣。㈢威使氣殺人，繫獄，繼韜惜其才勇而逸之：《五代史．周太祖紀》，威負氣用剛，好鬥多力，嘗遊上黨市，屠健壯，眾所畏憚，威以氣淩之，因醉，命屠割肉，小不如意，叱之，屠者怒，坦腹謂威曰：「爾敢刺我否？」威即剚其腹，市人執之屬吏，繼韜惜而逸之。㈢以蕃漢馬步副總管李嗣源領橫海節度使：領橫海軍節度使而從晉王總兵於兵間也。㈣國號大唐，大赦，改元：晉王自以承繼唐統，故因唐國號，改天祐年號為同光。《五代史．唐莊宗紀》曰：

「是歲，自正月不雨，人心憂恐，宣赦之日，澍雨溥降。」又曰：「初，唐咸通中，金、水、土、火四星聚於畢昴，太史奏畢昴趙魏之分，其下將有王者，懿宗乃詔令鎮州王景崇被袞冕，攝朝三日，遣臣下備儀注，軍府稱臣以厭之，其後四十九年，帝破梁軍於柏鄉，平定趙、魏，至是即位於鄴宮。」㈤郭崇韜、張居翰為樞密使：徐無黨曰：「樞太使，唐故事宦者為之，其職甚微，至此始參用士人，而與宰相權任鈞矣！」胡三省曰：「案唐末兩樞密與兩神策中尉號為四貴，其職非甚微也，特專用宦者為之耳！」項安世曰：「唐於政事堂後列五房，有樞密房，以主曹務，則樞密之要，宰相主之，未始它附，其後寵任宦人，始以樞密歸之內侍。」㈥張憲為工部侍郎、租庸使：以工部侍郎充租庸使。《續通典》，唐玄宗天寶三年，始置租庸使，以韋堅為之。㈦德休，絳之孫也：李絳相唐憲宗，以鯁直稱於時。㈧初，太妃無子，性賢，不妬忌，太后為武皇侍姬，太妃常勸武皇善待之，太后亦自謙退，由是相得甚歡：《五代史・后妃傳》曰：「武皇帝貞簡皇后曹氏，莊宗之母也，以良家子嬪于武皇，姿質簡廉，性謙退而明辨，雅為秦國夫人所重，常從容謂武皇曰：『妾觀曹姬非常婦人，王其厚待之。』」晉王克用謚武皇帝，秦國夫人，即莊宗嫡母劉太妃。《五代史記・唐家人傳》云：「太祖正室劉氏，代北人也。太祖封晉王，劉氏封秦國夫人。自太祖起兵代北，劉氏常從征伐，為人明敏多智略，頗習兵機，常教其侍妾騎射以佐太祖。性賢，不妬忌，常為太祖言曹氏相當生貴子，宜善待之，而曹氏亦自謙退，因相得甚歡。」《北夢瑣言》曰：「晉王李克用妻劉夫人，常隨軍行，至於軍機，多所宏益。先是汴州上源驛有變，晉王憤恨，欲回軍攻之，夫人曰：『公為國討賊而以杯酒私忿，必若攻城，即曲在於我，不若回師，自有朝廷可以論列。』於是班退。天復中，周德威為汴軍所敗，三軍潰散，汴軍乘之，晉王危懼，與李存信議欲出保雲州，夫人曰：『存信本北方牧羊兒也，焉顧成敗？王常笑王行瑜棄城失勢，被人屠割，今復欲效之，何也？王頃歲避難塞外，幾遭陷害，賴遇朝廷多事，方得復歸，今一旦出城，便有不測之變，焉能遠及？』晉王止行。居數日，亡散之士復集，軍城安定，夫人之力也。」㊈園林：帝后之塋域也。㊉豆盧革、盧程皆輕賤無它能，上以其衣冠之緒，霸府元僚，故用之：《五代史記·唐臣傳》，豆盧革父瓚，為唐舒州刺史，為世名族，唐末之亂，革避地中山，為義武軍節度判官，盧程不知其家世何人也，唐昭宗時舉進士為鹽鐵出使巡官，唐亡，避亂燕、趙，變服為道士，遊諸侯閒，時豆盧革為王處直判官，盧汝弼為河東節度副使，二人皆故唐時名族，與程門弟相等，因共薦之以為河東節度推官，然則盧程亦唐名族之亂也，推官、判官，皆軍府上佐，故曰霸府元僚。帝議擇相，而故唐公卿之族遭亂喪亡且盡，盧汝弼、蘇循已死，盧質又辭相位，故以革、程為相也。㊁初，李紹宏為中門使，郭崇韜副之，至是自幽州召還：李紹宏以中門使出為提舉幽州軍府，事見卷二百七十梁末帝貞明五年。㊂乃薦張居翰為樞密使，以紹宏為宣徽使，紹宏由是恨之：唐及五代之制，宣徽使位在樞密使下，且權任不及遠甚，故恨之。㊃支度務使孔謙自謂才能勤効應為租庸使，眾議以謙人微地寒，不當遽總重任：租庸使位在樞密使下，宣徽使上。《五代史記·孔謙傳》，謙魏州人，為魏州孔目吏，晉王得魏州，以為度支使，是其人地本微寒也。謙為人勤敏，自少為吏，工書算，頗知金穀聚斂之事，晉與梁相拒河上十餘年，大小百餘戰，謙調發供饋，未嘗缺乏，所以成莊宗之業者，謙之力為多，故自謂才能勤效應為租庸使。㉔以魏州為興唐府，建東京：《五代史・唐莊宗紀》，莊宗即位，升魏州為東京興唐府，改元城縣為興唐縣，貴鄉縣為廣晉縣。㉕以魏博節度判官王正言為禮部尚書，行興唐尹：唐、宋之制，以小銜攝大官曰守，以大兼小曰行。㉖北京副留守：北京當作北都。㉗皇子繼岌為北都留守、興聖宮使：《續通典》曰：「唐莊宗即位於魏州，宰相豆盧革因進擬為興聖宮，以皇子繼岌為興聖宮使。」其後莊宗入洛，復建興聖宮於洛陽。㉘時唐國所有凡十三節度，五十州：十三節度，蒲州河中、同州忠武、魏州天雄、邢州安國、鎮州成德、定州義武、滄州横海、幽州盧龍、朔州振武、雲州大同、代州鴈門、幷州河東、潞州安義，而安義附梁，但十二節度，莊宗又以符習為天平節度使，天平治鄆州，時屬梁，唐未能有也。五十州，蒲、同、魏、博、貝、澶、相、邢、洺、磁、鎮、冀、深、趙、易、祁、定、滄、景、德、瀛、莫、幽、涿、檀、薊、順、營、平、蔚、朔、雲、應、媯、儒、武、忻、代、風、石、憲、麟、府、幷、汾、慈、隰、澤、沁、遼，新州時陷契丹，潞州附梁，故不在五十州之中。㉙以高祖、太宗、懿宗、昭宗及懿祖以下為七室：自高祖至昭宗四廟為唐廟，懿祖以下三廟為親廟。㉚先是梁天平節度使戴思遠屯楊村：戴思遠屯楊村事始上卷梁末帝貞明五年。㉛若得東平：鄆州本隋之東平郡。㉜嗣源自胡柳有渡河之慙：胡柳陂之敗，嗣源渡河引兵北歸，見卷二百七十梁末帝貞明四年。㉝遣嗣源將所部精兵五千自德勝趣鄆州，比及楊劉，日已暮：胡三省曰：「按九域志，鄆州東阿縣有楊劉鎮，臨河津，東阿東南至鄆州六十里。以下文夜渡河觀之，則李嗣源之兵自德勝北城而東，循河北岸而行，至楊劉渡口也。」㉞夜渡河至城下：胡三省曰：「此自楊劉取徑道至鄆州城下，不經東阿縣治所。」㉟執知州事節度副使崔簹，判官趙鳳送興唐：崔簹以天平節度副使知鄆州事。唐置興唐府於魏州，莊宗時駐蹕於此。㊱罷戴思遠招討使，降授宣化留後：《五代史記・職方考》，梁置宣化軍於鄧州。㊲非用王彥章為大將，不可救也：時梁名將如劉鄩、賀瓌、謝彥章皆死，獨王彥章在耳！王彥章用兵雖無遠略而時號健鬥，故敬翔薦之以救燃眉之急。㊳王鐵槍勇決：勇決，勇於決鬥也。《五代史記・死節傳》，王彥章驍勇有力，持一鐵槍，騎而馳突，奮疾如飛，而他人莫能舉，軍中號王鐵槍。㊴唐突：衝鋒犯陳也。唐或作傏，又作盪，義同。《後漢書・段熲傳》：「羌遂陸梁，覆沒營塢，轉相招結，唐突諸郡。」㊵守殷，王幼時所役蒼頭也：蒼頭，僕隸也。孟康曰：「黎民、黔首，黎、黔皆黑也，漢名奴為蒼頭，非純黑，以別於良人也。」孔武仲詩：「家事滿懷無紙寫，好將言語付蒼頭。」《五代史記・朱守殷傳》，守殷少事莊宗為奴，名曰會兒，莊宗讀書，會兒常侍左右，莊宗即位，以其廝養為長直軍，以守殷為軍使，故未嘗經戰陣之用，然好言人陰私長短以自結，莊宗以為忠，遷蕃漢馬步軍都虞候，使守德勝。㊶梁主召問王彥章以破敵之期，彥章對曰三日，左右皆失笑：梁主左右以為自大梁出師拒晉，三日尚不能至河上，遑論破敵，故笑其言。㊷彥章出，兩日馳至滑州：《元豐九域志》，自大梁北至滑州二百一十里。㊸夜命甲士六百皆持巨斧，載冶者，具鞴炭，乘流而下：自楊村順流趨德勝。鞴，韝鞴也，以革為囊，鼓以吹火。載冶者，具鞴、炭，欲以燒鏁鏈也。㊹因以巨斧斬浮橋：以絕德勝北城之援。㊺彥章進攻潘張、麻家口、景店諸寨，皆拔之：胡三省曰：「潘、張二姓同居一村，因名村曰潘張。崔敬古今注曰：『店，所以置貨鬻物也。』景店，有姓景者先嘗設店於其地，因以為名。凡此皆河津之要，晉人立寨守之。」
㊻撤屋為栰：編木以渡水，大曰栰，小曰桴。㊼比及楊劉，殆亡士卒之半：謂自德勝浮河趨德勝士卒，戰歿者殆半也。㊽楊劉告急於帝，請日行百里以赴之：帝時在澶州，去楊劉幾二百里。㊾延孝者，太原胡人：《五代史記・康延孝傳》，延孝，代北人也，初為太原軍卒，有罪，亡命於梁。㊿臨漳：《舊唐書・地理志》，北周武帝建德六年，分鄴縣置臨漳縣，唐屬相州，即今河南省臨漳縣。
㊶遣崇韜將萬人夜發，倍道趣博州，至馬家口，度河築城，晝夜不息：胡三省曰：「馬家口，所謂博州東岸也，郭崇韜自楊劉夜發，倍道而行，恐梁人知之故也。」馬家口在今山東省東平縣西北，城臨河津，亦曰清口戍，其西南為鄒家口，又西則東阿縣之楊劉鎮也。其後晉出帝天福九年，契丹侵晉，亦自馬家口濟。㊷艤舟：整舟向岸也。應劭曰：「艤，正也，南方俗謂正船迴濟處為艤。」艤亦作檥，《史記・項羽本紀》：「烏江亭長檥舟待。」㊸鄒家口：鄒家口在今山東省東平縣西馬家口之西南。胡三省曰：「麻家口、馬家口、鄒家口，皆沿河津渡之口，亦因其土人所居之姓以為地名也。」
㊹清丘驛：《春秋》，魯與晉、宋、曹、衛同盟於清丘。杜預注：「清丘，衛地，在今濮陽縣東南。」蓋因古地名以名驛也，在今河北省濮陽縣東南七十里。㊺段凝以為唐兵已自上流渡，驚駭失色，面數彥章，尤其深入：胡三省曰：「段凝聞清丘驛之敗，以為唐兵已自上流渡河逼汴而彥章等方與唐相持於下流，責其深入鄆州之境，無救於大梁之危也。」㊻焚其連艦：連艦，即列於河之中流

以阻絕援兵者。(五七)梁兵前後急攻諸城，士卒遭矢石、溺水、暍死者且萬人：謂梁兵急攻德勝、潘張、麻家口、景店、楊劉諸役，戰死者且萬人。梁兵素畏晉，彥章鼓勇掩晉人之不備，故能取勝一時，久則氣奪而敗也。暍死，傷暑而死。(五八)使將兵會董璋攻澤州：董璋攻裴約於澤州始上年。(五九)蟲豸：豸亦蟲也。《爾雅》，有足曰蟲，無足曰豸。(六〇)吾兄不幸，生此梟獍：李嗣昭，武皇義兒也，以長幼之序於帝為兄。梟食母，獍食父，李繼韜背君父以事讎，故以為比。(六一)澤州，彈丸之地，朕無所用：彈丸之地，喻其小也。胡三省曰：「自幷、潞窺懷、洛，則澤州為要地，帝志在自東平取大梁，故云然。」(六二)詾詾：喧擾之聲。(六三)今國勢已爾：言國勢之危已如此。(六四)凝將全軍五萬營於王村，自高陵津濟河：胡三省曰：「王村，亦因土人王氏聚居之地以名村。」《唐書・地理志》澶州臨濮縣東南有盧津關，一名高陵津。臨黃縣，隋置，故城在今山東省觀城縣東南，今名臨黃集。(六五)帝引兵屯朝城：自興唐南屯朝城。《元豐九域志》，朝城縣在魏州東南八十里。(六六)官之高下，唯視賂之多少：謂貨賂多則得高官，如溫昭圖以納賂而得名藩，段凝以納賂而總帥軍旅之類。(六七)不能專任將帥，常以近臣監之：如張漢傑監王彥章軍之類。(六八)陝、虢、澤、潞：陝、虢、澤、潞四州。《舊唐書・地理志》，隋廢弘農郡以屬陝州，隋末復置弘農郡，恭帝義寧元年，改為鳳林郡，仍於盧氏縣置虢郡，唐高祖武德元年，改虢郡為虢州，鳳林郡為鼎州，太宗貞觀八年，廢鼎州，移虢州治於鼎州故治，玄宗天寶元年，改為弘農郡，肅宗乾元元年，復為虢州。州治弘農縣，在今河南省靈寶縣南四十里。(六九)文思殿：胡三省曰：「唐末之遷洛也，改保寧殿為文思殿，蜀盡襲唐殿名。」(七〇)在珣，彥朗之子也：顧彥朗唐昭宗時為劍南東川節度使。⑪嘉州司馬劉贊獻陳後主三閣圖：南朝陳三閣，見卷一百七十六長城公至德二年。《舊唐書・地理志》，唐高祖武德元年，改隋眉山郡為嘉州，玄宗天寶元年，改為犍為郡，肅宗乾元元年，復為嘉州，州治龍遊縣，漢犍為郡南安縣地，後周置平羌縣，隋初改為峨眉縣，又改為青衣縣，尋改為龍遊縣，即今四川省樂山縣。⑫蜀主以重陽宴近臣於宣華苑：舊以農曆九月初九為重陽。魏文帝〈與鍾繇書〉云：「歲往月來，忽復九月九日，九為陽數，而日月並應，故曰重陽。」《五代史記・前蜀世家》，蜀主起宣華苑，苑有重光、大清、延昌、會真之殿，清和、迎征之宮，降真、蓬萊、丹霞之亭，飛鸞之閣，瑞獸之門，又作怡神亭，與諸狎客、婦人日夜酣飲其中。按九國志，宣華苑，蓋就龍躍池改建而成。⑬酒悲：胡三省曰：「人有醉後而涕泣者，俗謂之酒悲。」⑭臨河之南：魏州臨河縣之南也。《舊唐書・地理志》，隋分黎陽縣置臨河縣。《唐書・地理志》，臨河縣，唐高祖武德二年隸黎州，太宗貞觀十七年，廢黎州，轉隸相州，哀帝天祐三年，移屬魏州。《續通典》曰：「臨河縣本東黎縣，魏孝昌中，分汲郡置黎陽郡，領黎陽，東黎、頓丘三縣，此即東黎也，隋開皇五年，置臨河縣。」《元豐九域志》，臨河縣在澶州西六十里，即今河北省濮陽縣西六十里，南臨大河，故名。⑮澶西相南：澶州之西，相州之南也。⑯自德勝失利以來：梁將王彥章敗晉軍於德勝，見上。⑰盧文進、王都引契丹屢過瀛、涿之南：《唐明宗實錄》曰：「莊宗同光之世，盧文進在平州安帳，率奚勁騎，倏來忽往，幽、薊荊榛滿目，寂無人煙。」⑱傳聞俟草枯冰合，深入為寇：草至仲秋而枯，冰至隆冬而合。契丹兵器，以弓矢為主，其弓則膠弓，弦則皮弦，取其強勁可以及遠也，皮弦遇濕則弛緩，膠弓遇熱則不堅，若秋氣至氣候乾燥則弓弦堅勁可用，故契丹大舉，必俟仲秋。(七九)又聞梁人欲大舉，數道入寇：見上康延孝之言。(八〇)請以易衛州及黎陽於梁：梁取衛州見上卷梁末帝龍德二年，晉盡取河北而黎陽獨為梁守，見卷二百六十九梁末帝貞明二年。(八一)陛下不櫛沐，不解甲，十五餘年：不櫛沐，不解甲喻戎事倥偬也。帝以梁太祖開平二年嗣晉王位，始戰潞州夾寨，至是在兵間凡十七年矣！。(八二)梁今悉以精兵授段凝，據我南鄙，又決河自固：段凝時據頓丘，晉之南鄙也，又於滑州決河以限唐兵，事見上。(八三)降者皆言大梁無兵：時梁兵精銳悉戰於河上，大梁空虛無守備。(八四)王彥章引兵踰汶水，將攻鄆州：《水經注》汶水西南過東平南。東平，即鄆州也。(八五)彥章退保中都：《元豐九域志》，中都縣在鄆州東南六十里。《舊唐書・地理志》，唐置殷密城於漢平陸縣地，玄宗天寶元年，移治殷密城東三十里，改曰中都縣，屬鄆州。中都縣，金改汶陽，又改曰汶上，取名汶水之陽也，即今山東省汶上縣。(八六)命將士悉遣其家屬歸興唐：自朝城行營遣歸興唐。(八七)帝遣魏國夫人劉氏、皇子繼岌歸興唐：《五代史記・唐家人傳》，莊宗敬閔皇后劉氏，初封魏國夫人，生子繼岌，帝以為類己，愛之，由是劉氏專寵，帝自下魏博，戰河上十餘年，獨以劉氏從。(八八)仍命豆盧革、李紹宏、張憲、王正言同守東京：帝以魏州為東京興唐府。(八九)王彥章以數十騎走，龍武大將軍李紹奇單騎追之，識其聲：《五代史・王彥章傳》，彥章為晉將夏魯奇所擒，魯奇嘗事梁祖，與彥章素善，識其語音。夏魯奇即李紹奇也，晉王賜名曰李紹奇。(九〇)嗣彬，知俊之族子也：劉知俊自梁降岐，自岐奔蜀，為蜀所殺。(九一)爾名善將，何不守兗州：善將，善將兵也。帝謂彥章何不自鄆州退守兗州。〔九二〕於是諸將稱賀：賀固鄆州，並擒梁之名將。〔九三〕鼂從紹宏輩語，大事去矣：李紹宏議棄鄆州事見上。〔九四〕則阻決河：段凝決河以自固見上八月。〔九五〕帝知其終不為用，遂斬之：《五代史・王彥章傳》，帝趨大梁，舁彥章自隨，至任城，彥章以所傷痛楚，堅乞遲留，遂遇害。任城，今山東省濟寧縣。〔九六〕至曹州：《元豐九域志》，曹州西南去大梁二百四十餘里。〔九七〕懟：怨也。〔九八〕臣受先帝厚恩，殆將三紀：胡三省曰：「梁太祖鎮宣武，敬翔即為幕屬，以至為相，迄於梁亡，故自言受恩殆將三紀。」〔九九〕事陛下如郎君：郎君，主人之子也。敬翔自謂朱氏老奴，故謂梁末帝為郎君。〔一〇〇〕陛下用段凝，臣極言不可：事見上八月。〔一〇一〕小人朋比：謂趙、張恣為姦邪以亂梁政。〔一〇二〕段凝限於水北，不能赴救：謂段凝之兵，欲還救大梁，則為河水所阻，李嗣源所謂即發兵直路則阻決河。〔一〇三〕雖使良、平更生，誰能為陛下計者：張良、陳平佐漢高定天下，屢出奇計，後之言智者率以為比。〔一〇四〕與其兄友諒、友能並幽於別第：友能以反見幽見上卷梁末帝龍德元年。〔一〇五〕梁主登建國樓：胡三省曰：「大梁宮城南門曰建國門，其樓曰建國樓。」〔一〇六〕蠟詔：書詔於絹，以蠟封之，猶蠟書也，命出於上，故謂之蠟詔。〔一〇七〕凝本非將才，官由幸進：段凝以其妹得進，事見卷二百六十八梁太祖乾化元年。〔一〇八〕吾待溫許州厚，必不負我：溫韜以諂事趙巖而得許州，事見上卷梁末帝龍德元年。〔一〇九〕遂奔許州：《元豐九域志》，大梁西南至許州一百七十五里。〔一一〇〕理難降首：降首猶低首，謂以事理而言，難於迎降也。〔一一一〕麟遂弒梁主：《五代會要》，梁主時年三十六。唐哀帝天祐三年，梁受唐禪，歷三主，凡十七年而亡。〔一一二〕梁主為人溫恭約：約上當有儉字。〔一一三〕疏棄敬、李舊臣：敬翔、李振，皆梁祖元佐。㉔李嗣源軍至大梁，攻封丘門：《五代會要》，梁太祖開平元年，改封丘門為含曜門，時人猶以舊門名稱之也。晉高祖天福三年，復改為宣陽門。胡三省曰：「大梁城北面二門，封丘門在西，酸棗門在東。又汴京圖，京城北四門，從東曰陳橋門，次曰封丘門。」㉕帝入自梁門：胡三省曰：「梁門，大梁城西面北來第一門。」《五代會要》，梁太祖開平元年，改梁門為乾象門，晉高祖天福三年，復改為乾明門。㉖未曙：天未明。㉗崇政李太保：梁以李振為崇政院使，故以稱之。㉘乃縊而死：《五代史》補曰：「敬翔應三傳，數舉不第，發憤投梁祖，願備行陳。梁祖問曰：『足下通春秋久矣，今吾主盟，其為戰欲效春秋時可乎？』翔曰：「不可。夫禮樂猶不相沿襲，況兵者詭道，宜其變化無窮，若復如春秋時，則所謂務虛名而喪其實效，大王之事去矣！』梁祖大悅，以為知兵，遽延之幕府，委以軍事，竟至作相。」㉙昭圖復名韜：梁賜溫韜名昭圖，見卷二百六十九梁末帝貞明元年。㉚封丘：《舊唐書・地理志》，封丘縣，隋置，唐屬汴州，即今河南省封丘縣。㉛唐州司馬：《舊唐書・地理志》，唐高祖武德四年，改隋淮安郡為顯州，九年，改為唐州，玄宗天寶元年，改為淮安郡，肅宗乾元元年，復為唐州，治比陽縣，即今河南省泌陽縣。《唐書・地理志》，唐哀帝天祐三年，更唐州曰泌州，徙州治於泌陽縣，即今河南省沘源縣。此曰唐州，蓋復唐昭宗以前舊稱。㉜沂州司馬：《舊唐書・地理志》，唐高祖武德四年，於漢東海郡臨沂縣置沂州，玄宗天寶元年，改為琅邪郡，肅宗乾元元年，復為沂州，故治在今山東省臨沂縣。㉝密州司戶：《舊唐書・地理志》，唐高祖武德五年，改隋高密郡為密州，玄宗天寶元年，改為高密郡，肅宗乾元元年，復為密州，州治諸城縣，本漢東武縣城也，隋移入廢高密郡城，因改曰諸城，即今山東省諸城縣。㉔隋州司戶：《舊唐書・地理志》，唐高祖武德三年，改隋之漢東郡為隋州，玄宗天寶元年，改為漢東郡，肅宗乾元元年，復為隋州，治隋縣，漢屬南陽郡，後魏始於縣復置隋州，即今湖北省隋縣。㉕岳，崇龜之從子：劉崇龜見卷二百五十三唐僖宗廣明元年。㉖萬年：《舊唐書・地理志》，唐高祖武德元年，改隋之大興縣為萬年縣，屬京兆府，時復以京兆為西京，即今陝西省長安縣。㉗翹，敖之孫：封敖仕唐武、宣二朝，位至尚書僕射。㉘權，龜之孫也：王龜仕唐，顯名於懿宗咸通之間。㉙詔敬翔、李振首佐朱溫共傾唐祚，契丹撒剌阿撥叛兄棄母，負恩背國，宜與巖等並族誅於市：撒剌阿撥奔梁，見卷二百七十梁末帝貞明四年。《五代史・李振傳》，翔妻劉氏，唐僖宗廣明之亂，為黃巢將尚讓所得，巢敗，讓攜劉氏降於時溥，及讓誅，時溥納劉氏於妓室，梁祖平徐，得劉氏，嬖之，屬翔喪妻，因以劉氏賜之，及翔漸貴，劉氏猶出入太祖臥內，翔情禮稍薄，劉氏於曲室讓翔曰：「卿鄙余曾失身於賊耶？以成敗言之，尚讓，巢之宰輔，時溥，國之忠臣，論卿門第，辱我何甚！請從此辭。」翔謝而止。劉氏恃梁祖之勢，方梁祖節度四鎮時，劉氏已得國夫人之號，車服驕奢，婢媵皆珥珠翠，其下別置爪牙典謁，書幣聘使，交結藩鎮，近代婦人之盛，無出其右，權貴皆相附麗，寵信言事，不下於翔，當時貴達之家，從而效之，敗俗之甚也。又〈李振傳〉，帝既入汴，振謁見首罪，郭崇韜指振謂人曰：「人言李振一代奇才，吾今見之，乃常人耳！」㉚笴：箭桿也。㉛加崇韜守侍中，領成德節度使：賞決策滅梁之功。㉜梁西都留守河南尹張宗奭來朝，復名全義：梁改張全義名宗奭，見卷二百六十六梁太祖開平元年。㉝但鏟其闕室，削封樹而已：闕，墓道外左右所立石闕也，積土為封，鏟闕室，削封樹者，墜其墳而赭其山也。㉞以北京留守繼岌為東京留守：時以鎮州為北都，魏州為東京。北京當作北都。㉟納洪鄂都統印：梁以楚王馬殷為洪鄂四面行營都統。㊱荊南節度使高季昌聞帝滅梁，避唐廟諱，更名季興：避獻祖國昌諱。㊲且公，朱氏舊將：謂高季昌本梁祖舊將也，事見卷二百六十三唐昭宗天復二年。㊳公前沮吾計：謂帝前自鄆州遣使告吳會兵，徐溫欲以舟師浮海北上而嚴可求諫止之，事見上五月。㊴遣滁州刺史王稔巡霍丘，因代為壽州團練使：霍丘縣，隋置，吳之邊邑也。《舊唐書・地理志》，霍丘，漢廬江郡松滋縣地，唐高祖武德四年，置蓼州於此，七年，州廢，以縣屬壽州，即今安徽省霍丘縣。徐知誥蓋命王稔以巡邊為名因以代鍾泰章。㊵吾非泰章，已死於張顥之手：事見卷二百六十六梁太祖開平二年。㊶彗星見輿鬼，長丈餘：輿鬼即鬼宿也。《晉書・天文志》，輿五星，天目也，秦雍之分。㊷蜀主詔於玉局化設道場：玉局化即玉局觀也，在今四川省成都縣城南楊柳隄。《太平寰宇記》，玉局觀，張道陵得道之所。《方輿勝覽》曰：「昔老君與張道陵至此，有局腳玉床自地而出，老子升座說南斗經，既去，座隱入地成涸穴，故以玉局為名，蘇軾提舉玉局觀，即此。」㊸泰寧節度使：唐置泰寧節度使於兗州。㊹批：以手反擊。㊺帝嘗畋於中牟：《元豐九域志》，中牟縣在大梁西七十里。《舊唐書・地理志》，唐高祖武德元年，改隋之圃田縣為中牟縣，屬汴州，高宗龍朔二年，改屬鄭州，故城在今河南省中牟縣東。㊻孔巖常以兄事之：按《五代史記・伶官傳》，孔巖當作孔謙。㊼岐王遣使致書賀帝滅梁，以季父自居：胡三省曰：「岐王李茂貞自以與晉王克用在唐並列藩鎮，又各以有功賜姓附唐屬籍，義猶兄弟，故於帝以季父自居。」(48)廢北都復為成德軍：帝建北都於鎮州見是年四月。(49)溫韜發唐山陵殆徧：事見卷二百六十七梁太祖開平二年。(50)相埒：相等也。《史記・平準書》：「富埒王侯。」(51)見任：謂見在官之有實職者。(52)西班：朝會之序，武官班於階序之西，故曰西班。(53)初，梁均王將祀南郊於洛陽，聞楊劉陷而止：事見卷二百七十梁末帝貞明二年。(54)張全義請上亟幸洛陽，謁廟畢，即祀南郊：洛陽，唐之東京也，唐昭宗遷此，故有太廟。(55)梁以宋州為宣武軍，詔更名歸德軍：梁都汴，故移宣武軍於宋州。(56)或薦禮部尚書薛廷珪、太子少保李琪，嘗為太祖冊禮使：胡三省曰：「廷珪、琪為太祖冊禮使，必唐之時嘗奉朝命冊晉王者也。」(57)光胤，光逢之弟：趙光逢見卷二百六十六梁太祖開平元年。(58)廷珪，逢之子也：薛逢以文采有聲於唐武宗會昌間。(59)趙光逢自梁朝罷相：趙光逢罷相，見卷二百六十九梁末帝貞明元年。(60)租庸副使孔謙畏張憲公正，欲專使務：言孔謙欲以租庸副使專租庸司事務也。張憲、孔謙為租庸使、副見是年四月。(61)崇韜即奏以憲為東京副留守，知留守事：以張憲出鎮魏州也。(62)復以永平軍大安府為西京京兆府：梁改長安為永平軍，見卷二百六十七梁太祖開平三年，改京兆府為大安府，見卷二百六十六梁太祖開平元年。(63)以耀州為順義軍，延州為彰武軍，鄜州為威勝軍，晉州為建雄軍，安州為安遠軍：唐置保塞軍於延州，岐改為忠義軍，又置義勝軍於耀州，梁改耀州為崇州，改義勝軍為靜勝軍，又置宣化軍於鄜州，定昌軍於晉州，宣威軍於安州，後又改定昌軍為建寧軍。帝既滅梁，遂易其所置軍號。(64)朱溫篡逆，刪改本朝律令格式：梁改定律令格式，事見卷二百六十七梁太祖開平四年。本朝，謂前唐也。〔六五〕先令公有大功於國：先令公，謂繼韜父嗣昭也，嗣昭官中書令，故稱之曰令公，佐莊宗克成帝業。〔六六〕主上於公，季父也：李嗣昭為武皇義兒，於帝為兄，帝於繼韜為季父。〔六七〕皇弟義成節度使同平章事存渥深詆訶之：梁改滑州義成軍為宣義軍見上卷梁末帝龍德二年。帝改宣義軍為義成軍，復唐舊稱也。繼韜兄弟既據潞州，欲殺存渥，亦見上卷龍德二年，故存渥恨之。詆訶，毀辱而怒責之也。〔六八〕吾家兄弟父子，同時誅死者四人：繼韜及其二子，並繼遠為四人。〔六九〕大兄曾無骨肉之情：李嗣昭子七人，繼儔居長，故呼為大兄。弟死不哀而據其妻室財貨，是無骨肉之情也。〔七〇〕戟門：史炤曰：「刻棨戟於門，故曰戟門。」唐步官階勳三品以上者許於私門立戟。〔七一〕牙宅：節度使牙宅也。〔七二〕開東門歸私第：東門，潞州牙城之東門。〔七三〕吳王復遣司農卿洛陽盧蘋來奉使：吳任臣《十國春秋．吳世家》云：「吳王遣司農卿盧蘋獻金器二百兩，銀器三千兩，羅錦一千二百疋，龍腦香五斤，龍鳳絲鞻一百事于唐。」〔七四〕伶官：胡三省曰：「伶官謂伶人及宦官也。」余按伶官即伶人耳，《五代史記》有伶官傳。〔七五〕季興倍道而去，至許州：倍道，兼程也，二日程作一日行，故曰倍道。《元豐九域志》，洛陽東至許州三百一十里。〔七六〕來朝一失，縱我去一失：高季興入朝幾不得還，帝復縱季興還，自是不可復得而駕馭之，是彼此俱失也。〔七七〕不用君言，幾不免虎口：梁震諫高季興入朝，見上。〔七八〕新朝：帝方滅梁新得天下，故曰新朝。

卷二百七十三　後唐紀二

起閼逢涒灘盡旃蒙作噩十月凡一年有奇。（甲申至乙酉，西元九二四年至九二五年十月）

司馬光編集
林瑞翰註

莊宗光聖神閔孝皇帝中

同光二年（西元九二四年）

㈠春，正月甲辰（初五日），幽州奏契丹入寇，至瓦橋㊀，以天平軍節度使李嗣源為北面行營都招討使，陝州留後霍彥威副之，宣徽使李紹宏為監軍，將兵救幽州。

㈡孔謙復言於郭崇韜曰：「首座相公，萬機事繁，居第且遠，租庸簿書多留滯，宜更圖之㊁。」豆盧革嘗以手書便省庫錢數十萬㊂，謙以手書示崇韜，崇韜微以諷革，革懼，奏請崇韜專判租庸，崇韜固辭。上曰：「然則誰可者？」崇韜曰：「孔謙雖久典金穀㊃，若遽委大任，恐不叶物望㊄，請復用張憲。」帝即命召之，謙彌失望㊅。

㈢岐王聞帝入洛，內不自安㈦，遣其子行軍司馬彰義節度使兼侍中繼曮入貢㈧，上表稱臣。帝以其前朝耆舊，與太祖比肩㈨，特加優禮，每賜詔，但稱岐王而不名。庚戌（十一日），加繼曮中書令，遣還。

㈣敕內官不應居外，應前朝內官及諸道監軍并私家先所畜者㈩，不以貴賤，並遣詣闕。時在上左右者已五百人，至是殆及千人，皆給贍優厚，委之事任，以為腹心，內諸司使自天祐以來，以士人代之㈡，至是復用宦者，浸干政事。既而復置諸道監軍，節度使出征，或留闕下，軍府之政，皆監軍決之，陵忽主帥，怙勢爭權，由是藩鎮皆憤怒。

㈤契丹出塞，召李嗣源旋師，命泰寧節度使李紹欽、澤州刺史董璋戍瓦橋。

㈥李繼曮見唐甲兵之盛，歸語岐王，岐王益懼。癸丑（十四日），表請正藩臣之禮，優詔不許。

㈦孔謙惡張憲之來㈢，言於豆盧革曰：「錢穀細事，一健吏可辦耳！魏都，根本之地，顧不重乎？興唐尹王正言操守有餘，智力不足，必不得已，使之居朝廷，眾人輔之，猶愈於專委方面也。」革為之言於崇韜，崇韜乃奏留張憲於東京。甲寅（十五日），以正言為租庸使。正言昏懦，謙利其易制故也。

(八)李存審奏契丹去，復得新州㊂。

(九)戊午（十九日），敕鹽鐵、度支、戶部三司並隸租庸使㊃。

(十)上遣皇弟存渥、皇子繼岌迎太后、太妃於晉陽。太妃曰：「陵廟在此㊄，若相與俱行，歲時何人奉祀？」遂留不來。太后至，庚申（二十一日），上出迎於河陽㊅，辛酉（二十二日），從太后入洛陽。

(十一)二月己巳朔，上祀南郊，大赦。

孔謙欲聚斂以求媚，凡赦文所蠲者，謙復徵之，自是每有詔令，人皆不信，百姓愁怨。郭崇韜初至汴、洛，頗受藩鎮饋遺，所親或諫之，崇韜曰：「吾位兼將相㊆，祿賜巨萬，豈藉外財？但以偽梁之季，賄賂成風，今河南藩鎮，皆梁之舊臣，主上之仇讎也，若拒其意，能無懼乎？吾特為國家藏之私室耳！」及將祖南郊，崇韜首獻勞軍錢十萬緡。先是宦官勸帝分天下財賦為內外府，州縣上供者入外府充經費，方鎮貢獻者入內府充宴遊及給賜左右，於是外府常虛竭無餘而內府山積。及有司辦郊祀，乏勞軍錢，崇韜言於上曰：「臣已傾家所有以助大禮，願陛下亦出內府之財以助有司。」上默然久之，曰：「吾晉陽自有儲積，可令租庸輦取以相助。」於是取李繼韜私第金帛數十萬以益之(一八)。軍士皆不滿望(一九)，始怨恨有離心矣！

(十二)河中節度使李繼麟請榷安邑、解縣鹽，每季輸省課(二〇)，己卯（二十八日），以繼麟充制置兩池(二一)榷鹽使。

(十三)辛巳（三十日），進岐王爵為秦王，【考異】茂貞改封秦王，薛史無的確年月。實錄，同光元年十一月壬寅已稱秦王，茂貞遣使賀收復，自後皆稱秦王，至二年辛王，制秦王李茂貞可封秦王，豈有秦王封秦巳之理。必是至是時始自岐王封秦王也。仍不名不拜。

(十四)郭崇韜知李紹宏快快(二二)，乃置內句使，掌句三司財賦，以紹宏為之，冀弭其意，而紹宏終不悅，徒使州縣增移報之煩(二三)。

崇韜位兼將相，復領節旄，以天下為己任，權侔人主，旦夕車馬填門，性剛急，遇事輒發，嬖倖僥求，多所摧抑，宦官疾之，朝夕短之於上。崇韜扼腕，欲制之不能。豆盧革、韋說嘗問之曰：「汾陽王㉔本太原人，徙華陰，公世家鴈門，豈其枝派邪？」崇韜因曰：「遭亂亡，失譜諜。嘗聞先人言，上距汾陽四世耳。」革曰：「然則固從祖也。」崇韜由是以膏梁自處㉕，多甄別流品，引拔浮華，鄙棄勳舊。有求官者，崇韜曰：「深知公功能，然門地寒素，不敢相用，恐為名流所嗤。」由是嬖倖疾之於內，勳舊怨之於外。崇韜屢請以樞密使讓李紹宏，上不許，又請分樞密院事歸內諸司以輕其權，而宦官謗之不已，崇韜鬱鬱不得志，與所親謀赴本鎮以避之。其人曰：「不可，蛟龍失水，螻蟻足以制之。」

先是上欲以劉夫人為皇后，而有正妃韓夫人在㉖，太后素惡劉夫人㉗，崇韜亦屢諫上，以是不果。於是所親說崇韜曰：「公若請立劉夫人為皇后，上必喜，內有皇后之助，則伶、宦輩不能為患矣。」崇韜從之，與宰相帥百官共奏劉夫人宜正位中宮。癸未（二十二日），立魏國夫人劉氏為皇后。皇后生於寒微㉘，既貴，專務蓄財，其在魏州，薪蘇果茹㉙，皆販鬻之，及為后，四方貢獻，皆分為二，一上天子，一上中宮，以是寶貨山積，惟用寫佛經，施尼師而已。

是時，皇太后誥、皇后教與制敕，交行於藩鎮，奉之如一。

㈤詔蔡州刺史朱勍浚索水㉚通漕運。

㈥三月，己亥朔，蜀主宴近臣於怡神亭，酒酣，君臣及官人皆脫冠露髻，喧譁自恣㉛。知制誥京兆李龜禎諫曰：「君臣沈湎，不憂國政，臣恐啟北敵之謀。㉜」不聽。

㈦乙巳（初七日），鎮州言契丹將犯塞㉝，詔橫海節度使李紹斌、北京左廂馬軍指揮使李從珂帥騎兵分道備之，天平節度使李嗣源屯邢州。紹斌本姓趙，名行實，幽州人也。

㈧丙午（初八日），加高季興兼尚書令，進封南平王。

㈨李存審自以身為諸將之首，不得預克汴之功，慼憤，疾益甚㉞，屢表求入覲，郭崇韜抑而不許。存審疾亟，表乞生覲龍顏，乃許之。

初，帝嘗與右武衛上將軍李存賢㉟手搏，存賢不盡其技，帝曰：

「汝能勝我當授藩鎮。」存賢乃奉詔，僅仆帝而止。及許存審入覲，帝以存賢為盧龍行軍司馬，旬日除節度使，曰：「手搏之約，吾不食言矣。」

(廿)庚戌（十二日），幽州奏契丹寇新城㊱。

(廿一)勳臣畏伶官之讒，皆不自安，蕃漢內外馬步副總管李嗣源求解兵柄，帝不許。

(廿二)自唐末喪亂，搢紳之家，或以告赤㊲鬻於族姻，遂亂昭穆，至有舅叔拜甥侄者，選人偽濫者眾，郭崇韜欲革其弊，請令銓司㊳精加考覈。時南郊行事官㊴千二百人，注官者纔數十人，塗毀告身者十之九，選人或號哭道路，或餒死逆旅。

(廿三)唐室諸陵先為溫韜所發㊵，庚申（二十二日），以工部郎中李途為長安按視諸陵使。

(廿四)皇子繼岌代張全義判六軍諸衛事。

(廿五)夏，四月，己巳朔，羣臣上尊號曰昭文睿武至德光孝皇帝。

(廿六)帝遣客省使李嚴使於蜀，嚴盛稱帝威德，有混一天下之志，且言朱氏篡竊，諸侯曾無勤王之舉，王宗儔以其語侵蜀，請斬之，蜀主不從。宣徽北院使宋光葆上言晉王有憑陵我國家之志，宜選將練兵，屯戍邊鄙，積糗糧，治戰艦以侍之㊶。蜀主乃以光葆為梓州觀察使，充武德節度留後㊷。

(廿七)乙亥（初七日），加楚王殷兼尚書令。

(廿八)庚辰（十二日），賜前保義留後㊸霍彥威姓名李紹真。

(廿九)秦忠敬王李茂貞卒，遺奏以其子繼曮權知鳳翔軍府事。

(卅)初，安義牙將楊立有寵於李繼韜㊹，繼韜誅㊺，常邑邑思亂。會發安義兵三千戍涿州，立謂其眾曰：「前此潞兵未嘗戍邊㊻，今朝廷驅我輩，投之絕塞㊼，蓋不欲置之潞州耳！與其暴骨沙場㊽，不若據城自守。事成富貴，不成為羣盜耳！」因聚譟攻子城東門，焚掠市肆。節度副使李繼珂、監軍張弘祚棄城走，立自稱留後，遣將士表求旌節。詔以天平節度使李嗣源為招討使、武寧節度使李紹榮為部署㊾、帳前都指揮使張廷蘊為馬步都指揮使以討之。

(卅一)孔謙貸民錢，使以賤估償絲㊿，屢檄州縣督之。翰林學士承旨權知汴州盧質上言：「梁趙巖為租庸使，舉貸誅斂，結怨於人。陛下革故鼎新(五一)，為人除害，而有司未改其所為，是趙巖復生也。今春霜害稼，繭絲甚薄，但輸正稅，猶懼流移(五二)，況益以稱貸(五三)，人何以堪？臣惟事天子，不事租庸，敕旨未頒，省牒(五四)頻下，願早降明命。」帝不報。

(卅一)漢主引兵侵閩，屯於汀、漳境上(五五)，閩人擊之，漢主敗走。

(卅二)初，胡柳之役(五六)，伶人周匝為梁所得，帝每思之，入汴之日(五七)，匝見於馬前，帝甚喜。匝涕泣言曰：「臣之所以得生全者，皆梁教坊使陳俊、內園栽接使(五八)儲德源之力也，願就陛下乞二州以報之。」帝許之。郭崇韜諫曰：「陛下所與共取天下者，皆英豪忠勇之士。今大功始就，封賞未及一人，而先以伶人為刺史，恐失天下心。」以是不行。踰年，伶人屢以為言，帝謂崇韜曰：「吾已許周匝矣，使吾慙見此三人(五九)。公言雖正，當為我屈意行之。」五月壬寅（初五日），以俊為景州刺史，德源為憲州刺史(六〇)。時親軍有從帝百戰未得刺史者，莫不憤歎。

(卌四)乙巳（初八日），右諫議大夫薛昭文上疏，以為諸道僭竊者尚多〔六一〕，征伐之謀，未可遽息，又士卒久從征伐，賞給未豐，貧乏者多，宜以四方貢獻及南郊羨餘，更加頒賚，又河南諸軍皆梁之精銳，恐僭竊之國，潛以厚利誘之，宜加收撫，又戶口流亡者，宜寬徭薄賦以安集之，又土木不急之役，宜加裁省，又請擇隙地牧馬，勿使踐京畿民田，皆不從。

(卌五)戊申（十一日），蜀主遣李嚴還〔六二〕。【考異】實錄：「七月戊午，蜀遣歐陽彬朝貢，十月癸巳，遣客省使李嚴充蜀川回信使，八月戊辰，嚴自西川回。」蜀書：「四月己巳朔，唐使李嚴來聘，五月戊申，遣嚴歸唐國，十一月己未朔，遣彬為唐國通好使。」按錦里耆舊傳，是歲，遣歐陽彬通聘洛京，莊宗遣李嚴來修好，笏記云，豈謂大蜀皇帝特遣蘇張之士來追唐蜀之歡，吾皇迴感於蜀皇復禮遠酬於厚禮，然則嚴為回信使也。或者歐陽彬之前，蜀已有入洛之使乎？若如實錄年月，則李嚴以二年十月奉使，至三年八月方歸，何留之久乎？十國紀年蜀史又云：「九月巳亥，唐帝遣李彥稠來使，十一月辛丑，遣彥稠東還。」又八丹以後遣王宗鍔等戍利州以備東師，以用宋光葆之言，十一月以後，以唐國通好，召諸軍還，似因彥稠來而罷之，今並從蜀書年月。初，帝因嚴入蜀，令以馬市宮中珍玩，而蜀法禁錦綺珍奇不得入中國，其粗惡者乃聽入中國，謂之入草物〔六三〕，嚴還以聞，帝怒曰：「王衍寧免為入草之人乎？」嚴因言於帝曰：「衍童騃荒縱，不親政務，斥遠故老，昵比小人，其用事之臣，王宗弼、宋光嗣等，諂諛專恣，黷貨無厭，賢愚易位，刑賞紊亂，君臣上下，專以奢淫相尚，以臣觀之，大兵一臨，瓦解土崩，可翹足而待也。」帝深以為然。

(四六)帝以潞州叛故，庚戌（十三日），詔天下州鎮無得修城濬隍，悉毀防城之具[六四]。

(四七)壬子（十五日），新宣武節度使兼中書令、蕃漢馬步總管李存審卒於幽州[六五]。存審出於寒微，常戒諸子曰：「爾父少提一劍去鄉里[六六]，四十年間，位極將相[六七]，其間出萬死，獲一生者非一，破骨出鏃者凡百餘。」因授以所出鏃，命藏之，曰：「爾曹生於膏粱，當知爾父起家如此也。」

(四八)幽州言契丹將入寇，甲寅（十七日），以橫海節度使李紹斌充東北面行營招討使，將大軍度河而北。契丹屯幽州東南城門之外，虜騎充斥，饋運多為所掠。

(四九)壬戌（二十五日），以李繼曮為鳳翔節度使[六八]。

(五〇)乙丑（二十八日），以權知歸義留後曹義金為節度使[六九]。時瓜、沙與吐蕃雜居[七〇]，義金遣使間道入貢，故命之。

㈣李嗣源大軍前鋒至潞州，日已瞑，泊軍方定，張廷蘊帥麾下壯士百餘輩踰塹坎城而上，守者不能禦，即斬關延諸軍入，比明，嗣源及李紹榮至，城已下矣，嗣源等不悅㈦。丙寅（二十九日），嗣源奏潞州平。六月丙子（初九日），磔楊立及其黨於鎮國橋。潞州城池高深，帝命夷之。

㈣丙戌（十九日），以武寧節度使李紹榮為歸德節度使㈦同平章事，留宿衛，寵遇甚厚。帝或時與太后、皇后同至其家。帝有幸姬，色美，嘗生子矣，劉后妬之，會紹榮喪妻，一日，侍禁中，帝問紹榮：「汝復娶乎？為汝求昏。」后因指幸姬曰：「大家憐紹榮，何不以此賜之。」帝難言不可，微許之，后趣紹榮拜謝，比起，顧幸姬已肩輿出宮矣，帝為之托疾不食者累日。

㈣壬辰（二十四日），以天平節度使李嗣源為宣武節度使代李存審為蕃漢內外馬步總管㈦。

㈣秋，七月壬寅（初五日），蜀以禮部尚書許寂為中書侍郎、同平章事。

㊺孔謙復短王正言於郭崇韜，又厚賂伶官，求租庸使，終不獲，意怏怏。癸卯（初六日），表求解職。帝怒，以為避事，將寘於法，景進救之得免。

㊻梁所決河連年為曹、濮患[七四]。甲辰（初七日），命右監門上將軍婁繼英督汴、滑兵塞之，未幾復壞。

㊼庚申（二十三日），置威塞軍於新州。

㊽契丹恃其彊盛，遣使就帝求幽州以處盧文進。時東北諸夷，皆役屬契丹，惟渤海未服[七五]，契丹主謀入寇，恐渤海掎其後[七六]，乃先舉兵擊勃海之遼東，遣其將禿餒及盧文進據營、平等州以擾燕地。

㊾八月戊辰（初二日），蜀主以右定遠軍使王宗鍔為招討馬步使，帥二十一軍屯洋州[七七]，乙亥（初九日），以長直馬軍使林思鍔為昭武節度使，戍利州以備唐[七八]。

㊿租庸使王正言病風，恍惚[七九]不能治事，景進屢以為言，癸酉（初七日），以副使衛尉卿孔謙為租庸使，右威衛大將軍孔循為副使。循即趙殷衡也，梁亡，復其姓名[八〇]。謙自是得行其志，重斂

急徵，以充帝欲，民不聊生。癸未（十七日），賜謙號豐財贍國功臣。

㈢帝復遣使者李彥稠入蜀。九月己亥（初三日），至成都。

㈢癸卯（初七日），帝獵於近郊。時帝屢出遊獵，從騎傷民禾稼，洛陽令何澤伏於叢薄㈡，俟帝至，遮馬諫曰：「陛下賦斂既急，今稼穡將成，復蹂踐之，使吏何以為理？民何以為生？臣願先賜死。」帝慰而遣之。澤，廣州人也㈢。

㈢契丹攻勃海，無功而還。

㈣蜀前山南節度使兼中書令王宗儔以蜀主失德，與王宗弼謀廢立，宗弼猶豫未決，庚戌（十四日），宗儔憂憤而卒。宗弼謂樞密使宋光嗣、景潤澄等曰：「宗儔教我殺爾曹，今日無患矣！」光嗣輩俯伏泣謝。宗弼子承班聞之，謂人曰：「吾家難乎免矣！」

㈤乙卯（十九日），蜀主以前鎮江軍節度使㈢張武為峽路應援招討使。

(五六)丁巳（二十一日），幽州言契丹入寇。

(五七)冬，十月辛未（初六日），天平節度使李存霸、平盧節度使符習言屬州多稱直奉租庸使帖指揮公事，使司殊不知[八四]，有紊規程，租庸使奏近例皆直下[八五]，敕：「朝廷故事，制敕不下支郡[八六]，牧守不專奏陳。今兩道所奏[八七]乃本朝舊規，租庸所陳，是偽廷[八八]近事，自今支郡自非進奉，皆須本道騰奏，租庸徵催，亦須牒觀察使。[八九]」雖有此敕，竟不行[九〇]。

(五八)易、定言契丹入寇。

(五九)蜀宣徽北院使王承休請擇諸軍驍勇者萬二千人置駕下左右龍武步騎四十軍，兵械給賜，皆優異於它軍，以承休為龍武軍馬步都指揮使，以裨將安重霸副之，舊將無不憤恥。重霸，雲州人，以狡佞賄賂事承休，故承休悅之。

(六十)吳越王鏐復修本朝職貢[九一]，壬午（二十二日），帝因梁官爵而命之[九二]。鏐厚貢獻，幷賂權要，求金印玉冊，賜詔不名，稱國王。有司言故事惟天子用玉冊，王公皆用竹冊[九三]，又非四夷無封國王者，帝皆曲從鏐意。

㈥吳王如白沙觀樓船，更命白沙曰迎鑾鎮㊈㊃，徐溫自金陵來朝㊈㊄。先是溫以親吏翟虔為閤門、宮城、武備等使，使察王起居㊈㊅，虔防制王甚急，至是王對溫名雨為水，溫請其故，王曰：「翟虔父名，吾諱之熟矣。」因謂溫自：「公之忠誠，我所知也，然翟虔無禮，宮中及宗室所須㊈㊆，多不獲。」溫頓首謝罪，請斬之。王曰：「斬則太過，遠徙可也。」乃徙撫州。

㈦十一月，蜀主遣其翰林學士歐陽彬來聘。【考異】實錄：「七月戊午，蜀主遣戶部侍郎歐陽彬來使，致書用敵國之禮。」蜀書後主紀：「十一月乙未，命翰林學士兵部侍郎歐陽彬為唐國通好使。」今從之。彬，衡山人也。又遣李彥稠東還㊈㊇。

㈧癸卯（初九日），帝帥親軍獵於伊闕，命從官拜梁太祖墓㊈㊈，涉歷山險，連日不止，或夜合圍，士卒墜崖谷死及折傷者甚眾。丙午（十二日），還宮㊀〇〇。

㈨蜀以唐修好，罷威武城戍，召開宏業等二十四軍還成都。戊申（十四日），又罷武定、武興招討劉潛等三十七軍。

㊅丁巳（二十三日），賜護國節度使李繼麟鐵券㊀以其子令德、令錫皆為節度使，諸子勝衣者即拜官，寵冠列藩。

㊅庚申（二十六日），蔚州言契丹入寇。

㊅辛酉（二十七日），蜀主罷天雄軍招討，命王承騫等二十九軍還成都。

㊅十二月，乙丑朔，蜀主以右僕射張格兼中書侍郎、同平章事。初，格之得罪㊁，中書吏王魯柔乘危窘之，及再為相用事，杖殺之。許寂謂人曰：「張公才高而識淺，戮一魯柔，它人誰敢自保？此取禍之端也！」

㊅蜀主罷金州屯戍，命王承勳等七軍還成都。

㊆己巳（初五日），命宣武節度使李嗣源將宿衛兵三萬七千人赴汴州，遂如幽州禦契丹㊂。

㊆庚午（初六日），帝及皇后如張全義第。全義大陳貢獻，酒酣，皇后奏稱妾幼失父母，見老者輒思之，請父事全義，帝許之㊃。全義惶恐，固辭再三，彊之，竟受皇后拜，復貢獻謝恩。明日，後

命翰林學士趙鳳草書謝全義。鳳密奏，自古無天下之母拜人臣為父者，帝嘉其直，然卒行之，自是后與全義日遣使往來，問遺不絕。

(廿二)初，唐僖、昭之世，宦官雖盛，未嘗有建節者。蜀安重霸勸王承休求秦州節度使，承休言於蜀主曰：「秦州多美婦人，請為陛下采擇以獻。」蜀主許之。庚午（初六日），以承休為天雄節度使㉕，封魯國公，以龍武軍為承休牙兵㉖。

(廿三)乙亥（十一日），蜀主以前武德節度使兼中書令徐延瓊為京城內外馬步都指揮使㉗。延瓊以外戚代王宗弼居舊將之右，眾皆不平㉘。

(廿四)壬午（十八日），北京言契丹寇嵐州㉙。

(廿五)辛卯（二十七日），蜀主改明年元曰咸康。

(廿六)盧龍節度使李存賢卒。

(廿七)是歲，蜀主徙晉王宗仁為衛王，雅王宗輅為豳王，褒王宗紀為趙王，榮王宗智為韓王，興王宗澤為宋王，彭王宗鼎為魯王，忠王宗平為薛王，資王宗特為莒王，宗輅、宗智、宗平皆罷軍役㉚。

【今註】㈠幽州奏契丹入寇至瓦橋：李存審之奏也。存審時鎮幽州。《遼史·太祖紀》，是月，遣兵略地燕南。趙志忠《陰山雜錄》曰：「梁滅，阿保機帥兵直抵涿州，時幽州安次、潞、三河、漁陽、懷柔、密雲等縣皆為所陷，俘其民而歸，置州縣以居之，不改中國州縣之名。」㈡首座相公萬機事繁，居第且遠，租庸簿書多留滯，宜更圖之：豆盧革時為首相，故稱之為首座相公。孔謙請郭崇韜改用他人為租庸使，其意蓋欲自取之。㈢豆盧革嘗以手書便省庫錢數十萬：便，借也，時租庸錢皆入省庫，豆盧革判租庸使，故得以手書借之。胡三省曰：「今俗謂借錢為便錢，言借貸以便用也。」㈣孔謙雖久典金穀：自帝下魏博，孔謙即為度支使，見上卷上年。㈤恐不叶物望：叶，古協字，物望猶曰人望。㈥帝即命召之，謙彌失望：召張憲於魏州，復任為租庸使，憲自租庸使出鎮魏州見上卷上年，謙自去年四月帝初即位，即望為租庸使，亦見上卷上年，今以憲為之，故彌失望。㈦岐王聞帝入洛，內不自安：懼帝將自洛陽移兵西伐也。㈧遣其子行軍司馬彰義節度使兼侍中繼曮入貢：岐置彰義軍於涇州。繼曮蓋以鳳翔司馬領彰義軍節度使。㈨帝以其前朝耆舊，與太祖比肩：前朝，謂唐僖、昭之世也。岐王李茂貞與晉王克用並列藩鎮，比肩事唐。帝即位，追尊晉王克用曰武皇帝，廟號太祖。㈩應前朝內官及諸道監軍並私家先所畜者：私家先所畜者，謂唐末誅宦官，其有逃逸散投外鎮，為諸鎮鎮帥所私畜養者也。⑪內諸司使自天祐以來，以士人代之：胡三省曰：「唐昭宗天復三年，誅宦官，以士人為內諸司使，時所存者九使而已。至梁，有客省使、改小馬坊使為天驥使、飛龍使、莊宅使、儀鸞使、文思使、五坊使、如京使、尚食使、改御食使為司膳使、洛苑使、數坊使、東上閤門使、西上閤門使、內園栽接使、弓箭庫使、宮苑使、翰林使、太和庫使、豐德庫使、乾文院使，後唐雖不用梁制而復唐之舊，內諸司使，其官亦多。」⑫孔謙惡張憲之來：時欲自魏召張憲復為租庸使，憲公正廉明，故孔謙惡之。⑬李存審奏契丹去，復得新州：新州陷契丹，見卷二百六十九梁末帝貞明三年。⑭敕鹽鐵、度支、戶部三司並隸租庸使：至是租庸使之權大重，猶宋三司使之職也，宋號三司使曰計相。⑮陵廟在此：帝即位，追尊曾祖執宜為昭烈皇帝，廟號懿祖，陵曰永興，祖國昌為文皇帝，廟號獻祖，陵曰長寧，父克用曰武皇帝，陵曰建極，三陵俱在代州鴈門縣，親廟在晉陽。⑯河陽：《舊唐書・地理志》，河陽縣，唐屬孟州，故城在今河南省孟縣南。⑰吾位兼將相：崇韜官侍中、樞密使，兼成德軍節度使。侍中，門下省長官，樞密使專掌軍機，故曰位兼將相。⑱於是取繼韜私第金帛數十萬以益之：胡三省曰：「李繼韜父嗣昭從晉王克用起於晉陽，故私第在焉。繼韜以反誅，其家貲沒官。」⑲不滿望：不厭其所望也⑳請榷安邑、解縣鹽，每季輸省課：謂每三月一輸鹽課錢於省庫也。安邑、解縣俱屬河中府，有鹽池，產顆鹽。㉑兩池：安邑池及解池。㉒郭崇韜知李紹宏怏怏：李紹宏本應為樞密使而郭崇韜以為宣徽使，故怏怏不悅，事見上卷同光元年。㉓徒使州縣增移報之煩：《五代史記・郭崇韜傳》，崇韜置內勾使，以紹宏領之，凡天下錢穀出入於租庸者，皆經內勾，既而文簿繁多，州縣為弊。㉔汾陽王：唐封郭子儀為汾陽王。㉕崇韜由是以膏粱自處：自北朝以迄於唐，凡三世有三公者為膏粱之家，崇韜自以為郭汾陽之從孫，故以膏粱自處。㉖而有正妃韓夫人在：《五代史記・唐家人傳》，莊宗正室曰衛國夫人韓氏，其次燕國夫人伊氏，其次魏國夫人劉氏。㉗太后素惡劉夫人：胡三省曰：「按歐陽史，劉氏為袁建豐所得，內之太后宮，教以吹笙歌舞，莊宗悅之，太后以賜莊宗，然而惡之者，以其所出微而妬悍也。」㉘皇后生於寒微：劉后，醫卜者之女。㉙薪蘇果茹：採木為薪，採草為蘇；果，木實也，茹，菜也。㉚索水：索水在今河南省成皋縣北。《水經注》，東關水出嵩渚之山，泉發於層阜之上，一源兩枝，分流瀉注，世謂之石泉水也，東為索水，西為東關之水。㉛蜀主宴近臣於怡神亭，酒酣，君臣及宮人皆脫冠露髻，喧譁自恣：《五代史記・前蜀世家》云：「蜀主衍好裹尖巾，其狀如錐，而後宮皆戴金蓮花冠，衣道士服，酒酣，免冠，其髻鬉然，更施朱粉，號醉粧。」㉜臣恐啟北敵之謀：胡三省曰：「北敵，謂唐也。」㉝鎮州言契丹將犯塞：胡三省曰：「此據諜報而上言也。」㉞李存審自以身為諸將之首，不得預克汴之功，慼憤，疾益甚：李存審時為蕃漢兵馬都總管，元帥之職也。存審自橫海徙鎮盧龍時已寢疾，見上卷上年。㉟右武衛上將軍李存賢：《五代史・李存賢傳》，存賢本姓王，名賢，許州人，少有材力，善角觝，晉王克用破黃巢，得賢於許州，賜姓名，以為養子，為義兒軍副兵馬使，累功授右武衛上將軍。㊱新城：《唐書・地理志》，唐文宗太和六年，以故督亢地置新城縣，屬涿州。《匈奴須知》，新城縣北至涿州六十里，即今河北省新城縣。㊲告赤：胡三省曰：「赤當作敕。」頒賜爵位之敕命也。㊳銓司：吏部也。㊴南郊行事官：凡南郊預執事者，皆謂之南郊行事官。㊵唐室諸陵，先為溫韜所發：溫韜發唐陵，見卷二百六十七梁太祖開平二年，帝不能正其罪見上卷上年㊶治戰艦以待之，治戰艦欲以防峽江。㊷蜀主乃以光葆為梓州觀察使，充武德節度留後：蜀置武德軍於梓州。㊸保義留後：唐置保義軍於陝州，梁改為鎮國軍，莊宗滅梁，復改為保義軍。㊹初，安義牙將楊立有寵於李繼韜：帝改昭義軍為安義軍，以李繼韜為留後，見卷二百七十一梁末帝龍德二年。㊺繼韜誅：事見上卷上年。㊻前此潞兵未嘗戍邊：潞州，晉之南鄙，與梁為鄰，晉、梁相爭，晉常留潞兵以備梁，故未嘗北戍也。㊼投之絕塞：絕塞，謂涿州也。涿州在幽州南，未為絕塞，楊立作此語但欲以激怒其眾耳！㊽暴骨沙場：沙場，戰場也，取平沙曠野之義。王翰〈涼州辭〉云：「醉臥沙場君莫笑，古來爭戰幾人回？」杜甫詩云：「花門小箭好，此物棄沙場。」㊾武寧節度使李紹榮為部署：唐置武寧軍節度於徐州。胡三省曰：「部署之名，始見於通鑑，本在招討使之下其後有都部署，遂為專任主帥之任。」㊿孔謙貸民錢，使以賤估償絲：評其值之貴賤曰估。言以錢貸民，賤估其絲而徵之以償所貸錢。(51)革故鼎新：《易・序卦》云：「革，去故也；鼎，取新也。」(52)但輸正稅，猶懼流移：民窮逋稅，則流徙而移居。(53)稱貸：稱，舉也；貸，借也。(54)省牒：謂租庸使司所下文牒。(55)漢主引兵侵閩，屯於汀、漳境上：閩之汀、漳二州，與南漢之潮州接境。《舊唐書・地理志》，唐睿宗垂拱二年，置漳州，玄宗天寶元年，改為漳浦郡，肅宗乾元元年，復為漳州，州治漳浦縣，垂拱二年與州同置，在今福建省漳浦縣西南。(56)胡柳之役：胡柳陂之戰，見卷二百七十梁末帝貞明四年。(57)入汴之日：帝入汴見上卷上年。(58)內園栽接使：《續通典》曰：「栽接使，唐德宗貞元中已有之。」胡三省曰：「梁內園栽接使，猶唐之內園使也。」(59)使吾慙見此三人：三人，謂周匝、陳俊、儲德源。(60)憲州刺史：《舊唐書・地理志》，憲州，舊樓煩監牧也，嵐州刺史兼領之，先隸隴右節度使，太宗貞觀十五年，楊鉢為監牧使，遂專領監司，不係州司，昭宗龍紀元年，置為憲州，仍於監西一里置樓煩縣為州治，在今山西省靜樂縣南七十里。(六一)諫議大夫薛昭文上疏，以諸道僭竊者尚多：胡三省曰：「當是時，諸道奉貢者有所不論，如蜀，如吳，如漢，皆唐之諸道也。」(六二)蜀主遣李嚴還：李嚴使蜀見是年四月，至是而還。(六三)而蜀法禁錦綺珍奇不得入中國，其粗惡者乃聽入中國，謂之入草物：胡三省曰：「自盛唐以來，蜀貢賦歲至京師，此法乃王衍之法也。」(六四)詔天下州鎮無得修城濬隍，悉毀防城之具：蓋慮天下州鎮復有憑城池以拒命者。(六五)新宣武節度使兼中書令、蕃漢馬步總管李存審卒於幽州：李存審新授宣武節度使而仍鎮幽州也。帝以李存賢為盧龍節度使，故以宣武授存審。(六六)爾父少提一劍去鄉里：存審，陳州宛邱人，唐僖宗中和末，從李罕之歸武皇。(六七)位極將相：言為唐之元戎，兼中書令同平章事也。(六八)以李繼曮為鳳翔節度使：嗣李茂貞帥岐。(六九)以權知歸義留後曹義金為節度使：唐宣宗大中中置歸義軍於沙州以授張義潮，懿宗咸通八年，張義潮入朝，以族子惟深守歸義，十三年，惟深卒，以義金權知留後。自咸通十三年至是凡五十四年始授節度使。(七〇)時瓜、沙與吐蕃雜居：《舊唐書・地理志》，唐高祖武德二年，於隋燉煌郡置瓜州，五年，改為西沙州，太宗貞觀七年，改為沙州，玄宗天寶元年，改為燉煌郡，肅宗乾元元年，復為沙州，州治燉煌縣，本月氏戎之地，漢置燉煌郡及燉煌縣，北周改燉煌縣為鳴沙縣，隋復為燉煌，即今甘肅省燉煌縣。《唐書・地理志》，唐高祖武德五年，析沙州之常樂縣另置瓜州，尋易常樂縣曰晉昌縣，故治在今甘肅省安西縣東。《冊府元龜》曰：「吐蕃在長安之西八千里，本漢西羌地也，後魏神瑞初，南凉禿髮樊尼率眾西奔，濟黃河，逾積石，於羌中建國，開地千里，以禿髮為國號，語訛謂之吐蕃。其後子孫繁昌，又侵伐不息，土宇漸廣。唐高宗時，吐蕃盡有党項及諸羌之地，東與涼、松、茂、嶲、等州相接，南至婆羅門西，又攻陷龜茲、疏勒四鎮，北抵突厥，地方萬餘里，自漢魏以來，西戎之盛，未之有也。」《五代史記・四夷附錄》曰：「吐蕃國地，君世、部族、名號、物俗見於唐著矣！至五代時，吐蕃已微弱，回鶻、党項諸羌夷，分侵其地而不有其人民，值中國衰亂，不能撫有，惟甘、涼、瓜、沙四州常自通於中國，甘州為回鶻牙，而涼、瓜、沙三州將吏猶稱唐官，數來請命。」《五代會要》曰：「吐蕃在長安西八千里，本漢西羌之地，其種落莫知所出，或云南涼禿髮利鹿孤之後，其子孫以禿髮為國號，語訛謂之吐蕃。國人號其王為普贊，置大論、小論以統理國事，無文紀，刻木為約，其國王與臣下一年一小盟，三年一大盟。其俗隨畜牧，不常其居，然亦有城郭，都城號邏歲城。屋皆平頭，貴人處於大毡帳，謂之排廬。不知節候，以麥熟為歲首。」㈦嗣源及李紹榮至，城已下矣，嗣源等不悅：以張廷蘊不待其至而先取城，故不悅。㈢以武寧節度使李紹榮為歸德節度使：《五代史記・職方考》，梁置宣武軍於宋州，唐改為歸德軍。蓋梁都大梁，移宣武軍於宋州，莊宗滅梁，復以汴州為宣武軍，而以宋州為歸德軍。㈢以天平節度使李嗣源為宣武節度使，代李存審為蕃漢內外馬步總管：李嗣源自副總管為都總管，蓋以李存審之職授嗣源。㈣梁所決河連年為曹、濮患：梁決河以阻晉兵，見卷二百七十梁末帝貞明四年。㈤時東北諸夷，皆服屬契丹，惟渤海未服：《五代會要》曰：「渤海本號靺鞨，高麗之別種。唐總章中，高宗平高麗，徙其人散居中國，置州縣，就平壤城置安東都護府以統之。至萬歲通天中，契丹李榮反，攻陷營府，有高麗別種大舍利乞乞仲象與靺鞨反人乞四比羽走保遼東，分王高麗故地，則天封乞四比羽許國公，大舍利乞乞仲象震國公。乞四比羽不受命，則天命將軍李楷固臨陳斬之。時乞乞仲象已死，其子大祚榮繼立，併有比羽之眾，勝兵丁戶四十餘萬，保據挹婁故地，至聖曆中，稱臣朝貢，中宗命侍御史張行岌就往宣慰，號其都為忽汗州，以祚榮為忽汗州都督，封渤海郡王，其後世遂自稱渤海。其俗呼其王為可毒失，對面呼聖王，牋表呼基下，父曰老王，母曰太妃，妻曰賢妃，長子曰副王，諸子曰王子，代以為大酋長，終唐室朝貢不絕。」洪皓《松漠紀聞》曰：「渤海國去燕京、女真所部皆千五百里，以石累城足，東並海，其王舊以大為姓，右姓曰高、張、楊、竇、烏、李，不過數種，部曲、奴婢無姓者皆從其主。婦人皆悍妬，大氏與他姓相結為十姊妹，迭幾察其夫，不容側室及他遊，聞則必謀置毒死其所愛，一夫有所犯而妻不之覺者，九人則羣聚而詬之，爭以忌嫉相誇，故契丹、女真諸國皆有女倡而其良人皆有小婦侍婢，唯渤海無之。男子多智謀驍勇，出他國右，至有三人渤海當一虎之語，契丹阿保機滅其王大諲撰，徙其名帳千餘戶於燕，給以田疇，捐其賦入，往來貿易，關市皆不征，有戰則用為前驅。」⑯契丹主謀入寇，恐渤海掎其後：時渤海盡有高麗、肅慎之地，為東海大國。⑰洋州：《舊唐書・地理志》，唐高祖武德元年，置洋州於隋漢川郡之西鄉縣，玄宗天寶元年，改為洋川郡，肅宗乾元元年，復為洋州。西鄉縣，蜀漢立，本漢城固縣地也，後魏始置洋州於此，以洋水為名，即今陝西省洋縣。⑱以長直馬軍使林思鍔為昭武節度使，戍利州以備唐：唐置昭武軍於利州，蜀因之。⑲恍惚：本作怳忽，知覺迷亂貌。《文選》宋玉〈神女賦〉序：「精神怳忽，若有所喜。」

李善注：「悅忽，不自覺知之意。」（八〇）循即趙殷衡也，梁亡，復其姓名：《五代史記・孔循傳》曰：「孔循，不知其家世何人也，少孤，流落於汴州，汴州富人李讓闌得之，養以為子。梁太祖鎮宣武，以李讓為養子，循乃冒姓朱氏。稍長，給事太祖帳下，太祖諸兒乳母有愛之者，養循為子，乳母之夫姓趙，循又冒姓為趙氏，名殷衡。昭宗東遷洛陽，太祖盡去天子左右，悉以梁人代之，以循為宣徽副使，與蔣玄輝、張廷範等共與弒昭宗之謀。梁亡，事唐，始改姓孔名循。」按《通鑑》，唐天祐二年，趙殷衡已權判宣徽院事，見卷二百六十五。（八一）叢薄：聚木曰叢，深草曰薄。（八二）澤，廣州人也：《五代史記・何澤傳》，澤父鼎，唐末為容管經略使。澤少好學，長於歌詩，舉進士為洛陽令。（八三）鎮江軍節度使：唐置鎮江軍節度使於夔州，五代屬蜀。（八四）天平節度使李存霸、平盧節度使符習言屬州多稱直奉租庸使帖指揮公事，使司殊不知：謂節度巡屬諸州奉租庸使司帖徵催賦稅而不關白節度使司也。（八五）直下：租庸使司帖下諸州調發而不關節度、觀察諸司，是謂直下。（八六）支郡：謂節鎮巡屬諸州也。（八七）今兩道所奏：兩道，謂天平及平盧二鎮。（八八）偽廷：後唐以梁朝為偽廷。（八九）租庸徵催，亦須牒觀察使：言租庸使司以帖下諸州調發，亦須以牒關該道觀察使司。胡三省曰：「唐屬節度使掌兵事，觀察使掌民事，故敕租庸徵催，止牒觀察使司。」（九〇）雖有此敕，竟不行：言租庸使司徵發，仍直下諸州而不遵敕另牒觀察使司。（九一）吳越王鏐復修本朝職貢：胡三省曰：「錢鏐本唐臣，唐亡，事梁，梁亡，復事唐，故云復修本朝職貢。」（九二）帝因梁官爵而命之：《吳越備史》，時制授鏐為天下兵馬都元帥，尚父、尚書令、吳越國王。（九三）王公皆用竹冊：胡三省曰：「竹冊，編竹為之，以存古意。」(九四)吳王如白沙觀樓船，更命自沙曰迎鑾鎮：《九國志》曰：「楊溥巡白沙，太學博士王轂上書請改白沙為迎鑾，其略曰：『日月所經，星辰盡為黃道，鑾輿所止，井邑皆為赤縣。』」胡三省曰：「白沙，揚子縣地。五季之末，改揚子為永貞縣，宋朝乾德二年，以揚州永貞縣迎鑾鎮為建安軍，大中祥符六年，升為真州。」宋真州，明為儀徵縣，即白沙也，今為江蘇省儀徵縣。(九五)徐溫自金陵來朝：自金陵朝吳王於白沙。胡三省曰：「白沙南臨大江，度江而南至金陵六十里。」(九六)先是溫以親吏翟虔為閤門、宮城、武備等使，使察王起居：胡三省曰：「使鍾泰章殺張顥，閉牙城門，討朱瑾，皆翟虔也，故徐溫親任之。」(九七)所須：意之所欲。(九八)又遣李彥稠東還：李彥稠至蜀見是年九月。(九九)命從官拜梁太祖墓：《五代史・唐莊宗紀》，帝命從官拜梁祖之陵，物議非之。胡三省曰：「梁祖，帝之仇讎，前欲發墓斲棺，今使從官拜之，何前後之相違也。」(一〇〇)丙午，還宮：《五代史・唐莊宗紀》，是日，復命衛兵分獵，殺獲萬計，是夜，乃歸京城。(一〇一)賜護國節度使李繼麟鐵券：護國節度即河中節度也。朱友謙賜姓名李繼麟。辛齊旲《玉堂新制》曰：「鐵券半缺，形如小木甑，上有四竅，可以穿絛，凸面鐫字，陷金以煥之。」淩揚《溪蠡酌編》曰：「鐵券之制如瓦，外刻履歷恩數之詳以記其功，中鐫免罪減祿之數以防其過，字嵌以金，各分左右，左頒功臣，右藏內府，有故則合之以取信。」程大昌《演繁露》曰：「漢高帝與功臣剖符作誓，丹書鐵券，金匱石室，藏之宗廟，其殆鐵券所始耶？至功臣表所載山河帶礪等語，乃鐵券丹書文也。」(一〇二)初，格之得罪：張格得罪，事見卷二百七十梁末帝貞明四年。(一〇三)命宣武節度使李嗣源將宿衛兵三萬七千人赴汴州，遂如幽州禦契丹：命李嗣源將兵赴本鎮，因此出備邊。㉔皇后奏稱妾幼失父母，見老者輒思之，請父事全義，帝許之：上卷上年，帝命皇子繼岌、皇弟存紀同以兄事張全義，已失家人長幼之序，今后復父事之，則倫常亂矣。胡三省曰：「劉后父事張全義，蓋利其財，此如倡婢屈膝於人，志在求貨耳！」㉕以承休為天雄軍節度使：岐置雄武軍於秦州，蜀改為天雄軍。㉖以龍武軍為承休牙兵：蜀置龍武軍見是年十月。㉗蜀主以前武德節度使兼中書令徐延瓊為京城內外馬步都指揮使：武德軍蓋蜀所置。蜀以成都為京城。㉘延瓊以外戚代王宗弼，居舊將之右，眾皆不平：胡三省曰：「蜀主之母之妃，皆徐氏也，蜀主建遺命不以徐氏典兵，雖王衍昏縱，而蜀之臣亦無以建之遺命為衍言者，王宗弼亦何足任？眾之所以不平徐延瓊者，但以非次耳！」㉙北京言契丹寇嵐州：北京，謂太原也。同光之初以鎮州為北都，太原為西京，尋廢北都復為鎮州，以太原為北京，長安為西京。㉚宗輅、宗智、宗平皆罷軍役：蜀以諸王領軍使，見卷二百七十梁末帝貞明四年。

三年（西元九二五年）

㈠春，正月，甲午朔，蜀大赦。

㈡丙申（初三日），敕有司改葬昭宗及少帝，竟以用度不足而止㈠。

㈢契丹寇幽州。

㈣庚子（初七日），帝發洛陽，庚戌（十七日），至興唐㈡。

㈤詔平盧節度使符習治酸棗遙隄以禦決河㈢。

㈥初，李嗣源北征㈣，過興唐，東京庫有供御細鎧，嗣源牒副留守張憲取五百領，憲以軍興不暇奏而給之，帝怒曰：「憲不奉詔，擅以吾鎧給嗣源，何意也？」罰憲俸一月，令自往軍中取之㈤。

帝以義武節度使王都將入朝，欲闢毬場，憲曰：「比以行宮闕廷為毬場，前年陛下即位於此㈥，其壇不可毀，請闢毬場於宮西。」數日未成，帝命毀即位壇。憲謂郭崇韜曰：「此壇主上所以禮上帝，始受命之地也，若之何毀之？」崇韜從容言於帝，帝立命兩虞候㈦毀之。憲私於崇韜曰：「忘天背本，不祥莫大焉！」

㈦二月甲戌（十一日），以橫海節度使李紹斌為盧龍節度使㈧。

㈧丙子（十三日），李嗣源奏敗契丹於涿州。

㈨上以契丹為憂，與郭崇韜謀，以威名宿將，零落殆盡，李紹斌位望素輕，欲徙李嗣源鎮真定，為紹斌聲援，崇韜深以為便。時崇韜領真定，上欲徙崇韜鎮汴州㈨，崇韜辭曰：「臣內典樞機，外預大政，富貴極矣，何必更領藩方。且羣臣或從陛下歲久，身經百戰，所得不過一州，臣無汗馬之勞，徒以侍從左右，時贊聖謨，致位至此，常不自安。今因委任勳賢，使臣得解旄節，乃大願也。且汴州，關東衝要㈩，地富人繁，臣既不至治所，徒令它人攝職，何異空城？非所以固國基也！」上曰：「深知卿忠藎(十一)，然卿為朕畫策，襲取汶陽，保固河津，既而自此路直趨大梁，成朕帝業(十二)，豈百戰之功可比乎？今朕貴為天子，豈可使卿曾無尺寸之地乎？」崇韜固辭不已，上乃許之。庚辰（十七日），徙李嗣源為成德節度使。

㈩漢主聞帝滅梁而懼，遣宮苑使何詞入貢，且覘中國彊弱。甲申（二十一日），詞至魏(十三)，及還，言帝驕淫無政，不足畏也。漢主大悅，自是不復通中國。

(十一)帝性剛好勝，不欲權在臣下，入洛之後，信伶、宦之讒，頗疏忌宿將。李嗣源家在太原，三月丁酉（初五日），表衛州刺史李從珂為北京內牙馬步都指揮使以便其家，帝怒曰：「嗣源握兵權，居大鎮，軍政在吾，安得為其子奏請？」乃黜從珂為突騎指揮使，帥數百人戍石門鎮㈣。嗣源憂恐，上章申理㈤，久之方解。辛丑（初九日），嗣源乞至東京朝覲，不許。郭崇韜以嗣源功高位重，亦忌之，私謂人曰：「總管令公㈥非久為人下者，皇家子弟皆不及也。」密勸帝召之宿衛，罷其兵權，又勸帝除之，帝皆不從。

㈦己酉（十七日），帝發興唐，自德勝濟河，歷楊村、戚城，觀昔時戰處，指示羣臣以為樂。

㈧洛陽宮殿宏邃，宦者欲上增廣，嬪御詐言宮中夜見鬼物，上欲使符呪者攘之，宦者曰：「臣昔逮事咸通、乾符天子㈦，當是時，六宮貴賤，不減萬人，今掖庭太半空虛，故鬼物遊之耳！」上乃命宦者王允平、伶人景進采擇民間女子，遠至太原、幽、鎮，以充後庭，不啻三千人，不問所從來。上還自興唐㈧，載以牛車，纍纍盈路，張憲奏諸營婦女亡逸者千餘人㈨，扈從諸軍挾匿以行，其實皆入宮矣。

庚辰（三月癸巳朔，無庚辰），帝至洛陽，辛酉（二十九日），詔復以洛陽為東都，興唐府為鄴都㊀。

㈣夏，四月，癸亥朔，日有食之。

㈤初，五臺僧誠惠以妖妄惑人，自言能降伏天龍，命風召雨，帝尊信之，親帥后妃及皇弟、皇子拜之，誠惠安坐不起，羣臣莫敢不拜。時大旱，帝自鄴都迎誠惠至洛陽，使祈雨，士民朝夕瞻仰，數旬不雨。或謂誠惠官以師祈雨無驗，將焚之㊁，誠惠逃去，慙懼而卒。

㈥庚寅（二十八日），中書侍郎、同平章事趙光胤卒。

㈦太后自與太妃別㊂，常忽忽不樂，雖娛玩盈前，未嘗解顏。太妃既別太后，亦邑邑成疾㊃。太后遣中使、醫藥相繼於道，聞疾稍加，輒不食，又謂帝曰：「吾與太妃恩如兄弟，欲自往省之。」帝以天暑道遠，苦諫，久之乃止，但遣皇弟存渥等往迎侍。五月丁酉（初六日），北都奏太妃薨，太后悲哀，不食者累日，帝寬譬不離左右。太后自是得疾，又欲自往會太妃葬，帝力諫而止。

(十八)閩王審知寢疾，命其子節度副使延翰權知軍府事。

(十九)自春、夏大旱，六月壬申（初五日），始雨。

(廿)帝苦溽暑(二四)，於禁中擇高涼之所，皆不稱旨。宦者因言：「臣見長安全盛時，大明、興慶宮樓觀以百數(二五)，今日宅家，曾無避暑之所，宮殿之盛，曾不及當時公卿第舍耳！」帝乃命宮苑使王允平別建一樓以清暑。宦者曰：「郭崇韜常不伸眉(二六)，為孔謙論用度不足，恐陛下雖欲營繕，終不可得。」上曰：「吾自用內府錢，無關經費(二七)。」然猶慮崇韜諫，遣中使語之曰：「今歲盛暑異常，朕昔在河上，與梁人相拒，行營卑濕，被甲乘馬，親當矢石，猶無此暑。今居深宮之中，而暑不可度，奈何？」對曰：「陛下昔在河上，勍敵未滅，深念讎恥，雖有盛暑，不介聖懷。今外患已除，海內賓服，故雖珍臺閑館，猶覺鬱蒸也。陛下儻不忘艱難之時，則暑氣自消矣。」帝默然。宦者曰：「崇韜之第，無異皇居，宜其不知至尊之熱也。」帝卒命允平營樓，日役萬人，所費巨萬。崇韜諫曰：「今兩河水旱，軍食不充，願且息役以俟豐年。」帝不聽。

㈡帝將伐蜀，辛卯（二十四日），詔天下括市戰馬。

㈢吳鎮海節度判官楚州團練使陳彥謙有疾，徐知誥恐其遺言及繼嗣事，遺之醫藥、金帛，相屬於道，彥謙臨終，密留書遺徐溫，請以所生子為嗣。

㈣太后疾甚，秋，七月甲午（初三日），成德節度使李嗣源以邊事稍弭，表求入朝省太后，帝不許。壬寅（十一日），太后殂，帝哀毀過甚，五日方食。

㈤八月癸未（二十三日），杖殺河南令羅貫。初，貫為禮部員外郎，性彊直，為郭崇韜所知，用為河南令。為政不避權豪，伶、宦請託，書積几案，一不報，皆以示崇韜，崇韜奏之，由是伶、宦切齒。河南尹張全義亦以貫高伉，惡之，遣婢訴於皇后㉘，后與伶、宦共毀之，帝含怒未發，會帝自往壽安視坤陵役者㉙，道路泥濘，橋多壞，帝問主者為誰，宦官對屬河南，帝怒，下貫獄，獄吏榜掠，體無完膚，明日，傳詔殺之。崇韜諫曰：「貫坐橋道不修，法不至死。」帝怒曰：「太后靈駕將發，天子朝夕往來，橋道不修，卿言無罪，是黨也。」崇韜曰：「陛下以萬乘之尊，怒一縣令，使天下謂陛下用法不平，臣之罪也。」帝曰：「既公所愛，任公裁之。」拂衣起入宮，崇韜隨之，論奏不已，帝自闔殿門，崇韜不得入，貫竟死，暴尸府門，遠近冤之。

(七五)丁亥（二十七日），遣吏部侍郎李德休等賜吳越國王玉冊、金印、紅袍、御衣。

(七六)九月，蜀主與太后、太妃遊青城山，歷丈人觀、上清宮(三〇)，遂至彭州陽平化(三一)漢州三學山(三二)而還。

(七七)乙未（初五日），立皇子繼岌為魏王。

(七八)丁酉（初七日），帝與宰相議伐蜀。威勝節度使李紹欽(三三)素諂事宣徽使李紹宏，紹宏薦紹欽有蓋世奇才，雖孫吳不如，可以大任。郭崇韜曰：「段凝亡國之將，姦諂絕倫，不可信也。」眾舉李嗣源，崇韜曰：「契丹方熾，總管不可離河朔，魏王地當儲副，未立殊功，請依故事以為伐蜀都統(三四)，成其威名。」帝曰：「兒幼豈能獨往？當求其副。」既而曰：「無以易卿。」

庚子（初十日），以魏王繼岌充西川四面行營都統，崇韜充東北面行營都招討、制置等使，軍事悉以委之，又以荊南節度使高季興充東南面行營都招討使，鳳翔節度使李繼曮充都供軍轉運、應接等使，同州節度使李令德(三五)充行營副招討使，陝州節度使李紹琛(三六)充蕃漢馬步軍都排陳斬斫使，兼馬步軍都指揮使，西京留守張筠充西川管內安撫應接使，華州節度使毛璋充左廂馬步都虞候，邠州節度使董璋充右廂馬步都虞候，客省使李嚴充西川管內招撫使，將兵六萬伐蜀，仍詔季興自取夔、忠、萬三州為巡屬(三七)，都統置中軍，以供奉官李從襲充中軍馬步都指揮，監押高品、李廷安、呂知柔充魏王府通謁。辛丑（十一日），以工部尚書任圜、翰林學士李愚並參預都統軍機。

(廿九)自六月甲午雨，罕見日、星，江河百川皆溢，凡七十五日乃霽。

(卅)郭崇韜以北都留守孟知祥有薦引舊恩(三八)，將行，言於上曰：

「孟知祥信厚有謀，若得西川而求帥，無踰此人者。」又薦鄴都副留守張憲謹重有識，可為相。戊申（十八日），大軍西行。

(卅一)蜀安重霸勸王承休請蜀主東遊秦州(三九)，承休到官，即毀府署，作行宮，大興力役，強取民間女子，教歌舞，圖形遺韓昭，使言於蜀主(四〇)，又獻花木圖，盛稱秦州山川土風之美。蜀主將如秦州，羣臣諫者甚眾，皆不聽。王宗弼上表諫，蜀主投其表於地，太后涕泣不食止之，亦不能得。

前秦州節度判官蒲禹卿上表幾二千言，其略曰：「先帝艱難創業，欲傳之萬世，陛下少長富貴，荒色惑酒(四一)，秦州人雜羌胡，地多瘴癘，萬眾困於奔馳，郡縣罷於供億。鳳翔久為仇讎，必生釁隙，唐國方通歡好，恐懷疑貳(四二)。先皇未嘗無故盤遊，陛下率意頻離宮闕。秦皇東狩，鑾駕不還(四三)；煬帝南巡，龍舟不返(四四)。蜀都彊盛，雄視鄰邦；邊庭無烽火之虞，境內有腹心之疾；百姓失業，盜賊公行。昔李勢屈於桓溫(四五)，劉禪降於鄧艾(四六)，山河險固，不足憑恃(四七)。」韓昭謂禹卿曰：「吾牧汝表，俟主上西歸(四八)，當使獄吏字字問汝。」王承休妻嚴氏美，蜀主私焉，故銳意欲行。

(卅二)冬，十月，排陳斬斫使李紹琛與李嚴將驍騎三千、步兵萬人為前鋒，招討判官陳乂至寶雞，稱疾乞留，李愚厲聲曰：「陳乂見利則進，懼難則止，今大軍涉險(四九)，人心易搖，宜斬以狥。」由是軍中無敢顧望者，乂，薊州人也。

(卅三)癸亥（初四日），蜀主引兵數萬發成都，甲子（初五日），至漢州。武興節度使王承捷告唐兵西上(五〇)，蜀主以為羣臣同謀沮己，猶不信，大言曰：「吾方欲耀武。」遂東行，在道與羣臣賦詩，殊不為意。

(卅四)丁丑（十八日），李紹琛攻蜀威武城，蜀指揮使唐景思將兵出降，城使周彥禋等知不能守，亦降。【考異】實錄：「十月戊寅，魏王繼岌至鳳州，王承捷以鳳、興、文、成四州降，前一日，康延孝、李嚴至故鎮威武城，唐景思等降。」按今故鎮在鳳州西四程，延孝未下鳳州，何能先至故鎮？又蜀之守禦必在鳳州之東，或者當時鳳州之東別有威武城，亦名故鎮，非今之故鎮歟！景思，秦州人也，得城中糧二十萬斛，紹琛縱其敗兵萬餘人逸去，因倍道趣鳳州(五一)。李嚴飛書以諭王承捷。

李繼曮竭鳳翔蓄積以饋軍，不能充，人情憂恐。郭崇韜入散關，指其山曰：「吾輩進無成功，不得復還此矣。當盡力一決㉜。今饋運將竭，宜先取鳳州，因其糧。」諸將皆言蜀地險固，未可長驅，宜按兵觀釁。崇韜以問李愚，愚曰：「蜀人苦其主荒淫，莫為之用，宜乘其人心崩離，風驅霆擊，彼皆破膽，雖有險阻，誰與守之？兵勢不可緩也。」是日，李紹琛告捷，崇韜喜，謂李愚曰：「公料敵如此，吾復何憂！」乃倍道而進。戊寅（十九日），王承捷以鳳、興、文、扶四州印節迎降㉝，得兵八千，糧四十萬斛。崇韜曰：「平蜀必矣㉞！」即以都統牒命承捷攝武興節度使。

己卯（二十日），蜀主至利州，威武敗卒奔還，始信唐兵之來。王宗弼、宋光嗣言於蜀主曰：「東川、山南，兵力尚完㉟，陛下但以大軍扼利州，唐人安敢懸兵深入？」從之。庚辰（二十一日），以隨駕清道指揮使王宗勳、兼侍中王宗儼、王宗昱為三招討，將兵三萬逆戰。從駕兵自綿、漢至深渡㊱，千里相屬，皆怨憤，曰：「龍武軍糧賜倍於它軍㊲，它軍安能禦敵？」

李紹琛等過長舉㊳，興州都指揮使程奉璉將所部兵五百來降，且請先治橋棧以俟唐軍，由是軍行無險阻之虞。辛巳（二十二日），興州刺史王承鑒棄城走，紹琛等克興州，【考異】實錄：「甲申，魏王至故鎮，康延孝收興州。」十國紀年：「辛巳，承鑒出奔，甲申，繼岌、郭崇韜至威武城。」今從之。郭崇韜以唐景思攝興州刺史。乙酉（二十六日），成州刺史王承朴棄城走㊄。李紹琛等與蜀三招討戰於三泉㊅，蜀兵大敗，斬首五千級，餘眾潰走，又得糧十五萬斛於三泉，由是軍食優足。

㊇戊子（二十九日），葬貞簡太后於坤陵㊅。

㊈蜀主聞王宗勳等敗，自利州倍道西走，斷桔柏津浮梁㊅，命中書令判六軍諸衛事王宗弼將大軍守利州，且令斬王宗勳等三招討㊅。

李紹琛晝夜兼行趣利州㊅。

蜀武德留後宋光葆㊅遺郭崇韜書請唐兵不入境，當舉巡屬內附，苟不如約則背城決戰，以報本朝㊅，崇韜復書撫納之。己丑（三十日），魏王繼岌至興州，光葆以梓、綿、劍、龍、普五州、武定節度使王承肇以洋、蓬、壁三州、山南節度使王宗威以梁、開、通、渠、麟五州、階州刺史王承岳以階州皆降㊅，承肇，宗侃之子也。自餘城鎮皆望風款附。

天雄節度使王承休與副使安重霸謀掩擊唐軍㈥八，重霸曰：「擊之不勝，則大事去矣！蜀中精兵十萬，天下險固，唐兵雖勇，安能直度劍門邪？然公受國恩，聞難不可不赴，願與公俱西。㈥九」承休素親信之，以為然，重霸請賂羌人，買文、扶州路以歸㈦十，承休從之，使重霸將龍武軍及所募兵萬二千人以從。將行，州人餞於城外，承休上道，重霸拜於馬前曰：「國家竭力以得秦隴㈦一；若從開府還朝㈦二，誰當守之？開府行矣，重霸請為公留守。」承休業已上道，無如之何，遂與招討副使王宗汭自扶、文而南，其地皆不毛，羌人抄之，且戰且行，士卒凍餒，比至茂州，餘眾二千而已。重霸遂以秦、隴來降。

㈦㈦高季興常欲取三峽，畏蜀峽路招討使張武威名，不敢進，至是乘唐兵勢，使其子行軍司馬從誨權軍府事，自將水軍上峽，取施州㈦三。張武以鐵鏁斷江路，季興遣勇士乘舟斫之，會風大起，舟絓於鏁，不能進退，矢石交下，壞其戰艦，季興輕舟遁去。既而聞北路陷敗，以夔、忠、萬三州遣使詣魏王降。

㈦郭崇韜遣王宗弼等書，為陳利害，李紹琛未至利州，宗弼棄城引兵西歸。王宗勳等三招討追及宗弼於白蘇㈣，宗弼懷中探詔書示之曰：「宋光嗣令我殺爾曹。」因相持而泣，遂合謀送款於唐。

【今註】㈠敕有司改葬昭宗及少帝，竟以用度不足而止：《五代史・唐莊宗紀》，詔以昭宗、少帝山陵未備，宜令有司別選園陵改葬，尋以年饑財匱而止。胡三省曰：「以其遭朱溫之弒，葬故多闕也。後唐自以為承唐後，終不能改葬昭宗、少帝，後漢自以為纂漢緒而長陵、原陵終乾祐之世不沾一奠，史書之以見譏。」㈡至興唐：時以魏州為興唐府。㈢詔平盧節度使符習治酸棗遙隄以禦決河：梁於滑州決河以注曹、濮見上卷同光元年。《舊唐書・地理志》，酸棗縣，唐屬滑州，即今河南省延津縣。遙隄者，遙於河決處築隄以阻水。㈣初，李嗣源北征：去年李嗣源將宿衛兵自汴州北出禦契丹。㈤令自往軍中取之：令張憲自往嗣源軍中取細鎧歸東京庫。㈥前年陛下即位於此：同光元年，帝即位於魏州牙城之南。㈦兩虞候：胡三省曰：「兩虞候，馬軍虞候及步軍虞候，一曰左右兩虞候。」㈧以橫海軍節度使李紹斌為盧龍節度使：代李存賢鎮幽州也。明宗時，李紹斌復姓趙，賜名德鈞。㈨時崇韜領真定，上欲徙崇韜鎮汴州：與李嗣源易鎮也。㈩且汴州，關東衝要：汴州南通淮泗，北接滑、魏，為成皋外蔽，四戰衝要之地也。㈡忠藎：《詩・大雅》文王曰：「王之藎臣。」

《朱子傳》云：「蓋，進也，言其忠愛之篤，進進無已也。」㊁然卿為朕畫策，襲取汶陽，保固河津，既而自此路直趨大梁，成朕帝業：汶陽，謂鄆州也，在汶之陽，崇韜為帝籌策取鄆州，築壘博州東岸以固河津，自鄆州取大梁，事並見上卷上年。㊂詞至魏：時帝在魏州興唐府。㊃石門鎮：胡三省曰：「石門鎮，即唐之橫水柵。」㊄申理：申，明也，理訟以自明。㊅總管令公：李嗣源為蕃漢內外馬步軍都總管兼中書令，故以稱之。㊆臣昔逮事咸通、乾符天子：逮，及也。咸通，唐懿宗年號，乾符，僖宗年號。㊇上還自興唐：自興唐府還洛陽。㊈張憲奏諸營婦女亡逸者千餘人：胡三省曰：「諸營，謂魏州諸營也。」㊉詔復以洛陽為東都，興唐府為鄴都：胡三省曰：「唐之盛時，以洛陽為東都，同光之初，以晉陽為西京，魏州為東京，尋以洛陽為洛都，今復唐舊，以洛陽為東都，則亦復以長安為西京矣。晉陽之西京，先已改為北都，洛陽既復東京之舊，又改魏州之東京為鄴都，然相州乃古鄴地，魏州治元城，非鄴地也。鄴，戰國時為魏邑，漢為鄴縣，魏郡治焉。漢末曹操為魏王，居鄴，前燕慕容暐都鄴，置貴鄉縣，屬昌樂郡，水經注所謂沙丘堰有貴鄉者也。隋開皇三年，罷昌樂郡，貴鄉縣屬魏州，遂為州治所，此時與興唐縣並置，以郭下興唐本元城，莊宗以魏州為鄴都，特以漢魏郡治鄴，曹操以魏王都鄴而名之耳。然相州自隋以來治安陽，而鄴為屬縣，魏州、相州治所，皆非古鄴也。」㉑或謂誠惠官以師祈雨無驗，將焚之：官謂莊宗，師謂誠惠。或謂者，謂有人告語之而不指言何人。㉒太后自與太妃別：太后離晉陽入洛見同光二年正月。㉓太妃既別太后，亦邑邑成疾：《五代史記．唐家人傳》，太妃與太后甚相愛，其送太后於洛也，涕泣而別，歸而相思慕，遂至不起。㉔溽暑：溼熱也。㉕臣見長安全盛時，大明、興慶宮樓觀以百數：唐都長安，謂盛唐之世。大明宮，唐之東內，興慶宮，唐之南內。㉖郭崇韜常不伸眉：伸，展也，人有憂慮則眉不展，郭崇韜蓋常以國用不足為憂。㉗經費：國家經常調度之費也，漢大司農，唐租庸使，宋三司使所掌皆屬之。㉘河南尹張全義亦以貫高伉，惡之，遣婢訴於皇后：劉后父事張全義，見上，故得遣婢出入宮闈。㉙會帝自往壽安視坤陵役者：帝葬太后於壽安，陵曰坤陵。《舊唐書・地理志》，壽安縣，隋置，唐屬河南府。《元豐九域志》，壽安縣在洛陽西南七十里，即今河南省宜陽縣。《五代會要曰》：「初，上欲祔太后於代州太祖園陵，中書門下奏議曰：『伏以人君以四海為家，不當分南北，洛陽是帝王之宅，四時朝拜，理須便近，不能遠幸代州。今漢朝諸陵皆近秦、雍，國朝陵寢布列京畿。後魏文帝自代遷洛之後，園陵皆在河南，兼敕應勳臣之家不許北葬，今魏氏諸陵尚在京畿，祔葬代州，理為未允。』上從之，於是作坤陵於壽安。」㉚蜀主與太后、太妃遊青城山，歷丈人觀、上清宮：《五代史記・前蜀世家》，蜀主衍與太后、太妃遊青城山，宮人衣服皆畫雲霞，飄然望之若仙，衍自作甘州曲，述其仙狀，上下山谷，衍常自歌而使宮人皆和之。青城山在今四川省灌縣西南。杜光庭《青城山記》曰：「岷山連峯接岫，千里不絕，青城山乃第一峯也。丈人觀在青城北二十里，上清宮在高臺山丈人祠之側，高臺山在岷山，上有天池，晉朝立天宮於上，號上清宮。」㉛彭州陽平化：胡三省曰：「彭州濛陽縣北四十里，有葛仙山，二十四化之第五化也。」《舊唐書・地理志》，唐睿宗垂拱二年，置彭州於益州九隴縣，玄宗天寶元年，改為濛陽郡，肅宗乾元元年，復為彭州。九隴縣，漢繁縣地也，即今四川省彭縣。㉜漢州三學山：三學山在今四川省金堂縣東。《舊唐書・地理志》，唐睿宗垂拱二年，置漢州於益州之雒縣，玄宗天寶元年，改為德陽郡，肅宗乾元元年，復為漢州，雒縣，漢屬廣漢郡，後漢益州治所，即今四川省廣漢縣。㉝威勝軍節度使李紹欽：李紹欽即梁降將段凝。帝改鄧州宣化軍為威勝軍，段凝降，賜姓名李紹欽，並見上卷上年。㉞魏王地當儲副，未立殊功，請依故事以為伐蜀都統：太子儲君，國之副主也。胡三省曰：「安祿山之亂，玄宗分命諸子為諸道都統，此唐故事也。」㉟同州節度使李令德：李令德，朱友謙之子也，唐賜姓名，見上卷同光元年。㊱陝州節度使李紹琛：李紹琛，即康延孝，唐賜姓名亦見上卷同光二年。㊲仍詔季興自取夔、忠、萬三州為巡屬：唐荊南節度使管歸、夔、峽、忠、萬、澧、朗等州，唐末之亂，王建據蜀，併夔、忠、萬三州而有之，今令高季興取之，復為荊南巡屬。㊳郭崇韜以北都留守孟知祥有薦引舊恩：事見卷二百七十梁末帝貞明五年，莊宗建號，以太原為北京，以知祥為太原尹，北京留守。㊴蜀安重霸勸王承休請蜀主東遊秦州：蜀主衍以宦者王承休為秦州天雄軍節度使見上年。㊵圖形遺韓昭，使言於蜀主：圖形，圖女子歌舞之形。韓昭，蜀主所親狎，故使韓昭上言之。㊶荒色惑酒：迷惑於酒色。《尚書・五子之歌》：「內作色荒，外作禽荒。」荒，迷亂也。㊷鳳翔久為仇讎，必生釁隙，唐國方通歡好，恐懷疑貳：胡三省曰：「言無事舉兵東出，恐因而致寇。」㊸秦皇東狩，鑾駕不還：秦始皇東巡，崩於沙丘，事見〈秦紀〉。㊹煬帝南巡，龍舟不返：煬帝南遊江都，為宇文化及所弒，事見〈隋紀〉。㊺昔李勢屈於桓溫：桓溫滅蜀，見卷九十七晉穆帝永和三年。㊻劉禪降於鄧艾：鄧艾滅蜀，見卷七十七魏元帝景元四年。㊼山河險固，不足憑恃：言山河險固，仍須以德濟之，若荒色怠政，終將為敵所滅。㊽俟主上西歸：自秦州歸成都，自東徂西也。㊾今大軍涉險：自寶雞入散關以伐蜀，須涉棧閣之險。㊿武興節度使王承捷告唐兵西上：《五代史記・職方考》，蜀置武興軍於鳳州。唐兵自關東進兵攻蜀為西上。(五一)紹琛縱其敗兵萬餘人逸去，因倍道趣鳳州：縱敗兵先去以懼蜀軍之心，因倍道踵之，乘其不備攻鳳州。(五二)一決：決死一戰。(五三)王承捷以鳳、興、文、扶四州印、節迎降：以四州州印及武興節度使印及旗節迎降也。《舊唐書・地理志》，唐高祖武德元年，改隋同昌郡為扶州，玄宗天寶元年，復為同昌郡，肅宗乾元元年，復為扶州，舊屬隴右道，高宗永徽後改屬劍南道。州治同昌縣，本吐谷渾之地，西魏始置鄧州及鄧寧郡，以平定鄧至羌為名也，隋改為同昌縣，為同昌郡治，故治在今甘肅省文縣西徼外。(五四)平蜀必矣：唐軍本患無糧，今有糧可因，而兵威已振，故知功必成也。(五五)東川、山南，兵力尚完：東川謂梓、遂諸州，山南謂梁、利等州。(五六)從駕兵自綿、漢至深渡：綿、漢，二州名。《舊唐書・地理志》，唐高祖武德元年，改隋金山郡為綿州，治巴西縣，漢廣漢郡之涪縣也，隋改曰巴西，即今四川省綿陽縣。胡三省曰：「深渡在利州綿谷縣北大漫天、小漫天之閒。」綿谷縣，唐為利州治，即今四川省廣元縣。(五七)龍武軍糧賜倍於他軍：龍武軍糧賜優厚倍他軍事見上年。(五八)長舉：《舊唐書・地理志》，長舉縣本漢沮縣地，西魏置槃頭郡，隋置長舉縣，唐屬興州。《元豐九域志》，長舉縣在興州城西二百里，故城在今陝西省略陽縣西北。(五九)成州刺史王承朴棄城走：《元豐九域志》，興州西至成州二百一十五里。

〔六〇〕三泉：《舊唐書・地理志》，唐置三泉縣，屬興元府。《元豐九域志》，興州東南至三泉一百四十五里，有百牢關、金牛道之險。唐三泉縣即今陝西省寧羌縣。〔六一〕葬貞簡太后於坤陵：帝生母曹太后謚貞簡，以是年七月壬寅殂，至是葬於坤陵。〔六二〕斷桔柏津浮梁：桔柏津在今四川省昭化縣東北，唐玄宗自益昌縣渡桔柏江入蜀即此。《方輿勝覽》，桔柏津在昭化縣，今昭化驛有古栢，土人呼為桔柏，故以名津。〔六三〕且令斬王宗勳等三招討：以三泉之敗也。〔六四〕李紹琛晝夜兼行趣利州：《元豐九域志》，三泉西至利州一百八十九里。〔六五〕蜀武德留後宋光葆：《五代史記・職方考》，蜀置劍南東川節度使於梓州，蓋因唐之舊，《五代史・唐莊宗紀》作東川節度使宋光葆，則武德蓋蜀劍南東川節度軍號也。〔六六〕以報本朝：宋光葆仕蜀，謂蜀為本朝。〔六七〕魏王繼岌至興州，光葆以梓、綿、劍、龍、普五州、武定節度使王承肇以洋、遵、壁三州、山南節度使王宗威以梁、開、通、渠、麟五州、階州刺史王承岳以階州皆降：《五代史記・職方考》，蜀置劍南東川節度使於梓州，梓、綿、劍、龍、普五州其巡屬也，置武定軍於洋州，洋、蓬、壁三州其巡屬也，置山南西道節度使於梁州，梁、開、通、渠、麟五州其巡屬也。梁州即唐之興元府。《舊唐書・地理志》，劍州，隋晉安郡，唐高祖武德元年，改為始州，睿宗先天二年，改為劍州，玄宗天寶元年，改為普安郡，肅宗乾元元年，復為劍州，治普安縣，漢廣漢郡治梓潼縣也，西魏改曰普安，即今四川省劍閣縣。龍州，隋平武郡，唐高祖武德元年，改為龍門郡，太宗貞觀元年，改為龍門州，玄宗天寶元年，改為江油郡，肅宗乾元元年，改為龍州，治江油縣，秦、漢、曹魏為無人之境，鄧艾伐蜀，由陰平道、景谷行無人之地七百里，鑿山通道，攀木緣崖，魚貫而進以至江油，即此城也，晉始於此置平武縣，隋改曰江油，故治在今四川省平武縣東南一百二十里。晉州，隋資陽郡之安岳縣，唐高祖武德二年，分資州置晉州，並置安岳縣為治所，玄宗天寶元年，改為安樂郡，肅宗乾元元年，復為晉州，即今四川省安岳縣。壁州，唐高祖武德八年分巴州始寧縣置，並置諸水縣為州治，玄宗天寶元年，改為始寧郡，肅宗乾元元年，復為壁州，即今四川省通江縣。開州，隋巴東郡之盛山縣，隋恭帝義寧二年分置萬州，唐高祖武德元年，改為開州，玄宗天寶元年，改為盛山郡，肅宗乾元元年，復為開州，即今四州省開縣。胡三省曰：「渠州潾山縣，唐武德元年置潾州，八年州廢，以潾山縣屬渠州，當是蜀復置潾州也，麟當作潾。又唐貞觀中置麟州以處生羌歸附者，屬松州都督府，唐至德後淪沒久矣，當以渠麟之潾為是。」按《五代史記・職方考》無潾州，是蜀未嘗復置潾州也，今存胡注以俟考。㈥天雄節度使王承休與副使安重霸謀掩擊唐軍：欲自秦州掩擊唐軍之後。㈦願與公俱西：言自秦州西赴成都。㈦重霸請賂羌人，買文、扶州路以歸：時文、扶二州陷於羌中，王承休欲取道文、扶二州歸成都，故賂之以防抄掠。㈦國家竭力以得秦隴：蜀取秦隴，見卷二百六十九梁末帝貞明元年。㈦若從開府還朝：開府謂王承休，蜀蓋加王承休開府儀同三司，故稱之。㈦施州：《舊唐書・地理志》，隋恭帝義寧二年，於清江郡之清江縣置施州，唐玄宗天寶元年，改為清化郡，肅宗乾元元年，復為施州。清江縣，隋置，漢為南郡巫縣地，即今湖北省恩施縣。㈦白蘇：《元豐九域志》，簡州金水縣有白蘇鎮。金水縣在今四川省茂縣境。

卷二百七十四　後唐紀三

司馬光編集
林瑞翰　註

起旃蒙作噩十一月，盡柔兆閹茂三月，不滿一年。（乙酉至丙戌，西元九二五年十一月至九二六年三月）

莊宗光聖神閔孝皇帝下

同光三年（西元九二五年）

㈠十一月丙申（初七日），蜀主至成都，百官及後宮迎於七里亭㊀。蜀主入妃嬪中，作回鶻隊入宮㊁。丁酉（初八日），出見羣臣於文明殿㊂。泣下霑襟，君臣相視，竟無一言以救國患。

戊戌（初九日），李紹琛至利州，修桔柏浮梁㊃，昭武節度使林思諤先棄城奔閬州㊄，遣使請降。

甲辰（十五日），魏王繼岌至劍州㊅，蜀武信節度使兼中書令王宗壽以遂、合、渝、瀘、昌五州降㊆。

王宗弼至成都㊇，登大玄門，嚴兵自衛，蜀主及太后自往勞之，宗弼驕慢，無復臣禮。乙巳（十六日），劫遷蜀主及太后、後宮諸王於西宮，收其璽綬，使親吏於義興門邀取內庫金帛，悉歸其家，其子承涓杖劍入宮，取蜀主寵姬數人以歸。

丙午（十七日），宗弼自稱權西川兵馬留後。

李紹琛進至綿州㈨，倉庫民居已為蜀兵所燔，又斷綿江浮梁，水深，無舟楫可渡，紹琛謂李嚴曰：「吾懸軍深入，利在速戰，乘蜀人破膽之時，但得百騎過鹿頭關㈩，彼且迎降不暇，若俟修繕橋梁，必留數日，或教王衍堅閉近關⑪，折吾兵勢，儻延旬浹⑫，則勝負未可知矣！」乃與嚴乘馬浮度江，從兵得濟者僅千人，溺死者亦千餘人，遂入鹿頭關。丁未（十八日），進據漢州⑬。居三日，後軍始至。

宗弼遣使以幣、馬、牛、酒勞軍，且以蜀主書遺李嚴，曰：「公來，吾即降。」或謂嚴公首建伐蜀之策⑭，蜀人怨公深入骨髓，不可往，嚴不從，欣然馳入成都⑮，撫諭吏民，告以大軍繼至，蜀君臣、後宮皆慟哭。蜀主引嚴見太后，以母妻為託。宗弼猶乘城為守備，嚴悉命撤去樓櫓。

己酉（二十日）魏王繼岌至綿州。蜀主命翰林學士李昊草降表，又命中書侍郎、同平章事王鍇草降書㊅，遣兵部侍郎歐陽彬奉之以迎繼岌及郭崇韜。

王宗弼稱蜀君臣久欲歸命，而內樞密使宋光嗣、景潤澄、宣徽使李周輅、歐陽晃熒惑蜀主，皆斬之，函首送繼岌，又責文思殿大學士禮部尚書成都尹韓昭佞諛，梟於金馬坊門㊆，內外馬步都指揮使兼中書令徐延瓊、果州團練使潘在迎、嘉州刺史顧在珣及諸貴戚皆惶恐，傾其家金帛妓妾以賂宗弼，僅乃免死，凡素所不快者，宗弼皆殺之。辛亥（二十二日），繼岌至德陽㊇，宗弼遣使奉牋，稱已遷蜀主於西第㊈，安撫軍城，以俟王師。又使其子承班以蜀主後宮及珍玩賂繼岌及郭崇韜，求西川節度使。繼岌曰：「此皆我家物，奚以獻為？」留其物而遣之。

李紹琛留漢州八日以俟都統⑳，甲寅（二十五日），繼岌至漢州，王宗弼迎謁。乙卯（二十六日），至成都，丙辰（二十七日），李嚴引蜀主及百官儀衛出降於升遷橋㉑，蜀主白衣、御璧、牽羊草繩縈首、百官衰絰、徒跣、輿櫬、號哭俟命，繼岌受璧，崇韜解縛焚櫬，承制釋罪，君臣東北向拜謝。丁巳（二十八日），大軍入成都，崇韜禁軍士侵掠，市不改肆。自出師至克蜀凡七十日，【考異】實錄，自興師出洛至定蜀城，計七十五日，薛史因之。按唐軍九月戊申離洛城，十一月丁巳入成都，止七十日耳，實錄、薛史之誤也。得節度十㉒，州六十四㉓，縣二百四十九，兵三萬，鎧仗、錢糧、金銀、繒錦共以千萬計。

高季興聞蜀亡，方食，失匕箸，曰：「是老夫之過也㉔。」梁震曰：「不足憂也，唐主得蜀益驕，亡無日矣。安不知其不為吾福㉕？」楚王殷聞蜀亡，上表稱：「臣已營衡麓之間，為菟裘之地㉖，願上印綬，以保餘齡㉗。」上優詔慰諭之。

㈡平蜀之功，李紹琛為多，位在董璋上，而璋素與郭崇韜善，崇韜數召璋與議軍事，紹琛心不平，謂璋曰：「吾有平蜀之功，公等樸樕相從㉘，反呫囁㉙於郭公之門，謀相傾害，吾為都將㉚，獨不能以軍法斬公邪？」璋訴於崇韜。十二月，崇韜表璋為東川節度使㉑。【考異】莊宗實錄：「十二月丙寅，以靜難節度使董璋為東川節度副大使。」又康延孝傳云：「郭崇韜除董璋為東川節度使，延孝與華州節度使毛璋見崇韜，請以工部任尚書為東川帥，崇韜怒曰：『紹琛反邪？敢違吾節度。』不及二旬，崇韜為繼岌所害。」按大軍以十一月二十八日丁巳入西川，至十二月八日丙寅，除董璋東川，凡十日，明年正月八日，殺崇韜，至此凡六十日，而去不及二旬，崇韜遇害日月殊不相合，蓋十二月丙寅，崇韜始表璋鎮東川之日耳，非降制也日，不及二旬，亦恐誤。解其軍職㉒，紹琛愈怒，曰：「吾冒白刃，陵險阻，定兩川，璋乃坐有之邪？」乃見崇韜，言東川重地，任尚書有文武才，宜表為帥㉓，崇韜怒曰：「紹琛反邪？何敢違吾節度。」紹琛懼而退。

初，帝遣宦者李從襲等從魏王繼岌伐蜀，繼岌雖為都統，軍中制置補署，一出郭崇韜，崇韜終日決事，將吏賓客，趨走盈庭，而都統府惟大將晨謁外，牙門索然㉔，從襲等固恥之。及破蜀，蜀之貴臣、大將等以寶貨、妓樂遺崇韜及其子廷誨，魏王所得，不過匹馬束帛，唾壺麈柄而已，從襲等益不平。

王宗弼之自為西川留後也，賂崇韜求為節度使，崇韜陽許之，【考異】實錄、薛史皆云，崇韜以蜀帥許之。按崇韜有識略，豈可興大兵取西川反以與宗弼乎？此庸人所不為也，蓋於時宗弼尚據成都，崇韜恐其悔而違拒，故陽許之以安其意耳。既而久未得，乃帥蜀人列狀見繼岌，請留崇韜鎮蜀。從襲等因謂繼岌曰：「郭公父子專橫，今又使蜀人請己為帥，其志難測。王不可不為之備。」繼岌謂崇韜曰：「主上倚侍中如山嶽[三五]，不可離廟堂，豈肯棄元老於蠻夷之域乎？且此非余之所敢知也，請諸人詣闕自陳。」由是繼岌與崇韜互相疑。會宋光葆自梓州來，訴王宗弼誣殺宋光嗣等，又崇韜徵犒軍錢數萬緡於宗弼，宗弼靳之，士卒怨怒，夜縱火諠譟，崇韜欲誅宗弼以自明，己巳（初十日），白繼岌收宗弼及王宗勳、王宗渥，皆數其不忠之罪，族誅之，籍沒其家屬，人爭食宗弼之肉。

㈢辛未（十二日），閩忠懿王審知卒[三六]，子延翰自稱威武留後[三七]，汀州民陳本聚眾三萬圍汀州，延翰遣右軍都監柳邕等將兵二萬討之。

㈣癸酉（十四日），王承休、王宗汭至成都[三八]，魏王繼岌詰之曰：「居大鎮，擁彊兵，何以不拒戰？」對曰：「畏大王神武。」曰：「然則何以不降？」對曰：「王師不入境。」曰：「所俱入羌者幾人？」對曰：「萬二千人。」曰：「今歸者幾人？」對曰：「二千人。」曰：「可以償萬人之死矣。」皆斬之，幷其子[三九]。

㈤丙子（十七日），以知北都留守事孟知祥為西川節度使、同平章事，促召赴洛陽㊵。帝議選北都留守，樞密承旨段徊等惡鄴都留守張憲，不欲其在朝廷，皆曰：「北都非張憲不可。憲雖有宰相器㊶，今國家新得中原，宰相在天子目前，事有得失，可以改更，比之北都，獨繫一方安危，不為重也。」乃徙憲為太原尹，知北都留守事㊷。以戶部尚書王正言為興唐尹，知鄴都留守事。正言昏耄，帝以武德使㊸史彥瓊為鄴都監軍，彥瓊本伶人也，有寵於帝，魏博等六州㊹軍旅金穀之政，皆決於彥瓊，威福自恣，陵忽將佐，自正言以下皆諂事之。

㈥初，帝得魏州銀槍効節都近八千人以為親軍㊺，皆勇悍無敵，夾河之戰，實賴其用，屢立殊功，常許以滅梁之日，大加賞賚。既而河南平㊻，雖賞賚非一㊼，而士卒恃功驕恣無厭，更成怨望。是歲大飢，民多流亡，租賦不充，道路塗潦，漕輦艱澁㊽，東都倉廩空竭，無以給軍士。租庸使孔謙日於上東門外㊾望諸州漕運至者，隨以給之。軍士乏食，有雇妻鬻子者，老弱採蔬於野，百十為羣，往往餒死，流言怨嗟，而帝遊畋不息。己卯（二十日），獵於白沙(五〇)，皇后、皇子、後宮畢從。庚辰（二十一日），宿伊闕(五一)，辛巳（二十二日），宿潭泊(五二)，壬午（二十三日），宿龕澗(五三)，癸未（二十四日），還宮。

時大雪，吏卒有僵仆於道路者，伊、汝間(五四)飢尤甚，衛兵所過，責其供餉，不得則壞其什器，撤其室廬以為薪，甚於寇盜，縣吏皆竄匿山谷。

㈦有白龍見於漢宮，漢主改元白龍，更名曰龑。

㈧長和驃信鄭旻，遣其布燮鄭昭淳求昏於漢，漢主以女增城公主妻之，長和，即唐之南詔也(五五)。

㈨成德節度使李嗣源入朝(五六)。

㈩閏月，己丑朔，孟知祥至洛陽，帝寵待甚厚。

(十一)帝以軍儲不足，謀於羣臣，豆盧革以下皆莫知為計。吏部尚書李琪上疏，以為古者量入以為出，計農而發兵，故雖有水旱之災，而無匱乏之憂，近代稅農以養兵，未有農富給而兵不足，農捐瘠而兵豐飽者也，今縱未能蠲省租稅，苟除折納紐配(五七)之法，農亦可以小休矣！帝即敕有司如琪所言，然竟不能行。

(十二)丁酉（初九日），詔蜀朝所署官四品以上，降授有差，五品以下，才地無取者，悉縱歸田里，其先降及有功者，委崇韜隨事獎任。又賜王衍詔，略曰：「固當裂土而封，必不薄人於險，三辰在上[五八]，一言不欺。」

(十三)庚子（十二日），彰武、保大節度使兼中書令高萬興卒[五九]。以其子保大留後允韜為彰武留後。

(十四)帝以軍儲不充，欲如汴州，諫官上言不如節儉以足用，自古無就食天子，今楊氏未滅，不宜示以虛實[六〇]。乃止。

(十五)辛亥（十四日），立皇弟存美為邕王，存霸為永王，存禮為薛王，存渥為申王，存乂為陸王，存確為通王，存紀為雅王。

(十六)郭崇韜素疾宦官，嘗密謂魏王繼岌曰：「大王它日得天下，騬馬亦不可乘，況任宦官？[六一]宜盡去之，專用士人。」呂知柔竊聽聞之[六二]，由是宦官皆切齒[六三]。

時成都雖下，而蜀中盜賊羣起，布滿山林，崇韜恐大軍既去，更為後患，命任圜、張筠分道招討，以是淹留未還。帝遣宦者向延嗣促之，崇韜不出郊迎，及見，禮節又倨，延嗣怒。李從襲謂延嗣曰：「魏王，太子也，主上萬福，而郭公專權如是。郭廷誨擁徒出入，日與軍中驍將、蜀土豪傑狎飲，指天畫地，近聞白其父請表己為蜀帥，又言蜀地富饒，大人宜善自為謀。今諸軍將校皆郭氏之黨，王寄身於虎狼之口，一朝有變，吾屬不知委骨何地矣！」因相向垂涕，延嗣歸，具以語劉后，后泣訴於帝，請早救繼岌之死。前此，帝聞蜀人請崇韜為帥，已不平，至是聞延嗣之言，不能無疑。帝閱蜀府庫之籍，曰：「人言蜀中珍貨無筭，何如是之微也？」延嗣曰：「臣聞蜀破，其珍貨皆入於崇韜父子，崇韜有金萬兩，銀四十萬兩，錢百萬緡，名馬千匹，它物稱是，廷誨所取，復在其外，故縣官所得不多耳！」帝遂怒形於色。及孟知祥將行，帝語之曰：「聞郭崇韜有異志，卿到為朕誅之。」知祥曰：「崇韜，國之勳舊，不宜有此，俟臣至蜀察之，苟無它志，則遣還。」帝許之。壬子（十五日），知祥發洛陽，帝尋復遣衣甲庫使㊅㊃馬彥珪馳詣成都，觀崇韜去就，如奉詔班師則已，若有遷延跋扈之狀，則與繼岌圖之。彥珪見皇后，說之曰：「臣見向延嗣，言蜀中事勢，憂在朝夕，今上當斷不斷㊅㊄，夫成敗之機，間不容髮，安能緩急稟命於三千里外乎？㊅㊅」皇后復言於帝，帝曰：「傳聞之言，未知虛實，豈可遽爾果決？」皇后不得請，退自為教與繼岌，令殺崇韜。知祥行至石壕㊅㊆，彥珪夜叩門宣詔，促知祥赴鎮，知祥竊歎曰：「亂將作矣！」乃晝夜兼行。

㊆初，楚王殷既得湖南，不征商旅，由是四方商旅輻湊。湖南地多鉛鐵，殷用軍都判官高郁策㊅㊇，鑄鉛鐵為錢，商旅出境，無所用之，皆易它貨而去，故能以境內所餘之物易天下百貨，國以富饒。湖南民不事桑蠶，郁命民輸稅者皆以帛代錢，未幾，民間機杼大盛。

㊇吳越王鏐遣使者沈瑫致書以受玉冊封吳越國王告於吳，吳人以其國名與己同㊅㊈，不受書，遣瑫還，仍戒境上無得通吳越使者及商旅。

【今註】 ㈠七里亭：亭去成都城七里，故名七里亭。㈡作回鶻隊入宮：胡三省曰：「效回鶻曳隊以入宮。」㈢文明殿：胡三省曰：「按五代會要，梁開平元年，改洛陽宮貞觀殿為文明殿，貞觀殿，洛陽宮前殿也，唐昭宗遷洛後更名。今蜀亦有文明殿，蜀宮仿唐宮之制。意文明，唐末殿名也。」㈣李紹琛至利州，修桔柏浮梁：蜀主斷桔柏津浮梁見上卷是年十月，今修之以濟軍。㈤昭武節度使林思諤先棄城奔閬州：棄利州城也。《五代史記・職方考》，蜀置昭武軍於利州。《元豐九域志》，利州東南至閬州二百三十五里。㈥魏王繼岌至劍州：《元豐九域志》，劍州東北至利州一百九十里。㈦蜀武信節度兼中書令王宗壽以遂、合、渝、瀘、昌五州降：《五代史記・職方考》，蜀置武信軍於遂州。《舊唐書・地理志》，合州，隋遂寧郡，唐高祖武德元年，改為遂州，玄宗天寶元年，改為遂寧郡，肅宗乾元元年，復為遂州，治方義縣，漢廣漢郡廣漢縣地，南朝宋始置遂寧郡於此，後魏改廣漢曰方義，即今四川省遂寧縣。合州，隋涪陵郡，唐高祖武德元年，改為合州，取涪、漢二水合流為名，玄宗天寶元年，改為巴川郡，肅宗乾元元年，復為合州，治石鏡縣，南朝宋置，漢巴郡之墊江縣也，即今四川省合川縣。渝州，隋之巴郡，唐高祖武德元年置渝州，以水為名，玄宗天寶元年，改為南平郡，肅宗乾元元年，復為渝州，治巴縣，漢巴郡之江州縣也，即今四川省巴縣。《唐書・地理志》，唐肅乾元二年，析資、瀘、普、合四州之地置昌州，六年，州廢，以其地各還故屬，十年復置，治昌元縣，僖宗光啟元年，徙治大足縣，大足，本合州巴川縣地也，故治在今四川省大足縣東南。㈧王宗弼至成都，王宗弼棄利州引兵還成都見上卷本年十月。㈨李紹琛進至綿州：《元豐九域志》，劍州西至綿州二百八十里。⑩鹿頭關：鹿頭關在今四川省德陽縣北，唐置，以鹿頭山為名，唐憲宗使高崇文討劉闢，破鹿頭關，途入成都，即此，自關以西，道皆平坦，故杜甫〈鹿頭山〉詩云：「及茲險阻盡，始喜原野闊。」其西有落鳳坡，蜀漢龐士元死處。⑪近關：即謂鹿頭關。過鹿頭關西至成都，無復險隘。⑫旬浹：浹日也。浹，周也，自甲至癸周浹十日為一旬。⑬進據漢州：《元豐九域志》，自綿州西南至漢州一百八十九里。⑭公首建伐蜀之策：李嚴建伐蜀之策見上卷上年。⑮欣然馳入成都：《元豐九域志》，漢州南至成都九十五里。⑯蜀主命翰林學士李昊草降表，又命中書侍郎同平章事王鍇草降書：胡三省曰：「降表以上皇帝，降書以達軍前。」⑰梟於金馬坊門：胡三省曰：「金馬坊在成都城中，以有金馬、碧雞祠，因而名坊，又有碧雞坊。」⑱繼岌至德陽：《元豐九域志》，德陽縣在漢州東北八十五里。《舊唐書・地理志》，唐高祖武德三年，分雒縣置德陽縣，屬漢州。此德陽，蓋漢緜竹縣也，即今四川省德陽縣。⑲稱已遷蜀主於西第：宗弼遷蜀主於西宮見上，時已奉表降唐，故不敢稱宮而稱第。⑳李紹琛留漢州八日以俟都統：都統謂魏王繼岌，時為西川四面行營都統。㉑李嚴引蜀主及百官儀衛出降於升遷橋：按《五代史・僭偽傳》，升遷橋在成都北五里。唐昭宗大順二年，王建據蜀，至衍，凡二主，歷三十五年而亡。㉒得節度十：《五代史記・職方考》，蜀置成都節度於益州，武德節度於梓州，武信節度於遂州，永平節度於雅州，武泰節度於黔州，鎮江節度於夔州，昭武節度於利州，山南節度於梁州，武定節度於洋州，武雄節度於金州，天雄節度於秦州，武興節度於鳳州，凡十二節度，成都時為蜀都，不預，亦得十一節度。㉓州六十四：《五代史記・職方考》，蜀時有益、漢、彭、蜀、綿、眉、嘉、劍、梓、遂、果、閬、普、陵、資、榮、簡、邛、黎、雅、維、茂、文、龍、黔、施、夔、忠、萬、歸、峽、興、利、開、通、涪、渝、瀘、合、昌、巴、蓬、集、壁、渠、戎、梁、洋、金、秦、階、成、鳳，凡五十三州而已。㉔高季興聞蜀亡，方食，失匕箸，曰，是老夫之過也：蜀與荊南猶脣齒，脣亡齒寒，故聞蜀亡而震懼。高季興嘗勸帝伐蜀，見卷二百七十二同光元年，故以蜀之亡歸過於己。㉕唐主得蜀益驕，亡無日矣，安不知其為吾福：胡三省曰：「梁震料莊宗之亡，如燭照數計，若荊南之福，則未聞也。以三郡之地，介乎彊國之閒，惴惴僅能自全，何福之有？」按梁震之言，亦塞翁失馬之意，蓋所以慰安高季興，非真謂蜀之亡為荊南之福也。㉖臣已營衡麓之閒，為菟裘之地：衡麓，衡山之麓也，山足為麓。《左傳》，魯隱公使營菟裘，吾將老焉。服虔曰：「菟裘，魯邑也，營菟裘以作宮室，欲居之以將老也。」楚王殷蓋聞蜀亡而懼，上表言將致事而歸老於衡麓。㉗餘齡：餘齡猶曰餘年。《六書故》曰：「以齒察年之長少，故謂之年齡。」㉘公等樸樕相從：樸樕，小木也，喻其材之小。㉙呫囁：《史記》灌夫曰：「乃效兒女呫囁耳語。」韋昭曰：「呫囁，附耳小語聲。」㉚吾為都將：帝命李紹琛為行營馬步都指揮使，董璋為左廂虞候，都指揮使之屬也，故云然。㉛崇韜表璋為東川節度使：唐置劍南東川節度於梓州，蜀為武德軍，後唐滅蜀，復其舊稱。㉜解其軍職：解董璋左廂虞候之職，蓋使董璋脫李紹琛所屬，不得以軍法令之。㉝任尚書有文武才，宜表為帥：任尚書，謂任圜也，圜時以工部尚書參預軍機。㉞索然：靜寂貌。㉟主上倚侍中如山嶽：郭崇韜官侍中，故繼岌稱之。㊱閩忠懿王審知卒：閩王審知卒謚忠懿，時年六十四。㊲子延翰自稱威武留後：延翰字子逸，審知長子也。㊳王承休、王宗汭至成都：王承休、王宗汭棄秦州還成都見上卷是年十月，至是始至。㊴皆斬之，並其子：斬王承休、王宗汭及所屬二千人，並斬承休、宗汭之子。㊵以知北都留守事孟知祥為西川節度使、同平章事，促召赴洛陽：召孟知祥速赴洛陽陛見，而後之鎮。㊶憲雖有宰相器：郭崇韜薦張憲謹重有識可為相，見上卷是年六月，帝欲用之，故段徊等云然。㊷乃徙憲為太原尹，知北都留守事：胡三省曰：「以尹知留守事，非正為留守也。」知本作動詞，以他官主司其職事曰知，至宋遂為官稱。㊸武德使：胡三省曰：「後唐武德使本掌宮中事，明宗時嘗旱，已而雪，暴坐庭中，詔武德司宮中無掃雪，是其證也。」㊹魏博等六州：魏博節度管魏、貝、博、相、澶、衛六州。㊺初，帝得魏州銀槍効節都近八幹人以為親軍：見卷二百六十九梁末帝貞明元年。㊻既而河南平：梁滅而河南平。㊼賞賚非一：言時有賞賚：非止一次。㊽漕輦艱澁：水運曰漕，陸運曰輦。艱澁，不通暢也。㊾上東門：胡三省曰：「洛城東面三門，中曰建春，左曰上東，右曰永通。九域志，洛陽上東門、建春門皆為鎮，屬河南縣。蓋喪亂丘墟，非復盛唐之舊也。」㊿白沙：白沙鎮在今河南省中牟縣西三十里，接開封縣界。宋時汴京留守宗澤擊卻金帥兀朮於白沙，即此。(51)伊闕：伊闕在今河南省洛陽縣南，春秋周之闕塞也。《水經注》，伊闕兩山相對，望之如闕，伊水歷其間北流。《唐書・地理志》，伊闕縣，屬河南府，畿北有伊闕故關。按伊闕縣，隋置，漢新城縣也，縣以山名。(52)潭泊：胡三省曰：「潭泊在洛陽之東。」(53)龕澗：胡三省曰：「龕澗近伊闕，亦在洛陽東。」(五四)伊、汝間：伊、汝二水之間。(五五)長和驃信鄭旻遣其布燮鄭昭淳求昏於漢，漢主以女增城公主妻之，長和，即唐之南詔也：唐末，南詔改曰大禮，至是又改曰長和。《五代史記・四夷附錄》曰：「唐僖宗幸蜀，募能使南詔者，得宗室子李龜年及徐虎、虎姪藹，乃以龜年為使，虎為副，藹為判官，使南詔。南詔所居曰苴咩城，龜年等不至苴咩，至善闡，得其要約，與唐為甥舅，僖宗許以安化公主妻之，南詔大喜，遣使隨龜年等求公主，已而黃巢敗，收復長安，僖宗東還，乃止。」蓋蠻夷慕中國文化，故屢求婚於中國。《五代會要》曰：「郭崇韜平蜀之後，得王衍昔獲蠻俘數千，以天子命令使人入其部，被止於界上，惟國信與蠻俘得往，續有轉牒，稱都督爽、大長和國宰相布燮等上大唐皇帝舅奏疏一封，差人轉送黎州。其紙厚硬如皮，筆力尤健。有彩牋一軸，轉韻詩一章，章三韻，共十聯，有類擊筑詞，頗有思本朝姻親之義，理亦不遜。」(五六)成德節度使李嗣源入朝：自鎮州入朝。(五七)折納紐配：胡三省曰：「折納，謂抑民使折估而納其所無，紐配，謂紐數而科配之也。」(五八)三辰在上：三辰，日、月、星也。(五九)彰武、保大節度使兼中書令高萬興卒：唐置保塞軍於延州，保大軍於鄜州，岐改保塞軍為忠義軍，後唐復改忠義軍為彰武軍。高萬興兼帥鄜、延二鎮，見卷二百七十梁末帝貞明四年。(六〇)今楊氏未滅，不宜示不以虛實：謂吳近在淮南，不宜使知中國之窘乏。(六一)騍馬猶不可乘，況任宦官：以騍馬喻宦官之不可用。《五代史・郭崇韜傳》：「不唯疏斥閹寺，騙馬不可復乘。」《五代史記・郭崇韜傳》作扇馬，扇與騸同，騸、騍，俱謂馬之去勢者。(六二)呂知柔竊聽聞之：呂知柔，宦者也，時為都統牙通謁。(六三)由是宦官皆切齒：呂知柔以郭崇韜之言轉告諸閹，故皆恨之。

㊄衣甲庫使：胡三省曰：「衣甲庫使，盛唐無之，蓋帝所置，亦內諸司使之一也。」㊅今上當斷不斷：言帝當斷然令使者殺崇韜而帝猶豫不能決也。㊆安能緩急稟命於三千里外乎：《舊唐書・地理志》，成都至洛陽三千二百一十六里。㊇石壕：《元豐九域志》，陝州陝縣有石壕鎮。在今河南省陝縣東南七十里，杜甫有石壕吏詩，所謂「暮投石壕村」者也。㊈軍都判官高郁：胡三省曰：「軍都判官，諸軍都判官也，其位任在行軍司馬之上。」㊉吳人以其國名與已同：吳越實據越地而兼吳國之名，故吳人以為嫌。

明宗聖德和武欽孝皇帝㈠上之上

天成元年（西元九二六年㈡）

㈠春，正月庚申（初三日），魏王繼岌遣李繼曮、李嚴部送王衍及其宗族、百官數千人詣洛陽。

㈡河中節度使尚書令李繼麟自恃與帝故舊，且有功㈢，帝待之厚，苦諸伶宦求丐無厭，遂拒不與。大軍之征蜀也，繼麟閱兵，遣其子令德將之以從，景進與宦官譖之曰：「繼麟聞大軍起，以為討己，故驚懼，閱兵自衛。」又曰：「崇韜所以敢倔彊於蜀者，與河中陰謀內外相應故也。」繼麟聞之懼，欲身入朝以自明，其所親止之。繼麟曰：「郭侍中功高於我㊃，今事勢將危，吾得見主上，面陳至誠，則讒人㊄獲罪矣！」癸亥（初六日），繼麟入朝。㈢魏王繼岌將發成都，令任圜權知留事以俟孟知祥。諸軍部署已定㊅，是日，馬彥珪至，以皇后教示繼岌。繼岌曰：「大軍垂發㊆，彼無釁端，安可為此負心事？公輩勿復言。且主上無敕，獨以皇后教殺招討使，可乎？」李從襲等泣曰：「既有此跡，萬一崇韜聞之，中塗為變，益不可救矣！」相與巧陳利害，繼岌不得已，從之。甲子（初七日），旦，從襲以繼岌之命召崇韜計事，繼岌登樓避之，崇韜方升階，繼岌從者李環撾碎其首，幷殺其子廷誨、廷信㊇。外人猶未之知，都統推官滏陽李崧謂繼岌曰：「今行軍三千里外，初無敕旨，擅殺大將，大王奈何行此危事，獨不能忍之至洛陽邪？」繼岌曰：「公言是也，悔之無及。」崧乃召書吏數人，登樓去梯，矯為敕書，用蠟印宣之㊈，軍中粗定。崇韜左右皆竄匿，獨掌書記滏陽張礪㊉詣魏王府，慟哭久之。繼岌命任圜代崇韜總軍政。

㈣魏王通謁李廷安獻蜀樂工二百餘人，有嚴旭者，王衍用為蓬州刺史，帝問曰：「汝何以得刺史？」對曰：「以歌。」帝使歌而善之，許復故任。

㈤戊辰（十一日），孟知祥至成都。時新殺郭崇韜，人情未安，知祥慰撫吏民，犒賜將卒，去留帖然㈡。

㈥閩人破陳本，斬之㈢。

㈦契丹主擊女真及渤海㈢，恐唐乘虛襲之，戊寅（二十一日），遣梅老鞋里來修好㈣。

㈧馬彥珪還洛陽，乃下詔暴郭崇韜之罪，幷殺其子廷說、廷讓、廷議㈤，於是朝野駭惋，羣議紛然，帝使宦者潛察之。保大節度使睦王存乂，崇韜之婿也，宦者欲盡去崇韜之黨，言存乂對諸將攘臂垂泣，為崇韜稱冤，言辭怨望。庚辰（二十三日），幽存乂於第，尋殺之。

景進言河中人有告變，言李繼麟與郭崇韜謀反，崇韜死，又與存乂連謀，宦官因共勸帝速除之，帝乃徙繼麟為義成節度使。是夜，遣蕃漢馬步使朱守殷以兵圍其第，驅繼麟出徽安門外殺之，復其姓名曰朱友謙(一六)。友謙二子，令德為武信節度使，令錫為忠武節度使，詔魏王繼岌誅令德於遂州，鄭州刺史王思同誅令錫於許州(一七)，河陽節度使李紹奇誅其家人於河中(一八)。紹奇至其家，友謙妻張氏帥家人二百餘口見紹奇，曰：「朱氏宗族當死，願無濫及平人。」乃別其婢僕百人，以其族百口就刑。張氏又取鐵券以示紹奇，曰：「此皇帝去年所賜也，我婦人不識書，不知其何等語也？」紹奇亦為之慚(一九)。友謙舊將史武等七人時為刺史，皆坐族誅。

時洛中諸軍飢窘，妄為謠言，伶官采之以聞於帝，故朱友謙、郭崇韜皆及於禍。成德節度使兼中書令李嗣源亦為謠言所屬，帝遣朱守殷察之。守殷私謂嗣源曰：「令公勳業振主(二〇)，宜自圖歸藩以遠禍。」嗣源曰：「吾心不負天地，禍福之來，無所可避，皆委之於命耳！」時伶宦用事，勳舊人不自保，嗣源危殆者數四，賴宣徽使李紹宏左右營護，以是得全。

（九）魏王繼岌留馬步都指揮使陳留李仁罕、馬軍都指揮使東光（二一）潘仁嗣、左廂都指揮使趙廷隱，右廂都指揮使浚儀（二二）張業、牙內指揮使文水武漳、驍銳指揮使平恩（二三）李延厚戍成都，甲申（二十七日），繼岌發成都，命李紹琛帥萬二千人為後軍，行止常差中軍一舍（二四）。

（十）二月，己丑朔，以宣徽南院使李紹宏為樞密使（二五）。

（十一）魏博指揮使楊仁晸將所部兵戍瓦橋踰年，代歸，至貝州，以鄴都空虛，恐兵至為變，敕留屯貝州。

時天下莫知郭崇韜之罪，民間訛言云崇韜殺繼岌，自王於蜀，故族其家。

朱友謙子建徽為澶州刺史，帝密敕鄴都監軍史彥瓊殺之（二六），門者白留守王正言曰：「史武德（二七）夜半馳馬出城，不言何往。」又訛言云：「皇后以繼岌之死，歸咎於帝，已弑帝矣，故急召彥瓊計事。」人情愈駭。

楊仁晸部兵皇甫暉與其徒夜博，不勝，因人情不安，遂作亂，劫仁晸曰：「主上所以有天下，吾魏軍力也（二八）。魏軍甲不去體，馬不解鞍者十餘年，今天下已定，天子不念舊勞，更加猜忌，遠戍逾年，方喜代歸，去家咫尺，不使相見(二九)。今聞皇后弒逆，京師已亂，將士願與公俱歸，仍表聞朝廷，若天子萬福，興兵致討，以吾魏博兵力，足以拒之，安知不更為富貴之資乎？」仁最不從，暉殺之，又刧小校，不從，又殺之。効節指揮使趙在禮聞亂，衣不及帶，踰垣而走，暉追及，曳其足而下之，示以二首(三〇)，在禮懼而從之，亂兵遂奉以為帥，焚掠貝州。暉，魏州人；在禮，涿州人也。詰旦，暉等擁在禮南趣臨清、永濟、館陶(三一)，所過剽掠。壬辰（初四日），晚，有自貝州來告軍亂，將犯鄴都者，都巡檢使孫鐸等亟詣史彥瓊，請授甲乘城為備。彥瓊疑鐸等有異志，曰：「告者云今日賊至臨清，計程須六日晚方至(三二)，為備未晚。」孫鐸曰：「賊既作亂，必乘吾未備，晝夜倍道，安肯計程而行？請僕射帥眾乘城(三三)。鐸募勁兵千人，伏於王莽河逆擊之，賊既勢挫，必當離散，然後可撲討也；必俟其至城下，萬一有姦人為內應，則事危矣！」彥瓊曰：「但嚴兵守城，何必逆戰？」是夜，賊前鋒攻北門，弓弩亂發，時彥瓊將部兵宿北門樓，聞賊呼聲，即時驚潰，彥瓊單騎奔洛陽。癸巳（初五日），賊入鄴都，孫鐸等拒戰不勝，亡去。

趙在禮據宮城㉞，署皇甫暉及軍校趙進為馬步都指揮使，縱兵大掠。進，定州人也。王正言方據案，召吏草奏，無至者，正言怒，其家人曰：「賊已入城，殺掠於市，吏皆逃散，公尚誰呼？」正言驚曰：「吾初不知也。」又索馬，不能得，乃帥僚佐步出府門謁在禮，再拜請罪。在禮亦拜曰：「士卒思歸耳！尚書重德㉟，勿自卑屈。」慰諭遣之。眾推在禮為魏博留後，具奏其狀。

北京留守張憲家在鄴都㊱，在禮厚撫之，遣使以書誘憲，憲不發封，斬其使以聞。

⑪甲午（初六日），以景進為銀青光祿大夫、檢校右散騎常侍、兼御史大夫、上柱國。

⑫丙申（初八日），史彥瓊至洛陽㊲。

帝問可為大將者於樞密使李紹宏，紹宏復請用李紹欽㊳，帝許之，令條上方略。紹欽所請偏裨，皆梁舊將己所善者，帝疑之而止。皇后曰：「此小事，不足煩大將，紹榮可辦也㊴。」帝乃命歸德節度使李紹榮將騎三千詣鄴招撫，亦徵諸道兵，備其不服。

(十四)郭崇韜之死也，李紹琛謂董璋曰：「公復欲呫囁誰門乎？」璋懼謝罪。

魏王繼岌軍還至武連㊵，遇敕使諭以朱友謙已伏誅，令董璋將兵之遂州誅朱令德。時紹琛將後軍在魏城㊶，聞之，以帝不委己殺令德而委璋，大驚，俄而璋過紹琛軍，不謁，紹琛怒，乘酒謂諸將曰：「國家南取大梁，西定巴蜀，皆郭公之謀而吾之戰功也，至於去逆效順，與國家掎角以破梁，則朱公也㊷，今朱、郭皆無罪族滅，歸朝之後，行及我矣！冤哉天乎，奈何！」紹琛所將多河中兵，河中將焦武等號哭於軍門曰：「西平王何罪，闔門屠膾？㊸我輩歸則與史武等同誅㊹，決不復東矣㊺！」

是日，魏王繼岌至泥溪，紹琛至劍州，遣人白繼岌，云河中將士號哭不止，欲為亂。丁酉（初九日），紹琛自劍州擁兵西還，自稱西川節度、三川制置等使，移檄成都，稱奉詔代孟知祥招諭蜀人，三日間，眾至五萬。

(十五)戊戌（初十日），李繼曮至鳳翔，監軍使柴重厚不以符印與之，促令詣闕㊻。

(十六)己亥（十一日），魏王繼岌至利州，李紹琛遣人斷桔柏津，繼岌聞之，以任圜為副招討使，將步騎七千與都指揮使梁漢顒、監軍李延安追討之。【考異】莊宗實錄：「己亥，繼岌奏康延孝叛，遣任圜追討。」按延孝丁酉叛於劍州，豈得己亥奏報已至洛？廣本：「己亥，魏王至利州，桔栢津使夜來告繼岌，言李紹琛令斷浮梁，繼岌箸任圜為副招討使，令率七千人騎與都指揮使梁漢顒、監軍李延安討之。」今從之。

(十七)庚子（十二日），邢州左右步直兵㊼趙太等四百人據城，自稱安國留後，詔東北面招討副使李紹真討之㊽。

(十八)辛丑（十三日），任圜先令別將何建崇擊劍門關，下之㊾。

(十九)李紹榮至鄴都，攻其南門，遣人以敕招諭之。趙在禮以羊酒犒師，拜於城上曰：「將士思家擅歸，相公誠善為敷奏㊿，得免於死，敢不自新？」遂以敕徧諭軍士，史彥瓊戟手大罵曰：「羣死賊，城破萬段。」皇甫暉謂其眾白：「觀史武德之言，上不赦我矣！」因聚諜掠敕書，手壞之，守陣拒戰。紹榮攻之，不利，以狀聞。帝怒曰：「克城之日，勿遺噍類。」大發諸軍討之。壬寅（十四日），紹榮退屯澶州。

(廿)甲辰（十六日），夜，從馬直軍士王溫等五人殺軍使謀作亂，擒斬之。從馬直指揮使郭從謙，本優人也，優名郭門高，帝與梁相拒於得勝(五一)，募勇士挑戰，從謙應募，俘斬而還，由是益有寵。帝選諸軍驍勇者為親軍，分置四指揮，號從馬直，從謙自軍使積功至指揮使。郭崇韜方用事，從謙以叔父事之，睦王存乂以從謙為假子，及崇韜、存乂得罪，從謙數以私財饗從馬直諸校，對之流涕，言崇韜之冤。及王溫作亂，帝戲之曰：「汝既負我附崇韜、存乂，又教王溫反，欲何為也？」從謙益懼，既退，陰謂諸校曰：「王上以王溫之故，俟鄴都平定，盡阬若曹(五二)，家之所有，宜盡市酒肉，勿為久計也。」由是親軍皆不自安(五三)。

(廿一)乙巳（十七日），王衍至長安，有詔止之(五四)。

(廿二)先是帝諸弟雖領節度使，皆留京師，但食其俸，戊申（二十日），始命護國節度使永王存霸至河中(55)。

(53)丁未（十九日），李紹榮以諸道兵再攻鄴都，庚戌（二十二日），裨將楊重霸帥眾數百登城，後無繼者，重霸等皆死。賊知不赦，堅守無降意，朝廷患之，日發中使促魏王繼岌東還。繼岌以中軍精兵皆從任圜討李紹琛，留利州待之，未得還。李紹榮討趙在禮久無功，趙太擄邢州未下，滄州軍亂，小校王景戡討定之，因自為留後，河朔州縣告亂者相繼。

帝欲自征鄴都，宰相、樞密使皆言京師根本，車駕不可輕動。帝曰：「諸將無可使者。」皆曰：「李嗣源最為勳舊。」帝心忌嗣源，曰：「吾惜嗣源，欲留宿衛。」皆曰：「它人無可者。」忠武節度使張全義亦言河朔多事，久則患深，宜令總管進討(56)，若倚紹榮輩，未見成功之期。」李紹宏亦屢言之，帝以內外所薦(57)，甲寅（二十六日），命嗣源將親軍討鄴都。

(54)延州言綏、銀軍亂，剽州城(58)。

(55)董璋將兵二萬屯綿州，會任圜討李紹琛，帝遣中使崔延琛至成都，遇紹琛軍，紿之曰：「吾奉詔召孟郎(五九)，公若緩兵，自當得蜀。」既至成都，勸孟知祥為戰守備。知祥浚壕樹柵，遣馬步都指揮使李仁罕將四萬人、驍銳指揮使李延厚將二千人討紹琛(六〇)。延厚集其眾，詢之曰：「有少壯勇銳，欲立功求富貴者東。衰疾畏懦，厭行陳者西。」得選兵七百人以行(六一)。是日，任圜軍追及紹琛於漢州，紹琛出兵逆戰，招討掌書記張礪，請伏精兵於後，以羸兵誘之，圜從之(六二)，使董璋以東川羸兵先戰而卻，紹琛輕圜書生，又見其兵羸，極力追之，伏兵發，大破之，斬首數千級，自是紹琛入漢州，閉城不出。

(七六)三月，丁巳朔，李紹真奏克邢州，擒趙太等。庚申（初四日），紹真引兵至鄴都，營於城西北，以太等徇於鄴都城下而殺之。

(七七)辛酉（初五日），以威武節度副使王延翰為威武節度使(六三)。

(七八)壬戌（初六日），李嗣源至鄴都，營於城西南。甲子（初八日），嗣源下令軍中，詰旦攻城。是夜，從馬直軍士張破敗作亂，

【考異】莊宗實錄：「壬戌，今上至鄴都，癸亥夜，張破敗作亂，明日，入鄴都。」明宗實錄：「三月六日，帝至鄴都，八日夜，破敗作亂。」薛史莊宗紀：「壬子，嗣源至鄴都，甲寅夜，破敗作亂。」明宗紀

與實錄同。按長曆此月丁巳朔，無壬子、甲寅，今從實錄及明宗本紀。帥眾大譟，殺都將，焚營舍。詰旦，亂兵逼中軍，嗣源帥親軍拒戰，不能敵，亂兵益熾(六四)。嗣源叱而問之曰：「爾曹欲何為？」對曰：「將士從主上十年，百戰以得天下，今主上棄恩任威，貝州戍卒思歸，主上不赦，云克城之後，當盡阬魏博之軍(六五)，近從馬直數卒諠競，遽欲盡誅其眾(六六)，我輩初無叛心，但畏死耳！今眾議欲與城中合勢，擊退諸道之軍，請主上帝河南，令公帝河北(六七)，為軍民之主。」嗣源泣諭之，不從。嗣源曰：「爾不用吾言，任爾所為，我自歸京師。」亂兵拔白刃環之，曰：「此輩虎狼也，不識尊卑，令公去欲何之？」因擁嗣源及李紹真等入城，城中不受外兵，皇甫暉逆擊張破敗，斬之，外兵皆潰。趙在禮帥諸校迎拜嗣源，泣謝曰：「將士輩負令公(六八)，敢不惟命是聽。」嗣源詭說在禮曰：「凡舉大事，須藉兵力。今外兵流散(六九)無所歸，我為公出收之。」在禮乃聽嗣源、紹真俱出城，宿魏縣，散兵稍有至者。

(廿九)漢州無城塹，樹木為柵，乙丑（初九日），任圜進攻其柵，縱火焚之。李紹琛引兵出戰於金鴈橋(七〇)，兵敗，與十餘騎奔綿竹(七一)，追擒之。

孟知祥自至漢州犒軍，與任圜、董璋置酒高會，引李紹琛檻車至座中，知祥自酌大卮飲之，謂曰：「公已擁節旄，又有平蜀之功，何患不富貴而求入此檻車邪？」紹琛曰：「郭侍中(七二)佐命功第一，兵不血刃取兩川，一旦無罪族誅，如紹琛輩，安保首領？以此不敢歸朝耳！」

魏王繼岌既獲紹琛，乃引兵倍道而東，孟知祥獲陝虢都指揮使汝陰(七三)李肇、河中都指揮使千乘(七四)侯弘實，以肇為牙內馬步都指揮使，弘實副之。

蜀中羣盜猶未息，知祥擇廉吏使治州縣，蠲除橫賦，安集流散，下寬大之令，與民更始。遣左廂都指揮使趙廷隱、右廂都指揮使張業將兵分討羣盜，悉誅之。

(卅)李嗣源之為亂兵所逼也，李紹榮有眾萬人，營於城南，嗣源遣牙將張虔釗、高行周等七人相繼召之，欲與共誅亂者，紹榮疑嗣源之詐，留使者，閉壁不應。及嗣源入鄴都，遂引兵去。

嗣源在魏縣，眾不滿百，又無兵仗，李紹真所將鎮兵五千，聞嗣源得出，相帥歸之(七五)，由是嗣源兵稍振。嗣源泣謂諸將曰：「吾明日當歸藩(七六)，上章待罪，聽主上所裁。」李紹真及中門使安重誨曰：「此策非宜，公為元帥，不幸為凶人所劫，李紹榮不戰而退，歸朝必以公藉口(七七)，公若歸藩，則為據地邀君，適足以實讒慝之言耳！不若星行詣闕(七八)面見天子，庶可自明。」嗣源曰：「善。」丁卯（十一日），自魏縣南趣相州，遇馬坊使康福(七九)，得馬數千匹，始能成軍。福，蔚州人也。

(卅)平盧節度使符習將本軍攻鄴都，聞李嗣源軍潰，引兵歸，至淄州，監軍使楊希望遣兵逆擊之(八〇)，習懼，復引兵而西。青州(八一)指揮使王公儼攻希望，殺之，因據其城。時近侍為諸道監軍者(八二)，皆恃恩與節度使爭權，及鄴都軍變，所在多殺之。安義監軍楊繼源謀殺節度使孔勍，勍先誘而殺之，武寧監軍以李紹真從李嗣源，謀殺其元從(八三)，據城拒之，權知留後淳于晏帥諸將先殺之。晏，登州人也。

㈣戊辰（十二日），以軍食不足，敕河南尹豫借夏、秋稅，民不聊生。

㈣忠武節度使尚書令齊王張全義聞李嗣源入鄴都，憂懼不食㈣，辛未（十五日），卒於洛陽。

㈣租庸使以倉儲不足，頗朘刻軍糧㈤，軍士流言益甚，宰相懼，帥百官上表，言今租庸已竭，內庫有餘，諸軍室家，不能相保。儻不賑救，懼有離心，俟過凶年，其財復集。上即欲從之，劉后曰：「吾夫婦君臨萬國，雖藉武功，亦由天命，命既在天，人如我何？」宰相又於便殿論之，后屬耳於屏風後，須臾，出粧具及三銀盆、皇幼子三人於外，曰：「人言宮中蓄積多，四方貢獻，隨以給賜，所餘止此耳！請鬻以贍軍。」宰相惶懼而退。

㈣李紹榮自鄴都退保衛州，奏李嗣源已叛，與賊合，嗣源遣使上章自理，一日數輩，嗣源長子從審為金槍指揮使㈥，帝謂從審曰：「吾深知爾父忠厚，爾往諭朕意，勿使自疑。」從審至衛州，紹榮囚欲殺之，從審曰；「公等既不亮吾父（八七），吾亦不能至父所（八八），請復還宿衛。」乃釋之，帝憐從審，賜名繼璟，待之如子。是後嗣源所奏，皆為紹榮所遏，不得通，嗣源由是疑懼。

石敬瑭曰：「夫事成於果決而敗於猶豫，安有上將與叛卒入賊城而它日得保無恙乎？大梁，天下之要會也（八九），願假三百騎先往取之若幸而得之，公宜引大軍亟進，如此，始可自全。（九〇）」突騎指揮使康義誠曰：「主上無道，軍民怨怒，公從眾則生，守節則死。」嗣源乃令安重誨移檄會兵。義誠，代北胡人也。

時齊州防禦使李紹虔、泰寧節度使李紹欽、貝州刺史李紹英屯瓦橋（九一），北京右廂馬軍都指揮使安審通屯奉化軍（九二），嗣源皆遣使召之。紹英，瑕丘人，本姓房，名知溫（九三）；審通，金全之姪也（九四）。嗣源家在真定（九五），虞候將王建立，先殺其監軍，由是獲全。建立，遼州（九六）人也。

李從珂自橫水將所部兵由盂縣趣鎮州（九七），與王建立軍合，倍道從嗣源。

嗣源以李紹榮在衛州，謀自白皐濟河，分三百騎使石敬瑭將之前驅，李從珂為殿，於是軍勢大盛。嗣源從子從璋自鎮州引兵而南，過邢州，邢人奉為留後。

(廿五)癸酉（十七日），詔懷遠指揮使白從暉將騎兵扼河陽橋(九八)，帝乃出金帛給賜諸軍，樞密宣徽使及供奉內使景進等皆獻金帛以助給賜，軍士負物而詬曰：「吾妻子已殍死，得此何為(九九)？」甲戌（十七日），李紹榮自衛州至洛陽，帝如鷂店(一〇〇)勞之。紹榮曰：「鄴都亂兵已遣其黨翟建白據博州，欲濟河襲鄆、汴，願陛下幸關東招撫之(一〇一)。」帝從之。

(廿六)景進等言於帝曰：「魏王未至，康延孝初平，西南猶未安，王衍族黨不少，聞車駕東征，恐其為變，不若除之。」帝乃遣中使向延嗣齎敕往誅之。敕曰：「王衍一行，並從殺戮。」已印畫(一〇二)，樞密使張居翰覆視，就殿柱揩去行字，改為家字，由是蜀百官及衍僕役獲免者千餘人。延嗣至長安，盡殺衍宗族於秦川驛(一〇三)，衍母徐氏且死，呼曰：「吾兒以一國迎降，不免族誅，信義俱棄，吾知汝行亦受禍矣！」

㊼乙亥（十九日），帝發洛陽，丁丑（二十一日），次汜水㉞，戊寅（二十二日），遣李紹榮將騎兵循河而東。

李嗣源親黨從帝者多亡去，或勸李繼璟宜早自脫，繼璟終無行意，帝屢遣繼璟詣嗣源，繼璟固辭，願死於帝前以明赤誠㉟，帝聞嗣源在黎陽，強遣繼璟渡河召之，道遇李紹榮，紹榮殺之。

㊽吳越王鏐有疾，如衣錦軍，命鎮海、鎮東節度使留後傳瓘監國。吳徐溫遣使來問疾，左右勸鏐勿見，鏐曰：「溫陰狡，此名問疾，實使之覘我也。」強出見之。溫果聚兵欲襲吳越，聞鏐疾瘳而止。鏐尋還錢塘㊱。

㊾吳以左僕射、同平章事徐知誥為侍中，右僕射嚴可求兼門下侍郎、同平章事。

㊿庚辰（二十四日），帝發汜水㊲，辛巳（二十五日），李嗣源至白皋，遇山東上供絹數船㊳，取以賞軍。安重誨從者爭舟，行營馬步使陶玘斬以狗，由是軍中肅然。玘，許州人也。

嗣源濟河至滑州，遣人招符習，習與嗣源會於胙城(一九)，安審通亦引兵來會。

知汴州孔循遣使奉表西迎帝，亦遣使北輸密款於嗣源，曰：「先至者得之。」先是帝遣騎將滿城(二〇)西方鄴守汴州，石敬瑭使裨將李瓊以勁兵突入封丘門，敬瑭踵其後，自西門入，遂據其城，西方鄴請降。敬瑭使趣嗣源，壬午（二十六日），嗣源入大梁(二一)。是日，帝至滎澤東(二二)，命龍驤指揮使姚彥溫將三千騎為前軍，曰：「汝曹，汴人也(二三)，吾入汝境，不欲使它軍前驅，恐擾汝室家。」厚賜而遣之。彥溫即以其眾叛歸嗣源，謂嗣源曰：「京師危迫，主上為元行欽所惑(二四)，事勢已離，不可復事矣！」嗣源曰：「汝自不忠，何言之悖也？」即奪其兵。

指揮使潘環守王村寨(二五)，有芻粟數萬，帝遣騎視之，環亦奔大梁。帝至萬勝鎮(二六)，聞嗣源已據大梁，諸軍離叛，神色沮喪，登高歎曰：「吾不濟矣！」即命旋師。帝之出關也，扈從兵二萬五千，及還，已失萬餘人，乃留秦州都指揮使張唐以步騎三千守關。癸未（二十七日），帝還過罌子谷㉗，道狹，每遇衛士執兵仗者，輒以善言撫之，曰：「適報㉘魏王又進西川金銀五十萬，到京，當盡給爾曹。」對曰：「陛下賜已晚矣，人亦不感聖恩。」帝流涕而已。又索袍帶賜從官，內庫使㉙張容哥稱頒給已盡，衛士叱容哥曰：「致吾君失社稷，皆此閹豎輩也！」抽刀逐之，或救之獲免。容哥謂同類曰：「皇后吝財致此㉚，今乃歸咎於吾輩，事若不測，吾輩萬段，吾不忍待也。」因赴河死㉛。

甲申（二十八日），帝至石橋西㉜，置酒悲涕，謂李紹榮等諸將曰：「卿輩事吾以來，急難富貴，靡不同之，今致吾至此，皆無一策以相救乎？」諸將百餘人，皆截髮置地，誓以死報，因相與號泣。是日晚，入洛城，李嗣源命石敬瑭將前軍趣汜水，收撫散兵，嗣源繼之，李紹虔、李紹英引兵來會㉝。丙戌（三十日），宰相、樞密使共奏魏王西軍將至，車駕宜且控扼汜水，收撫散兵以俟之。帝從之，自出上東門，閱騎兵，戒以詰旦東行。

【今註】㈠明宗聖德和武欽孝皇帝：帝諱嗣源，代北人也，世本夷狄，無姓氏，父霓，為鴈門都將。帝初名邈佶烈，以騎射事太祖，為人質厚寡言，執事恭謹，太祖養以為子，賜姓名李嗣源，既即位，改名亶。㈡天成元年：是年四月，方改元，時尚為同光四年。是歲，遼太祖天顯元年。㈢河中節度使尚書令李繼麟自恃與帝故舊，且有功：梁郢王友珪之立，朱友謙即以河中附晉，見卷二百六十八梁太祖乾化二年，故自以與帝為故舊。自友謙附晉之後，晉王與梁人戰於河上而汾、晉無後顧之憂，故自恃有功。㈣郭侍中功高於我：郭侍中，謂崇韜也。崇韜輔晉滅梁，又總兵伐蜀而滅之，其功高非朱友謙所能及，故云然。㈤讒人：謂諸伶及宦者也。㈥部署已定：部署何者宜行，何者宜留諸事已定也。㈦垂發：猶言臨發。㈧崇韜方升階，繼岌從者李環撾碎其首，並殺其子廷誨、廷信：郭崇韜蓋與二子俱入見，故同時見殺。㈨矯為敕書，用蠟印宣之：唐制，凡制敕詔令皆由中書省宣署，時未有敕書，故以蠟摹刊中書省印以署敕書而宣露之也。㈩掌書記滏陽張礪：張礪滏陽人，為郭崇韜府掌書記。⑪去留帖然：帖，安也。去者留者皆安帖無反側之心。⑫閬人破陳本，斬之：陳本圍汀州見上年十二月。⑬契丹主擊女真及渤海：契丹擊渤海始卷二百七十二同光二年七月。⑭遣梅老鞋里來修好：《五代會要》曰：「時阿保機復寇渤海國，又遣梅老鞵里已下三十七人貢馬三十匹，詐修和好。」⑮乃下詔暴郭崇韜之罪，並殺其子廷說、廷讓、廷議：《五代史・郭崇韜傳》，崇韜五子，廷信，廷誨隨父死於蜀，廷說誅於洛陽，廷讓誅於魏州，廷議誅於太原。⑯驅繼麟出徽安門外殺之，復其姓名曰朱友謙：《唐六典》，洛陽北面二門，東曰延喜，西曰徽安。朱友謙賜姓名李繼麟，見卷二百七十二同光元年。⑰友謙二子，令德為武信節度使，令錫為忠武節度使，詔魏王繼岌誅令德於遂州，鄭州刺史王思同誅令錫於許州：蜀置武信軍節度於遂州，蜀滅，入後唐。又唐置忠武軍節度於許州，匡國軍節度於同州，梁受唐禪，兩易其軍號，後唐滅梁，復其故。⑱河陽節度使李紹奇誅其家人於河中：《五代史・朱友謙傳》曰：「帝命夏魯奇誅友謙之族於河中，魯奇至，友謙妻張氏率其家屬二百餘口見魯奇曰：『請疏骨肉名字，無致他人橫死。』將刑，張氏持先賜鐵券授魯奇曰：『皇帝所賜也。』是時百口塗地，冤酷之聲，行路流涕。」夏魯奇即李紹奇也，莊宗賜姓名。又曰：「先是河中衙城閽者夜見婦人數十，袨服靚粧，僕馬炫耀，自外馳騁笑語趨衙城，閽者不知其故，不敢詰，至門，排騎而入，既而扃鎖如故，復無人迹，乃知妖鬼也。又李繼麟登逍遙樓，聞哭聲四合，詰日訊之，巷無喪者，隔歲乃族誅。」⑲紹奇亦為之慙：先既許以不死而後無罪誅之，是失信於臣下也，故為之慙。⑳令公勳業振主：嗣源時兼中書令，故稱之為令公。振當作震。《史記》蒯通曰：「勇略震主者身危而功蓋天下者不賞。」㉑東光：《舊唐書・地理志》，東光縣，漢渤海郡之屬縣，唐屬景州，故城即今河北省東光縣。按漢故縣在今縣東二十里，隋移今治。㉒浚儀：浚儀縣，唐為汴州治，今河南省開封縣。㉓平恩：《舊唐書・地理志》，平恩，漢置，唐屬洺州，故城在今山東省丘縣西。㉔行止常差中軍一舍：三十里為一舍：言後軍或行或止，常後於中軍三十里。㉕以宣徽南院使李紹宏為樞密使：以代郭崇韜。㉖朱友謙子建徽為澶州刺史，帝密敕鄴都監軍史彥瓊殺之：澶州，魏博節度巡屬也，故敕魏博監軍殺朱建徽。㉗史武德：史彥瓊以武德使出監魏博軍，故稱其內職。㉘主上所以有天下，吾魏軍力也：謂帝因魏博之兵以破梁。㉙去家咫尺，不使相見：言敕戍兵留屯貝州，不許還魏州。《元豐九域志》，貝州南至魏州二百二十五里。咫尺，喻其近也。㉚示以二首：二首，楊仁晸及小校之首。㉛館陶：《舊唐書・地理志》，館陶縣，漢置，唐高祖武德五年置毛州，太宗貞觀元年，廢毛州，以館陶屬魏州，宋白《續通典》曰：「館陶城西北七里有陶丘，亦曰陶山，趙置館於丘側，因以名縣。」故城在今山東省館陶縣西南四十里。㉜今日賊至臨清，計程須六日晚方至：胡三省曰：「九域志，臨清縣南至魏州城一百五十里，皇甫輝等以壬辰至臨清，史彥瓊以為六日晚方至魏州者，以師行日五十里，故計其涉三日方至也。壬辰，三月四日，六日謂二月六日甲午也。」㉝請僕射帥眾乘城：僕射謂史彥瓊。彥瓊蓋加僕射銜，故孫鐸稱之。㉞趙在禮據宮城：帝即位於魏州，以牙城為宮城。㉟尚書重德：尚書謂王正言，正言以戶部尚書出知鄴都留守，故趙在禮稱之。㊱北京留守張憲家在鄴都：去年張憲方自鄴都留守遷北京留守，故其家尚在鄴都。㊲史彥瓊至洛陽：自鄴都逃至洛陽。㊳帝問可為大將者於樞密使李紹宏，紹宏復請用李紹欽：李紹欽，即梁降將段凝也。伐蜀之役，李紹宏薦紹欽有蓋世奇才，帝不用，故紹宏復薦之。㊴此小事，不足煩大將，紹榮可辦也：元行欽賜姓名李紹榮。帝與後疑李紹欽，不欲其為將，故云然。㊵武連：《舊唐書・地理志》，武連縣，漢梓潼縣地，宋置武都郡及下辯縣，又改下辯為武功，後魏改武功為武連，唐屬劍州，故治在今四川省劍閣縣西南八十里。㊶魏城：《舊唐書・地理志》，魏城縣，隋置，唐屬綿州。宋白《續通典》，魏城縣本漢涪縣地，西魏於涪縣立潼州，於此立為魏城縣。故治在今四川省綿陽縣東北六十里。㊷與國家掎角以破梁，則朱公也：謂朱友謙初以蒲、同二鎮附晉，與晉為掎角之勢以破梁。㊸西平王何罪，闔門屠膾：朱友謙以蒲、同附晉，晉以為西平王。闔門屠膾，謂族誅其家也。㊹吾輩歸則與史武等同誅：帝族誅朱友謙，並及其故將史武等，焦武等亦友謙舊部也，故謂歸則與武等同罪而誅死。㊺決不復東矣：自蜀返洛為東歸。㊻李繼曮至鳳翔，監軍柴重厚不以符印與之，促令詣闕：李茂貞以唐僖宗光啟三年據鳳翔，至是再傳，凡三十九年而為柴重厚所代。其後明宗復令李繼曮鎮鳳翔。㊼步直兵：胡三省曰：「步直兵，謂步兵長直者也。」㊽詔東北面招討使李紹真討之：霍彥威賜姓名李紹真。㊾任圜先令別將何建崇擊劍門關，下之：恐李紹琛據關拒守，故先奪據劍門之險。㊿相公誠善為敷奏：胡三省曰：「李紹榮以節度使同平章事，故稱之為相公，所謂使相也。後世凡建節者皆稱相公。」《尚書・舜典》：「敷奏以言。」傳云：「敷，陳；奏，進也。」言陳設其言為之奏上也。(五一)帝與梁相拒於得勝：得勝即德勝。梁、晉相拒於德勝，見卷二百七十一梁末帝龍德元年、二年。(五二)盡阬若曹：若曹猶言汝輩。欲為大阬盡阬殺之。(五三)由是親軍皆不自安：以郭崇韜之勳舊，猶無罪而見殺，況其餘乎，故皆不自安。(五四)王衍至長安，有詔止之：止之不令赴洛陽。(五五)始命護國節度使永王存霸至河中：朱友謙既誅，故以存霸代之鎮河中。(五六)宜令總管進討：總管，謂李嗣源也。自符存審之薨，嗣源即代為蕃漢內外馬步軍都總管。(五七)帝以內外所薦：內則樞密使李紹宏，外則宰相及在廷大臣。(五八)延州言綏、銀軍亂，剽州城：胡三省曰：「綏、銀時為夏州巡屬，延州以鄰鎮奏言之耳。」延州彰武軍，夏州定難軍。(五九)吾奉詔召孟郎：《五代史記・後蜀世家》，武皇以弟克讓女妻孟知祥，故知祥與帝為郎舅。(六〇)知祥浚壕樹柵，遣馬步都指揮使李仁罕將四萬人，饒銳指揮使李延厚將二千人討紹琛：胡三省曰：「既浚壕樹柵為守城之備，又遣其兵出討，以兵有邂逅，戰苟不利，則退守無倉卒失措之憂也。然當時蜀之舊兵敗散已多，北兵留戍，計不過數千，李仁罕所將未必足四萬之數，更須博考。」(六一)得選兵七百人以行：此七百人皆少壯勇銳之兵也。(六二)招討掌書記張礪請伏精兵於後，以羸兵誘之，圜從之：張礪初為招討使郭崇韜府掌書記，崇韜既誅，魏王繼岌以任圜為副招討使討李紹琛，礪仍以幕屬從軍。(六三)以威武節度副使王延翰為威武節度使：嗣閩王審知之位。(六四)亂兵益熾：胡三省曰：「從亂者愈眾也。」(六五)云克城之後，當盡坑魏博之軍：帝囑李紹榮克鄴都之日，勿遺噍類。語見上。(六六)近從馬直數卒諠競，遽欲盡誅其眾：謂王溫作亂，郭從謙矯言帝以是俟鄴都平後欲盡阬從馬直軍士也。(六七)令公帝河北：令公謂李嗣源，嗣源官中書令，故稱之。(六八)將士輩負令公：胡三省曰：「李嗣源以蕃漢馬步軍都總管統諸軍禦契丹，凡河北諸鎮兵馬皆屬焉，而魏兵作亂，是負之也。」(六九)今外兵流散：外兵，謂李嗣源及李紹真所領之兵。(七〇)金雁橋：金雁橋在今四川省廣漢縣南一里，跨金雁河上，亦稱雁橋，蜀漢先主入蜀，擒張任於此。《方輿勝覽》，雁江在雒縣南，曾有金雁，故名。雒縣即今廣漢縣。(七一)與十餘騎奔綿竹：《元豐九域志》，綿竹縣在漢州東北九十三里。漢州治雒。《舊唐書・地理志》，隋文帝開皇二年置普熙縣，十八年改為李冰縣，煬帝大業三年，改為綿竹縣，唐屬漢州，即今四川省綿竹縣。按漢綿竹縣屬廣漢郡，北周廢，故城在今四川省德陽縣北，非唐之綿竹也。(七二)郭侍中：謂郭崇韜，崇韜官侍中。㊂汝陰：《舊唐書・地理志》，汝陰縣，唐為潁州治，即今安徽省阜陽縣。㊃千乘：《舊唐書・地理志》，千乘縣，漢千乘國，後漢改為樂安郡，宋、齊廢，隋置千乘縣，唐高祖武德二年，於縣置乘州，八年，州廢，以縣隸青州。按隋、唐千乘縣蓋因南朝宋之舊，置於漢廣饒縣故地，非漢之千乘縣也。故治在今山東省饒樂縣，若漢千乘故城則在今山東省高苑縣北二十五里。㊄李紹真所將鎮兵五千，聞嗣源得出，相帥歸之：按《五代史・唐明宗紀》，鎮兵，蓋鎮州兵也。嗣源本鎮鎮州，故其兵相帥歸之。㊅吾明日當歸藩：欲歸鎮州也。㊆李紹榮不戰而退，歸朝必以公藉口：謂李紹榮歸朝，必奏言李嗣源與魏州賊合，以明己所以退師之故。㊇星行詣闕：星行者，戴星夜行也。詣闕，歸洛陽帝闕。㊈自魏縣南趨相州，遇馬坊使康福：胡三省曰：「後唐起於太原，馬牧多在幷代，莊宗在河上與梁戰，置馬牧於相州，以康福為小馬坊使以鎮之，蓋以幷代之廐牧為大馬坊也。」《五代史・康福傳》，康福，蔚州人，世為本州軍校，福便弓馬，少事武皇，累補軍職，充承天軍都監，莊宗嗣位，嘗謂左右曰：「康福禮貌豐厚，宜領財貨，可令總轄馬牧。」由是署為馬坊使，及明宗為亂兵所迫，將離魏縣，會福牧小坊馬數千匹於相州，乃驅而歸。㊉平盧節度使符習將本軍攻鄴都，聞李嗣源軍潰，引兵歸，至淄州，監軍使楊希望遣兵逆擊之：《五代史記・職方考》，梁置平盧軍節度於徐青州。《元豐九域志》，青州西至淄州一百一十三里。《舊唐書・地理志》，唐高祖武德元年，置淄州於隋齊郡之淄川縣，玄宗天寶元年，改為淄川郡，肅宗乾元元年，復為淄州，故治即今山東省淄川縣。㊁青州：《舊唐書・地理志》，青州，隋北海郡，唐高祖武德四年置為青州，玄宗天寶元年，改為北海郡，肅宗乾元元年，復為青州，治益都縣，即今山東省益都縣。(八二)時近侍為諸道監軍者：帝倣前唐之制以宦官監諸道軍，宦官常侍天子左右，故曰近侍。(八三)武寧監軍以李紹真從李嗣源，謀殺其元從：李紹真本武寧軍節度使，從李嗣源討鄴都。元從，謂李紹真義故也。紹真從嗣源，其元從留鎮徐州者，武寧監軍欲謀殺之。(八四)忠武節度使尚書令齊王張全義聞李嗣源入鄴都，憂懼不食：張全義薦李嗣源討鄴都，今嗣源反，全義懼得罪，故不食。(八五)頗朘刻軍糧：朘刻，剝削也。(八六)嗣源長子從審為金槍指揮使：《五代史・唐宗室傳》，從審，明宗長子，性忠勇沈厚，摧堅陷陳，人罕偕焉，從莊宗於河上，累有戰功，莊宗器賞之，用為金槍指揮使。蓋莊宗得魏，因魏銀槍軍置銀槍都，又置金槍都，並為帳前親軍。(八七)公等既不亮吾父：亮與諒同，信也。(八八)吾亦不能至父所：不能，不欲也。(八九)大梁，天下之要會也：胡三省曰：「大梁控引河汴，南通淮泗，北接滑魏，舟車之所湊集，且梁舊邸也，故云然。」(九〇)如此，始可自全：謂必據要會之地以逼京都，擁其兵以脅其君，始可以自全其身。(九一)時齊州防禦使李紹虔、泰寧節度使李紹欽，貝州刺史李紹英屯瓦橋：李紹虔即王晏球，李紹欽即段凝，李紹英即房知溫，屯瓦橋以備契丹。(九二)奉化軍：《五代會要》，後唐明宗天成三年三月，升奉化軍為泰州，以清苑縣為理所。《舊唐書・地理志》，清苑縣本漢信都國樂鄉縣，隋改曰清苑，唐高祖武德四年，屬蒲州，太宗貞觀元年，改屬瀛州，睿宗景雲三年，移屬莫州。然則奉化軍即莫州清苑縣也，即今河北省清苑縣。(九三)紹英，瑕丘人，本姓房，名知溫：《五代史・房知溫傳》，知溫字伯玉，兗州瑕丘人，少有勇力，初隸劉知俊，後隸楊師厚，漸升至親隨指揮使，莊宗入魏，得之，賜姓名李紹英，改授天雄軍馬步都指揮使、澶州刺史、行臺右千牛衛大將軍，莊宗平梁，歷曹、貝州刺史，權充東北面蕃漢馬步都虞候，遣戍瓦橋關。（九四）審通，金全之姪也：安金全有卻梁兵，全晉陽之功。（九五）嗣源家在真定：嗣源本鎮鎮州，入朝於洛，故其家留真定。（九六）遼州：《舊唐書・地理志》，遼州，隋太原郡之遼山縣，唐高祖武德三年，置遼州於樂平，六年，移治遼山，八年，改為箕州，睿宗先天元年，改為儀州，玄宗天寶元年，改為樂平郡，肅宗乾元元年，復為儀州，僖宗中和三年，復為遼州。遼山縣，漢垣縣地，魏改為轑陽縣，隋改遼山，即今山西省遼縣。（九七）李從珂自橫水將所部兵由盂縣趣鎮州：李從珂謫戍橫水見上卷同光三年。《舊唐書・地理志》，盂縣，隋置，唐高祖武德三年置受州於此，八年，州廢，以盂縣屬太原府，即今山西省盂縣。（九八）詔懷遠指揮使白從暉將騎兵扼河陽橋：河陽治北中城，在今河南省孟縣南，隔河與孟津相對。《舊唐書・地理志》，孟州治河陽，城臨大河，長橋架水，古稱絕險，唐僖宗乾元中，史思明再陷洛陽，太尉李光弼以重兵守河陽。蓋自乾元以後，河陽常為重鎮。帝以兵屯河陽橋，蓋以扼李嗣源自懷、孟入洛之路。（九九）軍士負物而詬曰，吾妻子已殍死，得此何為：《五代史・唐莊宗紀》，時軍士之家乏食，婦女掇蔬於野，故怨望有是言。（一〇〇）鷂店：《五代史・唐莊宗紀》作耀店。（一〇一）鄴都亂兵已遣其黨翟建白據博州，欲濟河襲鄆、汴，願陛下幸關東招撫之：鄴都亂兵，謂趙在禮所遣之兵也。按《五代史・唐莊宗紀》，關東，謂汜水關以東也。（一〇二）已印畫：胡三省曰：「印者，用中書印，畫者，畫可敕，又用御寶。」（一〇三）盡殺衍宗族於秦川驛：《水經注》曰：「清水上下，咸謂之秦川。」即今甘肅省清水縣之清水。秦川驛，以秦川名驛也。《五代史記・前蜀世家》，衍有妾劉氏，鬒髮如雲而有色，行刑者將免之，劉氏曰：「家國喪亡，義不受辱。」遂就死。宗壽，許州民家子也，蜀主建以同姓錄之為子，宗壽好學，工琴奕，為人恬退，喜道家之術，事建時為鎮江軍節度使，衍既立，宗壽為太子太保，奉朝請，以煉丹養氣自娛，衍為淫亂，獨宗壽常切諫之，後為武信軍節度使，唐師伐蜀，所在迎降，魏王繼岌常以書招之，獨宗壽不降，聞衍已銜壁，大慟，從衍東遷至岐陽，以賄賂守者得入見衍，衍泣下沾襟，曰：「早從王言，豈有今日？」衍死，宗壽至澠池，聞莊宗遇弒，亡入熊耳山，明宗天成二年，出詣京師上書，求衍宗族葬之。㉔汜水：《舊唐書・地理志》，汜水縣，隋置，唐屬孟州。汜水本春秋鄭之虎牢邑，漢為成皋縣，隋改曰汜水，故城在今河南省汜水縣西北，唐移今治，即今河南省汜水縣。㉕赤誠：胡三省曰：「赤誠猶言赤心。誠者，心之實，赤誠者，謂赤心之實。」㉖鏐尋還錢塘：自臨安衣錦軍還錢塘。《元豐九域志》，自臨安東還錢塘一百二十里。㉗帝發汜水：發汜水而東也。㉘遇山東上供絹數船：胡三省曰：「此蓋青、兖上供泝河而上者也。」㉙胙城：《舊唐書・地理志》，胙城縣，漢南燕縣，隋改為胙城縣，唐屬滑州。故城在今河南省延津縣北三十五里。㉚滿城：《舊唐書・地理志》，滿城縣，漢北平縣地，後魏置永樂縣，唐玄宗天寶元年，改為滿城縣，屬易州，故城在今河北省滿城縣西二里。㉛嗣源入大梁：《元豐九域志》，胙城縣南至大梁一百二十里。㉜帝至滎澤東：《元豐九域志》，滎澤縣在汜水西南四十五里。《舊唐書・地理志》，滎澤縣，隋置，唐屬鄭州，以古滎澤為名也。《尚書・禹貢》：「滎陂既豬。」鄭玄曰：「自漢平帝以後，滎澤塞為平地，滎陽民猶以其處為滎澤。」故城在今河南省滎澤縣北五里。㉓汝曹：汴人也：汝曹，謂龍驤軍軍士。龍驤軍，梁之舊兵，本皆汴人。㉔主上為元行欽所惑：元行欽賜姓名李紹榮。㉕王村寨：王村寨即今山東省濮縣，明景泰間遷濮州於此。㉖萬勝鎮：胡三省曰：「萬勝鎮在中牟縣東，距大梁不過數十里。」㉗罌子谷：劉昫曰：「罌子谷在成皋。」成皋即汜水縣。㉘適報：適，頃也。適報猶言頃方得報。㉙內庫使：胡三省曰：「內庫使亦莊宗所置內諸司使之一。」㉚皇后吝財致此：后吝財不以賜諸軍，事見上。㉛因赴河死：胡三省曰：「衛士致禍之源，出於宦官，不特指張容哥一人，容哥遂先赴河而死者，蓋以身為內庫使，內庫積而不發，出納之吝，諸軍以為罪，禍必先及，故遽引決耳！」曾鞏《隆平集》云，宋內臣李承進逮事唐莊宗，宋太祖嘗問莊宗時事，對曰：「莊宗好畋獵，每次近郊，衛士必控馬首曰：『兒郎輩寒冷，望陛下與救接。』莊宗隨所欲給之，如此者非一，晚年蕭牆之禍，實由賞賚無節，威令不行也。」太祖歎曰：「二十年夾河戰爭，不能以軍法約束此輩，誠兒戲。」㉜帝至石橋西：胡三省曰：「石橋在洛陽東。」㉝李紹虔、李紹英引兵來會：李紹虔、李紹英蓋自瓦橋引兵南下會嗣源於汴州。

卷二百七十五　後唐紀四

司馬光 編集
林瑞翰 註

起柔兆閹茂四月盡彊圉大淵獻六月凡一年有奇。（丙戌至丁亥，西元九二六年四月至九二七年六月）

明宗聖德和武欽孝皇帝上之下

天成元年（西元九二六年）

㈠夏，四月，丁亥朔，嚴辦㊀將發，騎兵陳於宣仁門㊁外，步兵陳於五鳳門外㊂，從馬直指揮使郭從謙不知睦王存乂已死，欲奉之以作亂㊃，帥所部兵自營中露刃大呼，與黃甲兩軍攻興教門㊄，帝方食，聞變，帥諸王及近衞騎兵擊之，逐亂兵出門。時蕃漢馬步使朱守殷將騎兵在外，帝遣中使急召之，欲與同擊賊，守殷不至，引兵憩於北邙茂林之下。亂兵焚興教門，緣城而入，近臣、宿將皆釋甲潛遁，獨散員都指揮使李彥卿及宿衞軍校何福進、王全斌等十餘人力戰，俄而帝為流矢所中，鷹坊人善友扶帝自門樓下至絳霄殿廡下㊅，抽矢，渴懣求水，皇后不自省視，遣宦者進酪，須輿，帝殂(七)，李彥卿等慟哭而去，左右皆散。善友斂廡下樂器覆帝尸而焚之。彥卿，存審之子，福進、全斌，皆太原人也(八)。劉后囊金寶繫馬鞍，與申王存渥及李紹榮引七百騎焚嘉慶殿，自師子門出走，通王存確、雅王存紀奔南山(九)，宮人多逃散。朱守殷入宮，選宮人三十餘人，各令自取樂器珍玩內於其家，於是諸軍大掠都城。是日，李嗣源至罌子谷【考異】莊宗實錄云：「今上至鄭州，聞變。」今從明宗實錄。聞之，慟哭，謂諸將曰：「主上素得士心，正為羣小蔽惑至此(一〇)，今吾將安歸乎？」戊子（初二日），朱守殷遣使馳白嗣源，以京城大亂，諸軍焚掠不已，願亟來救之。己丑（初三日），嗣源入洛陽，止於私第，禁焚掠，拾莊宗骨於灰燼之中而殯之。

嗣源之入鄴也，前直指揮使平遙侯益(一一)脫身歸洛陽，莊宗撫之流涕，至是益自縛請罪，嗣源曰：「爾為臣盡節，又何罪也？」使復其職。

嗣源謂朱守殷曰：「公善巡徼，以待魏王(一二)。淑妃、德妃在宮(一三)，供給尤宜豐備，吾俟山陵畢，社稷有奉，則歸藩為國家捍禦北方耳！」

是日，豆盧革帥百官上牋勸進，嗣源面諭之曰：「吾奉詔討賊，不幸部曲叛散，欲入朝自訴，又為紹榮所隔，披猖至此，吾本無它心，諸君遽爾見推，殊非相悉(一四)。願勿言也。」革等固請，嗣源不許。

李紹榮欲奔河中就永王存霸，從兵稍散。庚寅（初四日），至平陸(一五)，止餘數騎，為人所執，折足送洛陽，存霸亦帥眾千人棄鎮奔晉陽。

㈡辛卯（初五日），魏王繼岌至興平(一六)，聞洛陽亂，復引兵而西，謀保據鳳翔。

㈢向延嗣至鳳翔，以莊宗之命誅李紹琛(一七)。

㈣初，莊宗命呂、鄭二內養在晉陽，一監兵，一監倉庫，自留守張憲以下，皆承應不暇，及鄴都有變，又命汾州刺史(一八)李彥超為北都巡檢，彥超，彥卿之兄也。莊宗既殂，推官河間張昭遠(一九)勸張憲奉表勸進，憲曰：「吾一書生，自布衣至服金紫，皆出先帝之恩，豈可偷生而不自愧乎？」昭遠泣曰：「此古人之事，公能行之，忠義不朽矣⑳！」有李存沼者，莊宗之近屬，【考異】唐湣帝實錄符彥超傳云皇弟存沼，薛史歐陽史彥超傳作存霸，莊宗列傳、薛史張憲傳但云李存沼。按莊宗弟無名存沼者，存霸自河中衣僧服而往，非今日傳莊宗之命者也，或者武皇之姪，莊宗之弟，別無所據，不敢決定，故但云近屬。自洛陽奔晉陽，矯傳莊宗之命，陰與二內養謀殺憲及彥超，據晉陽拒守。彥超知之，密告憲，欲先圖之，憲曰：「僕受先帝厚恩，不忍為此，狥義而不免於禍，乃天也。」彥超謀未決，壬辰（初六日），夜，軍士共殺二內養及存沼於牙城，因大掠，達旦，憲聞變，出奔忻州㉑。會嗣源移書至，彥超號令士卒，城中始安，遂權知太原軍府。

百官三箋請嗣源監國，【考異】監國本太子之事，非官非爵，然五代唐明宗、潞王、周太祖皆嘗監國，漢太后令曰：「中外事取監國處分」，又誥曰：「監國可即皇帝位」，是時直以監國為稱號也，今從之。嗣源乃許之。甲午（初八日），入居興聖宮㉒，始受百官班見，下令稱教，百官稱之曰殿下，莊宗後宮存者猶千餘人，宣徽使選其美少者數百獻於監國，監國曰：「奚用此為？」對曰：「宮中職掌，不可闕也。」監國曰：「宮中職掌，宜諳故事，此輩安知？」乃悉用老舊之人補之，其少年者皆出歸其親戚，無親戚者任其所適，蜀中所送宮人亦準此。

㈤乙未（初九日），以中門使安重誨為樞密使㊂，鎮州別駕張延朗為副使。延朗開封人也，仕梁為租庸吏㊃，性纖巧，善事權貴，以女妻重誨之子，故重誨引之。

監國令所在訪求諸王，通王存確、雅王存紀匿民間，或密告安重誨，重誨與李紹真謀曰：「今殿下既監國典喪，諸王宜早為之所，以壹人心。殿下性慈，不可以聞。」乃密遣人就田舍殺之。後月餘，監國乃聞之，切責重誨，傷惜久之。

劉皇后與申王存渥奔晉陽，在道，與存渥私通。存渥至晉陽，李彥超不納，走至風谷㊄，為其下所殺。明日，永王存霸亦至晉陽，從兵逃散俱盡。存霸削髮僧服謁李彥超，願為山僧，幸垂庇護。軍士爭欲殺之，彥超曰：「六相公㊅來，當奏取進止。」軍士不聽，殺之於府門之碑下。

劉皇后為尼於晉陽，監國使人就殺之。薛王存禮及莊宗幼子繼嵩、繼潼、繼蟾、繼嶢遭亂，皆不知所終，惟邕王存美以病風偏枯得免，居於晉陽㊆。

㈥徐溫、高季興聞莊宗遇殺，益重嚴可求、梁震㉘。梁震薦前陵州㉙判官貴平㉚孫光憲於季興，使掌書記，季興大治戰艦，欲攻楚，光憲諫曰：「荊南亂離之後，賴公休息士民，始有生意，若又與楚國交惡，它國乘吾之弊，良可憂也。」季興乃止。

㈦戊戌（十二日），李紹榮至洛陽㉛，監國責之曰：「吾何負於爾而殺吾兒㉜？」紹榮瞋目直視曰：「先帝何負於爾？」途斬之，復其姓名曰元行欽㉝。

㈧監國恐征蜀軍還為變，以石敬瑭為陝州留後。己亥（十三日），以李從珂為河中留後㉞。

㈨樞密使張居翰乞歸田里，許之。李紹真屢薦孔循之才，庚子（十四日），以循為樞密副使。

李紹宏請復姓馬㉟。

監國下教數租庸使孔謙姦佞侵刻窮困軍民之罪而斬之。凡謙所立苛斂之法，皆罷之。因廢租庸使及內勾司㊱依舊為鹽鐵、戶部、度支三司，委宰相一人專判㊲，又罷諸道監軍使，以莊宗由宦官亡國，命諸道盡殺之。

(十)魏王繼岌自興平退至武功，宦者李從襲曰：「禍福未可知，退不如進，請王亟東行以救內難。」繼岌從之，還至渭水，權西都留守張籛已斷浮梁，循水浮渡。是日，至渭南(三八)，腹心呂知柔等皆已竄匿。從襲謂繼岌曰：「時事已去，王宜自圖。」繼岌徘徊流涕，乃自伏於床，命僕夫李環縊殺之。【考異】莊宗實錄：「在蜀初為都監，後勸繼岌殺郭崇韜者，李從襲也。」明宗實錄云：「宦者都監李繼襲勸繼岌東還，及令自殺。」又云：「任圜監軍李延襲欲存康延孝，及至華州，為李沖所殺者。」復云：「李從襲蓋從襲，誤為繼襲、廷襲。」今從莊宗實錄。任圜代將其眾而東，監國命石敬瑭慰撫之，軍士皆無異言。

先是監國命所親李沖為華州都監應接西師(三九)，沖擅逼華州節度使史彥鎔入朝，同州節度使李存敬過華州，沖殺之，并屠其家，又殺西川行營都監李從襲，彥鎔泣訴於安重誨，重誨遣彥鎔還鎮，召沖歸朝。自監國入洛，內外檢事，皆決於李紹真，紹真擅收威勝節度使李紹欽、太子少保李紹沖下獄(四〇)，欲殺之，安重誨謂紹真曰：「溫、段罪惡皆在梁朝，今殿下新平內難，冀安萬國，豈專為公報仇邪？」紹真由是稍沮。

辛丑（十五日），監國教李紹沖、紹欽復姓名為溫韜、段凝㊶，並放歸田里。

(十一)壬寅（十六日），以孔循為樞密使。

(十二)有司議即位禮，李紹真、孔循以為唐運已盡，宜自建國號。監國問左右何謂國號？對曰：「先帝賜姓於唐，為唐復讎㊷，繼昭宗後㊸，故稱唐。今梁朝之人不欲殿下稱唐耳！㊹」監國曰：「吾年十三事獻祖，獻祖以吾宗屬㊺，視吾猶子，又事武皇垂三十年㊻，先帝垂二十年，經綸攻戰，未嘗不預，武皇之基業，則吾之基業也，先帝之天下，則吾之天下也，安有同家而異國乎？」令執政更議。吏部尚書李琪曰：「若改國號，則先帝遂為路人，梓宮安所託乎？不惟殿下忘三世舊君㊼，吾曹為人臣者，能自安乎？前代以旁支入繼多矣，宜用嗣子柩前即位之禮㊽。」眾從之。丙午（二十日），監國自興聖宮赴西宮，服斬衰，於柩前即位，百官縞素，既而御袞冕受冊，百官吉服稱賀。

(十三)戊申（二十二日），敕中外之臣，毋得獻鷹犬、奇玩之類。

㈣有司劾奏太原尹張憲委城之罪，庚戌（二十四日），賜憲死。

㈤任圜將征蜀兵二萬六千人至洛陽[49]，明宗慰撫之，各令還營。

㈥甲寅（二十八日），大赦，改元[50]。量留後宮百人、宦官三十人、教坊百人、鷹坊二十人、御廚五十人，自餘任從所適，諸司使務有名無實者皆廢之，分遣諸軍就食近畿以省饋運，除夏、秋稅省耗[51]，節度防禦等使正、至、端午、降誕四節[52]聽貢奉，毋得斂百姓，刺史以下，不得貢奉，選人先遭塗毀文書者[53]，令三銓[54]止除詐偽，餘復舊規。

㈦五月，丙辰朔，以太子賓客鄭珏、工部尚書任圜並為中書侍郎、同平章事，圜仍判三司。

圜憂公如家，簡拔賢俊，杜絕僥幸，期年之間，府庫充實，軍民皆足，朝綱粗立。圜每以天下為己任，由是安重誨忌之。武寧節度使李紹真、忠武節度使李紹瓊、貝州刺史李紹英、齊州防禦使李紹虔、河陽節度使李紹奇、洺州刺史李紹能各請復舊姓名為霍彥威、萇從簡、房知溫、王晏球、夏魯奇、米君立，許之[55]。從簡，陳州人也。晏球本王氏子，畜於杜氏〔五六〕，故請復姓王。

(十八)丁巳（初二日），初令百官正衙常朝外，五日一赴內殿起居。

(十九)宦官數百人竄匿山林，或落髮為僧，至晉陽者七十餘人，詔北都指揮使李從溫悉誅之。從溫，帝之姪也。

(廿)帝以前相州刺史安金全有功於晉陽〔五七〕，壬戌（初七日），以金全為振武節度使同平章事。

(廿一)丙寅（十一日），趙在禮請帝幸鄴都，戊辰（十三日），以在禮為義成節度使，辭以軍情未聽，不赴鎮。

(廿二)李彥超入朝，帝曰：「河東無虞，爾之力也〔五八〕。」庚午（十五日），以為建雄留後〔五九〕。

(廿三)甲戌（十九日），加王延翰同平章事〔六〇〕。

(廿四)帝目不知書，四方奏事，皆令安重誨讀之，重誨亦不能盡通，乃奏稱：「臣徒忠實之心事陛下，得典樞機，今事粗能曉知，至於古事，非臣所及，願倣前朝侍講、侍讀、近代直崇政、樞密院，選文學之臣，與之共事〔六一〕以備應對。」乃置端明殿學士〔六二〕。乙亥

（二十日），以翰林學士馮道、趙鳳為之。

(廿五)丙子（二十一日），聽郭崇韜歸葬，復朱友謙官爵(六三)，兩家貨財、甲宅前籍沒者皆歸之。

(廿六)戊寅（二十三日），以安重誨領山南東道節度使。重誨以襄陽要地(六四)，不可乏帥，無宜兼領，固辭，許之。

(廿七)詔發汴州控鶴指揮使張諫等三千人戍瓦橋。六月丁酉（十二日），出城，復還作亂(六五)，焚掠坊市，殺權知州推官高逖，逼馬步都指揮使曹州刺史李彥饒為帥。彥饒曰：「汝欲吾為帥，當用吾命，禁止焚掠。」眾從之，己亥（十四日），旦，彥饒伏甲於室，諸將入賀，彥饒曰：「前日唱亂者，數人而已。」遂執張諫等四人斬之，其黨張審瓊帥眾大譟於建國門(六六)，彥饒勒兵擊之，盡誅其眾四百人，軍州(六七)始定，即日以軍州事牒節度推官韋儼權知，具以狀聞。庚子（十五日），詔以樞密使孔循知汴州，收為亂者三千家，悉誅之。彥饒，彥超之弟也。

(廿八)蜀百官至洛陽，永平節度使兼侍中馬全(六八)曰：「國亡至此，生不如死。」不食而卒。以平章事王鍇等為諸州府刺史、少尹、判官、司馬，亦有復歸蜀者。

(廿九)辛丑（十六日），滑州都指揮使于可洪等縱火作亂，攻魏博戍兵三指揮，逐出之。

(卅)乙巳（二十日），敕朕二名，但不連稱，皆無所避[六九]。

(卅一)戊申（二十三日），加西川節度使孟知祥兼侍中。

(卅二)李繼曮至華州，聞洛中亂，復歸鳳翔，帝為之誅柴重厚[七〇]。

(卅三)高季興表求夔、忠、萬三州為屬郡，詔許之[七一]。【考異】莊宗實錄云：「王建於夔州置鎮江軍節度，以夔、忠、萬、施為屬郡，雲安監有榷監之利，建升為安州，上舉軍平蜀，詔季興自收元管屬郡，荊南軍未進，夔州連帥以州降繼岌。」十國紀年荊南史：「天成元年二月，王表請夔、忠、萬州及雲安監隸本道，莊宗許之，詔命未下，莊宗遇弒，六月，王表求三州，明宗許之。」劉恕按莊宗實錄及薛史帝紀：「同光二年十一月庚戌，荊南高季興奏收復夔、忠等州。」魯顏勃海行年記云，得夔忠萬等州，明宗實錄及薛史韋說傳云：「討西蜀，季興請攻峽內，先朝許之，如能得三州，俾為屬郡，三州既定，季興無尺寸之功。」莊宗實錄：「同光四年二月丙寅，高季興請峽內夔、忠、萬等州，割歸當道。」明宗實錄：「天成元年六月甲寅，高季興奏：『去冬先朝詔命攻取峽內屬郡，尋有施州官吏知臣上峽率先歸投，忠、萬、夔三州，旦夕期於收復，被郭崇韜專將文字，約臣回歸，方欲陳論，便值更變。』」此說頗近實，故從之。蓋三年十月夔、忠、萬三州降於繼岌，十一月庚戌季興奏請三州為屬郡，舊史誤云奏收復也，行年記差繆最多，不可為據，或者夔州雖自降於繼岌，季興表云收復三州，據為己功，亦無足怪，今從明宗實錄。

(卅四)安重誨恃恩驕橫，殿直馬延誤衝前導，斬之於馬前[七二]，御史大夫李琪以聞。秋，七月，重誨白帝下詔稱延陵突重臣，戒諭中外。

(廿五)于可洪與魏博戍將互相奏云作亂，帝遣使按驗得實，辛酉（初七日），斬可洪於都市，其首謀滑州左崇牙全營族誅，助亂者右崇牙、兩長劍、建平將校百人亦族誅。

(廿六)壬申（十八日），初令百官每五日起居轉對奏事(七三)。

(廿七)契丹主攻勃海，拔其夫餘城，更命曰東丹國，命其長子突欲鎮東丹，號人皇王(七四)，以次子德光守西樓，號元帥太子(七五)。帝遣供奉官姚坤告哀於契丹(七六)，【考異】漢高祖實錄作苗紳，今從莊宗列傳。契丹主聞莊宗為亂兵所害，慟哭曰：「我朝定兒也，吾方欲救之，以勃海未下，不果往，致吾兒及此。」哭不已，虜言朝定，猶華言朋友也。又謂坤曰：「今天子聞洛陽有急，何不救？」對曰：「地遠不能及。」曰：「何故自立？」坤為言帝所以即位之由，契丹主曰：「漢兒喜飾說，毋多談。」突欲侍側曰：「牽牛以蹊人之田而奪之牛，可乎(七七)？」坤曰：「中國無主，唐天子不得已而立，亦猶天皇王初有國，豈強取之乎(七八)？」契丹主曰：「理當然。」又曰：「聞吾兒專好聲色遊畋，宜其及此，我自聞之，舉家不飲酒，散遣伶人，解縱鷹犬，若亦効吾兒所為，行自亡矣！」又曰：「吾兒與我雖世舊，然屢與我戰爭，於今天子則無怨，足以修好。若與我大河之北，吾不復南侵矣！」坤曰：「此非使臣之所得專也。」契丹主怒，囚之旬餘，復召之曰：「河北恐難得，得鎮、定、幽州，亦可也。」給紙筆趣令為狀，坤不可，欲殺之，韓延徽諫，乃復囚之。

(三八)丙子（二十二日），葬光聖神閔孝皇帝於雍陵(七九)。【考異】實錄：「乙亥，梓宮發引，是日，遷幸雍陵。」按莊宗實錄哀冊文云丙子，今從之。廟號莊宗。

(三九)丁丑（二十三日），鎮州留後王建立奏涿州刺史劉殷肇不受代，謀作亂，已討擒之(八〇)。

(四〇)己卯（二十五日），置彰國軍於應州(八一)。

(四一)門下侍郎同平章事豆盧革、韋說奏事帝前，或時禮貌不盡恭，百官俸錢皆折估，而革父子獨受實錢，百官自五月給，而革父子自正月給，由是眾論沸騰。說以孫為子奏官，受選人王傪賂，除近官(八二)，中旨以庫部郎中蕭希甫為諫議大夫，革、說覆奏，希甫恨之，上疏言革、說不忠，前朝阿諛取容，因誣革強奪民田，縱田客殺人，說奪鄰家井，取宿藏物(八三)，制貶革辰州刺史，說溆州刺史(八四)。庚辰（二十六日），賜希甫金帛，擢為散騎常侍。

(四一)辛巳（二十七日），契丹主阿保機卒於夫餘城(八五)。述律后召諸將及酋長難制者之妻，謂曰：「我今寡居，汝不可不效我。」又集其夫泣問曰：「汝思先帝乎？」曰：「受先帝恩，豈得不思？」曰：「果思之，宜往見之。」遂殺之。

(四二)癸未（二十九日），再貶豆盧革費州司戶，韋說夷州司戶(八六)。甲申（三十日），革流陵州，說流合州。

(四三)孟知祥陰有據蜀之志，閱庫中得鎧甲二十萬，置左右牙等兵十六營，凡萬六千人，營於牙城內外。

(四四)八月，乙酉朔，日有食之。丁亥（初三日），契丹述律后使少子安端少君守東丹，與長子突欲奉契丹主之喪將其眾發夫餘城(八七)。

初，郭崇韜以蜀騎兵分左右驍衛等六營，凡三千人，步兵分左右寧遠等二十營，凡二萬四千人，庚寅（初六日），孟知祥增置左右衝山等六營，凡六千人，營於羅城內外，又置義寧等二十營，凡萬六千人，分戍管內州縣就食(八八)。又置左右牢城四營，凡四千人，分戍成都境內。

(四六)王公儼既殺楊希望(八九)，欲邀節鉞，揚言符習為治嚴急，軍府眾情不願其還，習還至齊州，公儼拒之，習不敢前(九〇)。公儼又令將士上表請己為帥，詔除登州刺史。公儼不時之官，托云軍情所留。帝乃徙天平節度使霍彥威為平盧節度使，聚兵淄州以圖攻取(九一)。公儼懼，乙未（十一日），始之官。丁酉（十三日），彥威至青州，追擒之，并其族黨悉斬之，支使北海(九二)韓叔嗣預焉，其子熙載將奔吳，密告其友汝陰(九三)進士李穀，穀送至正陽(九四)，痛飲而別。熙載謂穀曰：「吳若用吾為相，當長驅以定中原。」穀笑曰：「中原若用吾為相，取吳如囊中物耳(九五)！」

(四七)庚子（十六日），幽州言契丹寇邊，命齊州防禦使安審通將兵禦之。

(四八)九月壬戌（初八日），孟知祥置左右飛棹兵六營，凡六千人，分戍濱江諸州，習水戰以備夔峽(九六)。

(四九)癸酉（初八日），盧龍節度使李紹斌請復姓趙(九七)，從之，仍賜名德鈞。德鈞養子延壽，尚帝女興平公主，故德鈞尤蒙寵任。延壽本脩令劉邟之子也。

(五〇)加楚王殷守尚書令。

(五一)契丹述律后愛中子德光，欲立之，至西樓(九八)，命與突欲俱乘馬，立帳前，謂諸酋長曰：「二子吾皆愛之，莫知所立，汝曹擇可立者執其轡。」酋長知其意，爭執德光轡(九九)，讙躍曰：「願事元帥太子。」后曰：「眾之所欲，吾安敢違？」遂立之為天皇王。(一〇〇)突欲慍(一〇一)，帥數百騎欲奔唐，為邏者所遏，述律后不罪，遣歸東丹。天皇王尊述律后為太后，國事皆決焉。太后復納其姪為天皇王后。天皇王性孝謹，母病不食，亦不食，侍於母前，應對或不稱旨，母揚眉視之，輒懼而趨避，非復召，不敢見也。以韓延徽為政事令(一〇二)，聽姚坤歸復命(一〇三)，遣其臣阿思沒骨餒來告哀。【考異】高漢祖實錄作沒姑餒，今從明宗實錄及會要。

㊲壬午（二十八日），賜李繼曮名從曮㊴。

㊳冬，十月，甲申朔，初賜文武官春冬衣㊷。

㊴昭武節度使同平章事王延翰㊱驕淫殘暴，己丑（初六日），自稱大閩國王，立宮殿，置百官，威儀、文物，皆倣天子之制，羣下稱之曰殿下，赦境內，追尊其父審知曰昭武王。

㊵靜難節度使毛璋驕僭不法，訓卒繕兵，有跋扈之志，詔以潁州㊸團練使李承約為節度副使以察之。壬辰（初九日），徙璋為昭義節度使㊹。璋欲不奉詔，承約與觀察判官長安邊蔚從容說諭，久之，乃肯受代。

㊶庚子（十七日），幽州奏契丹盧龍節度使盧文進來奔㊺。初，文進為契丹守平州，帝即位，遣間使說之，以易代之後，無復嫌怨㊿，文進所部皆華人，思歸，乃殺契丹戍平州者，帥其眾十餘萬、車帳八千乘來奔㊀。

㊷初，魏王繼岌、郭崇韜率蜀中富民輸犒賞錢五百萬緡，聽以金銀繒帛充，晝夜督責，有自殺者，給軍之餘，猶二百萬緡，至

是任圜判三司，知成都富饒㉒，遣鹽鐵判官太僕卿趙季良為孟知祥官告國信，兼三川都制置轉運使㉓。甲辰（二十一日），季良至成都，蜀人欲皆不與，知祥曰：「府庫它人所聚，輸之可也；州縣租稅以贍鎮兵十萬，決不可得。」季良但發庫物，不敢復言制置轉運職事矣！

安重誨以知祥及東川節度使董璋皆據險要，擁強兵，恐久而難制，又知祥乃莊宗近姻㉔，陰欲圖之。客省使泗州防禦使李嚴㉕，自請為西川監軍，必能制知祥，己酉（二十六日）以嚴為西川都監，文思使㉖太原朱弘昭為東川副使。李嚴母賢明，謂嚴曰：「汝前啟滅蜀之謀㉗，今日再往，必以死報蜀人矣！」

(五八)舊制，吏部給告身，先責其人輸朱膠綾軸錢㉘，喪亂以來，貧者但受敕牒，多不取告身㉙，十一月甲戌（二十一日），吏部侍郎劉岳上言告身有褒貶訓戒之辭㉚，豈可使其人初不之覩？敕文班丞、郎、給、諫㉛、武班大將軍以上，宜賜告身。其後執政議㉜，以為朱膠綾軸，厥費無多，朝廷受以官祿，何惜小費？乃奏凡除官者更不輸錢，皆賜告身。當是時，所除正員官之外，其餘試銜帖號㉓，止以寵激軍中將校而已，及長興以後，所除浸多，乃至軍中卒伍、使州㉔鎮戍胥吏皆得銀青階及憲官㉕，歲賜告身，以萬數矣。

㊈閩王延翰蔑弃兄弟，襲位纔踰月，出其弟延鈞為泉州刺史。延翰多取民女以充後庭，采擇不已，延鈞上書極諫，延翰怒，由是有隙。父審知養子延稟㉖為建州刺史，延翰與書，使之采擇㉗，延稟復書不遜，亦有隙。

十二月，延稟、延鈞合兵襲福州。延稟順流先至㉘，福州指揮使陳陶帥眾拒之，兵敗，陶自殺。是夜，延稟帥壯士百餘人趣西門，梯城而入，執守門者，發庫取兵仗，及寢門，延翰驚匿別至。辛卯（初八日），旦，延稟執之，暴其罪惡，且稱延翰與妻崔氏共弒先王，告諭吏民，斬於紫宸門外㉙。是日，延鈞至城南，延稟開門納之，推延鈞為威武留後㉚。

癸巳（初十日），以盧文進為義成節度使、同平章事。

(六十)庚子（十七日），以皇子從榮為天雄節度使、同平章事。

(六一)趙季良等運蜀金帛十億至洛陽㉜。時朝延方匱乏，賴此以濟。

(六二)是歲，吳越王鏐以中國喪亂，朝命不通，改元寶正㉝，其後復通中國，乃諱而不稱。【考異】閻自若唐末汎聞錄云：「同光四年，京師亂，朝命斷絕，鏐遂僭大號，改元保正，明年，明宗錫命至，乃去號，復用唐正朔紀年。」通譜云：「鏐雖外勤貢奉，而陰為僭竊，私改年號於其國，其後，子孫奉中朝正朔，漸諱改元事，及錢俶納土，凡其境土，有石刻偽號者，悉使人交午鑿滅之，惟杭州西湖落星山塔院中有鏐封此山為壽星寶石山偽詔，刻之於石，雖經鑱毀，其文尚可讀，後題云：『寶正六年，歲在辛卯。』明宗長興二年也，其元年即天成元年也，好事者或傳曰保正，非也。」余公綽閩王事迹云：「同光元年，梁策錢鏐為尚父，來年，改寶正元年，永隆三年，吳越世宗文穆王薨。」林仁志王氏啟運圖云：「同光元年，梁封浙東尚父為吳越國王，尋自改元寶正，長興三年，吳越武肅王崩，子世皇嗣，永隆二年，吳越世皇崩，子成宗嗣。」公綽、仁志所記年差繆，然可見錢氏改元及廟號，故兼載焉，至今兩浙民間猶謂錢鏐為錢太祖，今參取諸書為據。

【今註】㈠嚴辦：胡三省曰：「凡天子將出，侍中奏中嚴外辦。此時未必能爾，沿襲舊來嚴辦之言而言之耳！」㈡宣仁門：《唐六典》，東都東城在皇城之東，東曰宣仁門，南曰承福門。㈢從馬直指揮使郭從謙不知陸王存乂已死，欲奉之以作亂：陸王存乂養從謙為假子，故從謙欲奉之，及存乂之死並見上卷本年。㈣五鳳門：胡三省曰：「五鳳門，蓋宮城南門也。」㈤興教門：《唐六典》，洛陽皇城南面三門，中曰應天，左曰興教，右曰光政。㈥鷹坊人善友扶帝自門樓下至絳霄殿廡下：門樓，興教門樓也。鷹坊，唐時五坊之一也，《五代史・唐莊宗紀》作五坊人善友。㈦帝殂：時年四十二。㈧彥卿，存審之子，福進、全斌，皆太原人也：李彥卿後復姓符，與王全斌同為趙宋開國元臣，而何福進則以功名顯於周太祖之世」。㈨通王存確、雅王存紀奔南山：自洛陽南入伊川，皆大山。㈩主上素得士心，正為羣小蔽惑至此：《五代史補》曰：「莊宗之嗣位也，志在渡河，但恨河東地狹兵少，思欲百練其眾以取必勝於天下，乃下令曰：『凡出師，騎軍不見賊不許騎馬，或步騎前後已定，不得越軍分以避險惡，其分路並進，期會有處，不得違晷刻，並在路敢言病者皆斬之。』故三軍懼怯而戮力，皆一以當百，故朱梁舉天下而不能禦，卒為所滅，良有以也。初，莊宗為公子時，雅好音律，又能自撰曲子詞，其後凡用軍，前後隊伍，皆以所撰詞授之，使揭聲而唱，謂之御製，至於入陳，不論勝負，馬頭纔轉，則眾歌齊作，故凡所戰鬥，人忘其死，斯亦用軍之一奇也。」⑪前直指揮使平遙侯益：胡三省曰：「前直指揮使，領上前直衛之兵。」《舊唐書・地理志》，平遙縣，漢平陶縣，後魏避諱改陶為遙，唐高祖武德間屬介州，太宗貞觀元年，廢介州，以平遙縣屬汾州。宋白《續通典》曰：「後魏以太武帝名燾，改平陶為平遙。」即今山西省平遙縣。⑫公善巡徼，以待魏王：徼，循也。言善為巡徼京師內外，無使惶亂，以待魏王繼岌之至也。魏王繼岌，莊宗嫡長子，西征未還，嗣源此語，蓋欲待其至而奉之以為君。⑬淑妃、德妃在宮：淑妃韓氏，莊宗正室也，初封衛國夫人，德妃伊氏，莊宗次室也，初封魏國夫人，其位次本在劉后之上，莊宗即位，封韓氏為淑妃，伊氏為德妃，時在宮中，未從劉后出奔。《五代會要》曰：「莊宗同光二年十二月，冊德妃、淑妃，以宰臣豆盧革、韋說為冊使，出應天門，登路車，鹵簿鼓吹為前導，至於永福門，降車，入右銀臺門，至淑妃宮，受冊於內，文武百官立班稱賀。」⑭殊非相悉：相悉猶相知也，言非素知吾心者。

㊄平陸：《舊唐書・地理志》，平陸縣本隋河北縣，隋恭帝義寧元年置安邑郡，以縣屬焉，唐玄宗天寶三載，太守李齊物開三門，得大刃，有平陸篆字，因改為平陸縣。《括地志》曰：「河北縣，本漢大陽縣也。」《元豐九域志》，平陸縣在陝州北五里，隔大河。故城在今山西省平陸縣東北十五里。㊅興平：《舊唐書・地理志》，興平縣，隋始平縣，唐初隸雍州，武后天授二年，隸稷州，大足元年，還隸雍州，中宗景龍四年，改為金城縣，肅宗至德二年，改為興平縣。按興平縣，周犬丘邑，秦曰廢丘，漢為平陵縣地，三國魏始改平陵為始平，即今陝西省興平縣。㊆向延嗣至鳳翔，以莊宗之命誅李紹琛：李紹琛反於蜀被擒，見上卷本年三月。㊇汾州刺史：《舊唐書・地理志》，汾州，隋西河郡，唐高祖武德元年置浩州，三年改浩州為汾州，玄宗天寶元年，改為西河郡，肅宗乾元元年，復為汾州。治西河縣，漢之美稷縣，隋改曰隰城縣，唐肅宗上元元年，改為西河，即今山西省汾陽縣。㊈河閒張昭遠：《舊唐書・地理志》，河閒縣，唐為瀛州治。張昭遠即張昭也，後避漢高祖劉知遠諱，止名昭。㊉此古人之事，公能行之，忠義不朽矣：《東都事略・張昭傳》，昭勸憲奉表明宗以勸進，憲曰：「吾書生也，天子委以保釐之任，吾豈苟生者乎？」昭曰：「此古之大節，公能行之，忠臣也。」憲既死，論者以昭能成憲之節。㊀憲聞變，出奔忻州：《元豐九域志》，太原府東北至忻州二百里。按此謂宋太宗徙府後而言也，宋太原府治唐陽曲縣，在故太原縣北四十五里。㊁入居興聖宮：胡三省曰：「按是時，莊宗之殯在西宮，興聖宮蓋在西宮之東，按薛史，莊宗即位於魏州，以子繼岌充北都留守、興聖宮使，及平定河南，充東京留守、興聖宮使，則東京、北都皆有興聖

宮。」㉓以中門使安重晦為樞密使：自成德軍中門使為樞密使。按《五代史・安重晦傳》，自明宗鎮邢州，重晦即為其中門使，隨從征討凡十餘年，委信無間，故監國後，即擢任樞機之職。㉔鎮州別駕張延朗為副使，延朗，開封人也，仕梁為租庸吏：《五代史記・張延朗傳》，延朗初仕梁，以租庸吏為鄆州糧料使，明宗克鄆州，得之，復以為糧料使，後徙鎮宣武、成德，以為元從孔目官。蓋明宗鎮成德時，選為鎮州別駕也。㉕風谷：風谷，山名，在今山西省太原縣西十里，接交城縣界，即風峪也。其石壁有穴，又有洞，常有風嘯之聲，故名，胡三省以為嵐縣之誤，恐非。㉖六相公：存霸第六，故呼之。㉗惟邕王存美以病風偏枯得免，居於晉陽：偏枯，謂半身癱廢枯萎也。《五代史・唐宗室傳》，存美，莊宗第三弟，莊宗敗，不知所終，與《通鑑》所記異。㉘徐溫、高季興聞莊宗遇弒，益重嚴可求、梁震：嚴可求料唐勢將有內變，見卷二百七十二莊宗同光元年，梁震策莊宗必亡，見卷二百七十四莊宗同光三年，故徐溫、高季興益重之。㉙陵州：《舊唐書・地理志》，陵州，隋隆山郡，唐高祖武德元年，改為陵州，玄宗天寶元年，改為仁壽郡，肅宗乾元元年，復為陵州，以州南陵井為名也。治仁壽縣，漢為犍為郡武陽縣東境，晉置西城戍，後魏改為普寧縣，隋改普寧為仁壽，即今四川省仁壽縣。㉚貴平：《舊唐書・地理志》，貴平縣，漢廣都縣之東南地，後魏置仁和郡及貴平縣，唐治仁和城，玄宗開元十四年移治祿川，屬陵州。故城在今四川省仁壽縣東北六十里。㉛李紹榮至洛陽：自陝州械送至洛陽。㉜吾何負於爾而殺吾兒：謂李紹榮殺從審也。事見上卷本年三月。㉝復其姓名曰元行欽：李紹榮賜姓名，見卷二百六十九梁末帝貞明元年。㉞監國恐征蜀軍還為變，以石敬塘為陝州留後，以李從珂為河中留後：魏王繼岌以莊宗嫡嗣統征蜀軍於外，而明宗以他姓篡立，故恐征蜀軍還為變也。以石敬塘鎮陝州，蓋以捍衛洛陽，以李從珂鎮河中，蓋以阻遏其北歸晉陽之路。㊱李紹宏請復姓馬：李紹宏賜姓名，見卷二百七十梁末帝貞明五年。㊲因廢租庸使及內勾司：租庸使，唐末以來有之，莊宗置內勾使以處李紹宏，見卷二百七十三莊宗同光二年。至是皆罷。㊳依舊為鹽鐵、戶部、度支三司，委宰相一人專判：胡三省曰：「唐制，戶部、度支以本司郎中、侍郎判其事，又置鹽鐵轉運使，其後用兵，以國計為重，遂以宰相領其職，乾符以後，天下喪亂，國用愈空，始置租庸使，用兵無常，隨時調斂，兵罷則止。梁興，置租庸使領天下錢穀，廢鹽鐵、戶部、度支之官。莊宗滅梁，因而不改，明宗入立，誅租庸使孔謙而廢其使職，以大臣一人判戶部、度支、鹽鐵，號曰三司，至長興元年，張延朗因請置三司使，事下中書，中書用唐故事，拜延朗特進、工部尚書，充諸道鹽鐵、轉運等使，兼判戶部、度支事，詔以延朗充三司使，班在宣徽使下，三司置使則自梁始。」宋白《續通典》，莊宗同光二年，左諫議大夫竇專奏請廢租庸使名目歸三司，其略曰：「伏見天下諸色錢穀，比屬戶部，設度支、金部、倉部，各有郎中、員外，將地賦、山海鹽鐵分擘支計徵輸，後為租庸繁多，添置三司使額，同資國力，共致豐財。安史作亂，民戶流亡，征租不時，經費多闕，惟江淮嶺表，郡縣完全，總三司貨財，發一使徵賦，在處勘覆，名曰租庸。收復京城，尋廢其職務。廣明中，黃巢叛逆，僖宗播遷，依前又以江淮徵賦置租庸使，及至還京，旋亦停廢，偽梁將四鎮，節制徵輸，置宮使名目，後廢宮使，改置租庸。」其敍租庸使廢置甚詳。㊴渭南：

《舊唐書・地理志》，渭南縣，隋立，隸雍州，唐高祖武德元年，屬華州，五年，復隸雍州，武后天授二年，置鴻州，以渭南縣屬之，大足元年，廢鴻州，復以渭南入雍州。雍州唐為京兆府。故城即今陝西省渭南縣。㊴西師：謂魏王繼岌伐蜀之師。㊵紹真擅收威勝節度使李紹欽、太子少保李紹沖下獄：《五代史記・霍彥威傳》，彥威素與段凝、溫韜有隙，因擅捕凝、韜下獄。李紹真，即霍彥威也。㊶監國教李紹沖、紹欽復姓名為溫韜、段凝：溫韜、段凝賜姓名，並見卷二百七十二莊宗同光元年。㊷先帝賜姓於唐，為唐復讎：賜姓於唐，謂後唐獻祖平龐勛功賜姓李氏也。為唐復讎，謂莊宗滅梁，中興唐室也。《五代史・唐明宗紀》左右奏曰：「先帝以錫姓宗屬，為唐雪冤。」按賜姓非始自莊宗，先帝下當有以字，文義始明。㊸繼昭宗後：言莊宗以同光元年繼昭宗天祐二十年。㊹今梁朝之人不欲殿下稱唐耳：霍彥威、孔循皆梁朝舊臣，故云然。㊺獻祖以吾宗屬：莊宗即位，追謚祖國昌為獻祖。《五代史・唐明宗紀》，獻祖之賜姓也，以明宗編之宗籍，故自謂後唐宗屬。㊻又事武皇垂三十年：莊宗追尊父晉王克用為太祖武皇帝。㊼不惟殿下忘三世舊君：明宗歷事獻祖、太祖、莊宗三朝，故云。㊽前代以旁支入繼多矣，宜用嗣子柩前即位之禮：柩前即位，嗣君之禮也。《五代史・唐明宗紀》李琪議曰：「請以本朝言之，則睿宗、文宗、武宗、皆以兄弟相繼，即位柩前，如儲君之儀可也。」蓋欲明宗取兄亡弟紹之義以繼莊宗。㊾任圜將征蜀兵二萬六千人至洛陽：征蜀之初，出師凡六萬餘人，其中有征戰陣亡，留戍於蜀及康延孝叛而戰死者，故還時但餘二萬六千人。㊿改元：至是始改元天成。(五一)除夏、秋省耗：舊例夏、秋二稅每斗先有省耗一升，今後祇納正稅而停其省耗也。(五二)正、至、端午、降誕四節：正謂元正，至謂冬至，並端午、降誕為四節也。《五代會要》，唐懿宗咸通八年九月九日，帝始生於代北金鳳城，以其日為應聖節。(五三)選人先遭塗毀文書者：謂選人告身之遭塗毀者也，事見卷二百七十三莊宗同光二年。(五四)三銓：《唐六典》曰：「吏部尚書、侍郎之職，掌天下官吏，以三銓分其選，一曰尚書銓，二曰中銓，三曰東銓。」《舊唐書・職官志》同。又《唐六典》曰：「或云吏部東、西銓並流外銓為三銓。」宋白《續通典》曰：「太和四年七月，吏部奏，當司西銓侍郎廳，舊以尚書之次為中銓，次為東銓，乾元中，侍郎崔器奏改東銓為西銓，以久次侍郎居左，新除侍郎居右，因循倒置，議者非之，請自今久次侍郎居西銓，新除侍郎居東銓。敕旨依之。又曰：「兵部尚書為中銓，並東銓、西銓為三銓。」三銓之說非一，蓋亦代有變革也。(五五)武寧節度使李紹真、忠武節度使李紹瓊、貝州刺史李紹英、齊州防禦使李紹虔、河陽節度使李紹奇、洺州刺史李紹能各請復舊姓名為霍彥威、萇從簡、房知溫、王晏球、夏魯奇、朱君立，許之：李紹真、李紹虔以梁將歸降賜姓名，李紹瓊、李紹英、李紹奇、李紹能以事莊宗，有戰功賜姓名，《通鑑》或不盡載。忠武軍，唐置，梁改曰匡國軍，莊宗滅梁。復曰忠武也。河陽節度使即河陽三城節度使。河陽有三城，曰北城、南城及中潬城。杜佑《通典》，河陽縣北城，後魏太和中築，齊使潘樂鎮於此，又使高永樂守南城以備西魏。方勺曰：「河陽三城，其中城曰中潬。黃河西派貫於三城之間，秋水泛溢時，南、北二城皆有濡足之患，唯中潬屹然如故。」《元和郡縣志》，中潬城，東魏元象元年築。唐肅宗至德中，李光弼御史思明於此，自乾元後，常置重兵，德宗貞元後置節度，為都城之巨防。《舊唐書・地理志》，齊州，漢之濟南郡，隋為齊郡，唐高祖武德元年，改為齊州，玄宗天寶元年，改為臨淄郡，五載，改為濟南郡，肅宗乾元元年，復為齊州，治歷城縣，即今山東省歷城縣。

(五六)晏球本王氏子，畜於杜氏：《五代史・王晏球傳》，晏球自言洛都人，少遇亂，為蔡賊所掠，汴人杜氏畜之為子。因冒姓杜氏。

(五七)帝以前相州刺史安金全有功於晉陽：安金全保全晉陽，見卷二百六十九梁均王貞明二年。

(五八)河東無虞，爾之力也：李彥超撫定晉陽事見上。河東軍府在晉陽，故云。

(五九)以為建雄留後：凡為某軍留後者，蓋使鎮某軍而未授節旄。《五代史記・職方考》，梁置定昌軍於晉州，後改曰建寧軍，後唐更名建雄軍。

(六〇)加王延翰同平章事：王延翰，閩王審知之子也，嗣父位據有閩疆。

(六一)願倣前朝侍講、侍讀、近代直崇政、樞密院，選文學之臣，與之共事：侍講、侍讀，盛唐之制也，直崇政院，朱梁之制也，直樞密院，後唐莊宗之制也。《五代會要》，梁太祖開平二年，置崇政院直學士二人，選有政術文學者為之，後改為直崇政院。宋白《續通典》，後唐莊宗同光二年，崇政院依舊為樞密院，以宰臣兼使，置直院一人。

(六二)乃置端明殿學士：胡三省曰：「春明退朝錄，端明殿，西京正衙殿，蓋改文明曰端明。五代會要，唐同光二年正月，改解慍殿為端明殿。按端明殿是燕閑接御儒臣之地，必非正衙殿，當以五代會要為據。端明殿學士始此。宋白曰：『長興四年，劉昫入相，中謝，是日大祠，明宗不御中興殿而坐於端明殿，昫至中興殿門，中使曰：舊禮宰臣謝恩，須於正殿通喚，今日，上以大祠不坐正殿，請俟來日。』是端明殿非正衙殿之證也。」

(六三)聽郭崇韜歸葬，復朱友謙官爵：郭、朱二人以讒死見上卷本年正月。

(六四)重晦以襄陽要地：襄陽據

漢水上流，控扼荊、蜀，故曰要地。(六五)出城，復還作亂：胡三省曰：「控鶴，梁之侍衛親軍，積驕而憚遠戍，故作亂。蓋當時天下皆驕兵也。」(六六)建國門：《五代會要》，建國門，汴都皇城南門也，時為宣武軍府南門。(六七)軍州：軍謂宣武軍，州謂汴州。(六八)永平節度使兼侍中馬全：永平節度使兼侍中，蜀所授官也。《五代史記・職方考》，蜀置永平軍於雅州。先是唐置永平軍於邛州以授王建，建據蜀，移軍於雅州。(六九)敕朕二名，但不連稱，皆無所避：胡三省曰：「二名不偏諱，古也。」帝諱嗣源，是為二名，但舉嗣或源字不避諱，故曰不偏諱也。(七〇)李繼曮至華州，聞洛中亂，復歸鳳翔，帝為之誅柴重厚：李繼曮，茂貞之子也。柴重厚不納繼曮，見上卷本年一月。(七一)高季興表求夔、忠、萬三州為屬郡，詔許之：夔、忠、萬三州本荊南巡屬，唐末入蜀。莊宗之伐蜀也，詔高季興自取之而季興不能取，王衍既敗，三州入唐，今復以賜季興。(七二)安重晦恃恩驕橫，殿直馬延誤衝前導，斬之於馬前：胡三省曰：「左右班殿直，天子侍官也。宋熙寧以前，以為西班小使臣寄祿官。職官分紀曰：『殿直，五代本曰殿前承旨，晉天福五年，詔除翰林承旨外，殿前承旨改曰殿直。』按天成元年，安重晦斬殿直馬延，潞王清泰元年，有殿直承旨都知趙處願，則殿直名官已在晉天福之前，職官分紀誤矣！後周廣順間，殿直楚延祚、殿直王巒，亦見於史。」(七三)初令百官每五日起居轉對奏事：胡三省曰：「時依盛唐之制，百官轉對，各奏本司公事。」(七四)契丹主攻渤海，拔其扶餘城，更命曰東丹國，命其長子突欲鎮東丹，號人皇王：《遼史・太祖紀》，正月庚申，契丹拔扶餘城，丁丑，拔忽汗城，虜其王大諲譔，始平其國。又〈宗室傳〉，突欲名倍，蓋慕漢化改焉。胡三省曰：「夫餘城，即唐高麗之夫餘城也。時高麗王王建有國，限混同江而守之，混同江之西不能有也，故扶餘城屬勃海國。」《東國通鑑》曰：「高麗太祖九年春，契丹滅勃海，渤海王大諲譔戰敗乞降，改渤海國為東丹國，冊太子倍為人皇王以主之，置諲譔於臨潢之西，賜名曰烏魯古，於是渤海世子大光顯及將軍申德、禮部卿大和鈞均老、司政大元鈞、工部卿大福謨、左右衛將軍大審理、小將冒豆于、檢校開國男朴漁、工部卿吳興等率其餘眾，前後來奔高麗者數萬戶，王待之甚厚，賜光顯姓名王繼，附之宗籍，使奉其紀，僚佐皆賜爵。」⑮以次子德光守西樓，號元帥太子：《遼史・太宗紀》，太宗諱德光，字德謹，小字堯骨，太祖第二子，天贊元年，授天下兵馬大元帥。宋白曰：「耶律德光本名耀屈之，慕中國文字改焉。」按耀屈之即堯骨之轉音。⑯帝遣供奉官姚坤告哀於契丹：《遼史・太祖帝》曰：「天顯元年六月丙午，次慎州，唐遣姚坤以國哀來告。」《冊府元龜》曰：「明宗初纂嗣，遣供奉官姚坤齎空函告哀，至西樓，屬阿保機在渤海，又徑至慎州，崎嶇萬里。既謁見，阿保機延入穹廬。阿保機身長九尺，被錦袍，大帶垂後，與妻對榻，引見坤，坤未致命，阿保機先問曰：『聞爾漢土，河南北各有一天子，信乎？』坤曰：『河南天子，今年四月一日雒城軍變，今凶問至矣！河北總管令公，比為魏州軍亂，先帝詔令除討，既聞內難，軍眾離心，及京城無主，上下堅冊令公，請主社稷，今已順人望登帝位矣！』阿保機曰：『漢國兒與我雖父子，亦曾彼此讎掣，俱有惡心，與爾今天子，彼此無惡，足得歡好，爾先復命，我續將馬三萬騎至幽鎮，已來與爾家天子面為盟約，我要幽州，令漢兒把捉，更不復侵汝漢界矣！』」⑰牽牛以蹊人之田而奪之牛，可乎：此引《左傳》申叔之言為喻也。《遼史・宗室傳》，突欲博學，工遼、漢文章，藏書至萬卷，故能引《左傳》語。⑱亦猶天皇王初有國，豈強取之乎：言明宗之立，亦猶阿保機不肯受代，擊滅七部事也。⑲葬光聖神閔孝皇帝於雍陵：《五代會要》，雍陵在河南新安縣。⑳鎮州留後王建立奏涿州刺史劉殷肇不受代，謀作亂，已討擒之：胡三省曰：「唐之方鎮，涿州，幽州節度屬郡也，不屬鎮州節度，而王建立得討之者，明宗初得天下，方鎮州郡反側者尚多，王建立，明宗之所親者，越境討擒劉殷肇，奏以為不受代，朝廷亦聽之耳！」㉑置彰國軍於應州：胡三省曰：「新舊唐書地理志未有應州，歐史職方考始有應州，故屬大同節度而不載其建置之始，意晉王克用分雲州置應州也。九域志，化外州應州領金城、混源二縣，竊意金城即以明宗所生之地金鳳城置縣也，今置彰國軍節度，亦以帝鄉也。匈奴須知，應州東至幽州八百五十里，又薛史周密傳，神武川屬應州，蓋朱邪執宜徙河東，始保神武川之黃花堆，沙陀由是而基霸業，故以其地置應州也。」㉒近官：《五代史・韋說傳》作官於近甸，蓋謂近畿州縣之官。㉓說集鄰家井，取宿藏物：《五代史・韋說傳》，說居有井，昔與鄰家共之，因嫌鄙雜，築垣於外，鄰人訟之，遂為蕭希甫所疏論，以為井有貨財而說據為己有。宿藏物，言前人所窖藏而不及發取者，此蓋言藏之於井而說奪之。㉔制貶革辰州刺史、說溆州刺史：《五代史・豆盧革傳》，革自作相之後，不以進賢勸能為務，唯事修練求長生之術，嘗服丹砂，嘔血數日，垂死而愈。天成初，將葬莊宗，以革為山陵使，事畢入朝，安重晦對眾辱之曰：「山陵使名銜尚在，不俟新命，便履公朝，意謂邊人可欺也。」側目者聞之，思有所中，遂為蕭希甫所構。又〈韋說傳〉，明宗既立，高季興頻請夔、忠、萬三州，朝廷不得已而與之，革、說時在中書，亦預其議，至是獨歸其罪而流之於南疆。（五五）契丹主阿保機卒於扶餘城：《遼史・太祖紀》曰：「天顯元年，三月乙酉，班師，六月丙午，次慎州，七月甲戌，次扶餘府，上不豫。是夕，大星隕於幄前。辛巳平旦，於城上見黃龍繚繞，可長一里，光耀奪目，入於行宮，有紫黑氣蔽天，踰日乃散，是日，上崩，年五十五。」《冊府元龜》曰：「天成元年九月，幽州趙德鈞奏：『先差軍將陳繼威使契丹部內，今使還得狀，稱今年七月二十日至勃海扶餘府，契丹族帳在府城東南隅，繼威既至，求見不通，竊問漢兒，言契丹主阿保機已得疾，其月二十七日，阿保機身死，八月三日，隨阿保機靈柩發離扶餘城，十三日，至烏州，契丹主妻始受卻當府所持書信，二十七日，至龍州，契丹主妻令繼威歸本道，仍遣撩括梅老押馬三匹充答信同來。繼威見契丹部族商量來年正月葬阿保機於木葉山下，兼差近位阿思沒姑餒持信與先入番天使供奉官姚坤同來，赴闕告哀。兼聞契丹部內取此月十九日，一齊舉哀，朝廷及當府前後所差人，使繼威來時見處分，候到西樓日，即並放歸。』」七月乙卯朔，二十日甲戌，二十七日辛巳。（五六）再貶豆盧革費州司戶，韋說夷州司戶：《舊唐書・地理志》，費州，隋黔安郡之涪川縣，漢牂柯郡之地也，唐太宗貞觀四年，置為費州，玄宗天寶元年，改為涪川郡，肅宗乾元元年，復為費州，故治在今貴州省德江縣東南。夷州，隋明陽郡之綏陽縣，唐高祖武德四年，置夷州於思州寧夷縣，太宗貞觀元年，廢夷州，四年，復置夷州於黔州都上縣，十一年，自都上縣移治綏陽縣，玄宗天寶元年，改為義泉郡，肅宗乾元元年，復為夷州。綏陽縣，漢牂柯郡地，隋始置綏陽縣，故治在今甘肅省鳳泉縣西北。（八七）契丹述律后使少子安端少君守東丹，與長子突欲奉契丹主之喪，將其眾發夫餘城：《遼史・太祖紀》：是年三月乙酉，遼太祖發忽汗城班師，六月丙午，次慎州，唐遣姚坤以國哀來告，七月甲戌，次扶餘府，辛巳，遼主殂，八月甲午，述律后奉梓宮西還，乙巳，人皇王突欲奔喪繼至。（八八）分戍管內州縣就食：因分戍管內州縣而使就食所戍之地。（八九）王公儼既殺楊希望：青州指揮使王公儼殺平盧監軍使楊希望，事見上卷本年三月。（九〇）習還至齊州，公儼拒之，習不敢前：胡三省曰：「齊州東至青州三百四十餘里，中間猶隔淄州，符習聞王公儼阻兵，故不敢前。」（九一）帝乃徙天平節度使霍彥威為平盧節度使，聚兵淄州以圖攻取：欲自淄州攻取青州也。《元豐九域志》，淄州東北至青州一百二十里。（九二）北海：《舊唐書・地理志》，北海縣，漢平壽縣地，隋置北海郡，文帝開皇三年，罷郡，置下密縣於廢郡城，煬帝大業二年，改為北海縣，唐高祖武德二年，於縣置濰州，八年，州廢，以縣屬青州，即今山東省濰縣。（九三）汝陰：《舊唐書・地理志》，汝陰縣，唐為潁州治，即今安徽省阜陽縣。（九四）正陽：《元豐九域志》，潁州潁上縣有正陽鎮，在淮津之西，即今安徽省潁上縣東南七十里淮水之西岸，亦曰西正陽。又淮水之東有正陽關，在今安徽省壽縣西六十里，亦曰東正陽，則吳境也。（九五）穀笑曰，中原若用我為相，取吳如囊中物耳：其後周世宗相李穀，用其謀以取淮南，卒如其言。（九六）夔、硤：夔、硤二州。《舊唐書・地理志》，硤州，隋夷陵郡，唐高祖武德二年，置硤州，治夷陵縣，夷陵初治下牢鎮，太宗貞觀九年，移治陸抗故壘，因縣境西北夷山以為名也，玄宗天寶元年，改為夷陵郡，肅宗乾元元年，復為硤州，故治即今湖北省宜昌縣。（九七）盧龍節度使李紹斌請復姓趙：《五代史・趙德鈞傳》，德鈞本名行實，幽州人也。少以騎射事滄州連帥劉守文，守文為守光所害，遂事守光，署為幽州軍校，及莊宗伐幽州，得之，賜姓名曰李紹斌。(九八)西樓：遼太祖以所居之地為上京，起樓其間，號西樓，後為臨潢府，故城在今熱河省林西縣，即巴林左翼之波羅城。(九九)酋長知其意，爭執德光轡：遼祖之起，述律后佐之，以權術御諸部，故諸酋畏而承其意。(〇〇)遂立為天皇王：《遼史・宗室傳》，人皇王倍知太后意欲立德光，乃謂公卿曰：「大元帥功德及人神，中外攸屬，宜主社稷。」乃與羣臣請於太后而讓位焉。(〇一)突欲慍：慍，怨怒也。朱子曰：「慍不是大段怒，但心裏略有不平意便是慍。」(〇二)以韓延徽為政事令：《五代史記・契丹附錄》曰：「阿保機僭號，以延徽為相，號政事令，契丹謂之崇文令公。」(〇三)聽姚坤歸復命：阿保機囚姚坤事見上。(〇四)賜李繼儼名從曮：胡三省曰：「以子行待之也。」(〇五)初賜文武官春冬衣：《五代會要》，莊宗同光三年，租庸院奏新定四京及諸道副使判官以下俸料有春冬衣絹，此言初賜，蓋賜在京文武官以成衣也。(〇六)昭武節度使同平章事王延翰：昭武當作威武。(〇七)潁州：《舊唐書・地理志》，潁州治汝陰縣，漢為汝南郡，隋為汝陰郡。唐高祖武德四年於汝陰縣西北十里置信州，六年，改為潁州，移治汝陰縣，玄宗天寶元年，改為汝陰郡，肅宗乾元元年，復為潁州，故治即今安徽省阜陽縣。(〇八)徙璋為昭義節度使：唐置昭義軍於潞州，莊宗改為安義軍，尋復為昭義軍。(〇九)幽州奏契丹盧龍節度使盧文進來奔：盧文進入契丹，見卷二百七十梁末帝均王乾化三年。(一〇)以易代之後，無復嫌怨：莊宗怨盧文進殺其弟存矩而奔契丹，復引契丹擾於幽、薊之間也。今莊宗殂，明宗立，明宗與文進本無怨隙，故云易代之後無復嫌怨也。㉑文進所部皆華人，思歸，乃殺契丹戍平州者，帥其眾十餘萬、車帳八千乘來奔：馬令《南唐書》曰：「明宗即位，文進自平州率眾數萬歸唐，明宗得之甚喜，以為善成軍節度使，居年餘，徙鎮威勝，加同平章事，入為上將軍，出鎮昭義，徙安遠。文進身長七尺，狀貌偉然，自其奔契丹也，數引契丹攻掠幽、薊，虜其人民，教契丹以中國織紝工作無不備，契丹由此益彊。同光中，契丹數以輕騎出入塞上，攻掠幽趙，人無寧歲。唐兵屯涿州，歲時饋運自瓦橋關至幽州，嚴斥堠，常苦抄奪，為唐患者十餘年，皆文進為之也。初，文進攻新州不克，夜走墜塹，一躍而出，明日視之，乃郡之黑龍潭也，絕岸數丈，深不可測，又嘗有大蛇徑至座間，引首及膝，文進取食飼之而去，由是自負，反復南北，終無挫衂焉！」㉒至是任圜判三司，知成都富饒：同光之伐蜀也，任圜從軍在川中，故知其富饒。㉓遣鹽鐵判太僕卿趙季良為孟知祥官告國信，兼三川都制置轉運使：帝即位，加孟知祥侍中，故以趙季良齎官告國信入蜀以賜之，因以為三川制置轉運使，制置蜀中征賦，並使督蜀犒軍餘錢送京師。三川者，劍南東西道及山南西道也。㉔又知祥乃莊宗近姻：知祥之妻，晉王弟克讓之女，莊宗之從姊妹也。㉕客省使泗州防禦使李嚴：《職官分紀》曰：「梁有客省使，宋因之，掌四方進奉及四夷朝貢、牧伯朝覲，賜酒饌饔餼給宰相、近臣、禁軍將校節儀，諸州進奉使賜物回詔之事。」《五代會要》，梁諸司使有客省使，位在宣徽院使下，天驥使上。《舊唐書・地理志》，泗州，隋下邳郡，唐高祖武德四年，置泗州於宿預縣，武后長安元年，割徐城縣置臨淮縣，玄宗開元二十三年，自宿預移治臨淮，天寶元年，改為臨淮郡，肅宗乾元元年，復為泗州，故治在今安徽省泗縣東南。按泗州時屬吳，李嚴蓋以客省使遙領泗州防禦使耳！㉖文思使：《五代會要》，梁諸司使有文思院使，班在乾文院使下，五防如京使上。胡三省曰：「文思使，掌文思院，宋以為西班使臣以處武臣。」㉗汝前啟滅蜀之謀：李嚴啟謀伐蜀，事見卷二百七十三莊宗同光二年。㉘朱膠綾軸錢：宋白《續通典》，唐制，文步百官告身皆以素綾紙褾軸宣賜，其受封拜者欲得告身須於所司納朱膠綾紙錢以請出給。陸遊曰：「江鄰幾嘉祐雜志言唐告身初用紙，肅宗朝有用絹，貞元後始用綾。余在成都，見周世宗除劉仁贍侍中告，乃用紙，在金彥亨尚書之子處。」㉙貧者但受敕牒，不取告身：受敕牒以照驗上任，若取告身則須納錢，貧者無錢，故不及取也。㉚告身有褒貶訓戒之辭：此中書所錄制辭也。㉛丞、郎、給、諫：丞謂尚書左右丞，郎謂尚書諸曹郎，給謂六部給事中，諫謂諫議大夫。㉜其後執政議，以為朱膠綾軸，厥費無多，朝廷受以官祿，何惜小費：受當作授。《五代史記・劉岳傳》曰：「故事，吏部文武官告身皆輸朱膠紙軸錢然後給，其品高者則賜之。貧者不能輸錢，往往但得敕牒而無告身，五代之亂，因以為常。官卑者無復給告身，中書但錄其制辭，編為敕甲。岳時為吏部侍郎，建言以為制辭或任其材能，或褒其功行，或申以訓誡，而受官者既不給告身，皆不知受命之所以然，非王言所以告詔也，請一切賜之。由是百官皆賜告身，自岳始也。」㉝試銜帖號：胡三省曰：「試銜，謂試某官某階，皆以入銜也。帖號，謂帖以諸銜將軍、郎將之號。」㉞使州：使謂節度、觀察、團練、防禦等使司，州謂諸州。㉟皆得銀青階及憲官：銀青，銀印青綬也。憲官，御史臺官。㊱父審知養子延稟：《五代史記・閩世家》，延稟本姓周氏，審知養以為子。㊲延翰與書，使之采擇：與延稟書，令采擇建州民女以充後庭。㉘延稟順流先至：自建州順建溪東下福州，水勢湍急，輕舟隔宿可至也。㉙且稱延翰與妻崔氏共弒先王，告諭吏民，斬於紫宸門外：胡三省曰：「唐都長安內中有紫宸殿、紫宸門，閩人僭倣其名耳！」《五代史記・閩世家》，延翰字子逸，審知長子也，為人長大美晳如玉，其妻崔氏陋而淫，延翰不能制，審知喪未朞，撤其几筵，又多選良家子為妾，崔氏性妬，良家子之美者輒幽之別室，繫以大械，刻木為人手以擊其頰，又以鐵錐刺之，一歲中死者八十四人。延稟蓋誣延翰與妻崔氏以弒君父之罪而誅之。㉚推延鈞為威武留後：王延鈞，審知次子也。㉛趙季良等運蜀金帛十億至洛陽：孔穎達曰：「依演算法，億之數有大小二法，其小數以十為等，十萬曰億，十億曰兆，其大數以萬為等，數萬至萬為億，是萬萬為億，又從億數至萬億為兆，故詩頌毛氏傳云：『數纍萬曰億，數億至億曰秭，兆在億、秭之閒。』是大數之法。魏風刺在位貪殘，『胡取禾三百億兮！』魏國褊小，不應過多，故以小數言之，故云十萬曰億。」《瑜伽略纂》曰：「西方有四種億，一、十萬為億，二、百萬為億，三、千萬為億，四、萬萬為億。今瑜伽、顯揚百萬為億，華嚴千萬為億，智度論十萬為億。」胡三省曰：「趙季良運金帛十億，若以小億計之則百萬耳，安能濟朝廷之匱乏哉！若以大億計則之十萬萬也，未知孰是。」余按十萬萬則過多，唐、宋佛教盛行，必受西說影響，惟未知取何說為計耳！㉜是歲，吳越王鏐以中國喪亂，朝命不通，改元寶正：《吳越備史》，是歲，吳越大水，蘇州尤甚，水中生米大如豆，民取食之。

二年㈠（西元九二七年）

㈠春正月，癸丑朔，帝更名亶。

㈡孟知祥聞李嚴來監其軍，惡之，或請奏止之。知祥曰：「何必然？吾有以待之。」遣吏至綿、劍迎㈡候，會武信節度使李紹文卒，知祥自言嘗受密詔，許便宜從事㈢，壬戌（初十日），以西川節度副使、內外馬步軍都指揮使李敬周為遂州留後㈣，趣之上道，然後表聞。嚴先遣使至成都，知祥自以於嚴有舊恩㈤，冀其懼而自回，乃盛陳甲兵以示之，嚴不以為意。

㈢安重誨以孔循少侍宮禁，謂其諳練故事，知朝士行能㈥，多聽其言。豆盧革、韋說既得罪㈦，朝廷議置相，循意不欲用河北人㈧，先已薦鄭珏，又薦太常卿崔協。任圜欲用御史大夫李琪，鄭珏素惡琪，故循力沮之，謂重誨曰：「李琪非無文學，但不廉耳！宰相但得端重有器度者，足以儀刑多士矣。」它日議於上前，上問誰可相者，重誨以協對。圜曰：「重誨未悉朝中人物，為人所賣。

協雖名家，識字甚少，臣既以不學忝相位，奈何更益以協，為天下笑乎？」上曰：「宰相重任，卿輩更審議之。吾在河東時，見馮書記多才博學，與物無競[九]，此可相矣！」既退，孔循不揖，拂衣徑去，曰，「天下事一則任圜，二則任圜，圜何者？使崔協暴死則已，不死，會須相之。」因稱疾不朝者數日，上使重誨諭之方入。重誨私謂圜曰：「今方乏人，協且備員，可乎？」圜曰：「明公捨李琪而相崔協，是猶棄蘇合之丸，取蛣蜣之轉也[一〇]」。循與重誨共事[一一]，日短琪而譽協，癸亥（十一日），竟以端明殿學士馮道及崔協並為中書侍郎同平章事。協，邠之曾孫也[一二]。

㈣戊辰（十六日），王延稟還建州，王延鈞送之，將別，謂延鈞曰：「善守先人基業，勿煩老兄再下。」延鈞遜謝甚恭而色變。

㈤庚午（十八日），初令天下長吏每旬親引慮繫囚[一三]。

孟知祥禮遇李嚴甚厚，一日謁知祥，知祥謂曰：「公前奉使王衍，歸而請兵伐蜀，莊宗用公言，遂致兩國俱亡[一四]，今公復來，蜀人懼矣！[一五]且天下皆廢監軍[一六]，公獨來監吾軍，何也？」嚴惶怖求哀，知祥曰：「眾怒不可遏也。」遂揖下斬之。又召左廂馬步都虞候丁知俊，知俊大懼。知祥指嚴尸謂曰：「昔嚴奉使，汝為之副，然則故人也，為我瘞之。」因誣奏：「嚴詐宣口敕，云代臣赴闕⑰，又擅許將士優賞，臣輒已誅之。」內八作使⑱楊令芝以事入蜀，至鹿頭關聞嚴死，奔還。

朱弘昭在東川⑲，聞之亦懼，謀歸洛，會有軍事，董璋使之入奏，弘昭偽辭然後行，由是得免。

㈥癸酉（二十一日），以皇子從厚同平章事，充河南尹，判六軍諸衛事，從榮聞之不悅⑳。

㈦己卯（二十七日），加樞密使安重誨兼侍中，孔循同平章事。

㈧吳馬軍都指揮使柴再用戎服入朝，御史彈之，再用恃功不服，侍中徐知誥陽於便殿誤通起居，退而自劾，吳王優詔不問，知誥固請奪一月俸，由是中外肅然㉑。

契丹改元天顯㉒，葬其主阿保檢於木葉山㉓。述律太后左右有桀黠者，后輒謂曰：「為我達語於先帝。」至墓所則殺之，前後所殺以百數，最後平州人趙思溫當往，思溫不行，后曰：「汝事先帝嘗親近，何為不行？」對曰：「親近莫如后，后行，臣則繼之。」后曰：「吾非不欲從先帝於地下也，顧嗣子幼弱，國家無主，不得往耳！」乃斷一腕，令置墓中，思溫亦得免。

㈨帝以冀州刺史烏震三將兵運糧入幽州㉔，二月戊子（初七日），以震為河北道副招討，領寧國節度使㉕，屯盧臺軍㉖，代泰寧節度使同平章事房知溫歸兖州㉗。

㈩庚寅（初九日），以保義節度使石敬瑭兼六軍諸衛副使㉘。

(十一)丙申（十五日），以從馬直指揮使郭從謙為景州刺史，既至，遣使族誅之㉙。

(十二)高季興既得三州㉚，請朝廷不除刺史，自以子弟為之，不許。及夔州刺史潘炕罷官㉛，季興輒遣兵突入州城，殺戍兵而據之。朝廷除奉聖指揮使㉜西方鄴為刺史，不受，又遣兵襲涪州，不克㉝。魏王繼岌遣押牙韓珙等部送蜀珍貨金帛四十萬浮江而下，季興殺珙等於峽口㉞，盡掠取之。朝廷詰之，對曰：「珙等舟行下峽，涉數千里，欲知覆溺之故，自宜按問水神。」帝怒，壬寅（二十一日），制削奪季興官爵，以山南東道節度使劉訓為南面招討使，知荊南行府事，忠武節度使夏魯奇為副招討使，將步騎四萬討之，東川節度使董璋充東南面招討使，新夔州刺史西方鄴(三五)副之，【考異】按梓、夔皆在荊南之西南，而云東南面者，蓋據夔、梓使自言之耳！將蜀兵下峽(三六)，仍會湖南軍三面進攻(三七)。

(十三)二月甲寅（初三日），以李敬周為武信留後(三八)。

丙辰（初五日），初置監牧，蕃息國馬(三九)。

(十四)初，莊宗之克梁也，以魏州牙兵之力，及其亡也，皇甫暉、張破敗之亂亦由之(四〇)。趙在禮之徙滑州，不之官，亦實為其下所制(四一)。在禮欲自謀脫禍，陰遣腹心詣闕求移鎮，帝乃為之除皇甫暉陳州刺史，趙進貝州刺史(四二)，徙在禮為橫海節度使，以皇子從榮鎮鄴都，命宣徽北院使范延光將兵送之，且制置鄴都軍事，乃出奉節等九指揮三千五百人，使軍校龍晊部之，戍盧臺軍以備契丹，不給鎧仗，但繫幟於長竿以別隊伍，由是皆俛首而去，中塗聞孟知祥殺李嚴，軍中籍籍，已有訛言，既至，會朝廷不次擢烏震為副招討使，訛言益甚，房知溫怨震驟來代己㊸，震至，未交印，壬申（二十一日），震召知溫及諸道先鋒馬軍都指揮使、齊州防禦使安審通博於東寨㊹，知溫誘龍晊所部兵殺震於席上㊺，其眾譟於營外㊻，安審通脫身走，奪舟濟河，將騎兵按甲不動，知溫恐事不濟，亦上馬出門。甲士攬其轡白：「公當為士卒主，去欲何之？」知溫紿之曰：「騎兵皆在河西，不收取之，獨有步兵，何能集事？」遂躍馬登舟濟河，與審通合謀擊亂兵，亂兵遂南行，騎兵徐躡其後，部伍甚整，亂者相顧失色，列炬宵行，疲於荒澤。詰朝，騎兵四合擊之，亂兵殆盡，餘眾復趣故寨，審通已焚之，亂兵進退失據，遂潰，其匿於叢薄溝塍得免者，什無一二。范延光還至淇門，聞盧臺亂，發滑州兵復如鄴都以備奔逸。

(十五)帝遣客省使李仁矩如西川，傳詔安諭孟知祥及吏民㊼，甲戌（二十三日），至成都。

(十六)劉訓兵至荊南，楚王殷遣都指揮使許德勳等將水軍屯岳州㊽，高季興堅壁不戰，求救於吳，吳人遣水軍援之。

(十七)夏，四月庚寅（初十日），敕盧臺亂兵在營家屬，並全門處斬。敕至鄴都，闔九指揮之門，驅三千五百家，凡萬餘人於石灰窰，悉斬之，永濟渠為之變赤(四九)。

(十八)朝廷雖知房知溫首亂，欲安反仄，癸巳（十三日），加知溫兼侍中。

(十九)先是孟知祥遣牙內指揮使文水武漳迎其妻瓊華長公主及子仁贊於晉陽(五〇)，及鳳翔(五一)，李從曮聞知祥殺李嚴，止之以聞，帝聽其歸蜀，丙申（十六日），至成都。

(廿)鹽鐵判官趙季良與孟知祥有舊，知祥奏留季良為副使(五二)，朝廷不得已，丁酉（十七日），以季良為西川節度副使(五三)。李昊歸蜀(五四)，知祥以為觀察推官。

(廿一)江陵卑濕，復值久雨，糧道不繼，將士疾疫，劉訓亦寢疾，癸卯（二十三日），帝遣樞密使孔循往視之，且審攻戰之宜。

(廿二)五月癸丑（初三日），以威武留後王延鈞為本道節度使、琅邪王。

(廿三)孔循至江陵，攻之不克，遣人入城說高季興，季興不遜。丙寅（二十六日），遣使賜湖南行營夏衣萬襲，丁卯（十七日），又遣使賜楚王殷鞍馬玉帶，督饋糧於行營，竟不能得(五五)。庚午（二十日），詔劉訓等引兵還。

(廿四)楚王殷遣中軍使史光憲入貢，帝賜之駿馬十、美女二，過江陵，高季興執光憲而奪之，且請舉鎮自附於吳。徐溫曰：「為國者當務實效而去虛名，高氏事唐久矣(五六)，洛陽去江陵不遠(五七)，唐人步騎襲之甚易。我以舟師泝流救之甚難。夫臣人而弗能救，使之危亡，能無愧乎？」乃受其貢物，辭其稱臣，聽其自附於唐。

(廿五)任圜性剛直，且恃與帝有舊(五八)，勇於敢為，權倖多疾之。舊制，館券出於戶部(五九)，安重誨請從內出(六〇)，與圜爭於上前，往復數四，聲色俱厲。上退朝，宮人問上適與重誨論事為誰，上曰：「宰相。」宮人曰：「妾在長安宮中，未嘗見宰相、樞密奏事敢如是者，蓋輕大家耳！」上愈不悅。卒從重誨議。圜因求罷三司，詔以樞密承旨孟鵠充三司副使權判(六一)。孟鵠，魏州人也。

(卅)六月庚辰（朔），太子詹事溫輦請立太子。

(卅一)丙戌（初七日），門下侍郎、同平章事任圜罷守太子少保。

(卅二)己丑（初十日），以宣徽北院使張延朗判三司。

(卅三)壬辰（十五日），貶劉訓為檀州刺史㈢。

(卅四)丙申（十七日），封楚王殷為楚國王。

(卅五)西方鄴敗荊南水軍於峽中，復取夔、忠、萬三州。

【今註】㈠天成二年：是歲，遼太宗即位，仍天顯年號，不改元。㈡綿、劍：綿州、劍州。㈢知祥自言嘗受密詔許便宜從事：自言嘗受莊宗密詔也。㈣以西川節度副使、內外馬步軍都指揮使李敬周為遂州留後：代李紹文為武信留後也。㈤知祥自以於嚴有舊恩：孟知祥救李嚴之死，見卷二百六十八梁末帝乾化二年。㈥安重晦以孔循少侍宮禁，謂其諳練故事，知朝士行能：孔循少給事梁祖，後唐末，歷任宣徽、樞密等職，參預機務，故意其諳練故事及知朝士之行能。㈦豆盧革、韋說既得罪：事見上年。㈧循意不欲用河北人：胡三省曰：「孔循少長河南，故不欲用河北人。」㈨吾在河東時，見馮書記多才博學，與物無競：馮書記，謂馮道也，道事晉王克用為河東節度掌書記。《五代史記・馮道傳》，道為人能自刻苦為儉約，當晉與梁夾河而軍，道居軍中，為一茅庵，不設床席，臥一束芻而已，所得俸祿，與廝僕同器飲食，意恬如也。諸將有掠得人之美女者以遺道，道不能卻，置之別室，訪其主而還之。其解學士，居父喪於景城，遇歲饑，悉出所有以賙鄉里而退耕於野，躬自負薪，有荒其田不耕者與力不能耕者，道夜往潛為之耕，其人後來愧謝道，道殊不以為德。故明宗謂道與物無競。⑩明公捨李琪而相崔協，是猶棄蘇合之丸，取蛣蜣之轉也：《後漢書·西域傳》曰：「大秦國合會諸香，煎其汁以為蘇合。」蛣蜣，蜣螂也，能團糞為丸而推轉之，見《爾雅》。蘇合之丸至貴而蜣螂之轉丸至賤，一以喻李琪，一以喻崔協。⑪循與重晦共事：安重晦為樞密使，孔循為副使，尋與重晦並為樞密使，故曰共事。⑫協，邠之曾孫也：崔邠，鄲之兄也。⑬引慮繫囚：引慮繫囚，即慮囚也。《唐書·官官志》：「凡繫囚五日一慮。」謂記錄囚徒之罪狀，即漢之錄囚也，而唐以來率曰慮囚，顏師古《漢書注》曰：「錄囚者，省錄之知其情狀有冤滯與不也，今云慮囚，本錄聲之去者耳！音力具反，而近俗不曉其意，訛其文遂為思慮之慮，失其源矣！」⑭莊宗用公言，遂致兩國俱亡：謂莊宗用李嚴言伐蜀，蜀亡而謀臣死，遂致莊宗亦亡。⑮今公復來，蜀人懼矣：言蜀人懼李嚴之返，將復請明宗以伐蜀也。⑯且天下皆廢監軍：罷諸道監軍見本卷上年。⑰因誣奏嚴詐宣口敕，云代臣赴闕：謂李嚴矯敕欲代知祥為節度而令知祥赴闕。⑱內八作使：胡三省曰：「八作使，掌八作司之八作工匠。」⑲朱弘昭在東川：朱弘昭為東川節度副使，與李嚴同時受命，亦見本卷上年。⑳以皇子從厚同平章事，充河南尹，判六軍諸衛事，從榮不悅：胡三省曰：「既尹京邑，又握兵柄，地親權重，從榮惡其偪也，故不悅。」㉑知誥固請奪一月俸，由是中外肅然：法行於上，故中外肅然知警。㉒契丹改元天顯：按《遼史·本紀》，遼太祖以天顯元年七月殂，十一月，太宗即位，有司請改元，不許。天顯元年，唐明宗天成元年也，《通鑑》以契丹改元天顯在天成二年，遼太祖殂後，似誤。㊂葬其主阿保機於木葉山：胡三省曰：「契丹主以其所居為上京，起樓其間，號西樓，又於其東千里起東樓，北三百里起北樓，南木葉山起南樓。按木葉山，契丹置錦州。匈奴須知，錦州東北至東京四百里，木葉山西南至上京三百里，則錦州與木葉山又是兩處，通鑑後書晉之齊王北遷至錦州，契丹令拜阿保機墓，則又似木葉山在錦州。歐史諸書言契丹於南木葉山起南樓，是在上京之南也，須知謂木葉山西南至上京三百里，是在上京東北也，無亦契丹中有南木葉山，又有北木葉山邪？」按《遼史・地理志》，遼景宗乾亨三年置永州，太祖於此置南樓，東潢河，南土河，二水合流，故號永州，冬月牙帳多駐此，謂之冬捺鉢，有木葉山。又《遼史・營衛志》，冬捺鉢即廣平淀也，亦名白馬淀，在永州東南三十里土河、潢河二水合流處，即木葉山也，是契丹置永州於木葉山，非錦州也，明《一統志》，木葉山在遼東廣寧中屯衛東三十里，即今熱河省赤峯縣北境。宋綬〈上契丹事〉曰：「綬等始至木葉山，山在中京東微北。自中京過小河唱叫山，道北奚王避暑莊，有亭臺。由古北口至中京北皆奚境，本與契丹等，後為契丹所併，所在分奚、契丹、漢人、渤海雜處之。奚有六節度都省統領，言語風俗，與契丹不同，善耕種步射，入山采獵，其行如飛。凡六十里至羖攊河館，過惠州，城至低小，外城無人居，內城有瓦屋倉廩，人多漢服。七十里至榆林館，館前有小河，屈曲北流，自此入山少人居。七十里至訥都烏館，蕃語謂山為訥都，水為烏。七十里至香子山館，前倚土山，臨小河，其東北三十里即長泊也。涉沙磧，過白馬淀，九十里至水泊館，渡土河，亦云撞撞水，聚沙成墩，少人烟，多林木，其河邊平處，國主曾於此過冬。凡八十里至張司空館，七十里至木葉館。離中京皆無館舍，但宿穹帳，至木葉山三十里許，始有居人瓦屋及僧舍，又歷荊榛荒草，復渡土河。木葉山本阿保機葬處，又云祭天之所，東向設氈屋，署曰省方殿，廡皆以氈藉地，後有二大帳，次北又設氈屋，署曰慶壽殿，國主帳在氈屋西北，望之不見。」彭汝礪《鄱陽集》曰：「廣平甸，謂虜地險阻，至此廣大而平易云。」蘇轍《欒城集・木葉山詩》曰：「奚田可耕鑿，遼土直沙漠，蓬棘不復生，條幹何由作？茲山亦沙阜，短短見叢薄，冰霜葉墮盡，鳥獸紛無託。乾坤信廣大，一氣均美惡，胡為獨窮陋，意似鄙夷落。民生亦復爾，垢污不知怍。君看齊魯間，桑柘皆沃若，麥秋載萬箱，蠶老簇千箔，餘粱及狗彘，衣被徧城郭。天工本何心，地方不能博，遂令堯舜仁，獨不施禮樂。」㉔帝以冀州刺史烏震三將兵運糧入幽州：《五代史・史烏震傳》，莊宗平鎮州，以功授震深、趙二州刺史，移易州刺史，兼南北面水陸轉運招撫等使，契丹犯塞，漁陽路梗，率師運糧三入薊門。《五代史記・烏震傳》，震以破鎮州功拜刺史，歷深、趙二州遷冀州，與《五代史》作易州異。㉕以震為河北道副招討，領寧國軍節度使：賞三將兵運糧之功也。胡三省曰：「時契丹常以勁騎徜徉幽州四郊之外，抄掠糧運，善達者為勞績。」唐置寧國軍於宣州，時屬吳，震蓋遙領之，未能有其地也。

㉖盧臺軍：胡三省曰：「盧臺軍臨御河之岸，周建乾寧軍，東至滄州一百里，西至瀛州百七十里。」

㉗代泰寧節度使同平章事房知溫歸兗州：《五代史記・房知溫傳》，知溫，兗州瑕丘人，天成元年，拜泰寧節度使，二年，為北面招討使，屯於盧臺。今以烏震代知溫屯盧臺而使知溫歸鎮兗州。㉘以

保義節度使石敬塘兼六軍諸衛副使：《五代史・職方考》，梁置鎮國軍於陝州，後唐改為保義軍。兼六軍諸衛副使，為皇子從厚之副也。㉙以從馬直指揮使郭從謙為景州刺史，既至，遣使族誅之：討其弒莊宗之罪。㉚高季興既得三州：去年唐以夔、忠、萬三州與高季興。㉛及夔州刺史潘炕罷官：《九國志》，潘炕，前蜀王氏蕃臣。㉜奉聖指揮使：胡三省曰：「五代會要，應順元年，改龍武、神武四十指揮為捧聖左右軍。捧聖即奉聖也，應順乃閔帝元年，而此時已有奉聖軍。」㉝又遣兵襲涪州，不克：高季興既得夔、忠、萬三州，又襲涪州而不克。《元豐九域志》，涪州東至忠州三百五十里。㉞季興殺珙等於峽口：峽口，西陵峽口也。㉟新夔州刺史西方鄴：西方鄴新除夔州刺史而未之官。㊱將蜀兵下峽：自蜀順流攻荊南須歷三峽，此峽謂自瞿唐峽歷巫峽至西陵峽口也。㊲仍會湖南軍三面進攻：自山南、東川、湖南三面會攻荊南。湖南軍，楚王馬殷之軍。㊳以李敬周為武信留後：從孟知祥之請也。是年正月，知祥以李敬周為武信留後，今始下朝命。㊴初置監牧，蕃息國馬：胡三省曰：「唐置監牧以畜馬，喪亂以來，馬政廢矣，今復置監牧以蕃息之。然此時監牧必置於幷、代之間若河、隴諸州，不能復盛唐之舊也。」㊵初，莊宗之克梁也，以魏州牙兵之力，及其亡也，皇甫暉、張破敗之亂亦由之：莊宗以魏州牙兵克梁，事見卷二百十九梁末帝貞明元年，至卷二百七十莊宗同光元年，皇甫暉、張破敗之亂，事見卷二百七十四天成元年。㊶趙在禮之徒在滑州，不之官，亦實為其下所制：事見上卷。㊷帝乃為之除皇甫暉陳州刺史，趙進貝州刺史：使趙在禮不復為其所制。㊸房知溫怨震驟來代已：胡三省曰：「房知溫自莊宗時戍邊，以舉兵從帝建節，烏震自刺史領節度代知溫為副招討，故怨雲驟。」驟者，言其越次遷擢也。㊹震召知溫及諸道先鋒馬軍都指揮使、齊州防禦使安審通博於東寨：《五代史記・房知溫傳》，時盧臺戍軍夾河東西為兩寨。㊺知溫誘龍晊所部兵殺震於席上：《五代史・烏震傳》，震略涉書史，尤嗜《左氏傳》，好為詩，善筆札，凡郵亭佛寺，多有留題之跡，及其遇禍，燕、趙之士皆嘆惜之。㊻其眾譟於營外：《五代史記・房知溫傳》，譟者，殺烏震亂軍也。胡三省曰：「譟者，烏震親兵也。」㊼帝遣客省使李仁矩如西川，傳詔安諭孟知祥及吏民：以孟知祥殺李嚴，懼其不自安，故慰諭之。㊽楚王殷遣都指揮使許德勳等將水軍屯岳州：以應劉訓、董璋等討高季興之師。㊾驅三千五百家凡萬餘人於石灰窰，悉斬之，永濟渠為之變赤：石灰窰在魏州境。唐玄宗開元二十八年，魏州刺史盧暉徙永濟渠自石灰窰引流至城西至魏橋以通江淮之漕。永濟渠即御河，又曰衛河，隋煬帝所開，以其導源河南輝縣，為春秋衛地，故曰衛河也，唐、宋以來謂之永濟渠。㊿先是孟知祥遣牙內指揮使文水武漳迎其妻瓊華長公主及子仁贊於晉陽：《舊唐書・地理志》，文水縣，隋置，唐高祖武德三年屬汾州，六年屬幷州，七年又屬汾州，太宗貞觀初還屬幷州，武后天授元年，改為武興縣，中宗神龍九年，復曰文水，故城在今山西省文水縣東十里。幷州，即太原府。帝之姊妹曰長公主，瓊華長公主，即武皇弟克讓之女，莊宗之從姊妹也。仁贊，其後改名昶，即後蜀後主也。(五一)及鳳翔：行及鳳翔。(五二)鹽鐵判官趙季良與孟知祥有舊，知祥奏留季良為副使：趙季良入蜀制置三川轉運見上年。(五三)朝廷不得已，丁酉，以季良為西川節度副使：《九國志・趙季良傳》，季良幼涉書史，長於吏治，尤善騎射，有文武才略，知祥素重其名，一見遂悅，奏留為節度副使，累表不許，會李嚴來為監軍，知祥深懷疑慮，乃誅嚴而署季良為副使，天成三年，明宗下詔徙季良為果州團練使，知祥匿其詔書，密上表留之，明宗不能奪，遂允其請。是孟知祥私署趙季良為西川節度副使，至天成三年始頒朝命也，與《通鑑》異。〔五四〕李昊歸蜀：李昊隨王衍東遷，至是歸蜀。〔五五〕遣使賜湖南行營夏衣萬襲，又遣使賜楚王殷鞍馬玉帶，督糧運於行營，竟不能得：胡三省曰：「湖南、荊南輔車相依，雖厚賜楚人以督其餽軍，終不奉詔。」〔五六〕高氏事唐久矣：自莊宗滅梁，高氏即為唐臣。〔五七〕洛陽去江陵不遠：《舊唐書・地理志》，洛陽至江陵一千三百一十五里。〔五八〕任圜性剛直，且恃與帝有舊：任圜與帝同事莊宗為將，且有全征蜀之兵歸帝之功。〔五九〕舊制，館券出於戶部：唐舊制，使臣出使四方，皆自戶部給券。館，驛館也。〔六〇〕安重晦請從內出：館券從內出，則樞密院得專其事。〔六一〕詔以樞密承旨孟鵠充三司副使權判：以三司副使權判三司事也。《宋史・職官志》，宋承唐、五代之制置樞密院都承旨、副都承旨，掌承宣旨命，通領院務，檢察主事以下功過及遷補之事。〔六二〕貶劉訓為檀州刺史：以征荊南無功也。

資治通鑑今註十五冊出版進度表

冊　次	紀　年	出版時間
1	周紀　秦紀　漢紀	100 年 11 月
2	漢紀	100 年 11 月
3	漢紀	101 年 1 月
4	漢紀　魏紀	101 年 2 月
5	晉紀	101 年 3 月
6	晉紀	101 年 4 月
7	宋紀　齊紀	101 年 4 月
8	齊紀　梁紀	101 年 5 月
9	梁紀　陳紀	101 年 5 月
10	隋紀　唐紀	101 年 6 月
11	唐紀	101 年 7 月
12	唐紀	101 年 8 月
13	唐紀	101 年 9 月
14	後梁紀　後唐紀	101 年 10 月
15	後唐紀　後晉紀 後漢紀　後周紀	101 年 10 月

資治通鑑今註　第十四冊
後梁紀　後唐紀

主編◆國立編譯館中華叢書編審委員會
校註者◆李宗侗 夏德儀等
發行人◆施嘉明
總編輯◆方鵬程
執行編輯◆葉幗英 徐平 王窈姿
校對◆梁庭瑄 黃凱筠
美術設計◆吳郁婷

出版發行：臺灣商務印書館股份有限公司
臺北市重慶南路一段三十七號
電話：（02）2371-3712
讀者服務專線：0800056196
郵撥：0000165-1
網路書店：www.cptw.com.tw
E-mail：ecptw@cptw.com.tw

局版北市業字第 993 號
初版一刷：1975 年 12 月
二版一刷：2012 年 10 月
定價：新台幣 860 元

ISBN 978-957-05-2744-5（精裝）

資治通鑑今註．第十四冊．後梁紀 後唐紀／
李宗侗，夏德儀等註譯；國立編譯館中華叢
書編審委員會主編．--二版．-- 臺北市：臺灣
商務，2012．10
面；公分．

ISBN 978-957-05-2744-5(精裝)

1. 資治通鑑 2.注釋

610.23 101016961